高等院校经济管理类"十三五"规划教材（配套教材）

西方经济学
学习指导与习题解析

Learning Guidance and
Problem Analysis
in Western Economics

主 编 王立成 辛波

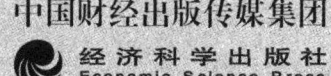

中国财经出版传媒集团

经济科学出版社
Economic Science Press

图书在版编目（CIP）数据

西方经济学学习指导与习题解析/王立成，辛波主编. —北京：经济科学出版社，2018.9（2024.1 重印）
高等院校经济管理类"十三五"规划教材. 配套教材
ISBN 978－7－5141－9781－5

Ⅰ.①西… Ⅱ.①王… ②辛… Ⅲ.①西方经济学－高等学校－教学参考资料 Ⅳ.①F0-08

中国版本图书馆 CIP 数据核字（2018）第 219336 号

责任编辑：杜　鹏　刘　瑾
责任校对：刘　昕
责任印制：邱　天

西方经济学学习指导与习题解析
主　编　王立成　辛　波
经济科学出版社出版、发行　新华书店经销
社址：北京市海淀区阜成路甲 28 号　邮编：100142
编辑部电话：010－88191441　发行部电话：010－88191522
网址：www.esp.com.cn
电子邮件：esp_bj@163.com
天猫网店：经济科学出版社旗舰店
网址：http://jjkxcbs.tmall.com
固安华明印业有限公司印装
787×1092　16 开　21.75 印张　420000 字
2018 年 9 月第 1 版　2024 年 1 月第 5 次印刷
印数：10001—11500 册
ISBN 978－7－5141－9781－5　定价：45.00 元
（图书出现印装问题，本社负责调换。电话：010－88191545）
（版权所有　侵权必究　举报电话：010－88191586
电子邮箱：dbts@esp.com.cn）

序 言
PREFACE

  西方经济学是对西方资本主义市场经济国家经济活动的运行规律进行的系统概括和总结，特别是分析总结了市场机制条件下经济运行的状态以及政府、厂商和消费者的经济行为，并提出微观经济和宏观经济的管理政策；同时，它也是我国社会主义市场经济实践的理论参考。

  西方经济学是财经类、管理类等专业学生的专业基础课。通过该课程的学习，可以使学生在掌握西方经济学基本理论内容的基础上，提高学生的抽象思维能力和逻辑思维能力，培养学生运用经济学的基本知识、基本理论、分析方法和解决现实经济问题的能力，并使学生了解某些西方经济理论对我国当前的经济改革和开放的借鉴作用，帮助学生理解当今经济生活中的各种现象，特别是认识政府各项经济政策的理论背景，提高预见这些政策的现实影响能力以及为后续经济类和管理类课程的学习与实际工作打下坚实的理论基础。

  由于西方经济学所处的基础地位和重要作用，如何引导学生有效地进行学习和复习就成为编写这本《西方经济学学习指导与习题解析》的目的。

  本书每一章内容包括四大部分：学习指导、习题解析、习题拓展和难点解析。学习指导部分包括学习目的、学习目标、关键概念、本章理论框架和内容提要；习题解析部分包括名词解释、单项选择、问答题和计算题；习题拓展部分包括单项选择、问答题和计算题；难点解析部分对本章的难点进行系统解释。通过学习指导、习题和难点解析，使学生更好地系统学习、巩固和掌握每一章的具体知识。

  本书由王立成、辛波任主编，唐松林、牛勇平、张丽淑任副主编。本书既是参编老师多年来从事西方经济学教学工作的积累，同时也有很多来源于其他资料渠道的内容，在此一并表示感谢。

  当然，由于水平有限，本书在很多方面存在不足，希望使用者能够提出宝贵意见，以便今后进一步修订与完善。

编写组
2018 年 7 月

目 录
CONTENTS

第一章 微观经济学导论 ………………………………………… 1
    一、学习指导 ………………………………………………… 1
    二、习题解析 ………………………………………………… 3
    三、拓展习题 ………………………………………………… 7
    四、难点解析 ………………………………………………… 10

第二章 需求和供给理论 ………………………………………… 12
    一、学习指导 ………………………………………………… 12
    二、习题解析 ………………………………………………… 14
    三、拓展习题 ………………………………………………… 22
    四、难点解析 ………………………………………………… 25

第三章 效用理论 ………………………………………………… 28
    一、学习指导 ………………………………………………… 28
    二、习题解析 ………………………………………………… 30
    三、拓展习题 ………………………………………………… 38
    四、难点解析 ………………………………………………… 42

第四章 生产理论 ………………………………………………… 45
    一、学习指导 ………………………………………………… 45
    二、习题解答 ………………………………………………… 47
    三、拓展习题 ………………………………………………… 56
    四、难点解析 ………………………………………………… 60

第五章 成本理论 ………………………………………………… 62
    一、学习指导 ………………………………………………… 62

二、习题解析 64
　　三、拓展习题 70
　　四、难点解析 73

第六章　完全竞争市场 75
　　一、学习指导 75
　　二、习题解析 77
　　三、扩展习题 84
　　四、难点解析 87

第七章　垄断市场 90
　　一、学习指导 90
　　二、习题解析 91
　　三、拓展习题 97
　　四、难点解析 99

第八章　垄断竞争市场 101
　　一、学习指导 101
　　二、习题解析 102
　　三、拓展习题 109
　　四、难点解析 112

第九章　寡头市场 113
　　一、学习指导 113
　　二、习题解析 114
　　三、拓展习题 119
　　四、难点解释 124

第十章　生产要素的需求 127
　　一、学习指导 127
　　二、习题解答 128
　　三、拓展习题 134
　　四、难点解析 137

第十一章　生产要素的供给 140
　　一、学习指导 140
　　二、习题解答 142
　　三、拓展习题 146

四、难点解析 …………………………………………………………… 150

第十二章　一般均衡与福利经济学 …………………………………… 152

　　一、学习指导 …………………………………………………………… 152
　　二、习题解答 …………………………………………………………… 153
　　三、拓展习题 …………………………………………………………… 158
　　四、难点解析 …………………………………………………………… 162

第十三章　市场失灵与政府微观经济政策 …………………………… 164

　　一、学习指导 …………………………………………………………… 164
　　二、习题解析 …………………………………………………………… 165
　　三、拓展习题 …………………………………………………………… 170
　　四、难点解析 …………………………………………………………… 175

第十四章　宏观经济学导论 …………………………………………… 178

　　一、学习指导 …………………………………………………………… 178
　　二、习题解析 …………………………………………………………… 180
　　三、拓展习题 …………………………………………………………… 183
　　四、难点解析 …………………………………………………………… 183

第十五章　国民收入核算理论 ………………………………………… 185

　　一、学习指导 …………………………………………………………… 185
　　二、习题解析 …………………………………………………………… 187
　　三、拓展习题 …………………………………………………………… 192
　　四、难点解释 …………………………………………………………… 196

第十六章　国民收入决定——收入支出模型 ………………………… 199

　　一、学习指导 …………………………………………………………… 199
　　二、习题解答 …………………………………………………………… 201
　　三、拓展习题 …………………………………………………………… 207
　　四、难点解释 …………………………………………………………… 210

第十七章　货币、利率和国民收入 …………………………………… 214

　　一、学习指导 …………………………………………………………… 214
　　二、习题解答 …………………………………………………………… 216
　　三、拓展习题 …………………………………………………………… 221
　　四、难点解释 …………………………………………………………… 222

第十八章　国民收入的决定：IS – LM 模型 …… 224
　　一、学习指导 …… 224
　　二、习题解析 …… 226
　　三、拓展习题 …… 230
　　四、难点解释 …… 233

第十九章　宏观经济政策分析 …… 238
　　一、学习指导 …… 238
　　二、习题解答 …… 240
　　三、拓展习题 …… 250
　　四、难点解释 …… 255

第二十章　国民收入的决定：AD – AS 模型 …… 257
　　一、学习指导 …… 257
　　二、习题解答 …… 258
　　三、拓展习题 …… 265
　　四、难点解释 …… 270

第二十一章　失业与通货膨胀 …… 272
　　一、学习指导 …… 272
　　二、习题解答 …… 274
　　三、习题拓展 …… 280
　　四、难点解释 …… 285

第二十二章　经济周期理论 …… 290
　　一、学习指导 …… 290
　　二、习题解析 …… 291
　　三、拓展习题 …… 295
　　四、难点解释 …… 298

第二十三章　经济增长理论 …… 301
　　一、学习指导 …… 301
　　二、习题解析 …… 303
　　三、拓展习题 …… 309
　　四、难点解释 …… 313

第二十四章 国际经济理论概述 …………………………………… 316

    一、学习指导 ……………………………………… 316
    二、习题解析 ……………………………………… 318
    三、习题拓展 ……………………………………… 327
    四、难点解释 ……………………………………… 332

第一章 微观经济学导论

一、学习指导

【学习目的】
　　通过本章的学习，我们需要了解和掌握：经济学的涵义；经济学研究的对象、基本内容；经济学的研究方法；经济学对社会经济实践为什么是重要且不可或缺的。

【学习目标】
　　1. 了解和掌握经济学要解决的基本问题。
　　2. 掌握基本概念：稀缺性、机会成本、生产可能性边界。
　　3. 理解经济学基本假定：理性人和完全信息假定。
　　4. 了解微观经济学与宏观经济学的区别和联系。
　　5. 理解和掌握经济学的基本分析方法：实证分析、规范分析、均衡分析、静态分析和动态分析、总量分析和个量分析等。
　　6. 了解经济学解释经济现象、指导经济实践的重要作用。

【关键概念】
　　经济（economy）；稀缺性（scarcity）；机会成本（opportunity cost）；生产可能性曲线（production possibility frontier）；微观经济学（microeconomics）；宏观经济学（macroeconomics）；实证分析（positive analysis）；规范分析（normative analysis）；个体分析（individual analysis）；总体分析（aggregate analysis）；静态分析（static analysis）；动态分析（dynamic analysis）。

【本章框架】
　　本章主要介绍经济学的一些基本概念。首先从经济学的基本前提——资源是稀缺的开始，从经济学的研究对象引出经济学的两个层次，即微观经济学和宏观经济学；其次重点讲解了经济学一些主要的研究方法，如规范分析和实证分析、个体分析和总体分析、均衡分析等；最后简单讨论了经济学的用途。
　　图1-1为微观经济学基本框架。

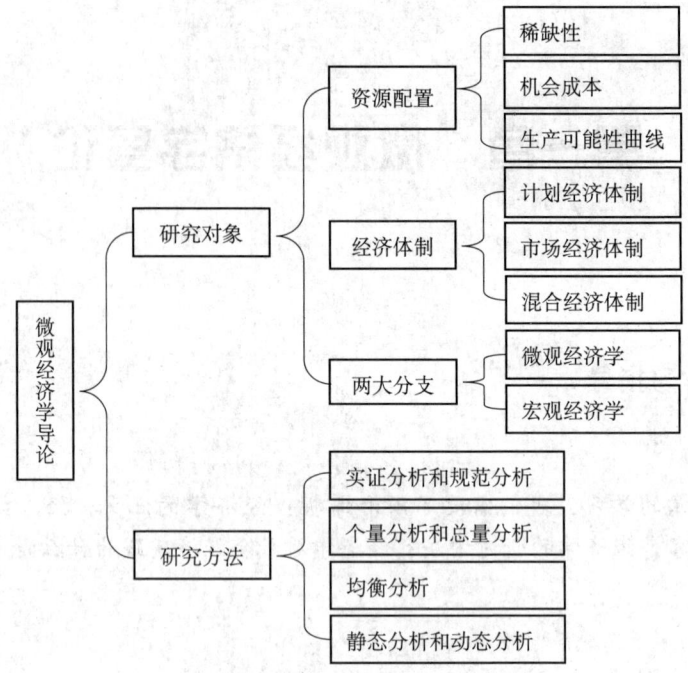

图1-1 微观经济学基本框架

【内容提要】
- 稀缺是指人的欲望的无限性和经济资源、经济物品的有限性。
- 经济学就是要解决生产什么、生产多少、如何生产和为谁生产的问题。
- 在既定的资源之下所能生产商品的最大产量的组合,就是生产可能性曲线,反映了资源稀缺性的特征。
- 当具有多种用途的稀缺资源使经济主体需要选择时,选择会带来成本,选择的成本我们称为机会成本,即当把一定资源用于生产某种产品时所放弃的另一产品的最大收益就是机会成本,它是做出一次决策时所放弃的其他可供选择的最好用途。经济问题的解决被归结为如何使得选择的机会成本达到最低。
- 微观经济学通过对单个经济主体的经济行为的研究来说明现代经济中市场机制的运行和作用以及改善这种运行的途径,其中心理论为"看不见的手"价格机制。
- 宏观经济学是研究国民经济系统整体运行的经济理论。宏观经济学采用总量分析方法,对经济运行的总量及其影响因素进行考察。
- 实证经济学分析只考察经济现象是什么,即经济现状如何,为何会如此(原因分析),其发展趋势如何。
- 规范经济学分析对经济现状及变化要做出好或不好的评价以及该或不该如此的判断。

二、习题解析

名词解释

稀缺性；机会成本；生产可能性曲线；微观经济学；宏观经济学；实证分析；规范分析；个体分析；总体分析；均衡分析；静态分析。

1. 稀缺性

答：稀缺是指在给定的时间内，相对于人的需要而言，经济资源的供给总是不足的。人类消费各种物品的欲望是无限的，而绝大多数物品是不能自由取用的，因为世界上的资源（包括物质资源和人力资源）有限，这种有限的、为获取它必须付出某种代价的物品称为"经济物品"。这样，一方面，人类对经济物品的欲望是无限的；另一方面，用来满足人类欲望的经济物品却是有限的。稀缺性的客观存在促使经济学家们从经济学角度来研究使用有限的资源来生产什么、如何生产和为谁生产的问题。

2. 机会成本

答：机会成本指人们利用一定资源获得某种收入时所放弃的在其他可能的用途中所能够获取的最大收入。机会成本的存在需要三个前提条件：第一，资源是稀缺的；第二，资源具有多种生产用途；第三，资源的投向不受限制。

3. 生产可能性曲线

答：假定把所有社会资源都用来生产两种物品，在给定技术不变和社会资源总量不变的前提下，该社会资源所能生产的两种物品的组合所形成的轨迹，经济学称之为生产可能性曲线或者生产可能性边界。

4. 微观经济学

答：微观经济学研究单个经济主体（居民、厂商）的经济行为，采用个量分析方法，以市场价格为中心，以主体利益为目标，研究家庭和企业的经济行为以及怎样通过市场竞争达到资源最优配置。微观经济学又叫个量经济学、市场经济学或价格理论。

5. 宏观经济学

答：宏观经济学研究整个国民经济运行，采用总量分析方法，以国民收入决定为核心，以社会福利为目标，研究产品市场、货币市场、公共财政、国际收支的协调发展，怎样通过宏观调控达到资源的充分利用。宏观经济学又叫总量经济学、总体经济学、国民经济学或收入理论。

6. 实证分析

答：实证分析是分析经济现象"是什么"的方法，即是对事实判断的分析，对客观事物的状况及客观事物之间的关系是什么的事实性陈述的分析。它是进行经济分析的一种重要方法，特点是，它对有关命题的逻辑分析旨在理解经济过程实际是什么、将会是什么以及为什么，而不涉及对结果好坏和是否公平的评价，中间不包含任何的价值判断。实证分析既有定性分析也有定量分析。

7. 规范分析

答：规范分析是以一定的价值判断为出发点，提出行为的标准，并研究如何才能符合这些标准，说明"应该是什么"的问题。它是经济学分析的另一种重要方法，经济学常常要对经济制度和经济政策结果做出评价，回答经济过程应该是什么的问题，此时进行的分析为规范分析，其显著特征在于，经济学家进行规范分析时，往往都从一定的价值判断出发，得出对还是错的结论。

8. 个体分析

答：个体分析方法是指以单个经济主体（单个消费者、单个生产者、单个市场）的经济行为作为考察对象的经济分析方法，又称为微观经济分析法。个体分析主要以单个经济主体的活动为研究对象，在假定其他条件不变的前提下研究个体的经济行为和经济活动，其特点是把一些复杂的外在因素排除掉，突出个体经济主体的现状和特征。这种研究方法在实践中主要分析单个企业中要素的投入量、产出量、成本和利润的决定及单个企业有限资源的配置、单个居民收入的合理使用以及由此引起的单个市场中商品供求的决定、个别市场的均衡等问题。

9. 总体分析

答：总体分析方法就是指对宏观经济运行总量指标的影响因素及其变动规律进行分析，又称为宏观经济分析法。总体分析主要是一种动态分析，因为它主要研究总量指标的变动规律；同时，也包括静态分析，因为总体分析包括考察同一时期内各总量指标的相互关系，如投资额、消费额和国民生产总值的关系等。

10. 均衡分析

答：均衡又分为局部均衡与一般均衡。局部均衡分析是假定在其他条件不变的情况下来分析某一时间、某一市场的某种商品（或生产要素）供给与需求达到均衡时的价格决定。一般均衡分析在分析某种商品的价格决定时，则在各种商品和生产要素的供给、需求、价格相互影响的条件下，分析所有商品和生产要素的供给与需求同时达到均衡时，所有商品的价格如何被决定。

11. 静态分析

答：静态分析就是分析经济现象的均衡状态以及有关的经济变量达到均衡状态所需要具备的条件，它完全抽掉了时间因素和具体变动的过程，是一种静止地、孤立地考察某些经济现象的方法。

单项选择题

1. 资源的稀缺性是指（　　）。
   A. 世界上的资源最终会因为人们生产更多的物品而消耗光
   B. 相对人们无穷的欲望而言，资源总是不足的
   C. 生产某种物品所需要的资源的绝对数量较少
   D. 以上均不正确

2. 经济学产生的原因是( )。
   A. 生产的需要
   B. 欲望满足的需要
   C. 稀缺性的存在与选择的必要
   D. 选择的需要
3. 经济学的研究方法包括( )。
   A. 静态分析、比较静态和动态分析
   B. 局部均衡分析与一般均衡分析
   C. 个体分析与总体分析
   D. A、B、C
4. 如果一国在生产可能性曲线内部生产( )。
   A. 只能通过减少一种商品的生产来增加另一种商品的生产
   B. 是高效率的生产
   C. 资源被平均分配给所有商品的生产
   D. 有些资源会被闲置
5. 一种行为的机会成本是指( )。
   A. 为这种行为所花费的钱
   B. 为这种行为所花费的时间的价值
   C. 当你不必为这种行为付钱时就等于零
   D. 投入这种行为全部资源的其他可能的用途
6. 实证经济学与规范经济学的根本区别是( )。
   A. 研究方法不同　　　　　　B. 研究对象不同
   C. 研究范围不同　　　　　　D. 以上均不正确
7. 当经济学家说人们是理性的时候，这是指( )。
   A. 人们不会做出错误的判断
   B. 人们总会从自己的角度做出最好的决策
   C. 人们根据完全的信息而行事
   D. 人们不会为自己所做出的任何决策而后悔

答案：1～5题：BCDDD；6～7题：BB。

问答题

1. 你认为研究人们的消费问题属于微观经济学还是宏观经济学的研究对象？
2. 用生产可能性边界说明经济学既要研究资源配置问题又要研究资源利用问题。
3. 微观经济学的基本假定前提有哪些？
4. 微观经济学和宏观经济学的研究内容各有哪些？

5. 举例说明经济研究的规范性和实证性。

6. 简述计划经济和市场经济配置资源的方式。

7. 既然理性行为不需要完全是自私自利的,为什么经济分析又要假定个人行为的基本动机是追逐个人利益?

8. 怎样认识学习西方经济学的意义?

1. 答:

消费问题是一个比较复杂的问题,需要具体情况具体分析。一般来说,个体的、单量的属微观经济学的研究对象,如果是研究一个社会的消费总量则属于宏观经济学的研究范畴。

2. 答:

(1) 生产可能性边界是指假定把所有社会资源都用来生产两种物品,在给定技术不变和社会资源总量不变的前提下,该社会资源所能生产的两种物品的组合所形成的轨迹。

(2) 在生产可能性边界以内是有闲置资源,即资源未被充分利用;而在生产可能性边界以外则是当前资源总量达不到的水平,对这类问题的研究属于资源的利用问题。在生产可能性曲线上,资源已被充分利用,但是仍然要考虑产品的生产搭配,各种产品生产多少的问题,也就是资源配置的问题。

3. 答:

(1) 理性人。每一个从事经济活动的人都是利己的。作为经济决策的主体都是充满理智的,既不会感情用事,也不会盲从,而是精于判断和计算,其行为是理性的。在经济活动中,主体所追求的唯一目标是自身经济利益的最优化。如消费者追求的是满足程度的最大化,生产者追求的是利润最大化。

(2) 完全信息。指市场参与者拥有的对于某种经济环境状态的全部知识。完全信息条件下的市场是完全市场,完全市场是指市场参与者对于环境(产品价格和质量等)具有完全信息,市场参与者在任何时间和地点都能拥有任何希望获得的信息。

(3) 市场出清。指在市场调节供给和需求的过程中市场机制能够自动地消除超额供给(供给大于需求)或超额需求(供给小于需求),市场在短期内自发地趋于供给等于需求的均衡状态。在给定的价格之下,市场上的意愿供给等于意愿需求。

4. 答:

微观经济学的任务就是研究市场机制及其作用,均衡价格的决定,考察市场机制如何通过调节个体行为取得资源最优配置的条件与途径。

宏观经济学研究以下四个方面:第一,作为消费者的家庭部门和作为生产者的厂商部门如何选择,以决定消费和投资数量,从而决定整个经济的总需求。第二,家庭和厂商部门如何选择供给投入以决定整个经济的总供给。第三,经济中的总需求和总供给决定资源总量和价格水平。第四，资源总量和价格总水平的长期变动趋势。

5. 答：

实证分析和规范分析是经济分析的两种方法。实证分析是分析经济现象"是什么"的方法，即是对事实判断的分析，对客观事物的状况及客观事物之间的关系是什么的事实性陈述的分析。规范分析是以一定的价值判断为出发点，提出行为的标准，并研究如何才能符合这些标准。

举例：我国改革开放以来，人们收入差距不断扩大，对此问题的研究有两种不同分析方法。一是分析收入差距现状如何，变动趋势如何，造成收入分配差别扩大的原因是什么等，这些都是实证分析。二是研究收入差距扩大好不好、应该不应该、公平不公平，我们应该采取什么措施来缩小贫富差距等，这些都是规范分析。

6. 答：

（1）计划经济体制是指以计划作为资源配置的主要方式的一种经济体制。在生产、资源分配以及产品消费各个方面，都是由政府事先进行计划，强调的是政府这一"有形的手"对经济的干预作用。

（2）市场经济体制是指以市场作为资源配置基本手段的一种经济体制。在市场经济体制下，资源配置是通过市场机制或价格机制实现的。政府只能作为经济运行的调节者，起到宏观调控的作用，是经济活动的"守夜人"。

7. 答：

就经济活动而言，个人经济利益的追求始终是推动人们从事经济活动的根本力量。因此，把追求个人利益从人的各种行为动机中抽象出来，并赋予这样行动的人以"经济人"或者说"理性人"的概念。假定他们的行为准则是既定目标的最优化，并由此建立起一整套经济理论体系，是完全必要与合理的。这是一种抽象法，是科学赖以建立和发展的重要方法。如果不这样假定，认为人从事经济活动可以有随便的动机，例如，消费者对购买时是否吃亏，厂商经营时是否赚钱，人们出让自己的生产要素时对能得到多少报酬等抱无所谓态度，无异于说稀缺资源如何配置也是件无关紧要的事。这样，人类也就不需要什么经济学了。

8. 答：

（1）有助于你做出更好的个人决策；
（2）有助于你理解你生活于其间的世界是如何运转的；
（3）有助于你理解政府政策的优与劣；
（4）可以改进你的思考方式；
（5）运用经济理论指导微观经济和宏观经济实践。

三、拓展习题

单项选择题

1. 人们在进行决策时，必须做出某种选择，这是因为（　　）。

A. 选择会导致短缺

B. 人们在决策时面临的资源是有限的

C. 人是自私的，所做出的选择会实现自身利益的最大化

D. 个人对市场的影响微不足道

2. 下列各项中（　　）会导致一国生产可能性曲线向外移动？

A. 失业

B. 通货膨胀

C. 有用性资源增加或技术进步

D. 消费品生产增加，资本物品生产下降

3. 下列各项中（　　）是经济学研究不会涉及的问题。

A. 在稀缺资源约束条件下，实现资源的有效配置

B. 如何实现中国人均收入翻两番

C. 中国传统文化的现代化问题

D. 充分就业和物价稳定问题

4. 下列说法中（　　）可以用机会成本的概念给予说明。

A. 杀鸡焉用宰牛刀　　　　　　　　B. 物以稀为贵

C. 买卖不成仁义在　　　　　　　　D. 薄利多销

5. 当你走到大学校园时，这意味着你做出了一种选择，下列费用（　　）不能看作是你上大学的机会成本。

A. 因为上大学而损失的打工所得

B. 因为必须听课而损失的休息时间

C. 住宿费和餐费

D. 你必须缴纳的学费

6. 下列（　　）符合经济学中有关经济人的假设。

A. 东北人都是活雷锋

B. 个人利益服从集体利益

C. 三十亩地一头牛，老婆孩子热炕头

D. 如果可能，我会买下全世界的黄金

7. 下列（　　）是规范经济学的说法。

A. 医生挣的钱比蓝领工人多

B. 收入分配中有太多的不公平现象

C. 从 2012 年开始，中国物价水平基本保持稳定，这一现象也许会保持到 2015 年

D. 如果你在 20 世纪 80 年代中期购买了微软公司的 1000 股股票，现在你愿意出售的话，你肯定赚不少钱

答案：1～5：BCCAC；6～7：DB。

问答题

1. 微观经济学与宏观经济学有什么关系?
2. 简要介绍一下"看不见的手"原理。

1. 答:

(1) 微观经济学和宏观经济学的目标都是实现稀缺资源配置的经济效率,取得社会福利的最大化。区别主要在各自的研究重点和论述的方式不同。在微观经济学中,总产量、价格总水平、总就业量是作为已知变量看待,侧重用个量分析方法分析单个经济单位的经济行为;而宏观经济学所要研究的对象,正是微观经济学假定不变的经济总量。从微观或宏观分析同一问题,结论可能不同。例如,从微观上看,若一个企业降低工资,便可以降低成本,增加利润;但从宏观上看,若所有企业都降低工资,有效需求将不足,最后导致所有企业利润下降。

(2) 但是,微观与宏观又是互相补充、相辅相成的。微观以资源充分利用为前提,研究资源最优配置;宏观则以资源最优配置为前提,研究资源充分利用。市场机制具有种种局限性,不能解决垄断、外部性、公共物品生产、信息不完全以及公平等重大问题,必须在宏观调控下才能真正做到资源的最优配置;宏观调控也必须以市场机制为基础,调动一切积极因素,才能真正做到资源的充分利用。

2. 答:

"看不见的手"原理是对自由市场机制的一种形象化的说法,具体是指在正常情况下市场会以其内在的机制维持其健康运行。"看不见的手"是古典经济学家亚当·斯密的一句名言,指完全竞争市场内在价格机制的作用。早期的经济学家强调经济的自发性和自由放任,反对政府干预经济,认为资源的有效配置完全可以依靠市场来实现,自发组织经济活动的市场操纵者不是政府和资本家,而是一只"看不见的手"。

亚当·斯密在《国富论》中指出,市场上的每个厂商都力图用他的资本,生产最大的产量;每个消费者都力图用他的收入,达到最大的满足。他可能并不企图增进公共利益,也不知道他增进的公共利益有多少,他所追求的仅仅是他个人的利益和安乐。他这样做时,有一只看不见的手引导他去促进一种目标,尽管这种目标绝不是他所直接追求的。他在追逐自身利益的同时,也经常促进了社会的利益,而且效果比他真正想促进社会利益时所得到的还大。商品经济是一种交换经济,个人利益的实现程度完全取决于交换的实现程度。交换的实现,意味着社会的承认,社会的承认是取得利润的前提。因此,生产者在追求自身利润最大化时,需要首先考虑社会的需要,满足公共的利益,这是不需要有人督促的。

四、难点解析

1. 稀缺性与经济学的关系。
2. 生产可能性边界和选择的含义。
3. 实证经济学和规范经济学的关系。

1. 答:

（1）稀缺是指在给定的时间内，相对于人的需要而言，经济资源的供给总是不足的。人类消费各种物品的欲望是无限的。满足这种欲望的物品，有的可以不付出任何代价而随意取得，称之为自由物品，如阳光和空气。但绝大多数物品是不能自由取用的，因为世界上的资源（包括物质资源和人力资源）有限，这种有限的、为获取它必须付出某种代价的物品称为"经济物品"。一方面，人类对经济物品的欲望是无限的；另一方面，用来满足人类欲望的经济物品却是有限的。相对于人类无穷欲望而言，经济物品或生产这些经济物品所需要的资源总是不足的。正因为稀缺性的客观存在，地球上就存在着资源的有限性和人类欲望与需要的无限性之间的矛盾。这样，就导致经济学家们从经济学角度来研究使用有限的资源来生产什么、如何生产和为谁生产的问题。

（2）经济学研究的问题和经济物品都是以稀缺性为前提的，从稀缺性出发。西方经济学一般认为，经济学的一个重要研究任务就是："研究人们如何抉择，以便使用稀缺的或有限的生产性资源（土地、劳动、资本品，如机器、技术知识）来生产各种商品并把它们分配给不同的社会成员提供消费"。同时，对稀缺资源的认识应从动态的观点来认识。历史上，许多资源曾经被视为自由取用的资源，如空气、水，随着社会的进步、科技的发展，特别是人口的增加，人类需要的不断提高，破坏的不断加剧，空气和水也变得越来越稀缺。

2. 答:

（1）为了使相对稀缺的有限资源来满足无限多样的需要，经济学家提出生产可能性边界（production possibility frontier）这个概念来考察一个国家应该怎样分配其相对稀缺的生产资源问题。所谓生产可能性边界，就是在给定的资源和生产技术条件下一个国家最大可能的资本财物与消费品之间生产的各种可能性组合。

（2）所谓选择（choose）就是如何利用既定的资源去生产经济物品，以便更好地满足人类的需求。选择包括四个相关的问题：生产什么（what）物品与生产多少；如何（how）生产，即采用什么生产方法；被生产出来的产品怎样在社会成员之间进行分配，即经济学所说的收入分配问题，也就是为谁（for whom）生产的问题；何时生产（when），指资源利用的时间配置问题。选择的这四个相关问题也是经济学中关于资源配置的四个基本问题。

3. 答：

实证经济学和规范经济学的区别与联系可以归纳为四点。

（1）是否以一定的价值判断为依据。这里的"价值判断"，通俗地讲，就是对经济事物是"好"还是"坏"的认定。如果经济理论是建立在一定的价值判断的基础上，则为规范经济学；反之，如果不涉及好坏，仅仅是就事论事，那么就是实证经济学。"实证"，就是实例证明。

（2）解决的问题不同。如果解决的是"是什么"问题，则是实证经济学；反之，如果解决的是"应该是什么"，则为规范经济学。

（3）是否具有客观性。规范经济学中的意见分歧主要集中于对不同行为的成本收益的价值判断的差异上。正因如此，其分析结果带有较浓的主观色彩；而实证经济学是就事论事，所以分析结果是客观的。

（4）实证经济学和规范经济学两者并不是绝对排斥的。在现实经济分析中，两种方法是经常混合使用的。例如，对通货膨胀这一经济热点，就常常两种分析方法都会使用。分析通货膨胀的后果，一般属于规范分析；讨论采用何种措施反通货膨胀，也是规范经济学的范围；一旦方法选定，具体的政策设计则属于实证经济学范围。

第二章 需求和供给理论

一、学习指导

【学习目的】

通过本章的学习，要求学生掌握供求原理，并在此基础上，掌握均衡价格理论及其应用，进而理解弹性理论，最后要求学生了解蛛网理论。本章的重点是供求理论的内容及应用。本章引入图形分析方法，要求能够理解和掌握相关图形分析，并运用相关知识和图形分析解释现实经济问题，这是本章的难点。

【学习目标】

1. 掌握需求和供给的基本概念、影响因素及其变动。
2. 理解需求规律、供给规律和供求规律。
3. 掌握均衡价格理论，并用其分析支持价格、限制价格和征税的影响。
4. 理解弹性理论，了解需求和供给的影响因素对需求和供给的影响程度。其中，需求弹性包括需求价格弹性、需求的收入弹性和需求的交叉价格弹性；供给弹性主要针对供给价格弹性。
5. 了解蛛网模型的假定、推导和应用。

【关键概念】

微观经济学（microeconomics）；理性人（reasonable man）；需求（demand）；供给（supply）；均衡价格（equilibrium price）；支持价格（floor price）；限制价格（ceiling price）；需求价格弹性（price elasticity of demand）；需求的收入弹性（income elasticity of demand）；需求的交叉价格弹性（cross-price elasticity of demand）；供给价格弹性（price elasticity of supply）。

【本章框架】

首先，给出微观经济学的研究对象和基本假定。其中，基本假定包括"理性人"假定和完全信息假定。

其次，研究微观经济学的最基本和最核心的理论——供求原理。在对需求和供给的基本概念、影响因素、相关原理及变动分别进行介绍的基础上，提出均衡价格理论。并从支持价格、限制价格和征税的影响三个方面分析了供求原理的应用。

再次，分析弹性理论（见图2-1）。在前面需求和供给的影响因素的基础上，进一步分析这些因素对需求和供给的影响程度。其中，需求弹性包括需求价格弹性、需求的收入弹性和需求的交叉价格弹性；供给弹性主要针对供给价格弹性。

最后，介绍蛛网模型，这是微观经济学中唯一的一个动态模型。

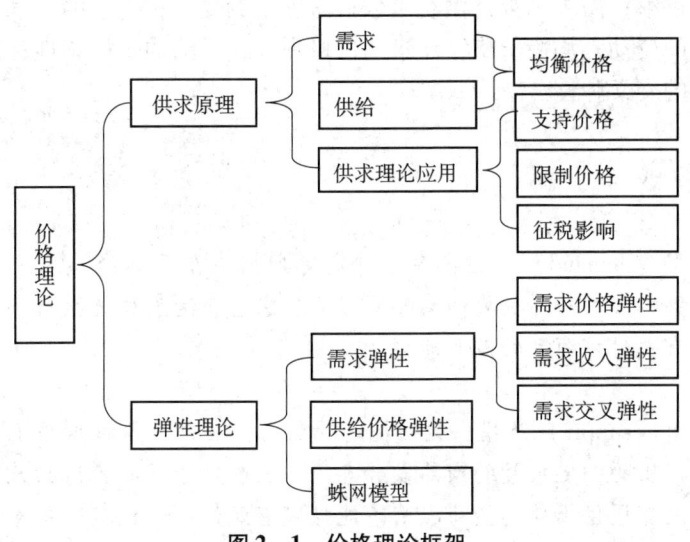

图2-1　价格理论框架

【内容提要】

● 市场是经济活动的中心，在市场这只"看不见的手"的作用下，会形成最优的资源配置，一般情况下，可将市场划分为竞争性市场和非竞争性市场。

● 供给和需求分析是微观经济学的一个基本工具。在竞争性市场中，供给和需求曲线告诉我们，在不同的价格水平上，厂商将生产多少产品，而消费者将需要多少产品。

● 在竞争市场上，供给与需求的均衡发生于供给与需求的力量处于平衡的价格水平上。均衡价格就是需求量正好等于供给量的价格，在图形中，均衡价格发生在供给曲线与需求曲线的交点。当市场上的实际价格偏离均衡价格时，市场上总存在着变化的力量，最终达到市场均衡。

● 弹性描述了当价格、收入或其他变量变动时，供给和需求对其变动的反应程度。

● 需求价格弹性反映了价格变动对总收益的影响。如果价格下降增加了总收益，则需求富有弹性；如果价格下降减少了总收益，则需求缺乏弹性；在单位弹性的情况下，价格变动对总收入不产生影响。

● 政府实行支持价格可以支持或者保护某些行业的发展，保护厂商的利益；通过实行限制价格可以保护消费者利益，防止生活必需品的价格过高，控制通货膨胀。政府不论是向厂商，还是向消费者征税，经过市场调节，最终税收必定会由双方共同承担，对厂商征税会使市场均衡价格上升，对消费者征税则会使市均衡价格下降。

二、习题解析

名词解释

需求；供给；需求函数；供给函数；需求量的变动；需求的变动；供给量的变动；供给的变动；均衡价格；需求的价格弹性；供给的价格弹性；需求的收入弹性；需求的交叉弹性。

1. 需求

答：需求（demand）是指在某一特定时期内，在每一价格水平上，消费者愿意并且能够购买的一定数量的商品或劳务。它包含两层含义：消费者既有购买的欲望，又有支付该商品的购买能力。

2. 供给

答：供给（supply）是指在某一特定时期内，在每一价格水平上，生产者愿意并且能够提供的一定数量的商品或劳务。如果生产者对某种商品只有提供出售的愿望，而没有提供出售的能力，则不能形成有效供给，也不能算作供给。

3. 需求函数

答：需求函数是表示一种商品的需求数量与影响该需求数量的各种因素之间相互关系的函数。影响需求量的各个因素是自变量，需求数量是因变量。一种商品的需求数量是所有影响这种商品需求数量的因素的函数。假定其他因素保持不变，仅仅分析一种商品的价格对该商品需求量的影响，即把一种商品的需求量仅仅看成是这种商品价格的函数，于是，需求函数就可以表示为 $Q_d = f(P)$，其中，P 为商品价格；Q_d 为商品的需求量。

4. 供给函数

答：供给函数是表示一种商品的供给数量与影响该供给数量的各种因素之间相互关系的函数。影响供给量的各个因素是自变量，供给数量是因变量。一种商品的供给数量是所有影响这种商品供给数量的因素的函数。假定其他因素保持不变，仅仅分析一种商品的价格对该商品供给量的影响，即把一种商品的供给量紧急看成是这种商品价格的函数，于是，供给函数就可以表示为 $Q_s = f(P)$，其中，P 为商品价格；Q_s 为商品的供给量。

5. 需求量变动

答：需求量变动指在其他条件不变的情况下，由于商品本身价格变化，消费者对该商品的需求数量的变化。引起需求量变化的原因是商品自身价格的变化，图形上表现为沿着同一条需求曲线上下移动。

6. 需求变动

答：需求变化一般定义为商品自身价格不变的条件下，由于其他因素的变化而引起的该商品需求数量的变动,即整体需求水平的变动。因此,需求变动也被称为需求水平的变动。图形上,需求的变化表现为需求曲线的位置移动。

7. 供给量变动

答:供给量变动指在其他条件不变的情况下,由于商品本身价格变化,生产者对商品的供给量的变化。引起供给量变化的因素仅仅是商品本身的价格。在图形上,供给量的变化表现为沿着同一条供给曲线上下移动。

8. 供给变动

答:供给变动指商品自身价格不变的条件下,由于其他因素的变化而引起的该商品供给数量的变动,即整体供给水平的变动。因此,供给的变动也被称为供给水平的变动。图形上,供给的变动表现为供给曲线的位置移动。

9. 均衡价格

答:一种商品的均衡价格是指该种商品的市场需求量和市场供给量相等时的价格。均衡价格是唯一能稳定的价格,只有在这种情况下才不会有价格波动的倾向。任何背离均衡价格的价格水平,都会在竞争的作用下最终回到均衡价格的水平。

10. 需求的价格弹性

答:需求的价格弹性(price elasticity of demand),简称需求弹性,表示在一定时期内,一种商品的需求量对于该商品价格变动的反应程度。确切地说,它是指当商品价格变动1%时,所引起的该商品需求量变动的百分比。其大小用弹性系数来衡量,具体计算公式为:需求的价格弹性系数=需求量的变动率/价格的变动率。

11. 供给的价格弹性

答:供给的价格弹性(price elasticity of supply),简称供给弹性,表示在一定时期内,一种商品的供给量对于该商品价格变动的反应程度。确切地说,它是指当商品价格变动1%时,所引起的该商品供给量变动的百分比。其大小用弹性系数来衡量,具体计算公式为:供给的价格弹性系数=供给量的变动率/价格的变动率。

12. 需求的收入弹性

答:需求的收入弹性(income elasticity of demand)是指一定时期内,在其他条件不变的情况下,消费者对一种商品的需求量变化相对于消费者收入变化的反应程度。即当消费者收入变化1%时所引起的商品需求量变化的百分比。需求的收入弹性系数计算公式为:需求的收入弹性系数=需求量的变动率/收入的变动率。

13. 需求的交叉弹性

答:一种商品的需求量变动对相关商品价格变动的反应程度被称作需求的交叉弹性(cross elasticity of demand)。需求的交叉弹性系数的计算公式为:

$$需求的交叉弹性系数 = \frac{一种商品的需求量变动率}{另外一种商品的价格变动率}$$

或者:

$$e_{XY} = \frac{dQ_X/Q_X}{dP_Y/P_Y} = \frac{dQ_X}{dP_Y} \cdot \frac{P_Y}{Q_X}$$

替代品之间的交叉价格弹性系数为正，并且数值越大，代表两种商品之间的替代性越强；互补品之间的交叉价格弹性系数为负，并且绝对值越大，代表两种商品之间的互补性越强。

单项选择题

1. 下列各项中体现需求规律的是（　　）。
   A. 药品的价格上涨，使药品质量得到了提高
   B. 汽油的价格提高，小汽车的销售量减少
   C. 丝绸价格提高，游览公园的人数增加
   D. 照相机价格下降，导致销售量增加

2. 当汽油的价格上升时，在其他条件不变的情况下，对小汽车的需求量将（　　）。
   A. 减少　　　　B. 不变　　　　C. 增加　　　　D. 难以确定

3. 当咖啡价格急剧升高时，在其他条件不变的情况下，对茶叶的需求量将（　　）。
   A. 减少　　　　B. 不变　　　　C. 增加　　　　D. 难以确定

4. 下列因素中不会使需求曲线移动的是（　　）。
   A. 消费者收入变化　　　　　　B. 商品价格下降
   C. 其他商品价格下降　　　　　D. 消费者偏好变化

5. 鸡蛋的供给量增加是指供给量由于（　　）。
   A. 鸡蛋的需求量增加而引起的增加
   B. 人们对鸡蛋偏好的增加
   C. 鸡蛋的价格提高而引起的增加
   D. 由于收入的增加而引起的增加

6. 假如生产某种商品所需原材料的价格上升，则这种商品（　　）。
   A. 需求曲线向左方移动　　　　B. 供给曲线向左方移动
   C. 需求曲线向右方移动　　　　D. 供给曲线向右方移动

7. 供给规律可以反映在（　　）。
   A. 消费者不再喜欢消费某商品，使该商品的价格下降
   B. 政策鼓励某商品的生产，因而该商品的供给量增加
   C. 生产技术提高会使商品的供给量增加
   D. 某商品价格上升将导致对该商品的供给量增加

8. 已知某商品的需求函数和供给函数分别为 $Q_d = 14 - 3P$，$Q_s = 2 + 6P$，该商品的均衡价格是（　　）。
   A. 4/3　　　　B. 4/5　　　　C. 2/5　　　　D. 5/2

9. 假设某商品的需求曲线为 $Q = 3 - 2P$，市场上该商品的均衡价格为 4，那么，当需求曲线变为 $Q = 5 - 2P$ 后，均衡价格将（　　）。
   A. 大于 4　　　B. 小于 4　　　C. 等于 4　　　D. 小于或等于 4

10. 假定某商品的价格从 5 元降到 4 元，需求量从 9 个上升到 11 个，则该商品的总收益将( )。
   A. 不变　　　　　B. 增加　　　　　C. 减少　　　　　D. 无法判断
11. 对于一个不吃猪肉的人来说，猪肉的需求量和牛肉价格之间的交叉弹性是( )。
   A. 0
   B. 负值
   C. 非弹性
   D. 弹性大小不一定
12. 已知需求方程为 Q = 50 − 2P，在 P = 10 处的价格弹性是( )。
   A. 6　　　　　　B. 0.67　　　　　C. 0.33　　　　　D. 0

答案：1~5：DACBC；6~10：BDAAC；11~12：AB。

问答题

1. 图 2 – 2 中有三条为直线的需求曲线。

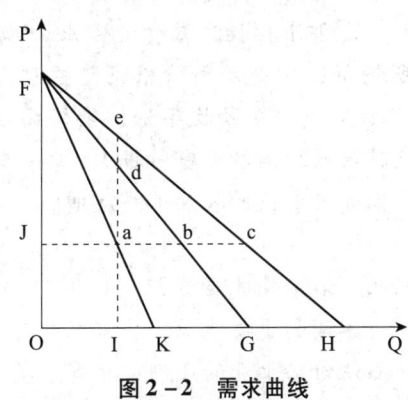

图 2 – 2　需求曲线

(1) 试比较 a、b 和 c 点的需求价格弹性。
(2) 试比较 a、d 和 e 点的需求价格弹性。
2. 如果考虑到提高生产者的收入，那么对农产品和轿车一类高级消费品应采取提价还是降价的办法？为什么？
3. 运用供求理论和弹性理论分析"谷贱伤农"或"丰收悖论"。
4. 用供求理论分析石油输出国组织为什么要限制石油产量。

1. 答：
(1) 用 E_a、E_b 和 E_c 分别代表 a、b 和 c 点的需求弹性，则由于：$E_a = \dfrac{aK}{aF} = \dfrac{JO}{JF}$，$E_b = \dfrac{bG}{bF} = \dfrac{JO}{JF}$，$E_c = \dfrac{cH}{cF} = \dfrac{JO}{JF}$，因而 $E_a = E_b = E_c$。

(2) 用 E_a、E_d 和 E_e 分别代表 a、d 和 e 点的需求弹性，则由于：$E_a = \dfrac{aK}{aF} = \dfrac{IK}{IO}$，$E_d = \dfrac{dG}{dF} = \dfrac{IG}{IO}$，$E_e = \dfrac{eH}{eF} = \dfrac{IH}{IO}$，又由于 IK < IG < IH，因而 $E_a < E_d < E_e$。

2. 答：

对农产品，应采取提价的办法；对轿车这类高级消费品则应采取降价的办法。根据需求的价格弹性与销售总收入之间的关系，我们知道，对需求富于弹性的商品来说，其销售总收入与价格呈反方向变动，即它随价格的提高而减少，随价格的降低而增加；而对需求缺乏弹性的商品来说，其销售总收入与价格呈正方向变动，即它随价格的提高而增加，随价格的降低而减少。所以，为了提高生产者的收入，对农产品这类需求缺乏弹性的必需品应该采取提价办法，而对于轿车这类需求富于弹性的高级奢侈品应该采取降价的办法。

3. 答：

"丰收悖论"或"谷贱伤农"，即农作物丰收，农民的收入不增反降。丰收悖论的主要成因可以用供求理论和农产品的需求价格弹性特征来进行说明。丰收年份，供给曲线右移，均衡数量增加，均衡价格下降。同时大米、小麦等基本粮食作物都是生活必需品，缺乏需求弹性，粮食的需求曲线较为陡峭。可以看出，丰收时虽然均衡数量有所增加，但是均衡价格下降幅度大于均衡数量的增加幅度，因此，农民的收入不增反减。在歉收年份，供给曲线由左移，均衡数量减少，均衡价格上升。歉收时虽然均衡数量有所减少，但是均衡价格上升的幅度大于均衡数量的减少幅度，因此，农民的收入不减反增。

4. 答：

自 20 世纪 70 年代以来，石油输出国组织（OPEC）曾连续多次采取限制石油生产的措施。由于石油是各国的重要能源，其需求缺乏弹性，所以当石油输出国组织决定降低产量时，石油价格上涨的比例大于需求量下降的比例。从短期来看，会增加该组织成员国的收益；从长远来看，有利于世界石油市场的稳定。若石油输出国组织不限产，石油总产量的增加，将会导致各成员国的收益不增反减。

计算题

1. 假设某种商品的需求函数和供给函数分别为：$Q_d = 14 - 3p$ 和 $Q_s = 2 + 6p$。

(1) 求该商品的均衡价格和均衡产销量。

(2) 求该商品供求均衡时的需求价格弹性和供给弹性。

2. 假定同一市场上的两个竞争厂商，他们的市场需求曲线分别为 $P_X = 1000 - 5Q_X$ 和 $P_Y = 1600 - 4Q_Y$，这两家厂商现在的市场销售量分别是 100 单位 X 和 250 单位 Y。

(1) 求 X，Y 当前的需求价格弹性。

(2) 假定 Y 降价后使 Q_Y 增加到 300 单位，同时导致 X 的销售量 Q_X 下降到

75 单位,求 X 厂商产品 X 的交叉价格弹性是多少?

(3) 假定 Y 厂商的目标是谋求收益最大化,应该采取怎样的价格策略?

3. 某公司生产皮鞋,现价每双 60 美元,某年的销售量每月大约 10000 双,但其竞争者乙公司在该年 1 月份把皮鞋价格从每双 65 美元降到 55 美元,甲公司 2 月份销售量跌到 8000 双。试问:

(1) 两个公司皮鞋的交叉弹性是多少(甲公司皮鞋价格不变)?

(2) 若甲公司皮鞋弧弹性是 -2,乙公司把皮鞋价格保持在 55 美元,甲公司想把销售量恢复到每月 10000 双的水平,问每双皮鞋要降价到多少?

4. 假设:(1) X 商品的需求曲线为直线 $Q_X = 40 - 0.5P_X$;

(2) Y 商品的需求函数亦为直线;

(3) X 与 Y 的需求曲线在 $P_X = 8$ 的那一点相交;

(4) 在 $P_X = 8$ 的那个交点上,X 的需求弹性之绝对值只有 Y 的需求弹性之绝对值的 1/2。

请根据上述已知条件推导出 Y 的需求函数。

5. 在商品 X 市场中,有 10000 个相同的个人,每个人的需求函数均为 $D = 12 - 2P$;同时又有 1000 个相同的生产者,每个生产者的供给函数均为 $S = 20P$。

(1) 推导商品 X 的市场需求函数和市场供给函数。

(2) 在同一坐标系中,绘出商品 X 的市场需求曲线和市场供给曲线,并标示出均衡点。

(3) 求均衡价格和均衡产量。

(4) 假设每个消费者的收入有了增加,其个人需求曲线向右移动了 2 个单位,求收入变化后的市场需求函数及均衡价格和均衡产量,并在坐标图上予以表示。

(5) 假设每个生产者的生产技术水平有了很大提高,其个人供给曲线向右移动了 40 个单位,求技术变化后的市场供给函数及均衡价格和均衡产量,并在坐标图上予以表示。

(6) 假设政府对售出的每单位商品 X 征收 2 美元的销售税,而且对 1000 名销售者一视同仁,这个决定对均衡价格和均衡产量有何影响?实际上谁支付了税款?政府征收的总税额为多少?

(7) 假设政府对生产出的每单位商品 X 给予 1 美元的补贴,而且对 1000 名商品 X 的生产者一视同仁,这个决定对均衡价格和均衡产量有什么影响?商品 X 的消费者能从中获益吗?

1. 解:

(1) 根据市场均衡条件,将 $Q_d = 14 - 3P$ 和 $Q_s = 2 + 6p$ 代入 $Q_d = Q_s$,解得:$P = 4/3$,$Q_d = Q_s = 10$。

(2) 需求价格弹性 $E_d = -\dfrac{dQ_d}{dP} \cdot \dfrac{P}{Q_d}$，所以市场均衡时的需求价格弹性 $E_d = 2/5$；同理，因为供给价格弹性 $E_s = \dfrac{dQ_s}{dP} \cdot \dfrac{P}{Q_s}$，所以市场均衡时的供给价格弹性 $E_s = 4/5$。

2. 解：

(1) 设 $Q_X = 100$，$Q_Y = 250$，则有 $P_X = 1000 - 5Q_X = 500$，$P_Y = 1600 - 4Q_Y = 600$。

X 的需求价格弹性：

$$E_d(X) = -\dfrac{dQ_X}{dP_X} \cdot \dfrac{P_X}{Q_X} = \dfrac{1}{5} \times \dfrac{500}{100} = 1$$

Y 的需求价格弹性：

$$E_d(Y) = -\dfrac{dQ_Y}{dP_Y} \cdot \dfrac{P_Y}{Q_Y} = \dfrac{1}{4} \times \dfrac{600}{250} = 0.6$$

(2) 设 $Q'_Y = 300$，$Q'_X = 75$，则有：$P'_Y = 1600 - 4Q'_Y = 400$；$\Delta Q_X = Q'_X - Q_X = 75 - 100 = -25$；$\Delta P_Y = P'_Y - P_Y = 400 - 600 = -200$。

因此，X 厂商产品 X 对 Y 厂商产品 Y 的交叉弹性为：

$$E_{XY} = \Delta Q_X / \Delta P_Y \cdot [(P_Y + P'_Y)/2 / (Q_X + Q'_X)/2] = 5/7。$$

(3) 由 (1) 可知，Y 厂商生产的产品 Y 在价格 $P = 600$ 时的需求价格弹性为 0.6，也就是说 Y 产品的需求缺乏弹性，在这种情况下降价会使总收益减少，提价会使总收益增加。这一结论可验证如下：

降价前，Y 厂商的总收益 $TR = P_Y Q_Y = 600 \times 250 = 150000$。

降价后，Y 厂商的总收益 $TR = P_Y Q_Y = 400 \times 300 = 120000$。

可见，Y 厂商降低其产品价格将使其总收益减少，故降价对 Y 公司在经济上是不合理的。

3. 解：

由题设，$P_{X1} = 60$，$Q_{X1} = 10000$，$P_{Y1} = 65$，$P_{Y2} = 55$，$Q_{X2} = 8000$，则：

(1) 甲公司和乙公司皮鞋的交叉价格弹性为 $E_{XY} = \dfrac{\Delta Q_X}{\Delta P_Y} \cdot \dfrac{(P_{Y1} + P_{Y2})/2}{(Q_{X1} + Q_{X2})/2}$

$= \dfrac{Q_{X2} - Q_{X1}}{P_{Y2} - P_{Y1}} \cdot \dfrac{P_{Y1} + P_{Y2}}{Q_{X1} + Q_{X2}} = \dfrac{8000 - 10000}{55 - 65} \times \dfrac{65 + 55}{10000 + 8000} = \dfrac{4}{3} \approx 1.33$。

(2) 设甲公司皮鞋价格要降到 P_{X2} 才能使其销售量恢复到 10000 双的水平。

因 $P_{X1} = 60$，故 $\Delta P_X = P_{X2} - P_{X1} = P_{X2} - 60$。

又 $\Delta Q_X = Q'_{X2} - Q_{X2} = 10000 - 8000 = 2000$，$E_d = -2.0$。

由 $E_d = \dfrac{\Delta Q_X}{\Delta P_X} \cdot \dfrac{P_{X1} + P_{X2}}{Q_{X1} + Q_{X2}}$，即 $-2.0 = \dfrac{2000}{P_{X2} - 60} \times \dfrac{60 + P_{X2}}{8000 + 10000}$，得：

$$P_{X2} = 17 \times 60 / 19 \approx 53.68（美元）$$

4. 解：

由假设 (1)，当 $P_X = 8$ 时，$Q_X = 40 - 0.5 \times 8 = 36$，则由假设 (3) 可知，Y 的

需求曲线通过点 (36, 8)。同时，在点 (36, 8)，X 之需求弹性为 $E_{dx} = 0.5 \times 8/36 = 1/9$。由假设（4）得 $\frac{1}{9} = -\frac{1}{2} \times \frac{1}{K_y} \times \frac{8}{36}$，得 Y 之需求曲线的斜率 $K_y = -1$。

于是，据假设（2），由点斜式直线方程设 Y 之需求曲线为 $Q_y = a - P_Y$，将点 (36, 8) 代入，得 $a = 44$，即商品 Y 之需求曲线为 $Q_y = 44 - P_Y$。

5. 解：

（1）商品 X 的市场需求函数 $D = 10000d = 10000(12 - 2P) = 120000 - 20000P$；商品 X 的市场供给函数 $S = 1000 \times 20P = 20000P$。

（2）商品 X 的市场需求曲线 D 和市场供给曲线 S 如图 2-3 所示。

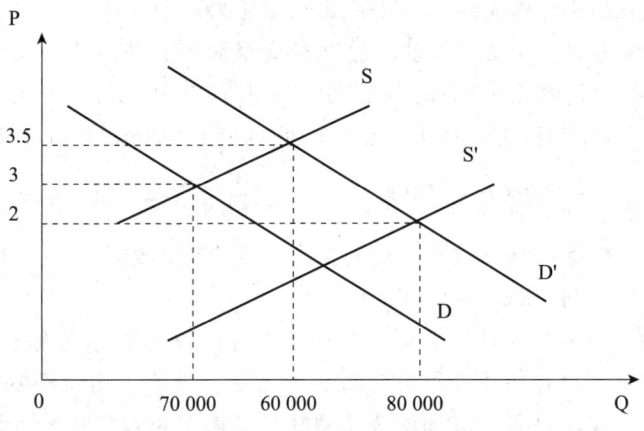

图 2-3　商品 X 的需求曲线和供给曲线

（3）由 $D = S$，即 $120000 - 20000P = 20000P$，得 $P = \frac{120000}{40000} = 3$，$Q = 20000 \times 3 = 60000$。

（4）此时个人需求函数变为 $d' = d + 2 = 12 - 2P + 2 = 14 - 2P$，市场需求函数相应变为 $D' = 10000d' = 10000 \times (14 - 2P) = 140000 - 20000P$。

于是，由 $D' = S$，即 $140000 - 20000P = 20000P$，得 $P = \frac{140000}{40000} = \frac{7}{2} = 3.5$，$Q = 20000 \times 3.5 = 70000$。

（5）此时个人供给函数变为 $s' = s + 40 = 20P + 40$，市场供给函数相应变为 $S' = 1000s' = 1000 \times (20P + 40) = 20000P + 40000$。

于是，由 $D = S'$，即 $120000 - 20000P = 20000P + 40000$，得 $P = \frac{80000}{40000} = 2$，$Q = 20000 \times 2 + 40000 = 80000$。

（6）征收 2 美元销售税会使每一销售者供给曲线向上移动，且移动的垂直距离等于 2 美元。此时个人供给函数变为 $s'' = 20(P - 2) = 20P - 40$，市场供给函数相应变为 $s'' = 1000s'' = 1000 \times (20P - 40) = 20000P - 40000$。

于是，由 $D = S''$，即 $120000 - 20000P = 20000P - 40000$，得 $P = \frac{160000}{40000} = 4$，

$Q = 20000 \times 4 - 40000 = 40000$。即这一征税措施使均衡价格由 3 美元上升为 4 美元，均衡销售量由 60000 单位减少到 40000 单位。

尽管政府是向销售者征收税款，但该商品的消费者也分担了税额的支付。在政府向销售者征税后，消费者购买每单位商品 X 要支付 4 美元，而不是征税前的 3 美元，单位产品实际支付价格比征税前多了 1 美元。同时每单位时期仅消费 40000 单位的商品 X，而不是税前的 60000 单位。销售者出售每单位商品 X 从消费者手上收到 4 美元销售款，但仅留下 2 美元，其余的 2 美元作为税金交给了政府，单位产品实际得到价格比征税前少了 1 美元。因此，在政府征收的这 2 美元销售税中，消费者和销售者实际各支付了 1/2。在这种情况下，税额的负担是由消费者和销售者平均承担的。政府征收的总税额每单位时期 $= 2 \times 40000 = 80000$（美元）。

(7) 1 美元补贴会引起每一生产者供给曲线向下移动，且移动的垂直距离为 1 美元。此时个人供给函数变为 $S''' = 20(P+1) = 20P + 20$，市场供给函数相应变为 $S''' = 1000S''' = 1000 \times (20P + 20) = 20000P + 20000$。于是，由 $D = S'''$，即 $120000 - 20000P = 20000P + 20000$，得 $P = \dfrac{100000}{40000} = 2.5$，$Q = 20000 \times 2.5 + 20000 = 70000$。即这一补贴措施使均衡价格由 3 美元降到 2.5 美元，均衡产销量由 60000 单位增加到 70000 单位。

尽管这一补贴是直接付给了商品 X 的生产者，但是该商品的消费者也从中得到了好处。消费者现在购买每单位商品 X 只需支付 2.5 美元，而不是补贴前的 3 美元，并且他们现在每单位时期消费 70000 单位而不是 60000 单位的商品 X，其消费者剩余增加情况如下：在给补贴前即价格是 3 美元，产量是 60000 时，消费者剩余 $= (6-3) \times 60000 \div 2 = 90000$（美元）；在给补贴后即价格是 2.5 美元，产量是 70000 时，消费者剩余 $= (6 - 2.5) \times 70000 \div 2 = 122500$（美元），故消费者剩余增加额 $= 122500 - 90000 = 32500$（美元）。

三、拓展习题

单项选择题

1. 邮局为减少赤字打算调整邮票价格。假设邮票的需求函数为 $X(p) = 10 - 2p$，$p \in [0, 5]$。这里 p 为每枚邮票价格。而且，目前邮票的价格为 $p = 3$，那么邮局应(　　)。

  A. 提高邮票价格   B. 降低邮票价格
  C. 不改变邮票价格   D. 以上都不对

2. 某月内，X 商品的替代品的价格上升和互补品的价格上升，分别引起 X 商品的需求变动量为 50 单位和 80 单位，则它们共同作用下该月 X 商品的需求数量(　　)。

  A. 增加 30 单位   B. 减少 30 单位
  C. 增加 130 单位   D. 减少 130 单位

3. 蛛网模型是以( )为前提条件的。
A. 需求量对价格缺乏弹性
B. 供给量对价格缺乏弹性
C. 需求方改变对未来的价格预期
D. 生产者按本期价格决定下期的产量

4. 政府为了增加财政收入，决定按销售量向卖者征税，假如政府希望税收负担全部落在买者身上，并尽可能不影响交易量，那么应该具备的条件是( )。
A. 需求和供给的价格弹性均大于零小于无穷
B. 需求的价格弹性大于零小于无穷，供给的价格弹性等于零
C. 需求的价格弹性等于零，供给的价格弹性大于零，但小于无穷
D. 需求的价格弹性为无穷，供给的价格弹性等于零

5. 已知某商品的市场需求函数为 $D = 30 - P$，市场供给函数为 $S = 3P - 10$，如果对该商品实行减税，则减税后的市场均衡价格( )。
A. 等于 10　　　B. 小于 10　　　C. 大于 10　　　D. 小于或等于 10

答案：1~5：BBDCB。

问答题

1. 简述支撑需求定律和供给定律的经济学原理。
2. 商品的需求受哪些因素的影响？这些因素对商品的需求具有何种影响？

1. 答：
（1）需求定律是指：在一般情况下，某种商品的价格越高，对这种商品的需求量越小；价格越低，对该商品的需求量越大。而供给定律是指：一般情况下，商品（或劳务）的供给量随着价格的上升而增加、随其价格的下降而减少的一般规律。

（2）支撑需求定律和供给定律的机制是价格机制。供给与需求相互作用，从而决定了商品的价格，价格又可以自动调节供给和需求，使市场达到均衡。价格在市场上调节着消费者的需求行为和厂商的生产行为：商品的价格上升，消费者在既定的收入和偏好下，为了使效用获得极大化，会减少对商品的需求，反之，价格下降则增加对商品的需求；商品的价格上升，对于厂商意味着利润的增加，理性的生产者为了追求利润的最大化，会增加产量，反之，商品的价格下跌，利润减少，则厂商会减少产量。同时，需求和供给也在调整着价格：供不应求时，价格上升；供过于求时，价格下降。市场这只"看不见的手"在自发调节着市场，使供给和需求趋于平衡，联系供给和需求的纽带便是价格。

2. 答：

需求是指在一定时期内对应于商品各种可能的价格水平，消费者愿意而且能够购买的商品数量。商品的需求量受以下五点因素的影响：

第一，商品的自身价格。一般来说，商品的市场价格越高，人们愿意购买的数量就越少；相反，市场价格越低，人们愿意购买的数量就越多。

第二，消费者的偏好。当消费者对某种商品的偏好程度增强时，该商品的需求量就会增加。相反，偏好程度减弱，需求量就会减少。

第三，消费者的收入。一般来说，在其他条件不变的情况下，消费者的收入越高，对商品的需求越多。

第四，相关商品的价格。当商品本身的价格不变，而和它相关的其他商品的价格发生变化时，这种商品的需求数量也会发生变化。如果其他商品和被考察的商品是替代品，替代品价格的提高将引起该商品需求的增加，替代品价格的降低将引起该商品需求的减少。如果其他商品和被考察的商品是互补品，互补品价格的提高将引起该商品需求的降低，互补品价格的下降将引起该商品需求的增加。

第五，消费者的价格预期。当消费者预期商品的价格在未来会上升时，对商品的需求量就会增加；反之，当消费者预期商品的价格在将来会下降时，对商品的需求量就会减少。

此外，还有很多因素会影响商品的需求，如气候，人口的数量、结构和年龄，政府的消费政策等。

计算题

1. 假定对应价格 P 与需求量 Q 的需求函数为 P（Q），且连续、可微，利用数理方法说明需求价格弹性和收益的关系。

2. 设现阶段我国居民对新汽车需求的价格弹性 $E_d = 1.2$，需求的收入弹性 $E_y = 3.0$，计算：

（1）在其他条件不变的情况下，价格提高 3% 对需求的影响；

（2）在其他条件不变的情况下，收入提高 2% 对需求的影响；

（3）假设价格提高 8%，收入增加 10%，2012 年新汽车的销售量为 800 万辆。利用有关弹性系数估算 2013 年新汽车的销售量。

3. 假设某商品的反需求函数为 P = 11 − 0.15Q；其反供给函数为 P = 1 + 0.05Q；试求：

（1）市场达到均衡时，消费者剩余是多少？

（2）如果政府对这种商品每单位征收 1 元销售税，政府的税收收入是多少？

（3）在这 1 元税收中，消费者和生产者各负担多少？

1. 解：

总收益函数为 TR = P · Q。总收益对价格的导数为：

$$\frac{dTR}{dP} = Q + P \cdot \frac{dQ}{dP} = Q(1 - e_d)$$

其中，$e_d = -\frac{P}{Q} \cdot \frac{dQ}{dP}$ 为需求价格弹性。由该关系式可知：

当需求价格弹性 $e_d > 1$ 时，$\frac{dTR}{dP} < 0$，从而总收益 TR 与价格 P 反方向变动；

当需求价格弹性 $e_d < 1$ 时，$\frac{dTR}{dP} > 0$，从而总收益 TR 与价格 P 同方向变动；

当需求价格弹性 $e_d = 1$ 时，$\frac{dTR}{dP} = 0$，从而该商品价格 P 对收益 TR 没影响。

2. 解：

（1）因为，$E_d = -\frac{\Delta Q_d/Q_d}{\Delta p/p}$，将 $E_d = 1.2$ 和 $\frac{\Delta p}{p} = 3\%$ 代入可得 $1.2 = -\frac{\Delta Q_d/Q_d}{0.03}$，$DQ_d/Q_d = 0.036$。所以在其他条件不变的情况下，价格提高 3% 使需求降低 3.6%。

（2）$E_y = \frac{\Delta Q/Q}{\Delta Y/Y}$，将 $\frac{\Delta Y}{Y} = 0.02$ 和 $E_y = 3.0$ 代入可得 $3.0 = \frac{\Delta Q/Q}{0.02}$，得 $DQ/Q = 0.06$。

因此，其他条件不变收入提高 2% 时，需求增加 6%。

（3）假设价格提高 8%，收入增加 10%，2012 年新汽车的销量为 800 万辆。则 $\Delta Q = (-1.2/8\% + 3.0/10\%) \times 800 = 163.2$（万辆）。因此，2013 年新汽车的销售量 $= 800 + 163.2 = 963.2$（万辆）。

3. 解：

（1）联立求解反供给函数和反需求函数：

$$\begin{cases} P = 11 - 0.15Q \\ P = 1 + 0.05Q \end{cases}$$

得到市场的均衡价格、均衡产量分别为 $P^* = 3.5, Q^* = 50$。根据消费者剩余的定义，可以得到消费者剩余 $= \frac{11 - 3.5}{2} \times 50 = 187.5$。

（2）政府对这种商品每单位征收 1 元销售税后，形成新的反供给函数为 $P = 2 + 0.05Q$。

联立求解 $\begin{cases} P = 11 - 0.15Q \\ P = 2 + 0.05Q \end{cases}$，可以得到市场的均衡价格和均衡产量分别为 $P = 4.25, Q = 45$。政府的税收收入 $T = tQ = 1 \times 45 = 45$。

（3）根据税收前后的均衡价格，在 1 元税收中，消费者负担额 $= 4.25 - 3.5 = 0.75$（元），生产者负担额 $= 1 - 0.75 = 0.25$（元）。

四、难点解析

1. 比较供给的变动和供给量的变动，以及需求的变动和需求量的变动。

2. 如何理解需求弹性理论。

1. 答：

供给的变动和供给量的变动以及需求的变动和需求量的变动之间的区别十分类似。

（1）供给量的变动是指在其他条件不变的情况下，由于商品本身价格变化，生产者对商品的供给量的变化。引起供给量变化的因素仅仅是商品本身的价格。在图形上，供给量的变化表现为沿着同一条供给曲线上下移动。供给变动则是指商品自身价格不变的条件下，由于其他因素的变化而引起的该商品供给数量的变动，即整体供给水平的变动。因此，供给的变动也被称为供给水平的变动。图形上，供给的变动表现为供给曲线的位置移动。

（2）需求量的变动是指在其他条件不变的情况下，由于商品本身价格变化，消费者对商品需求量的变化。引起需求量变化的因素仅仅是商品本身的价格。在图形上，需求量的变化表现为沿着同一条需求曲线上下移动。需求的变动则是指商品自身价格不变的条件下，由于其他因素的变化而引起的该商品需求数量的变动，即整体需求水平的变动。因此，需求的变动也被称为需求水平的变动。图形上，需求的变动表现为需求曲线的位置移动。

（3）总结起来，供给量的变动和需求量的变动是商品本身价格变动引起的，而供给的变动和需求的变动则是商品本身价格不变的情况下，由其他因素引起的。

2. 答：

（1）需求弹性理论主要有需求价格弹性、需求交叉弹性、需求收入弹性。

（2）弹性指商品需求量或供给量对于价格变动的反应敏感性。弹性的数学表示是：因变量的变动率与自变量的变动率的比值。假设存在函数 $y = f(x)$，且该函数可导，则 y 对 x 的弹性为：

$$E = \frac{dy/y}{dx/x} = f'(x) \frac{x}{y}$$

（3）需求价格弹性。商品需求的价格弹性指商品需求量对于商品自身价格变动的反应敏感性。商品需求价格弹性表示为商品需求量的变动率与商品自身价格变动率的比值。假设商品需求函数为 $Q = Q(p)$，且该商品需求函数可导，则商品需求价格弹性为：

$$E_d = -\frac{dQ}{dp} \frac{p}{Q}$$

在 $\frac{dQ}{dp} \cdot \frac{p}{Q}$ 前加负号，是要确保 E_d 在一般情况下为正值。供给价格弹性定义与此类似，但是无须在 $\frac{dQ}{dp} \cdot \frac{p}{Q}$ 前加负号。

依据弹性大小进行分类：完全弹性、富有弹性、单一弹性、缺乏弹性和无弹性。

（4）需求交叉弹性。需求交叉弹性指某种商品需求量的变动率与另一种商品价格的变动率的比值。需求交叉弹性测度了一种商品需求量变动对于另一种商品价格变动反应的敏感性程度。在商品需求函数可导的情况下，需求交叉价格弹性为：

$$e_{XY} = \frac{dQ_X/Q_X}{dP_Y/P_Y} = \frac{dQ_X}{dP_Y} \cdot \frac{P_Y}{Q_X}$$

依据交叉弹性对商品的相关关系进行分类：商品为替代关系，交叉弹性大于零；商品为互补关系，交叉弹性小于零；商品无相关关系，交叉弹性等于零。

（5）需求收入弹性。需求收入弹性指商品需求量的变动率与收入变动率的比值。需求收入弹性测度了商品需求量变动对于收入变动反应的敏感性程度。在商品需求函数可导的情况下，需求收入弹性为：

$$e_M = \frac{dQ/Q}{dM/M} = \frac{dQ}{dM} \cdot \frac{M}{Q}$$

根据需求的收入弹性进行商品分类：收入弹性大于零为正常商品；收入弹性小于零为低档商品；收入弹性大于1为奢侈品；收入弹性小于1为必需品。

第三章　效用理论

一、学习指导

【学习目的】

通过本章的学习，要求学生了解需求曲线背后的消费者行为，了解基数效用论和序数效用论的区别与联系，掌握基数效用论中关于消费者选择的分析，重点掌握序数效用论中关于消费者选择的分析，理解需求曲线向右下倾斜的原因，能够分析商品的替代效应与收入效应。

【学习目标】

1. 了解效用的含义及其特点。
2. 了解基数效用论与序数效用论的区别。
3. 掌握边际效用的含义及其与总效用之间的关系。
4. 了解边际效用递减规律。
5. 掌握无差异曲线的含义与特征。
6. 理解边际替代率及其递减规律。
7. 了解预算线的含义与特征。
8. 掌握消费者均衡的条件。
9. 学会分析价格变动对消费者选择影响的两种效应。

【关键概念】

效用（utility）；基数效用（cardinal utility）；序数效用（ordinal utility）；总效用（total utility）；效用最大化（utility maximization）；边际效用（marginal utility）；边际效用递减规律（the law of diminishing marginal utility）；消费者均衡（consumer equilibrium）；消费者剩余（consumer surplus）；偏好（preference）；无差异曲线（indifference curve）；等产量曲线（isoquant curve）；边际替代率（marginal rate of substitution）；预算线（budget line）；补偿预算线（compensated budget line）；替代效应（substitution effect）；收入效应（income effect）；正常物品（normal good）；低档物品（inferior good）；吉芬物品（giffen good）。

第三章 效用理论

【本章框架】

本章主要介绍效用理论（见图3-1）。首先从基数效用论开始，从总效用和边际效用的角度推导出消费者均衡的条件；其次重点讲解了序数效用论，通过无差异曲线和预算线推导消费者均衡的条件，并对基数效用论和序数效用论的均衡条件进行比较，又对跨时期的消费者均衡做了简单介绍；再次推导了个人和市场需求曲线，讨论了替代效应和收入效应，运用效用理论分析了消费者跨时期消费选择问题；最后简单分析了不确定情况下的消费者行为。

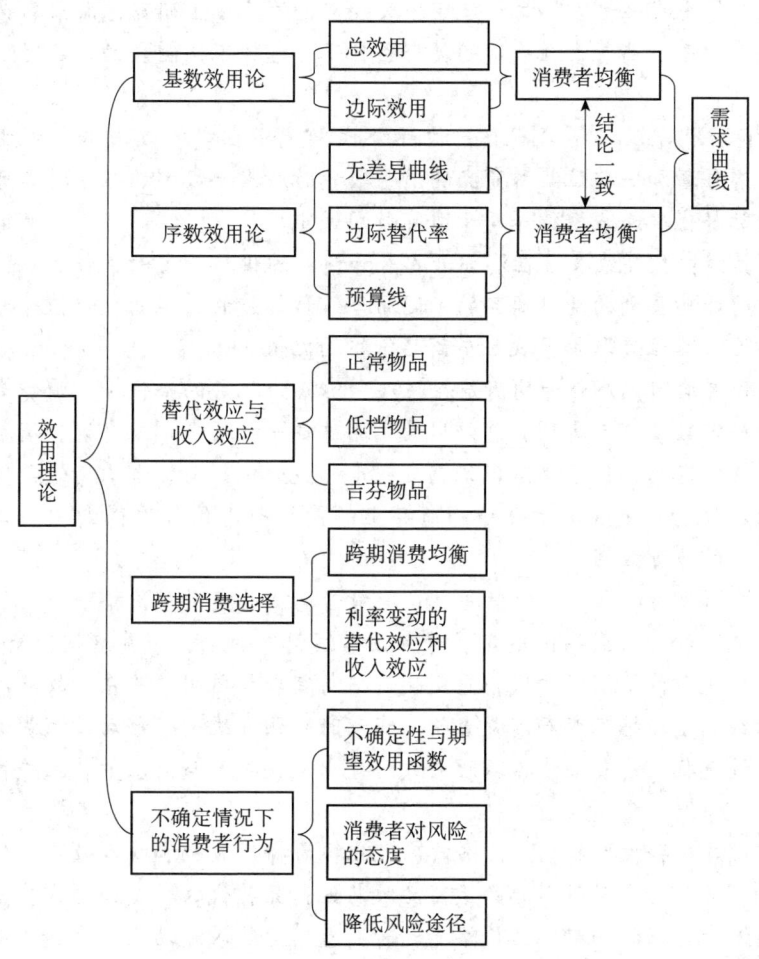

图3-1 效用理论框架

【内容提要】

- 效用：效用即使用价值，是商品或劳务满足人的欲望的能力，或者说是消费者消费商品或劳务所获得的满足程度。商品对消费者有效用决定于两个方面：消费者有消费此种商品的欲望以及商品本身具有满足其欲望的能力。
- 基数效应和序数效应：基数效应论可以用基数衡量效用大小，序数效用论只用序数对效用大小排序。

- 总效用与边际效用：总效用指消费者在一定时间内从一定数量商品的消费中所得到的效用量的总和。边际效用指消费者在一定时间内增加一单位的消费所得到的效用量的增量。边际效用为总效用的导数，总效用为边际效用的积分。
- 边际效用递减规律：在一定时间内，消费者在其他商品的消费数量保持不变的条件下，随着对某种商品的消费量的增加，消费者从该商品连续增加的每一单位消费中得到的效用增量是递减的。这种消费商品带来的边际效用递减的现象叫做边际效用递减规律。
- 无差异曲线：无差异曲线是在序数效用论的基础上研究消费者行为的一种分析方法。它表示消费者在一定的偏好条件下，选择不同组合的商品时其满足程度没有差别。
- 边际替代率及其递减规律：边际替代率是指在维持效用水平不变的前提下，消费者每增加一单位某种商品的消费数量时所需要放弃的另一种商品的消费数量。边际替代率递减规律等同于边际效用递减规律。
- 预算线：预算线表示在消费者收入和商品的价格给定的条件下，消费者的全部收入所能购买到的两种商品的不同组合。预算线的斜率的绝对值等于两种商品的价格比，其位置取决于收入与商品价格的比值。
- 消费者均衡：消费者均衡是在收入和价格为既定的条件下，消费者购买各种商品的一定数量可以达到其总效用最大的这样一种状态。或者说，消费者均衡是消费者在给定的条件下，实现了满足程度的最大化。消费者均衡的条件是在给定预算的条件下，使得用于每一种商品上的最后一单位货币得到相同的边际效用，即货币的边际效用。
- 价格消费曲线和收入消费曲线：消费者均衡的变动与价格消费曲线和收入消费曲线相一致。当商品价格变动时，预算线斜率变动，消费者均衡点也变动，其移动的轨迹即价格消费曲线，它反映价格与需求量之间的关系，故从此线可导出需求曲线。当价格不变而消费者收入变动时，预算线平行移动，消费者均衡点移动的轨迹是收入消费曲线，从此曲线可导出反映收入与需求量相互关系的恩格尔曲线。
- 替代效应和收入效应：价格效应可分解为替代效应和收入效应。替代效应是指一种商品价格变动时引起的该商品被其他商品替代的数量或替代其他商品的数量。收入效应是指一种商品价格变动时引起实际收入变动从而导致该商品消费量的变化量。

二、习题解析

名词解释

效用；基数效用；序数效用；总效用；边际效用；消费者均衡；消费者剩余；无差异曲线；商品的边际替代率；预算线；替代效用；收入效应；正常物品；低档物品；吉芬物品；不确定性。

1. 效用

答：效用是指商品满足人的欲望的能力，或者说，效用是指消费者在消费商品时所能感受到的满足程度。一种商品对消费者是否具有效用，取决于消费者是否有消费这种商品的欲望以及这种商品是否具有满足消费者欲望的能力。

效用这一概念与人的欲望联系在一起，它是消费者对商品满足自己欲望能力的一种主观评价。

2. 基数效用

答：19世纪和20世纪初，西方经济学家认为商品的效用可以如同长度、重量等概念一样，以基数来度量、比较或者加总。这种以数字为计量单位来衡量的消费者的满足程度即基数效用。

3. 序数效用

答：20世纪30年代，序数效用的概念被大家所认同。序数效用理论认为，效用的大小无法具体度量，效用之间只能依据消费者的偏好程度排列顺序或等级，这种以排序的形式衡量商品的效用就是序数效用。序数效用理论以无差异曲线为工具具体分析消费者的行为。

4. 总效用

答：总效用是消费者在某一时期内消费特定数量的商品所获得的效用的总和。假定消费者对一种商品的消费数量为 Q，则总效用函数为 TU = f(Q)。

5. 边际效用

答：边际效用是指消费者在所有其他商品的消费水平保持不变时，增加消费一单位某种商品所带来的满足程度的增加。边际效用存在递减规律，即在其他商品的消费保持不变的情况下，随着消费者对某种商品消费量的增加，其边际效用最终会趋于下降。

6. 消费者均衡

答：消费者均衡是研究单个消费者如何把有限的货币收入分配在各种商品的购买中以获得最大的效用。也就是说，它是研究单个消费者在既定收入下实现效用最大化的均衡条件。这里的均衡是指消费者实现最大效用时既不想增加、也不想再减少任何商品购买数量的这么一种相对静止的状态。消费者均衡是理解消费者行为的重要概念，应用消费者均衡这个工具可以分析各种条件下消费者的具体选择行为。

7. 消费者剩余

答：消费者剩余是指消费者愿意支付的金额与其实际支付的金额的差额。它虽然并不真正代表消费者在购买之后所剩下的东西，但它代表了消费者以低价购买商品所获得的利益。一般来说，它与商品价格成反比。消费者剩余通常被用来度量和分析社会福利问题。

8. 无差异曲线

答：无差异曲线是能给消费者带来相同效用水平的两种商品组合的曲线。无差异曲线具有以下特点：第一，无数条。同一平面图上可以有无数条无差异曲线，离原点越远的无差异曲线代表的效用水平越高。第二，不相交。同一坐标平面上的任意两条无差异曲线不会相交。第三，凸向原点。无差异曲线不仅向右下方倾斜，即无差异曲线的斜率为负，而且，无差异曲线以凸向原点的形状向右下方倾斜，即无差异曲线的斜率的绝对值是递减的。这一特征源于边际效用递减规律。

9. 商品的边际替代率

答：边际替代率指消费者在维持自身效用水平不变的前提下，每增加一单位某种商品的消费而愿意减少另一种商品的数量，表达式为 $MRS_{XY} = -\Delta Y/\Delta X$。边际替代率刻画了商品之间的替代关系。边际替代率的几何意义是：无差异曲线上任意一点的边际替代率等于该点切线斜率的负值，即等于两种商品的边际效用之比。消费者效用最大化时，边际替代率等于两种商品的价格之比，即消费者无差异曲线与预算线相切。

10. 预算线

答：预算线是指在消费者的收入和商品价格既定时，消费者的全部收入所能买到的两种商品的不同数量的各种组合。预算线又称为预算约束线、消费可能线和价格线。预算线方程：$P_1X_1 + P_2X_2 = I$。其中，I 表示消费者既定收入；X_1 和 X_2 分别表示商品1和商品2的购买数量；P_1 和 P_2 分别表示商品1和商品2的价格；P_1X_1 和 P_2X_2 分别表示购买商品1和购买商品2的支出。

11. 替代效应和收入效应

答：某种商品价格变动所引起的该商品需求量变动的总效应可以被分解为替代效应和收入效应两个部分，即：总效应＝替代效应＋收入效应。由商品的价格变动所引起的商品相对价格的变动，进而由商品相对价格变动所引起的商品需求量的变动为替代效应。由商品的价格变动所引起的实际收入水平变动，进而由实际收入水平变动所引起的商品需求量的变动为收入效应。收入效应表示消费者的效用水平发生变化，替代效应则未改变消费者的效用水平。

12. 正常物品

答：随着消费者收入水平的提高（降低），商品的需求量增加（减少），这样的商品为正常物品，其收入效应和替代效应作用的方向相同，都与价格呈反方向变化。

13. 低档物品

答：低档物品是指价格下跌所引起的收入效应为负的商品。这种商品的价格下跌并导致实际收入提高后，消费者对该商品的需求反而减少，即该商品的需求收入弹性为负数。低档物品的价格下降时，替代效应与价格呈反方向变动，收入效应与价格呈同方向变动，而且在大多数情况下收入效应的作用小于替代效应的作用，所以总效应与价格呈反方向变动，相应的需求曲线向右下方倾斜。在少数情况下，某些低档物品的收入效应大于替代效应的作用，于是出现了需求曲线向右上方倾斜的现象，这种物品是一种特殊的低档物品，即吉芬物品。

14. 吉芬物品

答：吉芬物品是指需求量与价格呈现同方向变动的特殊商品，即价格下降导致需求量下降的商品或价格上升导致需求量增加的商品。从商品需求量的动态分析来看，吉芬物品的特征是价格下降的收入效应为正，并且收入效应的绝对值大于替代效应。吉芬物品是英国商人吉芬于19世纪发现的。1845年爱尔兰发生灾荒，土豆价格上升，但土豆需求量反而增加。吉芬物品违背了一般商品需求定律。

15. 不确定性

答：不确定性指经济行为者事先不能准确地知道自己的某种决策的结果，或者说，只要经济行为者的一种决策的可能结果不止一种，就会产生不确定性。描述不确定性的指标有概率、期望值、方差。在消费者知道自己某种行为决策的各种可能结果时，如果消费者还知道各种可能结果发生的概率，则可以称这种不确定性的情况为风险。

单项选择题

1. 当总效用增加时，边际效用应该（　　）。
   A. 为正值，且不断增加　　　　B. 为正值，但不断减少
   C. 为负值，且不断增加　　　　D. 为负值，且不断减少
2. 当某消费者对商品 X 的消费达到饱和点时，则边际效用 MU_X 为（　　）。
   A. 正值　　　　B. 负值　　　　C. 零　　　　D. 不确定
3. 无差异曲线为斜率不变的直线时，表示相结合的两种商品是（　　）。
   A. 可以替代的　　　　B. 完全替代的
   C. 互补的　　　　D. 互不相关的
4. 一位消费者从额外1单位的苹果所获得的额外效用永远等于从额外3单位的香蕉所获得的额外效用。如果香蕉数量用横轴表示，苹果数量用纵轴表示，那么无差异曲线是（　　）。
   A. 一条以 –1/3 为斜率的直线　　　　B. 一条以 1/3 为斜率的直线
   C. 一条以 –3 为斜率的直线　　　　D. 一条以 3 为斜率的直线
5. 预算线的位置和斜率取决于（　　）。
   A. 消费者的收入
   B. 商品价格
   C. 消费者的收入和商品的价格
   D. 消费者的偏好、收入和商品的价格
6. 假定其他条件不变，如果某种商品的价格下降，根据效用最大化原则，则消费者会（　　）这种商品的购买。
   A. 增加　　　　B. 减少　　　　C. 不变　　　　D. 不确定
7. 假定商品 X 和 Y 的价格不变，当 $MRS_{XY} > P_X/P_Y$ 时，消费者为达到最大满足，他将（　　）。

A. 增购 X，减少 Y B. 减少 X，增购 Y
C. 同时增购 X 和 Y D. 同时减少 X 和 Y

8. 如果 X 产品的边际效用 $MU_X = 1/X$，Y 产品的边际效用 $MU_Y = 4/Y$，X 产品的价格为 1 元，Y 产品的价格为 2 元，消费者的预算为 60 元。那么，效用最大化时，消费者购买的 Y 产品数量为(　　)。

A. 6　　　　　B. 12　　　　　C. 20　　　　　D. 24

9. 对于一名大学生来说，如果电影票对音乐会入场券的边际替代率为 1/2，那么他获得最大效用的条件是(　　)。

A. 电影票的价格是音乐会入场券价格的 1 倍
B. 电影票的价格与音乐会入场券价格相等
C. 电影票的价格是音乐会入场券价格的 1/2
D. 以上说法都不正确

10. 消费者剩余是消费者的(　　)。

A. 实际所得 B. 主观感受
C. 没有购买的部分 D. 支出的货币的总效用

11. 正常物品价格上升导致需求量减少的原因在于(　　)。

A. 替代效应使需求量增加，收入效应使需求量减少
B. 替代效应使需求量增加，收入效应使需求量增加
C. 替代效应使需求量减少，收入效应使需求量减少
D. 替代效应使需求量减少，收入效应使需求量增加

12. 劣等商品的价格下降，在其他情况不变时(　　)。

A. 替代效应和收入效应相互加强导致该商品需求量增加
B. 替代效应和收入效应相互加强导致该商品需求量减少
C. 替代效应倾向于增加该商品的需求量，而收入效应倾向于减少其需求量
D. 替代效应倾向于减少该商品的需求量，而收入效应倾向于增加其需求量

13. 吉芬物品的特点是(　　)。

A. 需求收入弹性和需求价格弹性均为正
B. 需求收入弹性和需求价格弹性均为负
C. 需求收入弹性为正，但需求价格弹性为负
D. 需求收入弹性为负，但需求价格弹性为正

14. 当商品价格不变，而消费者收入变化时，连接消费者各个均衡点的线称为(　　)。

A. 需求曲线 B. 价格—消费曲线
C. 收入—消费曲线 D. 恩格尔曲线

15. 恩格尔曲线从(　　)导出。

A. 价格—消费曲线 B. 收入—消费曲线
C. 需求曲线 D. 无差异曲线

答案：1~5：BCBAC；6~10：DADCB；11~15：CCDCB。

问答题

1. 试述基数效用论和序数效用论有何异同。
2. 钻石用处极小但价格昂贵，生命必不可少的水却非常便宜，请用边际效用的概念加以解释。
3. 如果你有一辆需要四个轮子才能开动的车子，有了三个轮子，那么当你有第四个轮子时，这第四个轮子的边际效用似乎超过了第三个轮子的边际效用，这是不是违反了边际效用递减规律？
4. 什么是边际替代率？边际替代率为什么呈现递减趋势？
5. 用替代效应和收入效应之间的关系解释低档商品与吉芬商品的区别。

1. 答：

（1）不同点：基数效用论和序数效用论是解释消费者行为的两种不同的理论，两者在分析消费者行为时有着明显的区别，具体表现在：①假设不同。基数效用论假设消费者消费商品所获得的效用是可以度量的，即效用的大小可以用基数大小来表示，并且每增加一单位商品所带来的效用增加具有递减的规律；序数效用论则认为，消费者消费商品所获得的效用水平只可以进行排序，而效用的大小及特征表现在无差异曲线中。②使用的分析工具不同。基数效用论使用边际效用以及预算约束条件来分析效用最大化条件。序数效用论以无差异曲线和预算约束线为工具来分析消费者均衡。

（2）相同点：①两者都是从市场的需求着手，通过推导需求曲线来说明需求曲线是怎样表达消费者实现效用最大化规律的。②两者都是在假定收入和价格水平一定的基础上来分析效用最大化过程的。③两者都以边际效用价值论为分析问题的基础，边际效用大小决定商品价格高低。

2. 答：

钻石对于人的用途确实远不如水，所以人们从水的消费中所得到的总效用远远大于人们从钻石的使用中所得到的总效用。但是，商品的需求价格不是由总效用而是由商品的边际效用的大小来决定的。虽然人们从水的消费中所得到的总效用很大，但是由于世界上水的数量很大，因此，水的边际效用很小，人们只愿意支付非常低的价格；相反，钻石的用途虽然远不如水大，但世界上钻石总数量很少，因此，其边际效用很大。

3. 答：

这不违背边际效用递减规律。因为边际效用是指物品的消费量每增加（或减少）一个单位所增加（或减少）的总效用的数量。这里的"单位"是指一个完整的商品单位，这种完整的商品单位，是边际效用递减规律有效性的前提。例如，这个定律适用于一双鞋子，但不适用于单只鞋子。对于轮子而言，必须是有四个轮子的车才成为一单位。三个轮子不能构成一辆四轮车，因而每个轮子都不是一个有效用的物品，增加一个轮子才能使车子有用。因此，这里不能说第四个轮子的边际效用超过第三个轮子的边际效用。

4. 答：

边际替代率是指在消费者保持相同的效用时增加一单位某种商品的消费量与所能减少的另一种商品的消费量之比，其一般表达式为 $MRS_{XY} = -\Delta Y/\Delta X = MU_X/MU_Y$。边际替代率递减的原因是：随着 X 商品消费数量的增加，MU_X 在递减，同时，随着 Y 商品消费数量的减少，MU_Y 在递增。而 $MRS_{XY} = MU_X/MU_Y$，所以 MRS_{XY} 是递减的。

5. 答：

答：若某种商品属于低档商品，当其价格下降时，替代效应倾向于增加该商品的需求量，收入效应则倾向于减少此商品的需求量。如果替代效应大于收入效应，则该低档商品的需求曲线的斜率为负；但如果收入效应等于替代效应，需求曲线垂直；如果替代效应小于收入效应，需求曲线的斜率为正，此物品被称为吉芬商品。由此可见，低档商品不一定是吉芬商品，而吉芬商品一定是低档商品，因为吉芬商品不仅收入效应为正，而且大于负的替代效应，所以这种商品的需求量与价格呈现同方向变动。

计算题

1. 已知某消费者每年用于商品 1 和商品 2 的支出为 540 元，两件商品的价格分别为 $P_1 = 20$ 元和 $P_2 = 30$ 元，该消费者的效用函数为 $U = 3X_1 X_2^2$，该消费者每年购买这两种商品的数量各应为多少？他每年从中获得的总效用是多少？

2. 假设消费者张某对 X 和 Y 两种商品的效用函数为 $U = X^2 Y^2$，张某收入为 500 元，X 和 Y 的价格分别为 $P_X = 2$ 元，$P_Y = 5$ 元，求：

（1）张某对 X 和 Y 两种商品的最佳购买组合。

（2）若政府给予消费者消费 X 商品以价格补贴，则消费者可以原价的 50% 购买 X，则张某对 X 和 Y 两种商品的购买量又是多少？

（3）若某工会愿意接纳张某为会员，会费为 100 元，但张某可以 50% 的价格购买 X，则张某是否应该加入该工会？

3. 考虑某消费者购买商品 A 的替代效应与收入效应。假定消费者关于商品 A 的需求函数为 $Q = 0.02I - 2P$，收入 $I = 6500$，商品 A 的价格 $P = 20$。如果目前商品 A 的价格上升为 $P = 40$。求商品 A 的价格变化的总效应是多少？其中，替代效应与收入效应又分别是多少？

4. 一个风险厌恶者有机会在以下两者之间选择：在一次赌博中，他有 25% 的概率得到 1000 美元，有 75% 的概率得到 100 美元；或者，他可以在无风险条件下得到 325 美元，他会怎样选择？如果他得到的是 320 美元，他会怎样选择？

1. 解:

(1) 由于 $MU_1 = U'_{X_1} = 3X_2^2$，$MU_2 = U'_{X_2} = 6X_1X_2$，因而有均衡条件:

$$MU_1/MU_2 = P_1/P_2 \quad 3X_2^2/6X_1X_2 = 20/30 \quad ①$$
$$20X_1 + 30X_2 = 540 \quad ②$$

由①式和②式的方程组可以得到 $X_1 = 9$，$X_2 = 12$。

(2) $U = 3X_1X_2^2 = 3888$。

2. 解:

(1) 根据已知效用函数 $U = X^2Y^2$，得 $MU_X = 2XY^2$，$MU_Y = 2X^2Y$。

已知 $P_X = 2$，$P_Y = 5$，代入消费者均衡条件，有 $2XY^2/2 = 2X^2Y/5$，化简后得 $X = 5Y/2$。

把 $X = 5Y/2$ 代入预算方程 $2X + 5Y = 500$，得 $X = 125$，$Y = 50$。

(2) 由于张某的效用函数未变，当商品 X 的价格下降为 $P_X = 1$ 时，与(1)同样的道理，可得 $MU_X = 2XY^2$，$MU_Y = 2X^2Y$，$P_X = 1$，$P_Y = 5$ 代入消费者均衡条件，有 $2XY^2/1 = 2X^2Y/5$，化简后得 $X = 5Y$。把 $X = 5Y$ 代入预算方程 $2X + 5Y = 500$，得 $X = 250$，$Y = 50$。

(3) 假设张某加入了工会，则用于消费的收入变为 400 元，同时商品 X 的价格 $P_X = 1$ 元，在这种情况下，可根据上述方法计算出张某购买 X 和 Y 的量分别为 200 和 40。比较加入工会前后张某所获得的总效用，可以看出:

参加工会之前，$U = X^2Y^2 = 125^2 \times 50^2 = 39062500$；

参加工会以后，$U = X^2Y^2 = 200^2 \times 40^2 = 64000000$；

可见，参加工会之后，所获得的总效用更大些，所以张某应参加工会。

3. 解:

$Q_1 = 0.02 \times 6500 - 2 \times 20 = 90$，$Q_2 = 0.02 \times 6500 - 2 \times 40 = 50$，总效应 = $50 - 90 = -40$。

由替代效应定义可知，消费者要保持实际收入水平不变，应增加收入 = $(40 - 20) \times 90 = 1800$。此时，$Q_3 = 0.02 \times (6500 + 1800) - 2 \times 40 = 86$。替代效应 = $86 - 90 = -4$；收入效应 = $-40 - (-4) = -36$。

4. 解:

他参与赌博的期望值 $E(X) = 0.25 \times 1000 + 0.75 \times 100 = 325$（美元）。当他可以在无风险条件下得到 325 美元时，由于他是风险厌恶者，认为无风险条件下持有一笔确定的货币财富量的效用大于在风险条件下持有该货币量财富的期望效用，他会选择在无风险条件下得到 325 美元，不参与赌博。如果他在无风险条件下得到的是 320 美元，他的选择取决于其风险厌恶（偏好）程度（即他的效用函数），如果他的 320 美元确定值的效用仍然大于期望值 325 美元的期望效用，他仍然不选择赌博，否则他会选择赌博或赌不赌博无所谓。

三、拓展习题

单项选择题

1. 垂直的无差异曲线意味着（   ）。
   A. 当消费者增加横轴上的商品的消费时，他的满足不会增加
   B. 当消费者增加纵轴上的商品的消费时，他的满足不会增加
   C. 当两种商品的消费量都增加时，消费者的满足会增加
   D. 以上说法都不正确

2. 一个学生每月从父母那里得到800元的生活费。假如他对大米的需求函数为$x(p,m) = 20/p + 800/m$。如果大米的价格从每公斤4元涨到6元，为了保证他的生活水平不下降，他的生活费应从800元增加到（   ）元。
   A. 806   B. 808   C. 810   D. 812

3. 下列说法中正确的是（   ）。
   A. 工资上涨的替代效应鼓励工人减少劳动时间，收入效应也鼓励工人减少劳动时间
   B. 工资上涨的替代效应鼓励工人增加劳动时间，收入效应也鼓励工人增加劳动时间
   C. 工资上涨的替代效应鼓励工人减少劳动时间，收入效应鼓励工人增加劳动时间
   D. 工资上涨的替代效应鼓励工人增加劳动时间，收入效应鼓励工人减少劳动时间

4. 对于向上倾斜的需求曲线而言，（   ）。
   A. 收入效应肯定大于替代效应，且商品肯定是正常商品
   B. 收入效应的大小肯定和替代效应的大小相同
   C. 商品肯定是低档品，并且收入效应肯定比替代效应大
   D. 以上都不对

5. 消费者的无差异曲线图总是包括无数条无差异曲线，因为（   ）。
   A. 人的欲望是无限的   B. 消费者的人数是无限的
   C. 商品的数量是无限的   D. 消费者各个时期的收入是不同的

答案：BDDCC。

问答题

1. 基数效用论者是如何推导需求曲线的？
2. 消费者行为理论的三个假设公理是什么？

3. 假设消费者两个时期内分别有 I_1 和 I_2 的收入，市场利率为 r（假定储蓄与借款的利率相同），试用替代效应和收入效应解释利率的改变与储蓄的关系。

1. 答：

（1）基数效用论者以边际效用递减规律和建立在该规律上的消费者效用最大化的均衡条件为基础推导消费者的需求曲线。

（2）基数效用论者认为，商品的需求价格取决于商品的边际效用。一单位某种商品的边际效用越大，消费者为购买这一单位的该种商品愿意支付的价格就越高；反之，一单位某种商品的边际效用越小，消费者为购买这一单位的该种商品所愿意支付的价格就越低。由于边际效用递减规律的作用，随着消费者对某一种商品消费量的连续增加，该商品的边际效用是递减的，相应地，消费者愿意为购买这种商品所愿意支付的价格即需求价格也是越来越低的。

进一步地，联系消费者效用最大化的均衡条件进行分析，考虑消费者购买任何一种商品的情况，那么，消费者均衡条件可以写为：$MU_i/P_i = \lambda (i = 1,2,3,\cdots\cdots)$。它表示：消费者对任何一种商品的最优购买量应该是使最后一元钱购买该商品所带来的边际效用和所付出的这一元钱的货币的边际效用相等。该式还意味着：由于对于任何一种商品来说，随着需求量的不断增加，边际效用 MU 是递减的，于是，为了保证均衡条件的实现，在货币的边际效用 λ 不变的前提下，商品的需求价格 P 必然同比例于 MU 的递减而递减。

这样，基数效用论在对消费者行为的分析中，运用边际效用递减规律的假定和消费者效用最大化的均衡条件，推导出了消费者的向右下方倾斜的需求曲线。

2. 答：

根据消费者偏好一个商品组合而不喜欢另一个商品组合，以及消费者对其所消费的商品组合间的关系的安排，西方经济学者提出了三个基本假设。这些假设被称为消费者行为公理。

（1）完备性或顺序性（ordering）。消费者总是有能力将多种商品的组合，按照其偏好的大小进行顺序排列和比较。

在这一公理的假设下，消费者对任何两组物品 A 与 B，必须有能力辨别其偏好 A 优于 B，或 B 优于 A，或两者偏好相同，且此三者中只有一种情况能成立。

（2）传递性。假如某消费者面临 A、B 和 C 三个商品组合，消费者在商品组合 A 和 B 之间更偏好 A，在 B 和 C 之间更偏好 B，则该消费者在 A 和 C 之间就更偏好 A。

在这一公理的假设下，消费者的偏好具有传递性。例如，某甲偏好西瓜优于香蕉，且偏好香蕉优于橘子，则可以判断某甲偏好习惯优于橘子。但是，世界上并不是任何一件事皆具有传递性。例如，某甲喜欢乙，而乙喜欢丙，则不能断定甲喜欢丙；还有下棋也一样，如甲赢乙，乙赢丙，则不能说甲一定能赢丙。

(3) 非饱和性。在非饱和状态时，消费者对越多的物品其偏好越大；即消费数量越多，所获满足越大。

在这一公理的假设下，若消费者达到饱和状态或超饱和状态时，消费者不愿再消费，否则他一定不是有理性的人。一般所设定的假定是未达饱和状态前所做的分析。

以上三个公理性假设构成了现代消费者行为理论的基础。它们并没有阐明消费者偏好本身，但它们的确使得这些偏好具有某种程度的合理性。

3. 答：

(1) 利率变化对储蓄的总效应可以分解为替代效应和收入效应。替代效应指的是利率提高会导致人们消费的机会成本上升，从而使人们减少当前消费，增加储蓄额以增加未来的消费。收入效应指的是利率提高会导致人们储蓄受益增加，从而增加人们的总收入，人们有可能减少当前的储蓄，增加消费。

(2) 以上分析表明，利率提高时，替代效应总是使储蓄增加，但是收入效应使储蓄减少，因此，利率提高对储蓄的总效应要视替代效应和收入效应的相对大小而定。

①如果市场利率提高时，替代效应的绝对值大于收入效应的绝对值，则人们会减少当前的消费，增加储蓄。

②如果市场利率提高时，替代效应的绝对值小于收入效应的绝对值，则人们会增加当前的消费，减少储蓄。

③如果市场利率提高时，替代效应的绝对值等于收入效应的绝对值，则人们当前的消费水平和储蓄水平不变。

因此，从理论上讲，利率变化对储蓄的影响是不确定的，利率提高有可能使储蓄增加，也有可能使储蓄减少。但是，现实生活中，利率往往和储蓄正相关，利率提高将会引起储蓄的增加。

计算题

1. 假设一个消费者的效用函数为 $U(x_1, x_2) = x_1^2 x_2$，这里，x_1 为食品的消费量，x_2 表示所有其他商品的消费量。假设食品的价格为 p_1，所有其他商品的价格为 p_2，消费者的收入为 m 元。

(1) 求最优的食品消费量。食品对该消费者来说是低档物品吗？食品对消费者来说是吉芬商品吗？

(2) 在许多国家，穷人的食品消费得到政府的补贴。常见的补贴办法是，政府向穷人出售食品券，当然，食品券的价格要低于食品的市场价格。假如我们这里考虑的消费者是一个受补贴的穷人，而且食品券的价格 $p_1^s = 1$。而食品的市场价格为 $p_1 = 2$，所有其他商品的价格被标准化为 $p_2 = 1$，消费者的收入为 $m = 150$。在得到补贴后，消费者的消费行为会发生怎样的变化？

2. 已知效用函数为 $u(x,y) = a\ln x + b\ln y$，收入为 M，X、Y 的价格分别为

P_x、P_y，求：

（1）两种商品的需求函数；

（2）当 $P_x = 1, P_y = 2, m = 120$ 时，求边际替代率，并求出此时 X、Y 的需求价格弹性和收入弹性。

3. 某人的效用函数形式为 $u = \ln w$。他有 1000 元钱，如果存银行，一年后他可获存款的 1.1 倍，若他买彩票，经过同样的时间后他面临两种可能：有 50% 的机会他获得买彩票款的 0.9 倍，50% 的可能获得买彩票款的 1.4 倍。请问他该将多少钱存银行，多少钱买彩票？

1. 解：

（1）消费者均衡的一阶条件为：$\dfrac{MU_1}{MU_2} = \dfrac{P_1}{P_2}$，其中，$MU_1 = 2x_1 x_2$，$MU_2 = x_1^2$，可以得到：$P_1 x_1 = 2P_2 x_2$。再联立消费者预算约束：$P_1 x_1 + P_2 x_2 = m$，可以得到：$x_1 = \dfrac{2m}{3P_1}$，$x_2 = \dfrac{m}{3P_2}$。

由于 $\dfrac{dQ}{dP_1} = -\dfrac{2m}{3P_1^2} < 0$，因此，食品对消费者来说不是吉芬商品；又由于 $\dfrac{dQ}{dm} = \dfrac{2}{3P_1} > 0$，因此，食品对消费者来说不是低档商品。

（2）在政府补贴前，消费者预算约束方程为 $150 = 2x_1 + x_2$，消费者的最优消费组合为：$x_1^* = \dfrac{2 \times 150}{3 \times 2} = 50$，$x_2^* = \dfrac{150}{3 \times 1} = 50$。

在政府补贴后，消费者的预算约束方程为：$150 = x_1 + x_2$，消费者的最优消费组合为：$x_1^* = \dfrac{2 \times 150}{3 \times 1} = 100$，$x_2^* = \dfrac{150}{3 \times 1} = 50$。

2. 解：

（1）消费者的均衡条件为 $MU_X / MU_Y = P_X / P_Y$，其中，X 的边际效用为 $MU_X = a/x$，Y 的边际效用 $MU_Y = b/y$，代入可得 $\dfrac{a/x}{b/y} = \dfrac{P_X}{P_Y}$，即 $ay P_Y = bx P_X$。消费者的预算约束为：$xP_X + yP_Y = m$。联立求解可得 X 与 Y 的需求函数：$x = \dfrac{am}{(a+b)P_X}$，$y = \dfrac{bm}{(a+b)P_y}$。

（2）X 对 Y 的边际替代率 $-dX/dY = MU_X / MU_Y = P_X / P_Y = 1/2$。

X 的需求价格弹性 $E_X = -\dfrac{dX}{dP_X} \dfrac{P_X}{X} = -\dfrac{am}{a+b} \cdot \dfrac{-1}{P_X^2} \cdot \dfrac{P_X}{X} = 1$；X 的收入弹性 $E_m = \dfrac{dX}{dm} \dfrac{m}{X} = \dfrac{a}{(a+b)P_X} \cdot \dfrac{m}{X} = 1$。

同理，可以得到 Y 的需求价格弹性 $E_Y = 1$，Y 的收入弹性 $E_m = 1$。

3. 解：

假设此人将所拥有的 1000 元中的 x 元用于购买彩票，他将剩余的 (1000 − x) 元钱存在银行。

对于 (1000 − x) 元的银行存款而言，在一年后连本带息将有 $1.1 \times (1000 - x)$ 元；

而对于 x 元购买彩票的钱而言，将有两种可能性：以 0.5 的概率获得 0.9x 和以 0.5 的概率获得 1.4x。

综上所述，此人的期望效用 $EU = \ln[1.1(1000 - X)] + 0.5\ln(0.9x) + 0.5\ln(1.4x)$，$EU'_x = \dfrac{-1.1}{1.1(1000-x)} + 0.5 \times \dfrac{0.9}{0.9x} + 0.5 \times \dfrac{1.4}{1.4x} = \dfrac{1}{x-1000} + \dfrac{1}{x}$。

令其等于 0，解得：x = 500。

因此，此人为了使其预期效用最大化，他将花费 500 元用于购买彩票，将剩余的 500 元用于银行存款。

四、难点解析

1. 序数效用论对消费者均衡条件的分析以及在此基础上对需求曲线的推导。
2. 我国许多大城市，由于水源不足，自来水供应紧张，请根据边际效用递减原理，设计一种方案供政府来缓解和消除这个问题，并请回答这种措施。
   (1) 对消费者剩余有何影响？
   (2) 对生产资源配置的有利或不利影响？

1. 答：

(1) 序数效用论的消费者均衡条件是：在一定的预算约束下，为了实现最大效用，消费者应该选择最优的商品组合，使得两商品的边际替代率等于两商品的价格之比。或者说，在消费者的均衡点上，消费者愿意用一单位的某种商品去交换另一种商品的数量，应该等于该消费者能够在市场上用一单位的这种商品去交换得到的另一种商品的数量。如图 3−2 所示。

图 3−2 中有一条预算线和三条无差异曲线，但是只有预算线 AB 和无差异曲线 U_2 相切的 E 点，才是消费者在给定的预算约束下能够获得最大效用的均衡点，相应的购买组合为 (X_1^*, X_2^*)。为什么只有在 E 点消费者才能实现最大效用呢？无差异曲线 U_3 虽然代表的效用较高，但与预算线既不相交也不相切，这表明消费者的购买力无法达到 U_3 所代表的效用水平。无差异曲线 U_1 与既定的预算线 AB 相交于 a、b 两点，表明消费者可以购买到 a、b 两点之间的商品组合，但其效用低于无差异曲线 U_2。因此，理性的消费者不会用全部收入去购买无差异曲线 U_1 上的商品组合。所以，只有当既定的预算线 AB 和无差异曲线相切于 E 点时，消

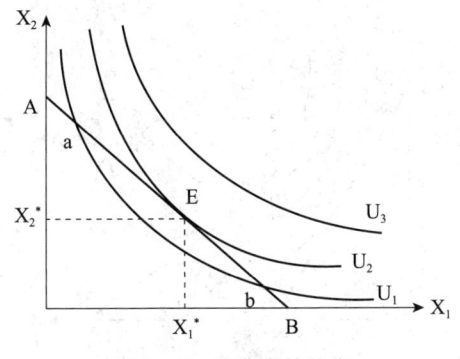

图 3-2 消费者的均衡

费者才能在既定的预算约束条件下获得最大满足。故 E 点是消费者实现效用最大化的均衡点。

消费者的均衡点 E 是无差异曲线和预算线的切点，所以在 E 点无差异曲线和预算线的斜率相等。无差异曲线斜率的绝对值是商品的边际替代率 MRS_{12}，预算线的斜率的绝对值可以用两种商品的价格之比 P_1/P_2 来表示。因此，在均衡点 E 满足以下等式：$MRS_{12} = \dfrac{P_1}{P_2}$。该式说明达到消费者均衡的条件是：在一定的预算约束下，为了实现最大的效用，消费者应选择最优的商品组合，使得两商品的边际替代率等于两商品的价格之比。

（2）推导消费者的需求曲线。分析图 3-3（a）中价格—消费曲线上的三个均衡点 E_1、E_2 和 E_3，可以看出，在每一个均衡点上，都存在着商品 1 的价格和商品 1 的数量之间一一对应的关系。在均衡点 E_1，商品 1 的价格为 P_1^1，相对应的需求量为 X_1^1；在均衡点 E_2 (P_1^2, X_1^2)，当商品 1 的价格下降为 P_1^2 时，其需求量增加为 X_1^2；在均衡点 E_3 (P_1^3, X_1^3)，当商品 1 的价格进一步下降为 P_1^3 时，其需求量相应增加为 X_1^3……把价格—消费曲线上的价格与需求量的均衡点绘制在价格数量坐标图 3-3（b）上，就得到了单个消费者对商品 1 的需求曲线，所对应的需求函数为 $X_1 = f(P_1)$。横轴表示商品 1 的需求量，纵轴表示商品 1 的价格。

我们运用序数效用论理论对消费者行为进行分析推导出了消费者的需求曲线。从图 3-3（b）中可以看出需求曲线是向右下方倾斜的，它表示商品的价格和需求量呈反方向变化。

2. 答：

可用提高自来水的使用价格来缓解或消除这个问题。自来水的价格提高，一方面，用户会减少（节约）用水；另一方面，可扩大自来水的生产或供给。这样，自来水供给紧张的局面可望得到缓解或消除。

（1）采取这种措施，会使消费者剩余减少。

（2）对生产资源配置的有利效应是：节约了用水，可使之用于人们更需要的用途上，从而使水资源得到更合理更有效的使用。但这样做也许会造成其他资

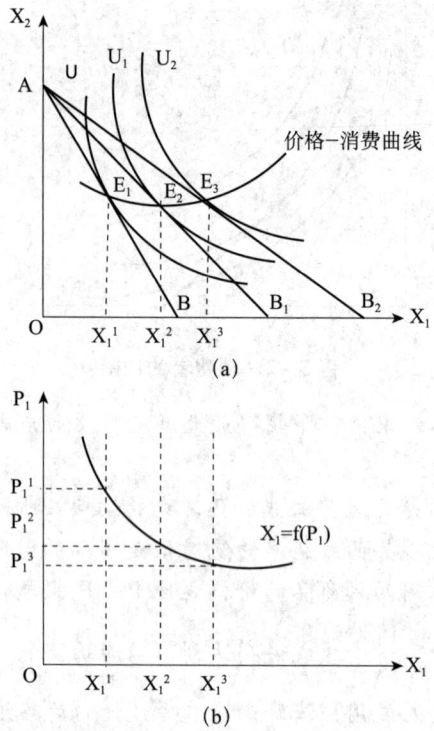

图 3-3 价格消费曲线和需求曲线

源的浪费,如工厂里本来用水冷却物体,现在要改用电来冷却,增加了对电和其他相关装置的需求。如果自来水提价过高,必然会带来更多其他资源的消耗,这是不利的一面。

第四章 生产理论

一、学习指导

【学习目的】

本章是对厂商行为进行分析。通过分析可以使我们加深对供给规律的理解，认识厂商追求最大利润的行为，即一定的投入追求产量最大，或一定的产量追求成本最低。本章是分析生产要素投入量与产量之间的物质技术关系（含短期生产理论和长期生产理论）。通过本章的学习达到运用规模报酬、规模经济的有关理论解释和分析现实企业规模问题。

【学习目标】

1. 理解生产函数的概念。
2. 理解边际报酬递减规律的含义。
3. 掌握总产量、平均产量、边际产量的关系。
4. 理解等产量线的含义与特征。
5. 理解等成本线的含义。
6. 掌握两种生产要素最优组合的原理和条件。
7. 理解规模报酬、规模经济和范围经济问题。

【关键概念】

生产函数（production function）；边际产量（marginal product）；边际报酬递减规律（marginal revenue law of diminishing）；边际技术替代率（marginal rate of technical substitution）；等成本曲线（isocost curve）；扩展线（expansion path）；规模经济（economies of scale）。

【本章框架】

本章首先阐述和分析了厂商的组织形式及其目标。其次讲解了生产函数的含义，介绍了几种常见的生产函数，讲解了短期生产函数，分析了短期总产量、平均产量、边际产量的关系以及短期生产的合理的投入区域。再次讲解了长期生产的分析工具——等成本曲线、等产量曲线，并分析了长期生产的最优要素组合问题。最后分析了规模经济问题。

图 4-1 为生产理论框架图。

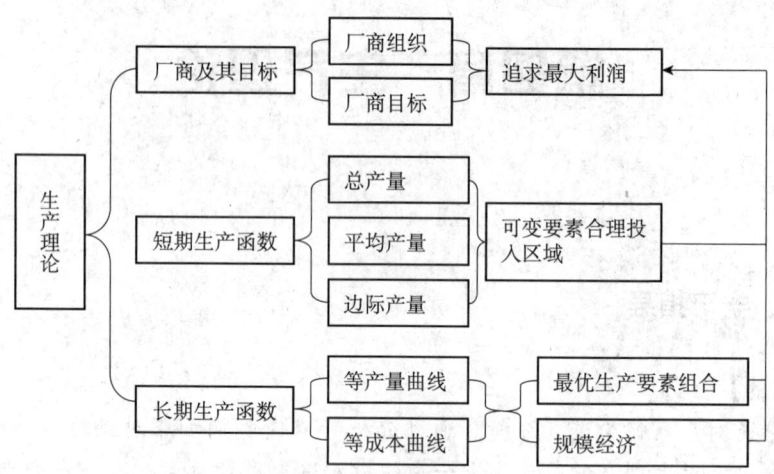

图 4-1 生产理论框架

【内容提要】

- 厂商组织形式：厂商组织形式是指企业的发起人采用何种方式建立该企业，以企业财产关系和企业所承担的法律责任作为划分标准。企业组织形式反映了企业的性质、地位、作用和行为方式；规范了企业与出资人、企业与债权人、企业与政府、企业与企业、企业与职工等内外部的关系。
- 厂商目标：在微观分析中，假定企业的目标是追求利润最大化。这一基本假定是经济学中理性人和完全信息的假定在厂商理论中的具体化。
- 生产函数：生产要素投入的组合与数量和它所能生产出来的产量之间存在着一定的依存关系。生产函数正是表示在生产技术状况给定条件下，生产要素的投入量与产品的最大产量之间的函数关系。
- 平均产量曲线与边际产量曲线的关系：

(1) 当边际产量大于平均产量，平均产量递增。

(2) 当边际产量小于平均产量，平均产量递减。

(3) 当边际产量等于平均产量，平均产量达到极大值。

- 边际报酬递减规律：在短期生产中，技术条件和其他生产要素投入不变时，连续增加一种要素的投入量，其边际产量先增加后减少。
- 短期合理的投入区域：厂商合理的投入区域是可变要素投入的第Ⅱ阶段，即厂商将在劳动的平均产量达到极大值与劳动的边际产量为零这个区间进行选择。第Ⅱ阶段是短期生产的决策空间。至于生产者会选择哪一个点生产以实现利润最大化，还有待于结合成本、收益和利润进行深入分析。
- 等产量曲线：生产理论中的等产量曲线和效用理论中的无差异曲线类似。等产量曲线是在技术水平不变的条件下生产相同产量的两种生产要素投入量的所有不同的组合。

- 等成本曲线：等成本曲线是指花费某一定量总成本所能购买的劳动量与资本的组合。等成本方程表示为：$C = P_L L + P_K K$。
- 最优的生产要素组合：厂商理性的决策就是确定一个他所购买的两种要素数量的组合，以实现用最低的总成本来生产既定数量的产品，或者使花费给定数量总成本生产的产量最大。即厂商通过对生产要素投入量的不断调整，使最后一单位的成本支出无论用来购买哪种生产要素所获得的边际产量都相等，从而实现最大利润。
- 规模经济：经济学家对于规模经济来源的解释主要有三个方面。第一，企业扩大规模时可以加强生产要素专业化的程度，包括工人技术专业化和设备专业化等，适度的专业化有利于生产效率的提高；第二，企业扩大规模时，在购买大型的生产设备、可充分利用副产品等方面优势增加，有利于利润的扩大；第三，当企业规模的扩大也伴随着整个行业规模扩大时，个别企业在修理、服务、运输、人才供给、信息搜集等方面的条件可以得到改善，从而降低企业的成本费用。

二、习题解答

名词解释

生产函数；固定投入比例生产函数；短期和长期；边际产量；边际报酬递减规律；等产量曲线；边际技术替代率；等成本曲线；扩展线；规模报酬；规模经济；范围经济。

1. 生产函数

答：生产要素投入的组合和数量与它所能生产出来的产量之间存在着一定的依存关系。生产函数正是表示在生产技术状况给定条件下，生产要素的投入量与产品的最大产量之间的函数关系。为了简化讨论，一般假定投入分为资本和劳动两类，并且生产一种产品，那么生产函数的一般形式为：$Q = f(K, L)$。

2. 固定比例投入的生产函数

答：通常被称为里昂惕夫函数，是以诺贝尔经济学奖获得者里昂惕夫的名字来命名的。这种生产函数所描述的生产过程是：在每一产量水平上任何要素投入量之间的比例都是固定的。假定生产过程中只使用劳动和资本两种要素，则固定投入比例生产函数的形式通常为：$Q = \min\left\{\dfrac{L}{u}, \dfrac{K}{v}\right\}$。其中，Q 为产量；L 和 K 为劳动和资本的投入量；常数 u、v 大于 0，分别为固定的劳动和资本的生产技术系数，它们分别表示生产一单位产品所需要的固定的劳动投入量和固定的资本投入量。

3. 短期和长期

答：短期内生产者没有足够的时间调整全部生产要素的投入，至少有一种生产要素的数量是固定不变的。例如,由于时期较短,厂房和机器设备等都是固定的,厂商只能通过改变投入的劳动数量来调整其产量;或者在农业生产中生产者租用的土地数量是固定的,农民只能改变其他投入物(如劳动、种子、肥料等)来改变其产量。在长期,生产者可以调整全部生产要素投入。

4. 边际产量

答:边际产量指变动一单位可变要素的投入量所引起的产量的变动量。以劳动的边际产量为例,短期内假定资本数量不变,只有劳动随可变产量变化,则短期生产函数为:$Q = f(L, \bar{K})$。劳动的边际产量 MP_L 指增加一单位可变要素劳动的投入量所增加的产量,即:$MP_L = \frac{\Delta f(L, \bar{K})}{\Delta L} = \frac{df(L, \bar{K})}{dL}$。

5. 边际报酬递减规律

答:边际报酬递减规律是指在技术水平不变的条件下,在连续等量地把某一种可变生产要素增加到其他一种或几种数量不变的生产要素上去的过程中,当这种可变生产要素的投入量小于某一特定值时,增加该要素投入所带来的边际产量是递增的;当这种可变要素的投入量连续增加并超过这个特定值时,增加该要素投入所带来的边际产量是递减的。边际报酬递减规律出现的原因是:对于任何产品的短期生产来说,可变投入和不变投入之间都存在一个最佳的数量组合比例。生产要素边际递减规律要发生作用要求具备以下三个前提条件:首先,生产要素投入量的比例是可变的,即技术系数是可变的;其次,技术水平保持不变;最后,所增加的生产要素具有同样的效率。

6. 等产量曲线

答:等产量曲线是在技术水平不变的条件下生产相同产量的两种生产要素投入量的所有不同的组合。两种可变投入要素的等产量曲线的函数表达式为:$Q^0 = f(K, L)$。其中,Q^0 代表既定的产量水平;L 和 K 分别代表劳动力和资本的投入量。等产量线和无差异曲线一样有三个特点:由于生产函数是连续的,因此,任意两条等产量曲线之间有无数条等产量曲线;在同一坐标平面内,任意两条等产量曲线不相交;等产量曲线的形态特征是向右下方倾斜而且凸向原点。

7. 边际技术替代率

答:边际技术替代率是指在产量不变的情况下,当某种生产要素增加一单位时,与另一生产要素所要减少的数量的比率。劳动对资本的边际技术替代率的定义公式为:$MRTS_{LK} = -\frac{\Delta K}{\Delta L} = -\frac{dK}{dL}$。其中,$\Delta K$ 和 ΔL 分别为资本投入量和劳动投入量的变化量。边际技术替代率还可以表示为两要素的边际产量之比,即:$MRTS_{LK} = -\frac{dK}{dL} = \frac{MP_L}{MP_K}$。等产量曲线上的斜率绝对值等于两种要素之间的边际技术替代率。边际技术替代率存在递减规律,原因在于:任何一种产品的生产技术都要求各要素投入之间有适当的比例,这意味着要素之间的替代是有限制的。

8. 等成本曲线

答：等成本曲线是在既定的成本和既定的生产要素价格条件下，生产者可以购买的两种生产要素的各种不同数量组合的轨迹。假定要素市场上既定的劳动价格即工资率为 w，既定的资本价格即利息率为 r，厂商既定的成本支出为 C，则成本方程为：$C = wL + rK$。等成本曲线具有以下特点：等成本曲线的斜率是两种要素的价格比率，为负值；在等成本曲线上，L 和 K 的数值呈反方向变化；生产要素价格不变时，成本增加了，等成本曲线向右上方平行移动；反之，向右下方平行移动。

9. 生产扩展线

答：等成本曲线将与相应的等产量线相切，形成一系列生产者均衡点，把所有这些生产者均衡点连接起来形成的曲线叫做生产扩展线。生产扩展线表示在给定条件下，当生产的成本或产量发生变化时，厂商会沿着扩展线来选择最优的生产要素组合，从而实现既定成本条件下的最大产量，或既定产量条件下的最小成本。生产扩展线是厂商在长期扩张或收缩生产时所必须遵循的路线。

10. 规模报酬

答：规模报酬是指每一种生产要素按相同比例变动引起的产出变动情况。规模报酬有三种情况：规模报酬不变、规模报酬递增和规模报酬递减。规模报酬递增是指产量变化的比例大于各种生产要素变化的比例；规模报酬不变是指产量变化的比例等于各种生产要素的变化比例；规模报酬递减是产量的变化比例小于各种生产要素的变化比例。当企业从最初很小的生产规模开始逐步扩大的时候，企业面临的是规模报酬递增阶段。在企业得到了由生产规模扩大所带来的产量递增的全部好处之后，一般会继续扩大生产规模，将生产保持在规模报酬不变的阶段，这个阶段可能比较长。在这之后，企业若继续扩大生产规模，就会进入一个规模报酬递减的阶段。

11. 规模经济

答：规模经济是指随着企业生产规模的扩张，企业的平均成本不断下降，经济效益不断提高。经济学家对于规模经济来源的解释主要有：第一，企业扩大规模时可以加强生产要素专业化的程度，包括工人技术专业化和设备专业化等，适度的专业化有利于生产效率的提高；第二，企业扩大规模时，在购买大型的生产设备、可充分利用副产品等方面优势增加，有利于利润的扩大；第三，当企业规模的扩大也伴随着整个行业规模扩大时，个别企业在修理、服务、运输、人才供给、信息搜集等方面的条件可以得到改善，从而降低企业的成本费用。

12. 范围经济

答：范围经济是针对关联产品的生产而言的，指一个厂商同时生产多种关联产品的单位成本小于分别生产这些产品时的成本的情形。假设一个厂商生产两种产品，产量分别为 Q_x 和 Q_y，$C(Q_x, Q_y)$ 为生产这些产量的总成本，那么，如果满足下述条件，我们就说存在范围经济：$C(Q_x, Q_y) < C(0, Q_y) + C(Q_x, 0)$。范围经济有多种源泉，可能产生于管理工作的专业化、生产的多种产品都需要相同或类

似投入要素时的库存节约，或产生于更好地利用生产设备、有利于联合生产的技术变化等。金融业是范围经济的一个例证：给客户提供许多种服务，诸如支票存款、借款服务和货币兑换等。

单项选择题

1. 当劳动的总产量下降时，（　　）。
   A. APL 是递减的　　B. APL 为零　　C. MPL 为零　　D. MPL 为负

2. 如果连续的增加某种生产要素，在总产量达到最大时，边际产量曲线（　　）。
   A. 与纵轴相交　　　　　　　　　B. 经过原点
   C. 与平均产量曲线相交　　　　　D. 与横轴相交

3. 当 APL 为正但递减时，MPL 是（　　）。
   A. 递减的　　B. 负的　　C. 零　　D. 上述任何一种

4. 下列说法中错误的是（　　）。
   A. 只要总产量减少，边际产量一定是负数
   B. 只要边际产量减少，总产量也一定减少
   C. 随着某种生产要素投入量增加到一定程度，边际产量的下降一定先于平均产量
   D. 边际产量曲线一定与平均产量曲线的最高点处相交

5. 下列说法中正确的是（　　）。
   A. 生产要素的边际技术替代率递减是由规模报酬递减造成的
   B. 边际收益递减是由规模报酬递减造成的
   C. 规模报酬递减是由边际收益递减规律造成的
   D. 生产要素的边际技术替代率递减是由边际收益递减规律造成的

6. 如果以横轴表示劳动，纵轴表示资本，则等成本曲线的斜率是（　　）。
   A. P_L/P_K　　B. $-P_L/P_K$　　C. P_K/P_L　　D. $-P_K/P_L$

7. 如果某厂商增加一单位劳动使用量，同时减少三单位资本使用量，仍能生产同样的产出量，则 $MRTS_{LK}$ 为（　　）。
   A. 1/3　　B. 3　　C. -1　　D. -6

8. 生产理论中的生产扩展线类似于消费者理论中的（　　）。
   A. 恩格尔曲线　　　　　　　　B. 收入—消费曲线
   C. 价格—消费曲线　　　　　　D. 预算约束线

9. 等产量曲线上的各点代表（　　）。
   A. 为生产等同产量投入要素的各种组合比例是不能变化的
   B. 为生产等同产量投入要素的价格是不变的
   C. 为生产等同产量投入要素的数量总是相等的
   D. 投入要素的各种组合所能生产的产量都是等同的

10. 如果以纵轴表示要素 Y 的使用量，以横轴表示要素 X 的使用量，则等成

本曲线围绕着它与纵轴的交点逆时针移动表明( )。
  A. 生产要素 Y 的价格上升了   B. 生产要素 X 的价格上升了
  C. 生产要素 X 的价格下降了   D. 生产要素 Y 的价格下降了
11. 在生产者均衡点上，( )。
  A. $MRTS_{LK} = P_L/P_K$ B. $MP_L/P_L = MP_K/P_K$
  C. 等产量曲线与等成本曲线相切   D. 上述说法都正确
12. 规模报酬递减是在下述情况下发生的( )。
  A. 按比例连续增加各种生产要素
  B. 不按比例连续增加各种生产要素
  C. 连续地投入某种生产要素而保持其他生产要素的投入量不变
  D. 上述说法都正确
13. 如果等成本曲线与等产量曲线没有交点，那么要生产等产量曲线所表示的产量，应该( )。
  A. 增加投入   B. 保持原投入不变
  C. 减少投入   D. 上述三者都不正确
14. 如果规模报酬不变，单位时间里增加20%的劳动使用量，但保持资本量不变，则产出将( )。
  A. 增加20%   B. 减少20%   C. 增加大于20%   D. 增加小于20%
15. 经济学中短期与长期划分取决于( )。
  A. 时间长短   B. 可否调整产量
  C. 可否调整产品价格   D. 可否调整生产规模

答案：1~5：DDABD；6~10：BBBDC；11~15：DAADD。

问答题

1. 边际产量曲线、总产量曲线和平均产量曲线之间存在什么关系？
2. 生产要素最优组合的条件是什么？它有什么意义？
3. 为什么说扩展线上的任何一点都是生产者均衡点？
4. 分析判断"如果生产函数具有规模报酬不变的特征，那么要素在生产上的边际替代率不变"。
5. 规模经济和范围经济有什么区别？

1. 答：
（1）总产量是指一定量的某种生产要素生产出来的产量，其计算公式为 TP = AP · Q。
平均产量是指平均每单位某种生产要素生产出来的产量，其计算公式为 AP =

TP/Q。

边际产量是指某种生产要素增加一单位所增加的产量,其计算公式为 MP = ΔTP/ΔQ。

(2) 假定厂商生产某种产品的生产函数中所有的生产要素的数量,只有一种要素可以变动,其余的要素都是固定不变的。在这种情况下,这一种生产要素增加,将引起总产量、平均产量与边际产量的相应变化。假定只有两种生产要素资本和劳动,则总产量、平均产量和边际产量之间有如下关系:

第一,在资本量不变的情况下,随着劳动量增加,最初总产量、平均产量和边际产量都是递增的,但增加到一定程度后分别递减。此三者的曲线都是先升后降的,这反映了边际收益递减规律。

第二,边际产量曲线与平均产量曲线相交于平均产量曲线的最高点。在相交前,边际产量大于平均产量;在相交后,边际产量小于平均产量;在相交时,边际产量等于平均产量,平均产量达到最大。

第三,当边际产量为零时,总产量最大,此后,当边际产量为负数时,总产量就会绝对减少。

对这一点的直观描述如图 4-2 所示。

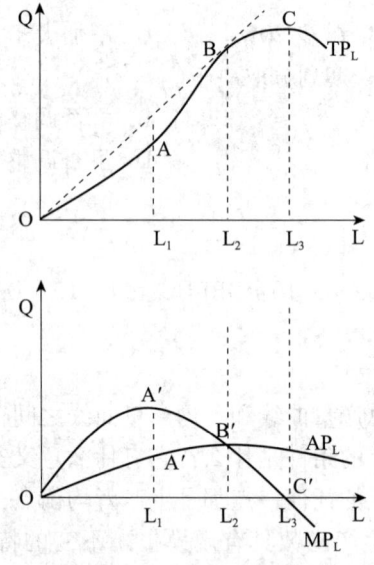

图 4-2 总产量、平均产量和边际产量

2. 答:

在技术系数可以变动即两种生产要素的配合比例可以变动的情况下,这两种生产要素按什么比例配合最好呢?这就是生产要素最优组合所研究的问题。这种分析,与消费者均衡是很相似的,分析方法也基本相同,即边际分析法与等产量分析法。用公式表示生产要素最优组合的条件,就是对生产要素最优组合的边际分析。

同消费者均衡分析相似,生产要素最优组合的原则是:在成本与生产要素价格既定的条件下,应该使所购买的各种生产要素的边际产量与价格的比例相等,即要使每一单位货币无论购买何种生产要素都能得到相等的边际产量。

假定所购买的生产要素是资本（K）和劳动（L），则生产要素最优组合条件可写为：

$$P_K \cdot Q_K + P_L \cdot Q_L = M \tag{1}$$

$$MP_K/P_K = MP_L/P_L = MP_m \tag{2}$$

其中，P_K、P_L分别为资本和劳动的价格；Q_K、Q_L分别为资本和劳动的购买量；M为既定成本；MP_K、MP_L为资本和劳动的边际产量；MP_m为每一单位货币的边际产量。上述（1）式是限制条件，（2）式是生产要素最优组合的条件。

如图4-3所示，切点上就实现了生产要素的最优组合：

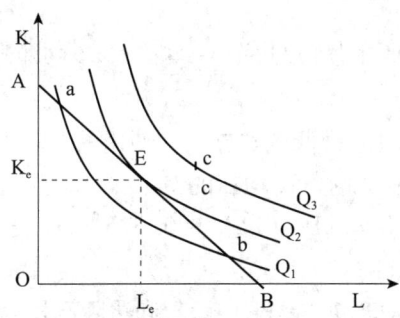

图4-3 生产要素的最优组合

3. 答：

在生产要素的价格、生产函数和其他条件不变时，如果企业改变成本，等成本曲线会发生平行移动；如果企业改变产量，等产量曲线也会发生平移。这样不同的等产量曲线与不同的等成本线相切所形成的切点即生产的均衡点，因此，扩展线上的任何一点都是生产者均衡点。它表示当生产的成本或产量发生变化时，企业便会沿扩展线来选择最优的生产要素组合。

4. 答：

规模报酬与边际替代率是两个不同的概念。规模报酬讲的是企业本身的规模发生变化时所带来的产量变化情况，而要素的边际替代则是研究在企业的规模一定时，所投入要素之间的相互替代关系。当生产函数具有规模报酬不变的特征时，要素的边际替代率可能不变，也可能递减。所以规模报酬不变与边际替代率之间无直接因果联系。

5. 答：

（1）产生的原因不同。规模经济的产生主要是由于批量扩大所导致，规模报酬递增是产生规模经济的原因之一。而范围经济主要是由于产品之间的相互作用导致，是指在相同的投入下，由一个单一的企业生产多种产品比多个不同的企业分别生产这些产品中的每一个单一产品的产出水平更高。范围经济有多种源泉，可能产生于管理工作的专业化、生产的多种产品都需要相同或类似投入要素时的库存节约，或产生于更好地利用生产设备、有利于联合生产的技术变化等。

金融业是范围经济的一个例证:给客户提供许多种服务,如支票存款、借款服务和货币兑换等。

(2) 侧重点不同。规模经济是侧重于经济生产规模的扩大,通过生产要素投入的增加来实现更好的经济效益。而范围经济侧重于生产产品的关联性,是从降低成本和减小风险两个角度出发而生产多种产品,从而获得更好的经济效益。

(3) 范围经济并不像规模经济那样与规模报酬有关。规模经济把规模报酬概念作为一个特例而包括在其中,但范围经济没有隐含着任何一种具体形式的规模报酬。

计算题

1. 已知某厂商的生产函数为 $Q = L^{3/8} K^{5/8}$,设劳动的价格 $P_L = 3$ 元,资本的价格 $P_K = 5$ 元。
(1) 求产量 Q = 10 时的最低成本支出和使用的劳动 L 与资本 K 的数量。
(2) 求总成本为 160 元时厂商均衡的 Q、L、K 的值。

2. 已知生产函数为 $Q = KL - 0.5L^2 - 0.32K^2$,Q 表示产量,K 表示资本,L 表示劳动。令 K = 10,求:
(1) 写出劳动的平均产量(APL)函数和边际产量(MPL)函数。
(2) 分别计算当总产量、平均产量和边际产量达到极大值时厂商雇佣的劳动。

3. 已知某企业的生产函数为 $Q = 21L + 9L^2 - L^3$。
(1) 求该企业的平均产出函数和边际产出函数。
(2) 如果企业现在使用 3 个劳动力,试问是否合理?合理的劳动使用量应在什么范围内?
(3) 如果该企业产品的市场价格为 3 元,劳动力的市场价格为 63 元,该企业的最优劳动投入量是多少?

4. 某企业现在使用 50 个单位的劳动和 60 个单位的资本进行生产,劳动和资本可以相互替代。假定再增加 1 个单位的劳动可以增加 8 个单位的产出,而增加 1 个单位的资本可以增加 12 个单位的产出,资本的价格为 10 元,劳动的价格为 8 元。
问:该企业投入要素的组合比例是否合理,如果不合理,应作怎样的调整?

5. 已知生产函数为 $Q = L^{0.5} K^{0.5}$,试证明:
(1) 该生产过程规模报酬不变。
(2) 该生产函数受要素边际报酬递减规律的支配。

1. 解:
(1) 因成本方程为 $C = 3L + 5K$,$\dfrac{P_L}{P_K} = \dfrac{3}{5}$,所以有 $MRTS_{LK} = \dfrac{MP_L}{MP_K} = \dfrac{\dfrac{dQ}{dL}}{\dfrac{dQ}{dK}} = $

$$\frac{3/8 L^{-5/8} K^{5/8}}{5/8 L^{3/8} K^{-3/8}} = \frac{3K}{5L}$$

由既定产量最小成本的均衡条件 $MRTS_{LK} = \frac{MP_L}{MP_K} = \frac{P_L}{P_K}$，得到 $\frac{3K}{5L} = \frac{3}{5}$，即 $L = K$。

由已知 $Q = 10$ 得出 $L = K = 10$，将 $L = K = 10$ 代入成本方程，得出最低成本支出为 $TC = 3 \times 10 + 5 \times 10 = 80$。因此，产量 $Q = 10$ 时的最低成本支出为 $C = 80$，使用的劳动 L 与资本 K 的数量为 $L = K = 10$。

（2）由（1）有关生产均衡条件的求解知 $L = K$。将 $L = K$ 代入总成本为 160 元时的成本函数 $3L + 5K = 160$，得 $L = K = 20$。此时的产量 $Q = L^{\frac{3}{8}} K^{\frac{5}{8}} = 20^{\frac{3}{8}} 20^{\frac{5}{8}} = 20$。因此，总成本为 160 元时厂商均衡的 Q、L、K 值均为 20。

2. 解：

（1）将 $K = 10$ 代入生产函数 $Q = KL - 0.5L^2 - 0.32K^2$，得到 $Q = 10L - 0.5L^2 - 32$。因此，$AP_L = \frac{Q}{L} = 10 - 0.5L - \frac{32}{L}$；$MP_L = \frac{dQ}{dL} = 10 - L$。

（2）要使总产量最大，令边际产量为 0。即 $MP_L = 10 - L = 0$，则 $L = 10$。又由于 $\frac{d^2 Q}{dL^2} = -1 < 0$ 所求 $L = 10$ 为极大值。当总产量最大时，雇用劳动力的数量为 10。

同理，对于平均产量函数，令 $\frac{dAP_L}{dL} = 0$，即 $\frac{dAP_L}{dL} = \frac{d}{dL}(10 - 0.5L - \frac{32}{L}) = -0.5 + \frac{32}{L^2} = 0$，$L = 8$（舍去负值）。当平均产量极大时，雇用劳动的数量为 8。

对于边际产量 $MP_L = 10 - L$，由于 L 非负，所以当 $L = 0$ 时，MP_L 达到最大值。

3. 解：

（1）平均产出函数为 $AP = Q/L = 21 + 9L - L^2$；边际产出函数为 $MP = dQ/dL = 21 + 18L - 3L^2$。

（2）首先确定合理投入区间的左端点。令 $AP = MP$，即 $21 + 9L - L^2 = 21 + 18L - 3L^2$。求解得到 $L = 0$ 和 $L = 4.5$，$L = 0$ 不合实际，可以舍去，所以合理区间的左端点应在劳动力投入为 4.5 个的时候。

其次确定合理投入区间的右端点。令 $MP = 0$，即 $21 + 18L - 3L^2 = 0$。求解得到 $L = -1$ 和 $L = 7$，$L = -1$ 不合实际，应舍去，所以，当使用劳动力为 7 个的时候，总产出最大。合理的劳动使用量应在 4.5 和 7 之间。目前使用的劳动力小于 4.5，所以是不合理的。

（3）劳动投入最优的必要条件为 $MR = MC$，即 $(21 + 18L - 3L^2) \times 3 = 63$。容易解出 $L = 0$ 或 $L = 6$。$L = 0$ 不合理，舍去，应有 $L = 6$，即使用 6 个劳动力是最优的。

4. 解：

由所给条件知道，MPL = 8，MPK = 12。

因为 MPL/w = 8/8 = 1，MPK/r = 12/10 = 6/5，所以 MPL/w < MPK/r。

由最优组合的必要条件可知现在的 50 个单位的劳动和 60 个单位的资本的组合是不合理的。应该增加资本的使用量，同时减少劳动的使用量。

5. 解：

（1）因为 $Q = F(l, k) = L^{0.5}K^{0.5}$，所以 $f(\lambda L, \lambda K) = (\lambda L)^{0.5}(\lambda K)^{0.5} = \lambda^{0.5+0.5}L^{0.5}K^{0.5} = \lambda L^{0.5}K^{0.5} = \lambda Q$。

因此，该生产过程是规模报酬不变。

（2）假定资本 K 的投入量不变（用 $\bar{K}$ 表示），而 L 为可变投入量。

对于生产函数 $Q = L^{0.5}\bar{K}^{0.5}$，$MP_L = 0.5\bar{K}^{0.5}L^{-0.5}$，并且 $\frac{d}{dL}MP_L = -0.25\bar{K}^{0.5}L^{-1.5} < 0$。这表明，当资本使用量既定时，随着使用的劳动量 L 的增加，劳动的边际产量递减。

同理可证，$\frac{d}{dL}MP_K = -0.25\bar{L}^{0.5}K^{-1.5} < 0$。这表明，当劳动使用量既定时，随着使用的资本量 K 的增加，资本的边际产量递减。进而表明该生产函数所描述的生产过程受报酬递减规律的支配。

三、拓展习题

单项选择题

1. 在经济学中，短期是指（   ）。
   A. 一年或一年内的时间
   B. 在这一时期内所有投入要素均是固定不变的
   C. 在这一时期内所有投入要素均是可以变动的
   D. 在这一时期内，生产者来不及调整全部生产要素的数量，至少有一种生产要素是固定不变的

2. 对于柯布—道格拉斯生产函数 $Q = AL^{\alpha}K^{\beta}$ 中参数 A、α、β 的描述，不正确的是（   ）。
   A. A 是技术系数，A 的数值越大，既定投入数量所能生产的产量越大
   B. A 是风险系数，A 的数值越大，既定投入数量所能产生的风险越大
   C. α 代表增加 1% 的劳动对产量增加的百分比
   D. β 代表增加 1% 的资本对产量增加的百分比

3. 在规模报酬不变阶段，若劳动的使用量增加 5%，而资本的使用量不变，则（   ）。
   A. 产出增加 5%　　　　　　　　　B. 产出减少 5%

C. 产出的增加小于5%　　　　　D. 产出的增加大于5%
4. 当边际生产力下降时，厂商应该(　　)。
   A. 提高生产过程中的效率　　　B. 降低可变投入和固定投入的比例
   C. 惩罚懒惰行为　　　　　　　D. 使用优质生产要素
5. 当出现 $MPP_L/P_L < MPP_K/P_K$ 时，厂商应该(　　)降低生产成本并维持相同的产量。
   A. 增加劳动投入　　　　　　　B. 提高规模经济水平
   C. 增加资本投入　　　　　　　D. 提高劳动的边际产量
6. 通常所说的边际报酬递减，指的是(　　)。
   A. 所有生产要素的投入增幅小于产出增幅
   B. 所有生产要素的投入增幅大于产出增幅
   C. 单个生产要素的投入增幅大于产出增幅（其他要素投入保持不变）
   D. 单个生产要素的投入增幅小于产出增幅（其他要素投入保持不变）
7. 等产量曲线的斜率衡量的是(　　)。
   A. 商品的边际替代率　　　　　B. 规模报酬
   C. 边际收益递减　　　　　　　D. 边际技术替代率

答案：1~5：DBCBC；6~7：CD。

问答题

1. 说明规模报酬递减和边际收益递减规律的异同。
2. 说明边际报酬递减规律与边际技术替代率递减规律的异同。
3. 说明规模报酬递增和规模经济的关系。
4. 以汽车工业等为例，结合我国的情况来说明规模经济的重要性。

1. 答：

（1）边际收益递减规律指的是在其他要素投入不变的前提下，随着可变要素投入量的增加，在产量达到某点之后，继续增加可变要素的投入会引起该要素的边际报酬递减。要素包括劳动、资本等，由于每次只改变一种要素，因此，边际收益递减规律也称为要素报酬递减规律。举例来说，在资本等要素数量不变的情况下，劳动增加到某一点之后，劳动的边际产量会递减。由于只涉及一种要素的变化，因此，边际收益递减是一个短期概念。

（2）规模报酬递减规律指在所有要素同时等量变动时，产量的变动幅度小于要素的变动幅度。如劳动、资本等都同时增加1倍，而总产量增加小于1倍。

（3）在现实经济中，由于某些要素不能被复制，不能无限制地增加，如土地。因此，所有要素按相同比例增加是不可能实现的。假如当所有要素按相同比例增加时，生产技术表现为规模报酬不变，由于存在不可控要素，因此，只能是可控要素按同比例增加。由于存在边际收益递减规律，因此，生产技术就可能表现出规模报酬递减。因此，一般来说，规模报酬递减是由于存在某种不变投入和边际收益递减规律。

2. 答：

(1) 边际报酬递减规律是指在其他投入固定不变的情况下，一种投入增加到一定程度后，该可变投入的边际产出会随着该投入的增加而递减，这是大多数生产过程中所具有的共同现象。边际技术替代率递减规律则指当增加要素 1 的投入量并相应地调整要素 2 的投入量以保持产出量不变，随着要素 1 投入量的增加，要素 1 替代要素 2 的数量递减。

(2) 边际报酬递减和边际技术替代率递减两个规律密切联系但并不完全相同。前者涉及的是当增加一种投入数量时令其他投入量不变，边际产品会怎样变化；后者则涉及当增加一种投入数量并相应地减少另一种投入数量以使产出量保持不变时，边际产品的比率或等产量曲线的斜率会怎样变化。

3. 答：

(1) 规模报酬递增是指产量增加的比例大于各种生产要素的投入比例。设生产函数为 $Q = f(L, K)$，如果满足 $f(\lambda L, \lambda K) > \lambda f(L, K)$，其中，$\lambda > 0$，则生产函数 $Q = f(L, K)$ 具有规模报酬递增的性质。产生规模报酬递增的主要原因是由于企业生产规模扩大所带来的生产效率的提高。它可以表现为：生产规模扩大以后，企业能够利用更先进的技术和机器设备等生产要素，而较小规模的企业可能无法利用这样的技术和生产要素。随着较多的人力和机器的使用，企业内部的生产分工能够更加合理和专业化。此外，人数较多的技术培训和具有一定规模的生产经营管理，也可以节省成本。

(2) 规模经济指由于生产规模扩大而导致长期平均成本下降的情况。产生规模经济的主要原因是劳动分工与专业化以及技术因素。企业规模扩大后使得劳动分工更细，专业化程度更高，这将大大提高劳动生产率，降低企业的长期平均成本。技术因素是指规模扩大后可以使生产要素得到充分利用。

(3) 长期中，当产出水平变化后，企业改变投入比例是有利的。规模经济是指企业可以以低于双倍的成本获得双倍的产出。相应地，当双倍的产出需要双倍以上的投入时，就存在规模不经济。规模经济包括规模报酬递增的特殊情形，只是它更为普遍，因为它使得企业能够在其改变生产水平时改变要素组合。在这种更普遍的意义上，U 形的长期平均成本曲线是与企业所面临的产出较低时的规模不经济和产出水平较高时的规模经济相一致的。

4. 答：

(1) 规模经济是指由于生产规模扩大而导致长期平均成本下降的情况。规模经济分为内在经济和外在经济。内在经济是厂商在生产规模扩大时从自身内部所引起的收益增加。外在经济是整个行业规模和产量扩大而使得个别厂商平均成本下降或收益增加。外在经济和内在经济一样，都会改变厂商的成本，但是它们的前提条件、影响方式又是完全不同的。外在经济的前提条件是行业规模的扩大，而内在经济的前提条件是厂商本身规模的扩大；外在经济是行业中其他方面便利因素为个别厂商提供了效益，内在经济则是厂商经营的个别企业内部因素的变化所致。因此，外在经济在成本上的体现是厂商整个平均成本曲线向下移，而内在经济在成本上的体现是市场上平均成本曲线随厂商的规模扩大而向下倾斜。

(2) 规模经济被称为汽车工业的灵魂，答案很简单，所谓规模经济，包括整车、零部件、销售、产品开发等在内，整车能力达到后，零部件由于厂点分散、投资不足、技术未达标等原因，远远达不到自身的最低规模经济要求，因此，成本降不下来，价格居高不下，这还没包括产品开发等其他规模经济因素。

汽车工业实行规模经济是一套严谨的工程理论，核心是固定资产的不可分割性。中国汽车工业近10年的发展表明：规模经济基本上都是成功的，没有规模经济的几乎没有一家是成功的。现在对于中国汽车工业来说，已经到了一个非常重要的关头，因此，更要重提规模经济的必要，让规模经济的优势真正发挥出来。

计算题

1. 假设一个厂商的生产函数为 $Q = 1.4L^{0.7}K^{0.35}$，问：
   (1) 此生产函数是否规模收益不变？
   (2) 劳动的产出弹性是多少？
   (3) 资本的产出弹性是多少？
   (4) 如果劳动 L 增加 3%，资本 K 减少 10%，产量 Q 将如何变化？
2. 已知生产函数为 $Q = \min\{2L, 3K\}$，求：
   (1) 当产量 Q = 36 时，L 和 K 值分别为多少？
   (2) 如果生产要素的价格分别为 $P_L = 2, P_K = 5$，则生产 480 单位产量的最小成本是多少？

1. 解：
(1) $0.7 + 0.35 = 1.05 > 1$，说明这一生产函数不属于规模收益不变类型，它属于规模报酬递增型。

(2) 某投入要素的产出弹性 = 产量变化的百分率/某要素投入量变化的百分率。劳动 L 的产出弹性 $= \dfrac{\Delta Q/Q}{\Delta L/L} = \dfrac{dQ}{dL} \cdot \dfrac{L}{Q} = 1.4 \times 0.7L^{0.7-1}K^{0.35} \cdot \dfrac{L}{1.4L^{0.7}K^{0.35}} = 0.7$。

(3) 资本 K 的产出弹性 $= 1.4 \times 0.35L^{0.7}K^{0.35-1} \cdot \dfrac{K}{1.4L^{0.7}K^{0.35}} = 0.35$。

(4) 由劳动 L 的产出弹性为 0.7 可知，如果劳动增加 3%，则产量增加

2.1%,由资本 K 的产出弹性为 0.35 可知,如果资本减少 10%,则产量减少 3.5%。综上可得,产量 Q 将减少 1.4%。

2. 解:

(1) 生产函数为 $Q = \min\{2L, 3K\}$ 表示该函数是一个固定投入比例生产函数,所以,当市场上进行生产时,总有 $Q = 2L = 3K$。因为已知 $Q=36$,解得 $L=18$,$K=12$。

(2) 由 $Q = 2L = 3K, Q = 480$,可得:$L = 240$,$K = 160$。

又因 $P_L = 2, P_K = 5$,所以有:$TC = L \cdot P_L + K \cdot P_K = 240 \times 2 + 160 \times 5 = 1280$,即生产 480 单位产量的最小成本为 1280。

四、难点解析

1. 规模报酬的递增、不变和递减这三种情况与可变比例生产函数的报酬递增、不变和递减这三种情况的区别?"规模报酬递增的厂商不可能会面临要素报酬递减的现象",这个命题是否正确?为什么?

2. 德国经济学家舒马赫曾写过一本《小的是美好的》的书①,主张企业不要过大。同时,实践中许多大企业成绩显赫,成为世界 500 强。我们到底应该把企业做大还是做小呢?

1. 答:

(1) 规模报酬的递增、不变和递减与可变比例生产函数的报酬递增、不变和递减的区别如下:规模报酬论及的是厂商的生产规模本身发生变化(假设为该厂商的厂房、设备等固定要素和劳动、原材料等可变要素发生了同比例的变化)相应的产量是不变、递增还是递减,或者说厂商根据它的经营规模大小(产销量大小)设计不同的工厂规模;而可变比例生产函数的报酬递增、不变和递减所讨论的是在该厂商的生产规模已经固定下来,即厂房、设备等固定要素既定不变,可变要素的变化引起的产量(报酬)递增、递减及不变三种情况。

(2) "规模报酬递增的厂商不可能会面临要素报酬递减的现象。"这个命题是错误的。规模报酬和可变要素报酬是两个不同的概念。规模报酬问题讨论的是一座工厂本身规模发生变化时的产量变化,而可变要素报酬问题论及的则是厂房规模已经固定下来,增加可变要素时相应的产量变化。

事实上,当厂商经营规模扩大时,在给定技术条件下,要素的生产效率提高,即生产表现出规模报酬递增。在规模报酬递增时,随着可变要素投入增加到足以使固定要素得到最有效利用后,继续增加可变要素投入,总产量的增加即边

---

① http://wenku.baidu.com/view/f6719373f242336c1eb95e5f.html.

际产量就会出现递减现象。所以，规模报酬递增的厂商也可能面临要素报酬递减的现象。

2. 答：

其实书中所分析的，企业大有大的好处，小也有小的好处，关键要具体情况具体分析。从客观条件来说，要分析本行业的生产技术特点和市场需求特点，一些行业越大越好，但有些行业规模小可以适于需求复杂的条件，经营就会更有利。要根据具体条件，要分析自己的资金与人员实力。有些企业的确是越大越好，跨行业越多越有利，但如果企业筹资能力有限，或者管理能力不够，做得越大反而越困难。

我国经济中该做大的没做大，该做小的没做小，这种错误没少犯。过去强调各地区的独立发展，许多地方不顾实际情况上钢铁厂、化工厂、汽车厂（所谓五小企业），结果规模都不大，效益也差。一些该分散、灵活的企业，如商业、服务业等反而做得很大。在市场经济的今天，仍然有一些人不顾条件想把企业做大，包括人为强迫企业合并，或者不顾条件限制进行多元化经营。其实企业大小也是市场竞争的结果，人为干预只会违背经济规律。

第五章 成本理论

一、学习指导

【学习目的】

本章分析成本函数、成本曲线,即分析成本随产量的变化而变化的关系及变化的特征。通过本章的学习,使学生了解各种成本、利润的概念,短期成本函数和生产函数之间的关系,短期成本之间的关系及变动的特征,长期成本和短期成本的关系。

【学习目标】

1. 理解和掌握机会成本、显成本、隐成本的含义。
2. 理解和掌握会计利润、正常利润与经济利润的含义及关系。
3. 理解短期与长期的含义与区别。
4. 理解和掌握短期成本分类、相互关系及变动规律。
5. 理解长期平均成本与短期平均成本的关系。

【关键概念】

机会成本(opportunity cost);显成本(explicit cost);隐成本(implicit cost);经济利润(economic profit);会计利润(accounting profit);短期成本(short-run cost);长期成本(long-run cost);边际成本(marginal cost)。

【本章框架】

本章仍然是分析厂商行为,分析成本函数,即成本和产量的关系。首先分析讲解了几个关键成本的概念;其次分析了短期成本,包括短期成本和短期产量的关系、短期成本变动的特征、短期成本曲线之间的关系;最后分析了长期成本和短期成本的关系、长期成本变动的特征、长期成本曲线之间的关系。

图5-1为成本理论框架图。

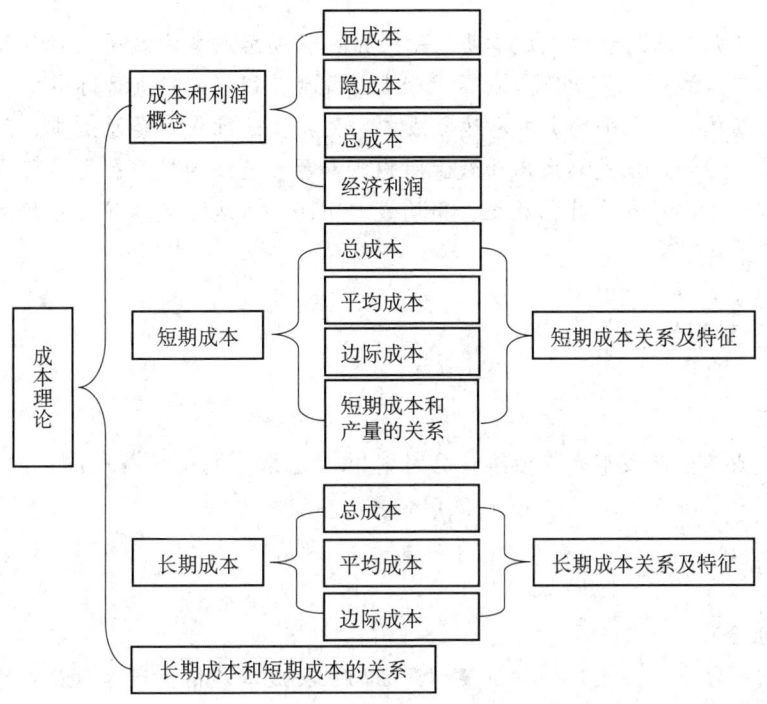

图 5-1 成本理论框架

【内容提要】

● 几个成本概念：会计成本是我们最常见的一种成本形式。企业购买生产要素时实际支付的货币数量将会在会计账目上有所反映；按机会成本定义的生产成本由两种类型的成本构成：一是显成本；二是隐成本。

● 几个利润的概念：与成本的不同衡量标准相对应，利润的考察也有多种准则。会计利润由企业从销售收入中扣除会计成本得到；正常利润则是业主自有资源的机会成本，通常包括企业主对自己提供的企业家才能所支付的报酬或者还有对自己提供的其他自有资源（资金、设备等）的报酬；经济利润是从销售收入中扣除机会成本而得到的利润。

● 短期成本分类：短期成本有以下七种：总固定成本（TFC）、总可变成本（TVC）、总成本（TC）、平均固定成本（AFC）、平均可变成本（AVC）、平均总成本（ATC）和边际成本（MC）。

● 短期成本和产量的关系：短期总成本和短期总产量呈反方向变化；短期平均可变成本和短期平均产量呈反方向变化；短期边际成本和短期边际产量呈反方向变化。

● 短期总成本、平均成本、平均可变成本和边际成本的关系：边际成本是总成本曲线上对应点的斜率；平均成本是总成本曲线上对应点和原点连线的斜率；当边际成本大于平均成本，平均成本上升，反之，平均成本下降；当边际成本等于平均成本，平均成本为最小值。平均可变成本和边际成本的关系同平均成本和边际成本的关系。

- 长期成本曲线和短期成本曲线的关系：长期总成本曲线是无数条短期总成本曲线的包络线；长期边际成本等于代表最优生产规模的短期边际成本。
- 长期总成本、平均成本和边际成本的关系：边际成本是总成本曲线上对应点的斜率；平均成本是总成本曲线上对应点和原点连线的斜率；当边际成本大于平均成本，平均成本上升，反之，平均成本下降，当边际成本等于平均成本，平均成本为最小值。

二、习题解析

名词解释

机会成本；显成本；隐成本；会计利润；正常利润；经济利润；固定成本；可变成本。

1. 机会成本

答：一般来说，生产一单位某种商品的机会成本是指生产者所放弃的使用相同的生产要素在其他用途中所能得到的最高收入。机会成本的存在需要三个前提条件：资源是稀缺的；资源具有多种用途；资源的投向不受限制。从机会成本的角度来考察生产过程时，厂商需要将生产要素投向收益最大的项目，从而避免带来生产的浪费，以达到资源配置的最优。

2. 显成本

答：按机会成本定义的生产成本由两种类型的成本构成：一是显成本；二是隐成本。显成本指厂商在生产要素市场上购买或租用所需的生产要素的实际支出。这些支出是在会计账上作为成本项目记入账上的费用，包括支付给劳动力的工资、购买原材料、燃料、动力和运输等所支付的费用以及借入资本支付的利息。

3. 隐成本

答：与显成本相对的隐成本是指厂商自己提供的资源所必须支付的费用。包括亲自管理企业、使用自己的资金、使用自己的土地等成本。隐成本必须从机会成本的角度按照企业自有生产要素在其他最佳用途中所能得到的收入来支付，否则，企业会把自有生产要素转移出本企业以获得更高的报酬。

4. 会计利润、正常利润、经济利润

答：会计利润由企业从销售收入中扣除会计成本得到。正常利润则是业主自有资源的机会成本，通常包括企业主对自己提供的企业家才能所支付的报酬或者还有对自己提供的其他自有资源（资金、设备等）的报酬；经济利润是从销售收入中扣除机会成本而得到的利润。正常利润是隐成本的组成部分，经济利润不包含正常利润，当厂商的经济利润为零时，厂商仍然得到了全部的正常利润。各种利润之间的关系是：会计利润＝总收益－会计成本；正常利润＝隐成本；经济利润＝总收益－机会成本＝总收益－会计成本－隐成本＝会计利润－隐成本＝会计利润－正常利润。

5. 固定成本和可变成本

答：固定成本是短期不随产量变化而变化的成本，而可变成本是短期内随产量变化而变化的成本。可变成本可以帮助厂商决定在短期内是否继续生产，如果生产能够补偿可变成本，那么厂商生产就是值得的；如果生产不能收回可变成本，厂商就会停止生产；只有在生产能够补偿可变成本且有余额的情况下，才能补偿固定成本。

单项选择题

1. 不随产量变动而变动的成本称为（   ）。
   A. 可变成本   B. 不变成本   C. 平均成本   D. 总成本
2. 在长期中，下列成本中不存在的是（   ）。
   A. 可变成本   B. 不变成本   C. 平均成本   D. 总成本
3. 某厂商使用自己的自有资金来生产，这种自有资金的利息从成本角度看是（   ）。
   A. 固定成本   B. 隐含成本   C. 会计成本   D. 生产成本
4. 对应于边际报酬的递减阶段，STC 曲线（   ）。
   A. 以递增的速率上升   B. 以递增的速率下降
   C. 以递减的速率上升   D. 以递减的速率下降
5. 短期平均成本曲线为 U 形的原因与（   ）。
   A. 规模报酬有关
   B. 外部经济与不经济有关
   C. 要素的边际生产率有关
   D. 固定成本与可变成本所占比重有关
6. 长期平均成本曲线为 U 形的原因与（   ）。
   A. 规模报酬有关
   B. 外部经济与不经济有关
   C. 要素的边际生产率有关
   D. 固定成本与可变成本所占比重有关
7. 当产出增加时，LAC 曲线下降，这是由于（   ）。
   A. 规模的不经济性   B. 规模的经济性
   C. 收益递减规律的作用   D. 上述说法都正确
8. 如果一个企业正经历规模报酬不变阶段，则 LAC 曲线是（   ）。
   A. 上升的   B. 下降的   C. 垂直的   D. 水平的
9. LAC 曲线（   ）。
   A. 当 LMC＜LAC 时下降，而当 LMC＞LAC 时上升

B. 通过 LMC 曲线的最低点

C. 随 LMC 曲线的下降而下降

D. 随 LMC 曲线的上升而上升

10. 当 LAC 曲线下降时，LAC 曲线相切于 SAC 曲线的最低点( )。

　　A. 总是对的　　B. 决不对　　C. 有时对　　D. 不能判断

11. SMC 取决于( )。

A. TFC 曲线的斜率

B. STVC 曲线的斜率但不是 STC 曲线的斜率

C. STC 曲线的斜率但不是 STVC 曲线的斜率

D. 既是 STVC 曲线也是 STC 曲线的斜率

12. 长期成本曲线上的每一点都与短期成本曲线上的某一点相对应。这句话( )。

　　A. 总是对的　　B. 有时对　　C. 总是错的　　D. 无法判断

13. 假如增加一单位产量所带来的边际成本大于产量增加前的平均可变成本，那么在产量增加后平均可变成本( )。

　　A. 减少　　B. 增加　　C. 不变　　D. 都有可能

14. 在短期中随着产量的增加，平均固定成本( )。

A. 在开始时下降，然后趋于上升

B. 在开始时上升，然后趋于下降

C. 一直趋于上升

D. 一直趋于下降

15. 在 LAC 与一条代表最优生产规模的 SAC 曲线相切的产量上必定有( )。

A. 相应的 LMC 曲线和代表最优生产规模的 SMC 曲线的一个交点以及相应的 LTC 曲线和代表最优生产规模的 STC 曲线的一个切点

B. 代表最优生产规模的 SAC 曲线达最低点

C. LAC 曲线达最低点

D. 都对

答案：1~5：BBBAC；6~10：ABDAB；11~15：DABDA。

问答题

1. 机会成本和会计成本之间的区别是什么？
2. 试述成本曲线的变动规律与产量曲线的变动规律之间的关系。
3. 短期平均成本 SAC 曲线与 SMC 曲线的关系？
4. 长期成本和短期成本的关系？
5. 简要说明短期和长期成本曲线形成 U 形的原因。

1. 答：

(1) 机会成本是将一定的资源用于某项特定的用途时，所放弃的该项资源用于其他用途时所能获得的最大收益。机会成本包括显成本和隐成本。会计成本是会计人员在经济活动发生后入账的生产、销售和管理等方面的费用开支。

(2) 两者的区别表现在：第一，表现形式不同。机会成本可以用实物量表示也可以用价值量表示，而且包括隐性的成本，不能直接用数字或货币表示出来；而会计成本是把费用开支在账本上用数字可以清楚地表述出来。第二，功用不同。机会成本被经济学家用于进行经济分析，从经济学角度分析资源利用；会计成本是指会计人员在编制财务报表或损益报表的主要依据，不能直接用于管理决策。第三，内容含义不同。机会成本是经济人所放弃的一种无形收入；会计成本是具体的，是一种记录数据，而且是过去已经发生的成本数据，即历史成本。

2. 答：

(1) 成本曲线变动规律与产量曲线变动规律可以说是互为倒影的关系，如图 5-2 和图 5-3 所示。

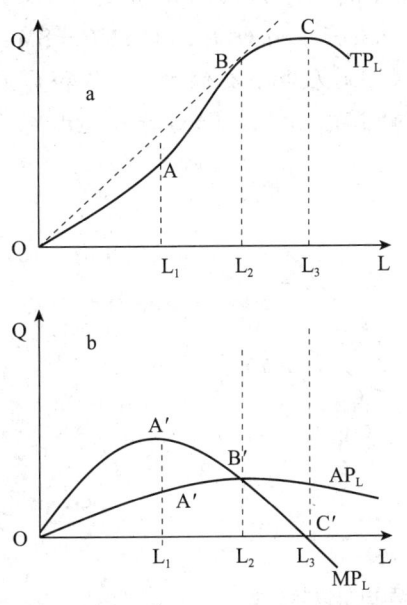
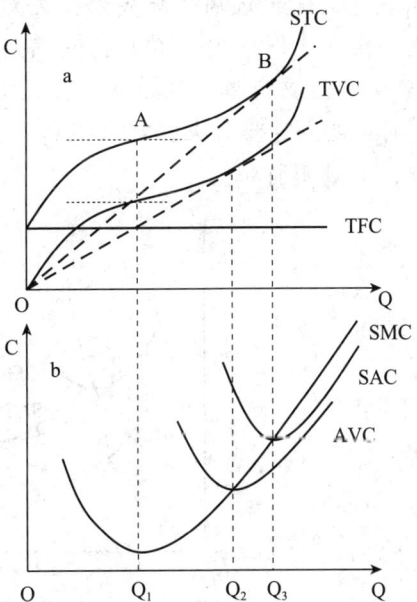

图 5-2　总产量、平均产量和边际产量图　　图 5-3　短期总成本线、平均成本线和边际成本线

(2) 边际成本递增规律与边际收益递减规律，实际上是一回事：从一种产品的数量增加而必须放弃另一种产品的数量递增这一角度来看，是边际成本递增；而从另一个角度来看，另一种产品对这一种产品的替代率递减，而这就是边际收益递减规律的表现。

(3) 边际成本和平均可变成本关系同边际产量与平均产量关系是互相对应

的。边际成本递增规律和边际收益递减规律，呈 U 形的 MC 曲线和呈倒 U 形的 MP 曲线，MC 与 AVC 相交于 AVC 的最低点同 MP 与 AP 相交于 AP 的最高点等都是对应的。

3. 答：

(1) 在 SAC 曲线的上升段，SMC 曲线高于 SAC 曲线；

(2) 在 SAC 曲线的下降段，SMC 曲线低于 SAC 曲线；

(3) SMC 曲线相交于 SAC 曲线的最低点。

4. 答：

(1) LTC 曲线是 STC 曲线的包络线。因此，在长期的每一个产量，LTC 曲线都与一条代表最优生产规模的 STC 曲线相切，这说明两条曲线的斜率是相同的。由于 LTC 曲线的斜率是 LMC 值，STC 曲线的斜率是 SMC 值，因此，在长期的每一产量水平上，LMC 值都与代表最优生产规模的 SMC 值相等。根据这种关系，可以由 SMC 曲线推导 LMC 曲线。如图 5-4 所示，在每一个产量水平，代表最优生产规模的 SAC 曲线都有一条相应的 SMC 曲线，每一条 SMC 曲线都过相应的 SAC 曲线的最低点。在 Q_1 的产量上，生产该产量的最优生产规模由 SAC_1 曲线和 SMC_1 曲线所代表，相应的短期边际成本由 A 点表示。由于在长期的每一产量水平上，LMC 值都与代表最优生产规模的 SMC 值相等。因此，A_1Q_1 既是最优的短期边际成本，又是长期边际成本，有 $LMC = SMC_1 = A_1Q_1$。同理，在产量为 Q_2 时，有 $LMC = SMC_2 = BQ_2$。在产量为 Q_3 时，有 $LMC = SMC_3 = CQ_3$。在生产规模无限细分的情况下，可以得到无数个类似于 A、B 和 C 的点，将这些点连接起来，可以得到一条光滑的 LMC 曲线。LMC 曲线先递减后递增，呈 U 形特征。

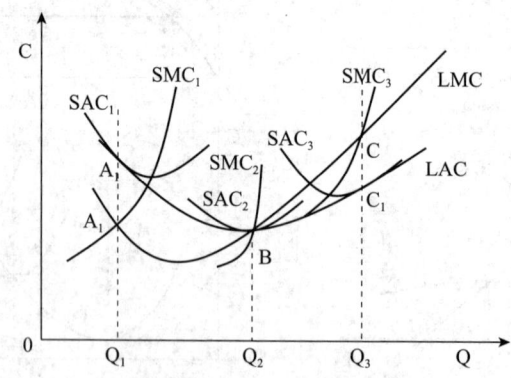

图 5-4 由短期边际成本推导长期边际成本

(2) 长期边际成本曲线的经济含义：LMC 曲线表示的是与厂商在长期内通过选择最优的生产规模所达到的最低成本相对应的边际成本。

5. 答：

(1) 短期平均成本曲线呈 U 形，是因为边际报酬递减规律的作用。边际报酬递减规律是指在其他条件不变时，随着一种可变要素投入量的连续增加，它所带来的边际产量先是递增的，达到最大值以后再递减。而对于任何两个边际产量和平均产量而言，只要边际产量小于平均产量，边际产量就把平均产量拉下来；只要边际产量大于平均产量，边际产量就把平均产量拉上去；当边际产量等于平均产量时，平均产量必然达到其本身最大值点。而在边际报酬递减规律的作用下，MC 曲线呈现先降后升的 U 形，所以，AC 曲线也必然呈现出先降后升的 U 形，且两曲线必然相交于 AC 曲线的最低点。

（2）长期成本曲线呈 U 形，主要是由长期生产中的规模经济和规模不经济决定的。在企业生产扩张的开始阶段，厂商由于扩大生产规模而使经济效益提高，叫做规模经济。当企业生产扩张到一定规模后，厂商继续扩大生产规模，就会使经济效益下降，叫做规模不经济。长期生产的规模报酬作用是引起规模经济和规模不经济的主要原因。一般来说，企业的生产规模由小到大的扩张过程中，会先后出现规模内在经济和规模内在不经济。规模内在经济和规模内在不经济决定了长期成本曲线表现出先下降后上升的 U 形特征。

计算题

1. 已知某企业的短期总成本函数是 $STC = 0.04Q^3 - 0.8Q^2 + 10Q + 5$。

（1）指出该短期成本函数中的可变成本部分和不变成本部分。

（2）写出下列相应的函数：TVC（Q）、AC（Q）、AVC（Q）、AFC（Q）和 MC（Q）。

2. 对于生产函数 $Q = \dfrac{8KL}{K+L}$，在短期中令 $P_L = 1$，$P_K = 4$，$K = 4$。请推导出短期总成本、平均成本、平均可变成本函数及边际成本函数。

3. 假设某产品生产的边际成本函数是 $MC = 3Q^2 - 8Q + 100$，若生产 5 单位产品时总成本是 595，求总成本函数、平均成本函数、可变成本函数及平均可变成本函数。

4. 如果某个生产者的生产函数为 $Q = \sqrt{KL}$，已知资本 $K = 4$，资本总值为 100，L 的价格为 10。求 L 的投入函数和 Q 的总成本函数、平均成本函数和边际成本函数。

1. 解：

（1）短期成本函数中的可变成本部分是 $0.04Q^3 - 0.8Q^2 + 10Q$，不变部分是 5。

（2）TVC(Q) = $0.04Q^3 - 0.8Q^2 + 10Q$；

AC(Q) = TC/Q = $0.04Q^2 - 0.8Q + 10 + 5/Q$；

AVC(Q) = $0.04Q^2 - 0.8Q + 10$；

AFC(Q) = $5/Q$；

MC = $\dfrac{dTC}{dQ} = 0.12Q^2 - 1.6Q + 10$。

2. 解:

将 $K=4$ 代入生产函数,得: $L = \dfrac{4Q}{32-Q}$。

短期总成本函数为: $TC = P_K \cdot K + P_L \cdot L = 16 + 1 \times \dfrac{4Q}{32-Q} = \dfrac{4Q}{32-Q} + 16$。

平均成本函数为: $AC = TC/Q = \dfrac{4}{32-Q} + \dfrac{16}{Q}$。

平均可变成本函数为: $AVC = P_L \cdot L/Q = \dfrac{4}{32-Q}$。

边际成本函数为: $MC = dTC/dQ = 128/(32-Q)^2$。

3. 解:

根据边际成本函数,求出总成本函数,设总成本函数中的常数项为 R,则:
$TC = Q^3 - 4Q^2 + 100Q + R$。将 $Q=5$ 代入总成本函数,$R=70$。

总成本函数为: $TC = Q^3 - 4Q^2 + 100Q + 70$。

平均成本函数为: $AC = Q^2 - 4Q + 100 + 70/Q$。

可变成本函数为: $VC = Q^3 - 4Q^2 + 100Q$。

平均可变成本函数为: $AVC = Q^2 - 4Q + 100$。

4. 解:

已知 $K=4$,由 $K \times P_K = 100$ 可得: $4K=100$,即 $P_K=25$。

由生产函数 $Q = \sqrt{KL}$ 可知: $MP_L = \dfrac{1}{2}K^{0.5}L^{-0.5}$,同理,$MP_K = \dfrac{1}{2}L^{0.5}K^{-0.5}$。

根据生产者均衡条件 $MRTS_{LK} = \dfrac{MP_L}{MP_K} = \dfrac{P_L}{P_K}$ 得: $\dfrac{\frac{1}{2}K^{0.5}L^{-0.5}}{\frac{1}{2}L^{0.5}K^{-0.5}} = \dfrac{10}{25}$。

即 $\dfrac{K}{L} = \dfrac{2}{5}$; $K = \dfrac{2}{5}L$。

将 $K = \dfrac{2}{5}L$ 代入生产函数 Q,得 $Q = \sqrt{\dfrac{2}{5}L^2} = \sqrt{\dfrac{2}{5}}L$。

则 $L = \sqrt{\dfrac{5}{2}}Q = \dfrac{\sqrt{10}}{2}Q$ 即为 L 的投入函数。此时:

$TC = K \times P_K + L \times P_L = 100 + 5\sqrt{10}Q$;

$AC = \dfrac{TC}{Q} = 5\sqrt{10} + \dfrac{100}{Q}$。

三、拓展习题

单项选择题

1. 下列说法中正确的是(　　)。

A. 厂房设备投资的利息是可变成本

B. 贷款利息的支出是可变成本
C. 总成本在长期内可以划分为固定成本和可变成本
D. 补偿固定资本无形损耗的折旧费是固定成本

2. 长期里，（   ）。
   A. 固定成本会比变动成本高　　B. 变动成本比固定成本高
   C. 所有成本都是固定成本　　　D. 所有成本都是变动成本

3. 假定大学生决定参加培训班而放弃获取 1000 元收入的打工机会，参加培训班需要花费的学费为 1000 元，课本费为 500 元，参加培训班期间的生活费为 500 元。请问参加培训班的机会成本是（   ）元。
   A. 1500　　　　B. 2000　　　　C. 2500　　　　D. 3000

4. 在存在规模经济的情形下，边际成本与平均成本的关系是（   ）。
   A. 边际成本小于平均成本　　　B. 边际成本大于平均陈本
   C. 边际成本等于平均成本　　　D. 边际成本与平均成本无关

5. 假定短期的生产厂商在某一产量水平上实现其平均成本的最小值，这意味着（   ）。
   A. 边际成本等于平均成本　　　B. 厂商已获得最大利润
   C. 厂商已获得最小利润　　　　D. 厂商的经济利润为零

6. 当短期成本曲线以递增的速率上升时，（   ）。
   A. 边际成本曲线处于递减阶段
   B. 边际成本曲线处于递增阶段
   C. 边际产量曲线处于递减阶段
   D. 无法判定边际成本曲线与边际产量曲线的状态

7. 长期成本曲线呈 U 形的原因在于（   ）。
   A. 边际效用递减规律　　　　　B. 边际收益递减
   C. 生产由规模经济向规模不经济变动　D. 生产的一般规律

答案：1~5：DDCAA；6~7：BC。

问答题

1. 试说明成本最小化原理、利润最大化原理以及两者的关系。
2. 说明长期平均成本变化的主要因素。

1. 答：
（1）成本最小化原理：在既定产出水平下，厂商如何选择投入要素的组合，以使生产成本最小。通常假定厂商只使用两种生产要素（资本 K 和劳动 L），市场是完全竞争的，两种要素之间可以相互替代。资本和劳动两种要素的价格分别

为常数 r 和 w。根据假定，厂商的生产函数可以定义为 $Q = f(L, K)$；成本最小化问题可以表述为 $minC = wL + rK[s.t. f(L, K) = Q_0]$。其中，C 表示成本；$Q_0$ 表示既定的产量。为取最优解，必须使：$\frac{df}{dL} / \frac{df}{dK} = \frac{w}{r}$。其中，$\frac{df}{dL}$ 为劳动的边际产出，$\frac{df}{dK}$ 为资本的边际产出。据此可以得出，实现既定产量下成本最小化的必要条件是：两要素的边际产出之比等于两要素的价格之比。

(2) 利润最大化原理：在其他条件不变的情况下，厂商应该选择最优的产量，使得最后一单位产品所带来的边际收益等于所付出的边际成本。或者简单地说，厂商实现最大化的均衡条件是边际收益等于边际成本，即 MR = MC。

(3) 成本最小化和利润最大化都可以作为厂商决定市场行为的依据。不同之处在于，成本最小化是从成本角度出发决定厂商的最优市场行为，而利润最大化则是从产出和利润的角度出发决定厂商的最优市场行为。

2. 答：

长期平均成本等于总成本除以产出水平。通过长期成本除以产出水平或是做短期平均成本曲线的包络线，可以得到长期平均成本曲线。长期平均成本曲线的形状是先下降，达到最低点后再上升，呈 U 形。影响长期平均成本变化的主要原因有：

(1) 规模经济和规模不经济。具体地说，就是以规模经济解释长期平均成本曲线的下降部分，以规模不经济解释长期平均成本曲线的上升部分。对厂商而言，随着规模的扩大，生产由规模经济转向规模不经济，使得厂商的平均成本曲线呈 U 形（可以进一步扩展，这里不再重复）。

(2) "学习效应"。学习效应指在长期生产过程中，企业的工人、技术人员和经理可以累积起有关商品的生产、技术设计和管理方面的有益经验，从而导致长期平均成本的下降，表现为每单位产品的劳动投入量的逐步降低。这种效率的提高来自技巧和技术的成熟，亦即是实践经验所产生的结果。例如，制造业涉及要把许多部件组装成一种产品，当工人在实践中不断获得关于各个部件之间关系的更多知识时，就会出现学习效应，导致时间和成本的节约。虽然学习效应会导致重大的成本节约，但这些成本节约可能不会足以抵消规模不经济的影响。因而，当产量达到某一点之后，LAC 曲线会反转向上，但是学习效应扩大了规模经济的实现区域。

(3) 范围经济。范围经济指的是针对关联产品的生产而言，指一个厂商同时生产多种关联产品的单位成本支出小于分别生产这些产品的成本的情形。范围经济有多种源泉，可能产生于管理工作的专业化、生产的多种产品需要相同或相似投入要素时的库存节约，或产生于更好地利用生产设备、有益于联合生产的技术变化。经济学家常常列举金融业作为范围经济的一个例证。金融业给客户提供许多种服务，如支票存款、借款服务和货币兑换等。范围经济有助于解释为什么同一个厂商通常从事一系列相关的经济活动。

计算题

已知某厂商的生产函数为 $Q = 0.5L^{1/3}K^{2/3}$；当资本投入量 $K = 50$ 时，资本的总价格为 500；劳动的价格为 $P_L = 5$。求：

（1）劳动的投入函数 $L = L(Q)$。
（2）总成本函数、平均成本函数和边际成本函数。
（3）当产品的价格 $P = 100$ 时，厂商获得最大利润的产量和利润各是多少？

解：
（1）已知 $K = 50$ 时，其总价格为 500，所以 $P_K = 10$。

对于生产函数 $Q = 0.5L^{1/3}K^{2/3}$，可求出：$MP_L = \frac{1}{6}\left(\frac{K}{L}\right)^{2/3}$，$MP_K = \frac{1}{3}\left(\frac{L}{K}\right)^{1/3}$。

由 $\frac{P_L}{P_K} = \frac{MP_L}{MP_K}$，可得 $K = L$。代入生产函数，得：$Q = 0.5L$，即 $L = 2Q$。

（2）将 $L = 2Q$ 代入成本等式 $C = L \cdot P_L + K \cdot P_K$，可得总成本函数 $TC = 5L + 10K = 10Q + 500$。因此，平均成本函数 $AC = 10 + 500/Q$；边际成本函数 $MC = 10$。

（3）由（1）可知，生产者达到均衡时，有 $K = L$。因为 $K = 50$，所以 $L = 50$，代入生产函数可得：$Q = 25$。此时利润 $\pi = PQ - TC = PQ - (L \cdot P_L + K \cdot P_K) = 2500 - 750 = 1750$。

四、难点解析

试分析短期产量曲线和短期成本曲线之间的关系。

答：(1) 短期生产函数和成本函数之间的关系。

假定短期生产函数为 $Q = f(L, \overline{K})$ ①

短期成本函数为 $TC(Q) = TVC(Q) + TFC$ ②

$\qquad TVC(Q) = w \cdot L(Q)$ ③

且假定生产要素劳动的价格 w 是固定既定的。根据②式和③式，有：
$TC(Q) = w \cdot L(Q) + TFC$，式中，TFC 为常数。

由上式可得：$MC = \frac{dTC}{dQ} = w\frac{dL}{dQ} + 0$，即 $MC = w \cdot \frac{1}{MP_L}$ ④

根据③式有：$AVC = \frac{TVC}{Q} = w\frac{L}{Q}$，即 $AVC = w \cdot \frac{1}{AP_L}$ ⑤

(2) 边际成本曲线和边际产量曲线之间的关系。

④式表明边际成本 MC 和边际产量 MP_L 两者之间的变动方向是相反的。具体地讲，由于边际报酬递减规律的作用，可变要素的边际产量 MP_L 是先上升，达到

一个最高点以后再下降,所以,边际成本 MC 是先下降,达到一个最低点后再上升。这种对应关系如图 5-2 和图 5-3 所示,MP_L 曲线的上升阶段对应 MC 曲线的下降阶段;MP_L 曲线的下降阶段对应 MC 曲线的上升阶段;MP_L 曲线的最高点对应 MC 曲线的最低点。

(3) 总成本曲线和总产量曲线之间的关系。

由边际产量和边际成本的对应关系可以推知,总产量和总成本之间也存在着对应关系。如图 5-2 和图 5-3 所示,当总产量 TP_L 曲线下凸时,总成本 TC 线和总可变成本 TVC 曲线是下凹的;当总产量 TP_L 曲线下凹时,总成本线 TC 和总可变成本线 TVC 是下凸的;当总产量 TP_L 曲线存在一个拐点时,总成本 TC 曲线和总可变成本 TVC 曲线也存在一个拐点。

(4) 平均成本曲线和平均产量曲线之间的关系。

第一,⑤式表明平均可变成本 AVC 和平均产量 AP_L 两者的变动方向是相反的。这在图中表现为前者递增时,后者递减;前者递减时,后者递增;前者的最高点对应后者的最低点。

第二,由于 MC 曲线和 AVC 曲线交于 AVC 曲线的最低点,MP_L 曲线与 AP_L 曲线交于 AP_L 曲线的最高点,所以,MC 曲线和 AVC 曲线的交点与 MP_L 曲线和 AP_L 曲线的交点是对应的。

(本题图形参考图 5-2 和图 5-3)。

第六章 完全竞争市场

一、学习指导

【学习目的】

通过本章的教学,要求学生理解和掌握供给曲线背后的生产者行为,重点掌握完全竞争市场下企业短期产量决策的最优条件、企业长期均衡的条件,并能够对完全竞争市场结构进行客观的评价。本章的重点是完全竞争产品市场价格与产量的决定。这一章分析方法相对复杂,综合运用了前面学习的基础知识,是学习和理解市场机制和微观经济学原理的关键。本章的难点是完全竞争市场厂商短期均衡盈亏分析和长期均衡的形成。

【学习目标】

1. 了解完全竞争市场的基本假设。
2. 理解完全竞争条件下厂商和市场的需求曲线。
3. 掌握总收益、平均收益和边际收益的概念。
4. 理解和掌握利润最大化(亏损最小化)的条件。
5. 重点理解和掌握完全竞争厂商的短期均衡及盈亏分析。
6. 理解完全竞争厂商的短期供给曲线。
7. 理解生产者剩余的概念。
8. 理解完全竞争厂商的长期均衡的形成。
9. 理解完全竞争市场的均衡及完全竞争市场机制配置资源的效率。

【关键概念】

完全竞争(perfect competition);总收益(total revenue);平均收益(average revenue);边际收益(marginal revenue);经济利润(economic profit);利润极大化(profit maximization);生产者剩余(producer surplus);成本不变行业(constant cost industry);成本递增行业(increasing cost industry);成本递减行业(decreasing cost industry);消费者统治(consumer sovereignty)。

【本章框架】

本章主要介绍完全竞争市场理论（见图6-1）。首先，对市场类型进行了划分；其次，介绍了完全竞争厂商的需求曲线和收益曲线，进而推导其短期均衡条件，从中得出完全竞争厂商的短期供给曲线；再次，讨论了完全竞争厂商的长期均衡；最后，介绍了完全竞争行业的短期供给曲线和长期供给曲线。

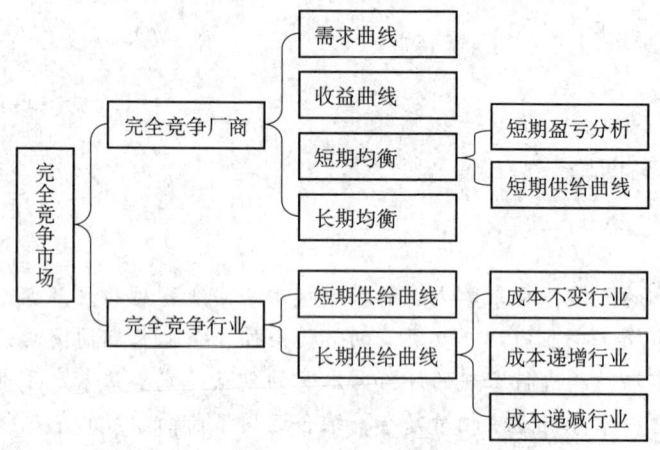

图6-1 完全竞争市场理论框架

【内容提要】

- 完全竞争市场的基本假设：完全竞争市场是指不受任何阻碍和干扰的市场结构。其基本假设包括：厂商和消费者数目众多、厂商所提供的产品不存在差别、厂商进入和退出市场自由、厂商和消费者都拥有充分信息。完全竞争市场是一种理想的市场。

- 完全竞争条件下厂商和市场需求曲线：对单个企业来说，它没有影响价格的能力，所面临的需求曲线是一条水平线，价格水平、企业的平均收益和边际收益三线合一；而市场需求曲线通常是向下倾斜的一条曲线，满足需求法则。

- 总收益：总收益是指厂商出售产品后所获得的货币收入。它等于单位产品的售价乘以销售数量。

- 平均收益：平均收益是指厂商在出售一定数量的商品后，从每一个单位商品中得到的货币收入，即平均每个单位商品的卖价，平均收益等于总收益除以销售数量。

- 边际收益：边际收益是指厂商每多销售一单位商品带来的总收益的增加量，边际收益等于总收益的增量与销售量增量之比。

- 利润最大化（亏损最小化）的条件：利润最大化（亏损最小化）的条件是边际收益等于边际成本，通称 $MR=MC$ 法则。这一条件不仅适用于短期均衡，也适用于长期均衡；不仅适用于完全竞争市场，也适用于不完全竞争市场。

- 完全竞争厂商的短期决策：厂商生产还是不生产，取决于平均变动成本（AVC）与市场价格（P）的比较——如果 $AVC \leq P$，应该生产，如果 $AVC > P$，不生产；厂商盈余还是亏损，取决于平均成本（AC）与市场价格（P）的比较——如果 AC＜P，有盈余，如果 AC＞P，有亏损。

● 生产者剩余：生产者剩余指厂商在提供一定数量的某种产品时实际接受的总支付和愿意接受的最小总支付之间的差额。它通常用市场价格线以下和厂商的供给线（即 SMC 曲线的相应部分）以上的面积来表示。

● 完全竞争厂商的短期供给曲线：在短期中，厂商的供给曲线就是停产点（AVC 的最低点）以上的那部分边际成本曲线。

● 完全竞争厂商的长期均衡：长期是指时间长到足以使厂商根据市场需求调整全部生产要素，进入或退出某一行业。若短期均衡中因价格高于平均成本而获得经济利润，厂商必然扩大规模，其他行业的厂商也会加入进来。结果整个行业的供给增加，价格下降，直至经济利润消失，即价格等于长期平均成本最低点。此时，价格、长期平均成本、长期边际成本、短期平均成本和短期边际成本都恰好相等。

二、习题解析

名词解释

完全竞争；总收益；平均收益；边际收益；利润极大化必要条件；生产者剩余；成本不变行业；成本递增行业；成本递减行业；消费者统治。

1. 完全竞争

答：完全竞争是指不包含任何垄断因素的市场类型，它需要具备以下四个特征，如果缺少任何一个则不是完全竞争市场：一是市场上有大量的买者和卖者，每个消费者或每个厂商对市场价格没有任何的控制力量，从而双方都是价格接受者；二是市场上每个厂商提供的商品是完全同质的；三是所有的资源具有完全流动性，厂商进入或退出一个行业是完全自由和毫无困境的；四是信息是完全的，每个买者和卖者都掌握与自己的经济决策有关的一切信息。

2. 总收益、平均收益、边际收益

答：总收益指厂商按一定价格出售一定数量产品后所得到的全部收入，即 $TR(Q)$，其中，Q 表示销售总量。平均收益指厂商销售每单位产品所得到的平均收入，它等于总收益除以总产销量，即 $AR(Q) = TR(Q)/Q$。边际收益指每增加或减少一单位产品的销售所引起的总收益的变动量，即 $MR(Q) = \Delta TR(Q)/\Delta Q = dTR(Q)/d(Q)$。

3. 利润极大化必要条件

答：利润极大化的必要条件是要求每增加一单位产品销售所增加的总收益等于由此带来的成本增加量，即边际收益等于边际成本，可用公式表示 $MR = MC$。边际收益是增加或减少一单位产量所增加或减少的总收益，而边际成本是增加或减少一单位产量所增加或减少的总成本,因此,当边际收益大于边际成本时,增加生产就可以增加利润或减少亏损;而边际收益小于边际成本时,增加生产就会减少利润或增加亏损,减少生产就会增加利润或减少亏损;只有当边际收益等于边际成本时,利润才能最大或亏损才能最小。

4. 生产者剩余

答:生产者剩余指厂商在提供一定数量的某种产品时实际接受的总支付和愿意接受的最小总支付之间的差额。它通常用市场价格线以下,厂商的供给线(即SMC曲线的相应部分)以上的面积来表示。只要每一单位产品的价格大于边际成本,厂商就可以获得生产者剩余。令反供给函数 $P^S = f(Q)$ 且价格 P_0 时,厂商的供给量为 Q_0,生产者剩余的计算公式为:$PS = P_0Q_0 - \int_0^{Q_0} f(Q)dQ$。在短期内,由于固定成本无法改变,所有产量的边际成本之和必然等于总可变成本。生产者剩余也可以用厂商的收益和总可变成本的差额来定义,即 $PS = P_0Q_0 - TVC$。

5. 成本不变行业

答:成本不变行业是指在扩大生产规模时,要素的价格仍然保持不变,使得厂商的成本函数仍维持不变的行业。在这种情况下,行业的长期供给曲线是一条水平线。形成这些行业成本不变的原因主要有两个:第一,这一行业在经济中所占的比重很小,所需要的生产要素在全部生产要素中所占的比例也很小,从而它的产量的变化不会对生产要素的价格发生影响;第二,这一行业所使用的生产要素的种类与数量与其他行业呈反方向变动。这样,它的产量的变动也就不会引起生产要素价格的变动,从而保持长期平均成本不变。

6. 成本递增行业

答:成本递增行业是指该行业产量增加所引起的生产要素需求增加,这将导致生产要素价格的上升。这种行业中各个厂商的长期平均成本要随整个行业产量的增加而增加。这种行业在经济中属于普遍的情况,该行业的长期供给曲线是一条向右上方倾斜的曲线。形成这些行业成本递增的原因是:由于生产要素是有限的,所以整个行业产量的增加就会使生产要素价格上升,从而引起各厂商的长期平均成本增加。这也就是以前所说的,由于外部因素,一个行业的扩大给一个厂商所带来的"外在不经济"。这种情况在以自然资源为主要生产要素的行业中更为突出。

7. 成本递减行业

答:成本递减行业是指该行业产量增加所引起的生产要素需求的增加,反而使生产要素的价格下降了。这种行业中各个厂商的长期平均成本要随整个行业产量的增加而减少。这也就是以前所说的规模经济中的外在经济。形成这些行业成本递减的原因是,外在经济对这种行业特别重要。例如,在同一地区建立若干汽车制造厂,各厂商就会由于在交通、辅助服务等方面的节约而产生成本递减。但特别应该指出的是,这种成本递减的现象只是在一定时期内存在。在长期中,外在经济必然会变为外在不经济。因此,一个行业内的成本递减无法长期维持下去。

8. 消费者统治

答：消费者统治是指在一个经济社会中消费者在商品生产这一最基本的经济问题上所起的决定性作用。消费者统治的作用表现为，当消费者用货币购买某种商品时即是对该商品进行的"货币投票"。"货币投票"的投向和数量，取决于消费者对不同商品的偏好程度，体现了消费者的经济利益和意愿。而生产者为了获得最大利润，必须依据"货币投票"的情况来安排生产，决定生产什么、生产多少以及如何生产等。这说明，生产者是根据消费者的意志来组织生产、提供产品的。消费者统治的经济关系，可以促使社会的经济资源得到合理的利用，从而使全社会的消费者都得到最大的满足。完全竞争市场的长期均衡状态表明社会的经济资源得到了最有效率的配置，经济中的全体消费者都获得了最大的效用。完全竞争市场的长期均衡状态的分析通常被用来作为对消费者统治说法的一种证明。

单项选择题

1. 下列行业中最接近完全竞争市场的是（　　）。
   A. 飞机　　　　B. 卷烟　　　　C. 玉米　　　　D. 汽车
2. 在完全竞争市场上，厂商短期均衡的条件是（　　）。
   A. P = AR　　　B. P = MR　　　C. P = SMC　　D. P = AC
3. 一般情况下，厂商得到的价格若低于（　　）就停止营业。
   A. 平均成本　　B. 平均可变成本　C. 边际成本　　D. 平均固定成本
4. 若在最优产出水平 P 超过 AVC，但小于 AC 时，则企业是在（　　）。
   A. 获取利润　　　　　　　　　B. 蒙受损失，但在短期内继续生产
   C. 盈亏相等　　　　　　　　　D. 蒙受损失，应立即停产
5. 假定完全竞争行业内某厂商在目前产量水平上的边际成本、平均成本和平均收益均等于 1 元，则这家厂商（　　）。
   A. 肯定只得到正常利润　　　　B. 肯定没得到最大利润
   C. 肯定得到了最少利润　　　　D. 是否得到最大利润还不能确定
6. 在完全竞争条件下，如果厂商把产量调整到平均成本曲线最低点所对应的水平，（　　）。
   A. 它将获取最大利润　　　　　B. 它没有获得最大利润
   C. 它一定亏损　　　　　　　　D. 它是否获得最大利润还无法确定
7. 如果某厂商的边际收益大于边际成本，那么为了获得最大利润（　　）。
A. 在完全竞争条件下应该增加产量，在不完全竞争条件下则不一定
B. 在不完全竞争条件下应该增加产量，在完全竞争条件下则不一定
C. 任何条件下都应该增加产量
D. 任何条件下都应该减少产量
8. 在完全竞争市场上，已知某厂商的产量是 500 单位，总收益是 500 元，总

成本是 800 元，总不变成本是 200 元，边际成本是 1 元，按照利润最大化原则，厂商应该(　　)。

　　A. 增加产量　　　　　　　　　B. 停止生产
　　C. 减少产量　　　　　　　　　D. 以上任何措施都不采取

9. 完全竞争市场中的厂商总收益的斜率为(　　)。

　　A. 固定不变　　B. 经常变动　　C. 1　　　　　D. 0

10. 企业面临的需求曲线有完全价格弹性，则(　　)。

　　A. 可通过降价扩大需求量
　　B. 可通过提价增加总收益
　　C. 边际收益等于产品价格
　　D. 面临一条向右倾斜的平均收益曲线

11. 下列条件中与完全竞争市场中短期均衡条件不相符的是(　　)。

　　A. P = MP　　B. P = MR　　C. P = SMC　　D. SMC = MR

12. 一个完全竞争厂商在 Q = 12，TC = 780 时，其商品的市场价格 P = 65，如果厂商实现短期均衡，则正确的是(　　)。

　　A. 该厂商得到了超额利润　　　　B. 该厂商得到了正常利润
　　C. 该厂商没有得到最大利润　　　D. 该厂商得到了最小利润

13. 在完全竞争市场中，行业的长期供给曲线取决于(　　)。

　　A. SAC 曲线最低点的轨迹　　　　B. SMC 曲线最低点的轨迹
　　C. LAC 曲线最低点的轨迹　　　　D. LMC 曲线最低点的轨迹

14. 成本递增行业的长期供给曲线是(　　)。

　　A. 水平直线　　　　　　　　　　B. 自左向右上方倾斜
　　C. 垂直于横轴　　　　　　　　　D. 自左向右下方倾斜

15. 一个完全竞争厂商的生产产量 Q = 100，其价格 P = 5，总成本 TC = 200，其规模收益不变，则为了得到更多的利润，厂商将(　　)。

　　A. 进行技术创新
　　B. 扩大生产规模，以便在长期得到超额利润
　　C. 将价格定为 6
　　D. 使其产品有别于其他厂商的产品

答案：1 ~ 5：CCBBA；6 ~ 10：ACBAC；11 ~ 15：ABCBA。

问答题

1. 利润最大、亏损最小的原则为什么是边际收益等于边际成本定理？为什么在完全竞争条件下该定理可表述为 MC = P？

2. 为什么完全竞争厂商的需求曲线为一条水平线，且有 P = AR = MR？

3. 厂商的 MC 曲线在产量增加时常可画成向下倾斜然后向上倾斜。市场供给

曲线是在单个厂商的 MC 曲线基础上做出的,为什么当产量增加时,市场供给曲线从不画成向下倾斜然后再向上倾斜?

4. 为什么企业在短期内亏本还会继续经营?企业短期内在什么情况下应当关门?企业能否长期亏本经营?

1. 答:

(1) 边际收益是增加或减少一单位产量所增加或减少的总收益,而边际成本是增加或减少一单位产量所增加或减少的总成本。因此,当边际收益大于边际成本时,增加生产就可以增加利润或减少亏损;而边际收益小于边际成本时,增加生产就会减少利润或增加亏损,减少生产就会增加利润或减少亏损;只有当边际收益等于边际成本时,利润才能最大或亏损才能最小。

(2) MR = MC 定理还可用微分法证明:

$$\pi = TR(Q) - TC(Q)$$
$$\frac{d\pi}{dQ} = \frac{dTR}{dQ} - \frac{dTC}{dQ} = MR - MC$$

利润极大化时,要求 $\frac{d\pi}{dQ} = 0$,因此,MR = MC。

(3) 在完全竞争条件下,由于厂商是价格接受者,多卖一单位产品所增加的收益就是给定价格,即价格等于边际收益,因此,边际收益等于边际成本的定理可以表述为:MC = P。

2. 答:

按完全竞争市场的假定,每个厂商都是市场价格的接受者,他改变销售量不会引起市场价格的变动,也就是说,他应该按既定市场价格可出售任何数量商品,既不能降价,也不能提价,如果稍有提价,销售量便降为零。因此,单个厂商面对的是一条具有完全价格弹性的水平需求曲线,并且由于产品价格不随销售量而变化,因此,厂商每增加销售一单位产品所获得的边际收益都等于价格即平均收益。

3. 答:

市场供给量是由该行业内各个厂商的供给量加总而成的。而单个厂商的供给函数或者说供给曲线是指在不同价格水平上厂商愿意提供的产量,这条供给曲线由该厂商边际成本(MC)曲线位于平均可变成本(AVC)曲线以上的那一段构成。这是因为,完全竞争厂商均衡的条件是 P = MC,可是,当 P < AVC 时,厂商将停止生产,因此,只有 AVC 曲线以上的那段 MC 曲线(即 MC 和 AVC 两线交点以上的那段 MC 曲线)才能代表厂商提供不同产量所要求的价格水平。成本理论告诉我们,尽管 MC 曲线和 AVC 曲线都呈 U 形,然而,MC 曲线只能在递增时才会和 AVC 曲线相交(交点上 AVC 达到最小值)。因此,无论是单个厂商的供给曲线,还是市场的供给曲线都不可能画成先向下倾斜然后再向上倾斜。

4. 答：

在短期内，企业产品价格如果低于平均成本，便已亏本，但只要价格还高于平均可变成本，仍可继续经营。因为当价格大于平均可变成本时，厂商如生产，则在补偿全部可变成本外，尚可收回部分固定成本，使亏损减少一些。只有当价格低于平均可变成本时，企业才应关门歇业。当然，这是短期的情况。在长期，以利润为追求目标的企业决不能亏本经营。在长期，不存在固定成本与变动成本的区别，一切成本都是可变的。如果价格低于平均成本，企业就应当歇业。

计算题

1. 某企业新产品的需求曲线是 Q = 20000 − 100P，其固定成本是 1000 元，每单位产品还需要支付 4 元的边际成本。求：

（1）总收益函数。

（2）总成本函数。

（3）为实现利润最大化，企业应生产多少该产品？

2. 假设完全竞争市场的需求函数和供给函数分别为 Q_d = 50 − 2P 和 Q_s = 40 + 3P。求：

（1）市场均衡价格和均衡产量。

（2）厂商的需求函数是怎样的？

3. 若完全竞争厂商成本函数 STC = Q^3 − $6Q^2$ + 30Q + 40，单位用元计。求：

（1）若 P = 30 元时，是否亏损？若亏损，是多少？

（2）若 P 下降为 20 元时，该厂商是否退出该行业？

4. 完全竞争厂商短期成本供给函数为 STC = $0.1Q^3$ − $2Q^2$ + 15Q + 10，试求厂商的短期供给曲线。

5. 成本不变的完全竞争行业的代表性厂商的长期总成本函数 LTC = q^3 − $60q^2$ + 1500q，产品价格 P = 975 美元。试求：

（1）利润极大时厂商的产量，平均成本和利润。

（2）该行业长期均衡时价格和厂商产量。

（3）若市场需求函数是 P = 9600 − 2Q，试问长期均衡中留存于该行业的厂商数是多少？

1. 解：

（1）由 Q = 20000 − 100P，可得：P = (20000 − Q)/100。则：R(Q) = PQ = − Q^2/100 + 200Q。

（2）C(Q) = 4Q + 1000。

（3）MR = − Q/50 + 200，MC = 4。

当利润最大时，MR = MC，所以 Q = 9800。

2. 解：

（1）市场均衡时，$Q_d = Q_s$，即 $50 - 2P = 40 + 3P$，均衡价格 $P = 2$，市场均衡产量 $Q = Q_d = Q_s = 40 + 3 \times 2 = 46$。

（2）在完全竞争市场中，厂商的需求曲线是由市场的均衡价格决定的，因此，厂商的需求函数是 $P = 2$。

3. 解：

（1）根据 $P = MC$ 所决定的均衡产量计算利润，不论利润最大还是最小，均衡条件都是 $P = MC$。而 $MC = 3Q^2 - 12Q + 30$ 解得 $Q = 4$，$Q = 0$（舍去）。

当 $Q = 4$ 时，利润 $\pi = TR - STC = PQ - (Q^3 - 6Q^2 + 3Q + 40) = -8$，因此，价格为 30 元时，最小亏损额为 8 元。

（2）厂商退出行业的条件是 $P < AVC$ 的最小值。

由 $STC = Q^3 - 6Q^2 + 30Q + 40$，得 $TVC = Q^3 - 6Q^2 + 30Q$，$AVC = VC/Q = Q^2 - 6Q + 30$。

要求 AVC 最低点，令其导数为零，解得 $Q = 3$。

当 $Q = 3$ 时，$AVC = 21$。可见，当 $P < 21$ 时，厂商就会停止生产。当 $P = 20$ 时，厂商退出该行业。

4. 解：

完全竞争厂商的短期供给函数是指厂商在不同价格水平上愿意提供的产量，它可以由厂商的边际成本曲线位于平均可变成本曲线以上的一段来表示。

由题意可知，$AVC = \dfrac{VC}{Q} = 0.1Q^2 - 2Q + 15$。欲求 AVC 的最小值，只要令 $\dfrac{dAVC}{dQ} = 0$，即 $0.2Q - 2 = 0$，得 $Q = 10$。当 $Q \geq 10$ 时，$MC \geq AVC$。故厂商的短期供给曲线为 $P = MC = 0.3Q^2 - 4Q + 15 (Q \geq 10)$，或 $Q = S = \dfrac{4 + \sqrt{1.2P - 2}}{0.6}$。

从上已知，当 $Q = 10$ 时，AVC 最小，其值为 $AVC = 0.1 \times 10^2 - 2 \times 10 + 15 = 5$。

于是短期供给函数可表示为：

$$\begin{cases} S = \dfrac{4 + \sqrt{1.2p - 2}}{0.6} & (p \geq 5) \\ S = 0 & (p < 5) \end{cases}$$

5. 解：

由题设 $LTC = q^3 - 60q^2 + 1500q$，可得 $LAC = q^2 - 60q + 1500$，$LMC = 3q^2 - 120q + 1500$。

（1）利润极大时要求 $P = LMC$，即 $975 = 3q^2 - 120q + 1500$，解得 $q_1 = 5$，$q_2 = 35$。

利润极大还要求利润函数的二阶导数为负。已知利润一阶导数为 $\dfrac{d\pi}{dq} = MR - LMC = P - LMC = 975 - (3q^2 - 120q + 1500)$。

故利润函数的二阶导数为 $\dfrac{d^2\pi}{dq^2} = (975 - 3q^2 + 120q - 1500)' = -6q + 120$。

当 $q_1 = 5$ 时，$\dfrac{d^2\pi}{dq^2} = -6 \times 5 + 120 = 90$，故 $q_1 = 5$ 不是利润极大化产量。

当 $q_2 = 35$ 时，$\dfrac{d^2\pi}{dq^2} = -6 \times 35 + 120 = -90$，故 $q_2 = 35$ 是利润极大化产量。

此时平均成本 $LAC = 35 \times 35 - 60 \times 35 + 1500 = 625$。

利润 $\pi = 975 \times 35 - 625 \times 35 = 12250$。

（2）由于该行业是成本不变行业，可知该行业长期供给曲线 LRS 是一条水平线，行业长期均衡时，价格是最低平均成本，令 LAC 的一阶导数为零，即：$(q^2 - 60q + 1500)' = 2q - 60 = 0$。

求得 $q = 30$，由此得最低平均成本 $LAC = 30^2 - 60 \times 30 + 1500 = 600$。可见，行业长期均衡时，厂商产量为 $q = 30$，产品价格 $P = 600$。

（3）若市场需求函数是 $P = 9600 - 2Q$，则行业长期均衡产量为：$600 = 9600 - 2Q$，即 $Q = 4500$。

由于代表性厂商产量 $q = 30$，可知该行业长期均衡中厂商数 $n = \dfrac{Q}{q} = \dfrac{4500}{30} = 150$。

三、扩展习题

单项选择题

1. 完全竞争条件下，厂商获得最大利润的条件是(　　)。
   A. 边际收益大于边际成本的差额达到最大值
   B. 边际收益等于边际成本
   C. 价格高于平均成本的差额达到最大值
   D. 以上都不对

2. 完全竞争厂商能通过(　　)来获得非正常利润。
   A. 低于市场的价格　　　　　　　　B. 高于市场的价格
   C. 进行技术创新　　　　　　　　　D. 使其产品有别于其他厂商的产品

3. 完全竞争企业所面对的需求曲线同时是(　　)。
   A. 总收入曲线　　　　　　　　　　B. 平均收入曲线
   C. 边际收入曲线　　　　　　　　　D. 平均收入曲线和边际收入曲线

4. 在完全竞争市场上，当一个企业的长期利润最大化时，(　　)。
   A. $P = MC$　　　B. $MC = MR$　　　C. $MC = AC$　　　D. 以上都是

5. 下列说法中正确的是(　　)。
   A. 企业的长期供给曲线是平均可变成本曲线以上的边际成本曲线
   B. 企业的长期供给曲线是平均成本曲线以上的边际成本曲线

C. 企业的短期供给曲线比长期供给曲线更有弹性
D. 企业的长期供给曲线是价格等于最小平均成本时的一条水平线

答案：1~5：BCDDB。

问答题

1. 有人认为，完全竞争在现实中很难存在，也就没有什么实际意义。对此，你是怎么认为的？

2. 有人说："由于长期内经济利润为0，厂商在完全竞争市场中没有利益驱动去生产产品，为什么还有人在不营利的情况下继续进行生产和销售？"你赞同这种说法吗？

1. 答：

（1）完全竞争，又称为纯粹竞争，指不存在任何阻碍和干扰因素的市场情况，亦即没有任何垄断因素的市场结构。完全竞争具有以下四个特点：市场上有无数的买家和卖家；同一行业中的每一个厂商生产的产品是完全无差别的；厂商进入或退出一个行业是完全自由的；市场中每一个卖者和买者都能掌握与自己的经济决策有关的商品和市场的全部信息。

（2）不能认为完全竞争在现实中很难存在就没有实际意义。实际上，对完全竞争研究具有重要的理论和现实意义。主要体现在以下两个方面：第一，完全竞争理论为经济学比较分析实际部门的特征提供了标准，这一理论分析模式说明了非完全竞争市场中各个变量之间的关系，为认识实际情况提供了极其有用的基本思想、理论和分析工具。第二，完全竞争市场为比较市场效率提供了一个标准。在完全竞争市场中，商品价格等于生产商品的最低平均成本和边际成本，因而消费者只需支付最低价格；在长期中不存在经济利润，所有厂商都运营于平均成本最低点，资源得到最充分的配置，即资源配置最优化和净社会福利最大化。完全竞争市场结果为比较其他类型的市场提供了标准，可以衡量其他市场类型的效率。

（3）根据完全竞争市场必须满足的假设条件可以获得一些有关市场上的需求和价格决定等方面非常有意义的信息。如果上述条件都得到满足，那么必然产生的结果是：市场价格完全由整个行业的供求关系，即市场机制决定；但对个别的市场参与者来说，可能的价格只有一个，那就是市场价格。

正是因为完全竞争重要的理论意义和现实意义，经济学家分析市场时从完全竞争开始。

2. 答：

不赞同。因为经济利润是指属于企业所有者的、超过生产过程中所运用的所有要素的机会成本的一种收益。而企业的会计利润，是厂商的总收益与会计成本的差。但是西方经济学中的利润概念并不仅仅是会计利润，必须进一步考虑企业自身投入要素的代价，其中，包括自有资本应得利息、经营者自身的才能及风险的代价等。这部分代价的总和至少应与资源投向其他行业所能带来的正常利润相等，否则，厂商便会将这部分资源用于其他途径的投资而获得利润或收益。在西方经济学中，这部分被称为正常利润，显然，它等于隐成本。如果将会计利润再减去隐成本，就是经济学意义上利润的概念，称为经济利润，或超额利润。

完全竞争市场上，在长期内，如果行业内的单个厂商可以获得经济利润，则会吸引其他新的厂商加入到该行业的生产中来。随着新厂商的加入，行业的厂商数目增加，整个行业的供给就会增加，市场价格就会下降，市场价格会一直下降到使单个厂商的经济利润消失为止。相反，如果行业内的单个厂商的生产是亏损的，原有厂商中的一部分就会自动退出生产。随着原有厂商的退出，行业内厂商的数目就会减少，整个行业的供给就会减少，市场价格就会上升，市场价格会一直上升到使单个厂商的亏损消失为止。但是，厂商只是没有获得经济利润，或者说没有获得超过其正常利润的超额利润。所以，在长期内，厂商仍然获得了自有资本应得利息、经营者自身的才能及风险的代价，这些代价在会计中变现为会计利润，在经济学中表现为隐成本。

所以，长期内厂商没有获得经济利润，但其资本投入、经营者才能、承担风险等都获得了补偿，即获得了会计利润，所以厂商在经济利润等于 0 时仍然会继续生产和销售。

计算题

1. 已知某完全竞争行业中的每个厂商的短期成本函数为 $STC = 0.1Q^3 - 3Q^2 + 30Q + 20$。求：

（1）假定市场的产品价格为 $P = 120$，求厂商的短期均衡产量和利润。
（2）当市场价格为多少时，厂商必须停产？
（3）求厂商的短期供给函数。

2. 假设某完全竞争行业有 100 个相同的企业，企业的短期成本函数为 $TC = 0.1Q^2 + Q + 10$。

（1）求市场供给函数。
（2）市场需求函数为 $Q_d = 4000 - 400P$，求市场均衡价格和产量。
（3）如果对每单位产品征税 0.9 元，求新市场均衡价格和产量。

1. 解：

（1）完全竞争市场均衡条件为 $P = MC$，厂商的边际成本 $MC = 0.3Q^2 - 6Q + 30$。

把边际成本、市场价格代入均衡条件可以得到：$0.3Q^2 - 6Q + 30 = 120$。求解上述方程可以得到产量 Q = 30；利润 π = PQ - STC = 120 × 30 - (0.1 × 30^2 - 3 × 30^2 + 30 × 30 + 20) = 2680。

（2）厂商停产临界点为 P = min(AVC)，AVC = $0.1Q^2$ - 3Q + 30。

平均可变成本的最小值 min(AVC) = min($0.1Q^2$ - 3Q + 30)，根据函数最小值解法可得，平均可变成本最小值为7.5。即价格降为7.5时，厂商停产。

（3）完全竞争市场均衡条件为 P = MC，代入边际成本可得 P = $0.3Q^2$ - 6Q + 30。

求解得到 $Q = \dfrac{6 + \sqrt{1.2P}}{0.6}$。从而厂商短期供给函数为：

$$Q = \begin{cases} \dfrac{6 + \sqrt{1.2p}}{0.6}, & 若 p \geq 7.5 \\ 0, & 若 p < 7.5 \end{cases}$$

2. 解：

（1）根据代表性厂商的短期生产函数 TC = $0.1Q^2$ + Q + 10 可以得到平均可变成本为 AVC = $\dfrac{TVC}{Q}$ = 0.1Q + 1；边际成本为 SMC = $\dfrac{dTVC}{dQ}$ = 0.2Q + 1。

由于边际成本始终大于平均可变成本，因此，代表性厂商的短期供给函数 P = MC，即 P = 0.2Q + 1，反供给函数为 Q = 5P - 5。

由于行业供给曲线是各个厂商供给曲线水平相加，所以行业短期内供给函数为 Q = 500P - 500。

（2）市场需求函数为 Q_d = 4000 - 400P。联立求解供给函数和需求函数可以得到均衡价格和产量分别为 P = 5, Q = 2000。

（3）征收单位产品税，意味着产品成本增加，从而供给价格上升，也就是说，同样的价格水平，现在供给更少了。因此，对每单位产品征0.9元税后，行业的供给函数为 Q'_S = 500(P - 0.9) - 500 = 500P - 950。

联立求解供给函数和需求函数可以得到均衡价格和产量为 P = 5.5；Q = 1800。

四、难点解析

1. 完全竞争市场的短期均衡和长期均衡。
2. 为了实现"市长保证菜篮子"的诺言，我国许多大城市都由政府投资修建了大型养鸡场，结果这些大型养鸡场反而竞争不过农民养鸡专业户，往往赔钱者多。为什么大反而不如小呢？

1. 答：
以图6-2为例，讨论完全竞争市场的短期均衡和长期均衡。

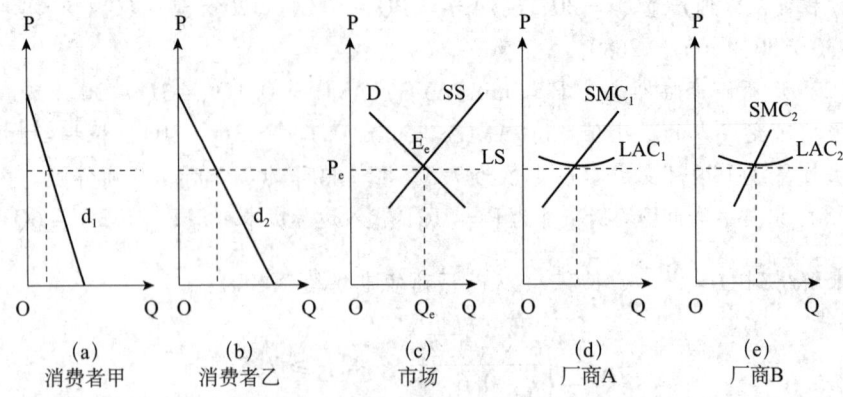

图6-2 完全竞争市场均衡的综合图

(1) 需求曲线。市场需求曲线是所有单个消费者的需求曲线水平加总得到的。单个消费者的需求曲线上的每一点表示在一定价格水平下能够给单个消费者带来最大效用的需求量。因此,市场需求曲线 D 上的每一点表示在一定价格水平下能够给市场上每一个消费者带来最大效用的需求量。

(2) 供给曲线。行业短期供给曲线是由所有单个厂商的短期供给曲线水平加总得到的。单个厂商短期供给曲线上的每一点表示在一定的价格水平下可以给单个厂商带来最大利润的供给量。市场短期供给曲线 SS 上的每一点同样表示在一定的价格水平下可以给行业中每一个厂商都带来最大利润的供给量。

(3) 均衡。E 点既是市场的一个短期均衡点,同时也是市场的一个长期均衡点。市场需求曲线 D 和市场供给曲线 SS 也相交于 E 点。一条成本不变行业的水平的长期供给曲线 LS 与市场需求曲线 D 也相交于 E 点。相应的均衡价格为 P_e,均衡数量为 Q_e。就市场长期均衡价格 P_e 而言,它等于厂商 LAC 曲线的最低点。在完全竞争市场的长期均衡点上,厂商的生产成本降到了最低水平,它等于最低的长期平均成本,而且,市场的长期均衡价格也降到了这一最低的水平。就市场长期均衡数量 Q_e 而言,它既等于市场上所有消费者的需求量之和,也等于市场上所有厂商的供给量之和,所以,市场刚好出清,既不存在供不应求,也不存在产品过剩。

(4) 完全竞争市场的作用。完全竞争市场长期均衡状态的形成及其特征表明,完全竞争的市场机制能够以最有效率的方式配置经济资源:所有厂商都以最低的成本提供产品,并且都得到了最大的利润(尽管利润为零)。所有消费者都以最低的价格购买产品,并且各自都得到了最大的效用。

2. 答:

从经济学的角度看,这在于鸡蛋市场的市场结构。鸡蛋市场有四个显著的特点。第一,市场上买者和卖者都很多。没有一个买者和卖者可以影响市场价格。即使是一个大型养鸡场,在市场上占的份额也微不足道,难以通过产量来控制市场价格。用经济学术语说,每家企业都是价格接受者,只能接受整个市场供求决定的价格。第二,鸡蛋是无差别产品,企业也不能以产品差别形成垄断力量。大型养鸡场的蛋与农民养鸡专业户的鸡蛋没有什么不同，消费者也不会为大型养鸡场的蛋多付钱。第三，自由进入与退出，任何一个农民都可以自由养鸡或不养鸡。第四，买者与卖者都了解相关信息。这些特点决定了鸡蛋市场是一个完全竞争市场，即没有任何垄断因素的市场。

在鸡蛋这样的完全竞争市场上，短期中，如果供大于求，整个市场价格变低，养鸡可能亏本；如果供小于求，整个市场价格变高，养鸡可以赚钱。但在长期中，养鸡企业（包括农民和大型养鸡场）则要对供求做出反应：决定产量多少和进入还是退出。假设由于人们受胆固醇不利于健康这种宣传的影响而减少鸡蛋的消费，鸡蛋价格下降，这时养鸡企业就要做出减少产量或退出养鸡业的决策。假设由于发生鸡瘟，供给减少，价格上升，原有养鸡企业就会扩大规模，其他人也会进入该行业。在长期中通过供求的这种调节，鸡蛋市场实现了均衡，市场需求得到满足，生产者也感到满意。这时，各养鸡企业实现成本（包括机会成本在内的经济成本）与收益相等，没有经济利润。

在完全竞争市场上，企业完全受市场支配。由于竞争激烈，成本被压得相当低。生产者要对市场供求变动做出及时的反应。换言之，在企业一点也无法控制的市场上，成本压不下来或调节能力弱，都难以生存下去。大型养鸡场的不利正在于压低成本和适应市场的调节能力远远不如农民养鸡者。在北京鸡蛋市场上，大型养鸡场就斗不过北京郊区和河北的农民。

在鸡蛋市场上需要的是"造小船成本低"和"船小好调头"。庞然大物的大型养鸡场反而失去了规模经济的好处。而且，即使将来农民养鸡也现代化了，也仍然是农民养鸡业的进步，难以有大型企业的地位，这是由行业生产技术特点决定的。

第七章 垄断市场

一、学习指导

【学习目的】
　　通过本章的教学使学生了解完全垄断市场的概念、特征以及形成完全垄断的原因,要求学生掌握完全垄断市场的短期均衡和长期均衡,并要求学生了解三种不同类型的价格歧视。本章的重点是完全垄断市场中价格与产量的决定。

【学习目标】
　　1. 理解完全垄断市场的概念、特征以及形成原因,明确完全垄断市场与完全竞争市场之间的区别。
　　2. 掌握完全垄断市场的短期均衡和长期均衡。理解完全垄断市场供给曲线不存在的原因。
　　3. 对价格歧视的相关知识要有所了解和认识。

【关键概念】
　　完全垄断市场(perfect monopoly market);自然垄断(natural monopoly);一级价格歧视(first-degree price discrimination);二级价格歧视(second-degree price discrimination);三级价格歧视(third-degree price discrimination)。

【本章框架】
　　首先,明确完全垄断市场的概念、特征以及形成原因;其次,分析完全垄断市场的短期均衡和长期均衡;最后,简单介绍价格歧视的相关知识(见图7-1)。

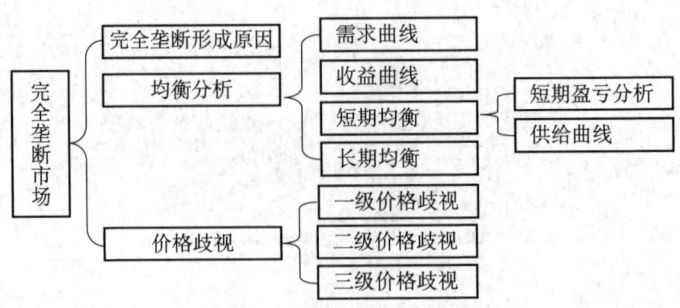

图7-1　完全垄断市场框架

【内容提要】

- 完全垄断市场简称为垄断市场，是指一种特殊的商品市场结构，在这种市场中，该商品的销售者仅仅只有一个，这个单一的销售者又是该行业内唯一的生产者，而且厂商生产和销售的产品不存在相近的替代品，这个单一的销售者和生产者（垄断者）控制了整个市场。

- 短期条件下，垄断厂商的固定要素投入量不变，即生产规模是给定的，厂商只能通过调整可变要素的投入来调整产出。根据垄断厂商短期内获得利润的不同，垄断厂商短期均衡有超额利润、正常利润和亏损三种情况。凡是或多或少存在垄断因素的市场中，或者说单个厂商存在一定垄断力的市场中，厂商所面临的需求曲线是向右下方倾斜的，这时，就不存在有规律的厂商短期供给曲线。

- 垄断者的长期均衡是指垄断者在长期已进行生产规模调整，达到最优生产规模，实现长期利润最大化的均衡。长期内垄断者进行规模调整要遵循两个原则：一是使得出售产品的平均收益至少可以弥补平均成本；二是使长期边际成本等于边际收益。不论短期内亏损与否，只要长期中存在一个最优的生产规模，在利润最大化约束原则下的垄断者都会进行规模调整，从而达到利润最大化。因此，对于存在长期均衡的垄断市场，垄断者肯定能获得超额利润（至少是正常利润）。垄断厂商长期均衡条件为 $MR = LMC = SMC$（MR 为厂商的边际收益；LMC 为厂商的长期边际成本；SMC 为厂商的短期边际成本）。

- 一级价格歧视是指垄断厂商对每一单位产品都按照消费者所愿意支付的最高价格销售，又被称为完全价格歧视。二级价格歧视也称为差别定价，是指垄断厂商对同一商品按不同消费数量段规定不同的价格，而对于每一个购买数量在相同数量段的消费者则收取相同的价格。三级价格歧视是指垄断厂商对同一商品在不同的市场（或者不同的消费群）收取不同的价格，而在同一市场中（或同一消费群）则收取相同的价格。三级价格歧视在现实经济中最为普遍。

二、习题解析

名词解释

完全垄断；价格歧视；完全价格歧视；三级价格歧视。

1. **完全垄断**

答：完全垄断是指一家厂商控制了一个行业全部产品供给的市场结构。在垄断条件下，垄断厂商可以控制和操纵市场价格。

2. **价格歧视**

答：价格歧视又称价格差别，指垄断者在同一时间内对同一成本的产品向不同的购买者收取不同的价格，或是对不同成本的产品向不同的购买者收取相同的价格。

3. 完全价格歧视

答：完全价格歧视就是每一单位产品都有不同的价格，即假定垄断者知道每一个消费者对任何数量的产品所要支付的最大货币量，并以此决定其价格，所确定的价格正好等于对产品的需求价格，因而获得每个消费者的全部消费剩余。

4. 三级价格歧视

答：三级价格歧视是指对于同一商品，完全垄断厂商根据不同市场上的需求价格弹性不同，实施不同的价格。

单项选择题

1. 对于一个垄断厂商而言，下列说法中不正确的是(　　)。
   A. 一个厂商提供全部的市场供给量
   B. 利润最大化时，MR = MC
   C. 垄断竞争厂商有一条水平的需求曲线
   D. MR < P

2. 一位垄断厂商所面临的需求函数为 Q = 100 − 0.5P，不变的边际成本是40元，如果他不实施差别定价，利润最大化的价格为(　　)元。
   A. 40　　　　B. 80　　　　C. 120　　　　D. 60

3. 如果上述厂商可以实施完全价格歧视，那么利润最大化时的边际收益是(　　)元。
   A. 40　　　　B. 80　　　　C. 0　　　　D. 60

4. 完全垄断市场上，厂商的需求曲线是一条(　　)。
   A. 向右下方倾斜的曲线　　　　B. 与横轴平行的线
   C. 与横轴垂直的线　　　　　　D. 与MR重叠的线

5. 在完全垄断市场上，平均收益与边际收益的关系是(　　)。
   A. 平均收益大于边际收益　　　B. 平均收益等于边际收益
   C. 平均收益小于边际收益　　　D. 以上均不正确

6. 在完全垄断市场，厂商长期均衡的条件是(　　)。
   A. MR = LMC　　　　　　　　B. MR = SMC
   C. MR = LMC = SMC　　　　　D. MR = LAC

7. 当需求(　　)时，垄断价格越会高于边际成本。
   A. 越富于弹性　　　　　　　　B. 越缺乏弹性
   C. 具有单位弹性　　　　　　　D. 具有完全弹性

8. 因为是单一的销售者，垄断可以获得(　　)。
   A. 纯经济利润　　　　　　　　B. 纯会计利润
   C. 零利润　　　　　　　　　　D. 资本投资的正常回报

答案：1～5：CCAAA；6～8：CBA。

简答题

1. 为什么垄断企业不能把产品价格任意抬高？

2. 与产品销售相比，劳务的销售中价格歧视现象更普遍，如医疗服务可按人们收入的不同收取不同的费用；交通运输服务可按年龄不同分别进行定价。试解释这种现象。

1. 答：

从理论上讲，垄断企业是价格的制定者，其产品没有替代品，其他厂商无法进入垄断行业，厂商是产品的唯一卖者。然而，在实际上，如果垄断企业任意提价，定价过高，购买量就会下降，从而使总收益和利润下降；其他厂商看到有丰厚的利润会眼红，尽管垄断企业的产品没有良好的替代品，但相似的替代品其他厂商总是会生产的，因而垄断企业如果定价过高，会使自己产品失去销路，市场被相似替代品夺走；同时国家也会对垄断企业的定价加以控制，有些国家会通过制定反垄断法，规定最高限价，还可用征税等办法加以控制。因此，垄断企业不能把产品价格任意抬高。

2. 答：

劳务销售中价格歧视之所以更普遍是因为：第一，劳务市场比产品市场更易分割，因为劳务是给每个人提供服务的，很难像产品市场那样把定价低的产品拿到定价高的地方出售，例如，医生给每个病人看病的药方，不能适用于别的病人；第二，劳务市场比产品市场更有不同需求弹性，例如，收入越高的人，医疗服务的需求弹性就越小，有了病，医疗费用即使高也非治疗不可。又如，交通运输服务中，年龄不同的人，需求弹性就不同，例如，如果坐车的费用高，年轻人就可能步行，但老年人非坐车不可。

计算题

1. 假定一个垄断者的产品需求曲线为 $p = 50 - 3Q$，成本函数为 $TC = 2Q$，求该垄断企业利润最大化时的产量、价格和利润。

2. 设垄断者面临的需求函数和成本函数分别为 $P = 100 - 3Q + 4A^{1/2}$，$C = 4Q^2 + 10Q + A$，这里，A 是垄断者的广告费用支出。求解利润极大时的产量 Q、价格 P 和广告费用 A 值。

3. 已知垄断者成本函数为 $TC = 6Q + 0.05Q^2$，产品需求函数为 $Q = 360 - 20P$，求：

（1）利润最大的销售价格、产量和利润。

（2）如果政府试图对该垄断企业采取规定产量措施使其达到完全竞争行业所能达到的产量水平，求解这个产量水平和此时的价格以及垄断者的利润。

（3）如果政府试图对垄断企业采取限价措施使其只能获得生产经营的正常利润，求解这个限价水平以及垄断企业的产量。

4. 某垄断者的一家工厂所生产的产品在两个彼此分割的市场出售，产品的成本函数和两个市场的需求函数分别为：$TC = Q^2 + 10Q$，$q_1 = 32 - 0.4P_1$，$q_2 = 18 - 0.1P_2$。试问：

(1) 若两个市场能实行差别定价，求解利润极大时两个市场的售价、销售量和利润；并比较两个市场的价格与需求弹性之间的关系。

(2) 计算没有市场分割时垄断者的最大利润的产量、价格和利润，并与(1)比较。

5. 一垄断企业生产某产品的总成本函数为：$TC = \dfrac{1}{3}Q^3 - 30Q^2 + 1000Q$，产品在实行差别价格的两个市场上出售。在利润极大时产量为 48。第一个市场的需求函数为 $P_1 = 1100 - 13q_1$；在第二个市场需求曲线（也假定是直线）上，当价格为均衡价格时的弹性为 -3。试问该企业的纯利润为多少？

1. 解：

由题设 $P = 50 - 3Q$，得 $TR = PQ = 50Q - 3Q^2$，$MR = 50 - 6Q$。

又 $TC = 20$，得 $MC = 2$。

利润极大时要求 $MR = MC$，即 $50 - 6Q = 2$，得均衡产量 $Q = 8$。

于是，价格 $P = 50 - 3Q = 50 - 3 \times 8 = 26$；利润 $\pi = TR - TC = 26 \times 8 - 2 \times 8 = 192$。

2. 解：

由题设垄断者面临的需求函数为 $P = 100 - 3Q + 4\sqrt{A}$，则边际收益 $MR = 100 - 6Q + 4\sqrt{A}$。又知 $C = 4Q^2 + 10Q + A$，则 $MC = 8Q + 10$。

利润极大要求 $MR = MC$，即 $100 - 6Q + 4\sqrt{A} = 8Q + 10$，也即：

$$90 - 14Q + 4\sqrt{A} = 0 \qquad ①$$

再构造利润函数：

$$\pi = TR - TC = PQ - (4Q^2 + 10Q + A)$$
$$= (100 - 3Q + 4\sqrt{A})Q - (4Q^2 + 10Q + A)$$
$$= 90Q - 7Q^2 + 4\sqrt{A}Q - A$$

令 π 对 A 的偏导数为零，即：

$$\dfrac{\partial \pi}{\partial A} = \dfrac{2Q}{\sqrt{A}} - 1 = 0，得 2Q = \sqrt{A} \qquad ②$$

解方程组①、②得：$A = 900$；$Q = 15$。

把 $A = 900$ 和 $Q = 15$ 代入 $P = 100 - 3Q + 4\sqrt{A}$ 中得：$P = 100 - 3 \times 15 + 4\sqrt{900} = 175$。

3. 解：

(1) 由题设 $TC = 6Q + 0.05Q^2$，得 $MC = 6 + 0.1Q$。

又由 $Q = 360 - 20P$，得 $P = 18 - 0.05Q$。

进而 $TR = PQ = (18 - 0.05Q) \cdot Q = 18Q - 0.05Q^2$；$MR = 18 - 0.1Q$。

由利润极大条件 $MR = MC$，得 $18 - 0.1Q = 6 + 0.1Q$。

解得 $Q = 60$，$P = 18 - 0.05 \times 60 = 15$。

$\pi = TR - TC = 15 \times 60 - (6 \times 60 + 0.05 \times 60^2) = 900 - 540 = 360$。

（2）该企业要达到完全竞争行业所达到的产量水平，就要让价格等于边际成本，即 $P = MC$，亦即 $18 - 0.05Q = 6 + 0.1Q$，解得 $Q = 80$；$P = 18 - 0.05 \times 80 = 14$。

$\pi = PQ - TC = 15 \times 80 - (6 \times 80 + 0.05 \times 80^2) = 1120 - 800 = 320$。

（3）该企业若只能获得正常利润，即不能有超额利润（经济利润），则必须 $P = AC$。

从 $TC = 6Q + 0.05Q^2$ 中得 $AC = 6 + 0.05Q$。

令 $P = AC$，即 $18 - 0.05Q = 6 + 0.05Q$，解得 $Q = 120$；$P = 18 - 0.05 \times 120 = 12$。

4. 解：

（1）方法1：通过构造分割市场时的总利润函数并求导来求解。

由需求函数 $q_1 = 32 - 0.4P_1$，得 $P_1 = 80 - 2.5q_1$。

由需求函数 $q_2 = 18 - 0.1P_2$，得 $P_2 = 180 - 10q_2$。

由成本函数 $TC = Q^2 + 10Q$ 及 $Q = q_1 + q_2$，得 $TC = (q_1 + q_2)^2 + 10(q_1 + q_2)$。

于是，市场分割的总利润函数为：

$$\pi = TR_1 + TR_2 - TC = P_1 q_1 + P_2 q_2 - TC$$
$$= (80 - 2.5q_1)q_1 + (180 - 10q_2)q_2 - (q_1 + q_2)^2 + 10(q_1 + q_2)$$
$$= 70q_1 - 3.5q_1^2 + 170q_2 - 11q_2^2 - 2q_1 q_2$$

要使利润极大化，只要令 $\dfrac{\partial \pi}{\partial q_1} = 0, \dfrac{\partial \pi}{\partial q_2} = 0$，得 $\dfrac{\partial \pi}{\partial q_1} = 70 - 7q_1 - 2q_2 = 0$，即

$$7q_1 + 2q_2 = 70 \qquad\qquad ③$$

$\dfrac{\partial \pi}{\partial q_2} = 170 - 22q_2 - 2q_1 = 0$，即 $2q_1 + 22q_2 = 170$　　　　　④

将式③、④联立，解得 $q_1 = 8$；$q_2 = 7$。

把 $q_1 = 8$ 和 $q_2 = 7$ 分别代入需求函数 $q_1 = 32 - 0.4P_1$ 和 $q_2 = 18 - 0.1P_2$，可得：

$P_1 = 60$，$P_2 = 110$

再代入利润函数，得：

$$\pi = 70q_1 - 3.5q_1^2 + 170q_2 - 11q_2^2 - 2q_1 q_2$$
$$= 70 \times 8 - 3.5 \times 8^2 + 170 \times 7 - 11 \times 7^2 - 2 \times 8 \times 7$$
$$= 875$$

方法2：直接利用在两个市场上实行差别价格的厂商利润极大化条件 $MR_1 = MR_2 = CMR = MC$ 来求解。

由需求函数 $q_1 = 32 - 0.4P_1$，得 $P_1 = 80 - 2.5q_1$，进而 $MR_1 = 80 - 5q_1$。

由需求函数 $q_2 = 18 - 0.1P_2$，得 $P_2 = 180 - 10q_2$，进而 $MR_2 = 180 - 20q_2$。

由成本函数 $TC = Q^2 + 10Q$，得 $MC = 2Q + 10$。

这样，由 $MR_1 = MC$，即 $80 - 5q_1 = 2Q + 10$，得 $q_1 = 14 - 0.4Q$。

由 $MR_2 = MC$，即 $180 - 20q_2 = 2Q + 10$，得 $q_2 = 8.5 - 0.1Q$。

将 $q_1 = 14 - 0.4Q$ 和 $q_2 = 8.5 - 0.1Q$ 代入 $Q = q_1 + q_2$，得 $Q = (14 - 0.4Q) + (8.5 - 0.1Q)$，解得 $Q = 15$。

将 $Q = 15$ 代入 $q_1 = 14 - 0.4Q$，得 $q_1 = 14 - 0.4 \times 15 = 8$。

将 $Q = 15$ 代入 $q_2 = 8.5 - 0.1Q$，得 $q_2 = 8.5 - 0.1 \times 15 = 7$。

再将 $q_1 = 8$ 代入需求函数 $P_1 = 80 - 2.5q_1$，得 $P_1 = 60$。

将 $q_2 = 7$ 代入需求函数 $P_2 = 180 - 10q_2$，得 $P_2 = 110$。

将所得结果代入利润函数，得 $\pi = P_1 q_1 + P_2 q_2 - (Q^2 + 10Q) = 60 \times 8 + 110 \times 7 - (15^2 + 10 \times 15) = 875$。

比较两个市场的价格与需求曲线，可以看出：需求价格弹性大的市场 1 上，产品价格高；需求弹性小的市场 2 上，产品价格低。

(2) 若两个市场没有被分割即没有实行差别定价，则两市场价格相同，即 $P_1 = P_2 = P$。

由 $q_1 = 32 - 0.4P_1$，$q_2 = 18 - 0.1P_2$ 及 $Q = q_1 + q_2$，得 $Q = (32 - 0.4P_1) + (18 - 0.1P_2) = (32 - 0.4P) + (18 - 0.1P) = 50 - 0.5P$。

即 $P = 100 - 2Q$，于是，得 $MR = 100 - 4Q$。

又由成本函数 $TC = Q^2 + 10Q$，得 $MC = 2Q + 10$。

根据利润极大化条件 $MR = MC$，即 $100 - 4Q = 2Q + 10$，得 $Q = 15$。

将 $Q = 15$ 代入 $P = 100 - 2Q$，得 $P = 70$。

将所得结果代入利润函数，得 $\pi = TR - TC = PQ - (Q^2 + 10Q) = 70 \times 15 - (15^2 + 10 \times 15) = 675$。

5. 解：

由成本函数 $TC = \frac{1}{3}Q^3 - 30Q^2 + 1000Q$，得 $MC = Q^2 - 60Q + 1000$。

将 $Q = 48$ 代入 $MC = Q^2 - 60Q + 1000$，得 $MC = 48^2 - 60 \times 48 + 1000 = 424$。

由市场一的需求函数 $P_1 = 1100 - 13q_1$，得 $MR_1 = 1100 - 26q_1$。

由实行差别定价的利润极大化条件 $MR_1 = MR_2 = MC$，得 $1100 - 26q_1 = 424$，解得 $q_1 = 26$。

将 $q_1 = 26$ 代入市场一的需求函数 $P_1 = 1100 - 13q_1$，得 $P_1 = 762$，于是 $q_2 = Q - q_1 = 48 - 26 = 22$。

由题设 $E_{d2} = -3$，又知实行差别定价时有 $MR_2 = MC = 424$，将之代入 $MR_2 = P_2(1 + \frac{1}{E_{d2}})$，得 $424 = P_2(1 - \frac{1}{3})$，解得 $P_2 = 636$。

将所得结果代入利润函数，得 $\pi = P_1 q_1 + P_2 q_2 - TC = 762 \times 26 + 636 \times 22 -$

$(\frac{1}{3} \times 48^3 - 30 \times 48^2 + 1000 \times 48) = 18060$。

三、拓展习题

单项选择题

1. 由技术条件和需求条件共同作用而形成的自然垄断( )。
   A. 属于反托拉斯范围，不需要政府管理
   B. 不属于反托拉斯范围，不需要政府管理
   C. 属于反托拉斯范围，需要政府管理
   D. 不属于反托拉斯范围，需要政府管理
2. 垄断者要实现市场分割的条件之一是( )。
   A. 各个子市场必须具有不同的需求价格弹性
   B. 各个子市场必须具有相同的需求价格弹性
   C. 各个子市场必须具有相同的需求人数
   D. 各个子市场必须具有相同的市场价格
3. 垄断者对某一特定的消费者，按其购买数量的不同而实施不同的价格叫做( )。
   A. 一级差别价格 B. 二级差别价格
   C. 三级差别价格 D. 完全差别价格
4. 下列对垄断企业和完全竞争企业的描述不正确的是( )。
   A. 都追求利润最大化
   B. 都把产量定在边际收益等于边际成本的水平
   C. 都是价格接受者
   D. 如果边际收益超过边际成本则增加产量

答案：1—4：DABC。

问答题

1. 电力公司常常实行二级价格歧视。为什么这可能会改善消费者的福利？
2. 对一条线性需求曲线，在任何价格水平上，边际收益曲线都处于纵轴与需求曲线的平分点上。请解释原因。

1. 答：
二级价格歧视是指通过对相同货物或服务的不同消费量或"区段"索取不同的价格。电力公司一般都存在规模经济，即平均成本和边际成本随产量的提高

而下降,也就是说电力公司可以通过增加产量来降低平均成本。因此,电力公司实行二级价格歧视,不仅能增加自己的利润,也可以改善消费者的福利。

2. 答:

线性需求可以用 $p = a - bq$ 表示,其边际收益 $MR = a - 2bq$。后者在横轴上的截距是前者的 1/2,又两曲线在纵轴交于一点,因此,边际收益曲线都处在纵轴与需求曲线的平分点上。

计算题

1. 假设有 3 个消费者可以消费 2 种商品(见表 7-1)。消费者 A 最多愿为商品 1 支付 4.25 元,为商品 2 支付 6 元;消费者 B 最多愿为商品 1 支付 8.25 元,为商品 2 支付 3.25 元。假设两种产品的边际生产成本都是 0,试问:生产商能通过分开出售、捆绑销售赚到更多的钱吗?价格应怎样定?

2. 一个歧视性垄断厂商在两个市场上销售。假设不存在套利机会,市场 1 的需求曲线为 $P_1 = 100 - \frac{1}{2}q_1$,市场 2 的需求曲线为 $P_2 = 100 - q_2$,垄断厂商的总产量用 $Q = Q_1 + Q_2$ 表示,垄断厂商的成本函数依赖于总产出,$TC(Q) = Q^2$。

(1) 计算垄断厂商在两个市场上利润最大化的销售量以及垄断厂商的利润。

(2) 假设有一个新的管理者接管了这一企业,他决定将这一个垄断工厂分成两个工厂,工厂 1 的产品只在市场 1 销售,工厂 2 的产品只在市场 2 销售。分别计算两个工厂利润最大化时的产出水平。

(3) 将一个工厂分割成两个是增加了利润还是减少了利润?利用规模报酬理论来解释你对上述问题的回答。

1. 解:

当不同消费者对两种商品的估值相反时,捆绑销售通常是有利可图的,捆绑销售的效果取决于不同消费者需求负相关的程度。

从表 7-2 中可以看出,由于企业边际成本是 0。因此,在分开销售情况下,企业应该将商品 1 价格定为 4.25,商品 2 价格定为 3.25,这样消费者 A、B 都会购买商品 1、商品 2,企业利润为 15。

在捆绑销售情况下,企业应该将商品组合的价格定为 10.25,这样消费者 A、B 都会购买商品组合,企业利润为 20.5。可以看出,捆绑销售情况下企业会获得更大的利润。

表 7-1　　　　　　　　不同消费者对商品的保留价格表

	保留价格(元)		
	对商品 1	对商品 2	总额
消费者 A	4.25	6	10.25
消费者 B	8.25	3.25	11.5

表 7-2　　　　　　　　　不同销售方式下的定价和利润表

	单位（元）			
	商品 1 价格	商品 2 价格	捆绑价格	利润
分开销售	4.25	3.25	—	15
捆绑销售	—	—	10.25	20.5

2. 解：

（1）垄断厂商的利润函数是：

$$\pi = p_1 q_1 + p_2 q_2 - TC(q_1 + q_2) = -\frac{3}{2}q_1^2 - 2q_1 q_2 - 2q_2^2 + 100q_1 + 100q_2$$

令 $\frac{\partial \pi}{\partial q_1} = \frac{\partial \pi}{\partial q_2} = 0$，可以得垄断厂商利润最大化的产量分别为：$q_1 = 25$，$q_2 = 12.5$。将分别代入两条需求曲线，得到两个市场上的价格 $p_1 = p_2 = 87.5$。垄断厂商此时的利润 $\pi = 1875$。

（2）工厂 1、2 的成本函数分别为：$TC(q_1) = q_1^2$，$TC(q_2) = q_2^2$。

令工厂的边际成本分别等于相应市场的边际收益，则有：$2q_1 = 100 - q_1$，$2q_2 = 100 - 2q_2$。得到：$q_1 = 100/3$，$q_2 = 25$。

将垄断厂商分为两个工厂后，两个工厂分别面临着利润最大化的问题。将 $q_1 = 100/3$ 代入 $\pi_1 = q_1(100 - \frac{1}{2}q_1) - q_1^2$，得到 $\pi_1 = 5000/3$。同理可得到 $\pi_2 = 750$，总利润为 2416.7。

（3）分为两个工厂后的利润更大了。这是因为该企业是规模报酬递减的，因此，把同样的产量分成两个厂来生产，各个市场供给的边际成本降低，且总成本将减少，使得利润增加。另外，各个市场供给的边际成本降低，使得各个市场在 MR = MC 的条件下，通过提高产量（从 25 到 100/3，从 12.5 到 25）来获得更多的利润。

四、难点解析

1. 为什么完全垄断厂商没有规律性的市场供给曲线？
2. 如何理解完全垄断厂商在短期内可能存在亏损的事实？

1. 答：

完全垄断厂商是通过对产量和价格的同时调整来实现 MR = SMC 的利润最大化原则的，而且，P 总是大于 MR 的。随着厂商所面临的向右下方倾斜的需求曲线的位置移动，厂商的价格和产量之间不再必然存在如同完全竞争条件下的那种一一对应的关系，而是有可能出现一个价格水平对应几个不同的产量水平，或一个产量水平对应几个不同的价格水平的情形。如图 7-2（a）所示，当需求曲线

由 d_1 移动到 d_2 时，垄断厂商根据边际成本等于边际收益就把产量（供给量）从 Q_1 调整到 Q_2，但通过需求曲线可以看到，其价格还是 P_1，这就出现价格 P_1 对应着两个供给量 Q_1 和 Q_2；同理如图 7-2（b）所示，就得到供给量 Q_1 同时对应两个价格 P_1 和 P_2。

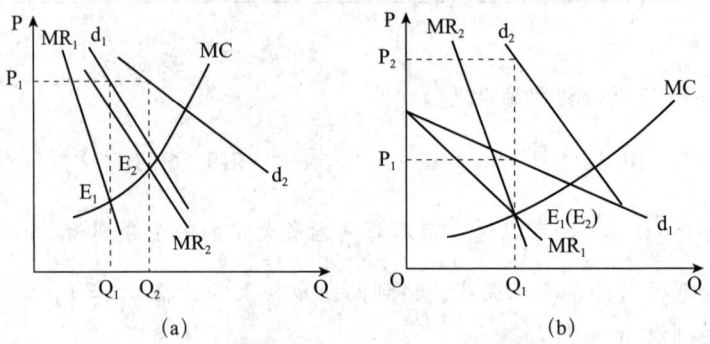

图 7-2　完全垄断厂商不具有规律性的供给曲线

2. 答：

在图 7-3 中，厂商需求曲线 D 在短期平均成本曲线 SAC 之下。垄断厂商遵循 MR = SMC 的原则，将产量和价格分别调整到 Q_3 和 P_3 的水平。在短期均衡点 E，垄断厂商是亏损的，这时，垄断厂商的平均收益为 CQ_3，平均成本为 BQ_3，平均收益小于平均成本，单位产品的平均亏损额为 BC，总亏损额为 $AP_3 \times AB$，相等于图中矩形 $ABCP_3$ 的面积。与完全竞争厂商相同，在亏损的情况下，若 AR > AVC，垄断厂商就继续生产；若 AR < AVC，垄断厂商就停止生产；若 AR = AVC，垄断厂商则认为生产和不生产都一样。在图 7-3 中，平均收益 CQ_3 大于平均可变成本 DQ_3，所以垄断厂商可以继续生产。

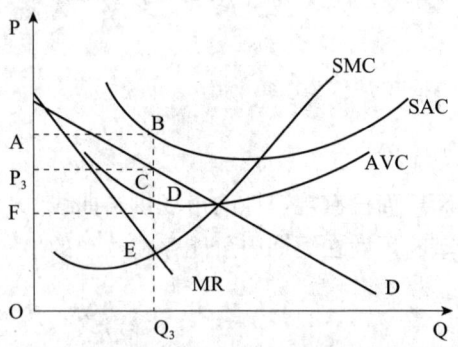

图 7-3　完全垄断厂商存在亏损的短期均衡

第八章 垄断竞争市场

一、学习指导

【学习目的】
　　本章学习的目的是更好地理解垄断竞争市场的特点以及现实中垄断竞争厂商的价格竞争问题。

【学习目标】
　　1. 掌握垄断竞争市场与完全竞争市场和完全垄断市场的区别。
　　2. 掌握垄断竞争厂商短期均衡及长期均衡的形成和条件；能够对完全竞争、垄断竞争和完全垄断三类市场的均衡进行比较。
　　3. 重点理解垄断竞争需求曲线的特点以及现实中的价格竞争问题。

【关键概念】
　　垄断竞争（monopolistic competition）；垄断竞争厂商需求曲线（monopolistic competition firm's demand curve）；短期均衡（short-run equilibrium）；长期均衡（long-run equilibrium）；理想产量（ideal quantity）。

【本章框架】
　　本章主要介绍完全竞争市场理论（见图 8-1）。首先，对市场类型进行了划分；其次，介绍了完全竞争厂商的需求曲线和收益曲线，进而推导其短期均衡条件，从中得出完全竞争厂商的短期供给曲线；再次，讨论了完全竞争厂商的长期均衡；最后，介绍了完全竞争行业的短期供给曲线和长期供给曲线。

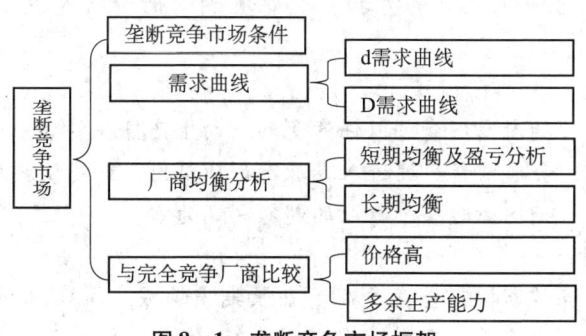

图 8-1　垄断竞争市场框架

【内容提要】

- 垄断竞争市场的三个特征：市场中存在着较多数目的厂商，彼此之间存在着较为激烈的竞争；厂商所生产的产品是有差别的，有一定的替代性；厂商进入或退出该行业都比较自由，资源流动性较强。
- 垄断竞争厂商的需求曲线也是向右下方倾斜的，这和完全垄断需求曲线类似，其边际收益曲线在需求曲线的下边。但由于垄断竞争市场的特点，垄断竞争厂商面临两条需求曲线：d 需求曲线和 D 需求曲线。
- 垄断竞争市场接近于完全竞争市场。短期均衡的条件是边际收益等于边际成本，其短期经济利润可以大于、小于、等于零。
- 长期均衡的条件是 $MR=MC$，$P=AR=AC$。由于竞争力量的作用，最终所有厂商的超额利润消失，每一个厂商只能获得正常利润。此时，厂商需求曲线与平均成本曲线相切。

二、习题解析

名词解释

垄断竞争；短期均衡；长期均衡；理想产量。

1. 垄断竞争

答：垄断竞争是一种介于完全竞争和完全垄断之间的市场组织形式，在这种市场中，既存在着激烈的竞争，又具有垄断的因素。垄断竞争市场是一种既有垄断又有竞争、既不是完全竞争又不是完全垄断的市场。这一市场结构有以下三个特点：第一，市场中有着较多数目的厂商，彼此之间存在着较为激烈的竞争；第二，厂商所生产的产品是有差别的，或称"异质商品"，又有一定的替代性。第三，厂商进入或退出某一行业比较自由，资源流动性较强。

2. 短期均衡

答：在短期内，垄断竞争厂商是在现有生产规模下，通过对产量和价格的调整，来实现 $MR=SMC$ 的均衡条件，在均衡点上得到"最好的结果"，即可能获得最大利润，也可能是最小的亏损，这取决于均衡价格是大于还是小于平均成本。

3. 长期均衡

答：在很长时期内，厂商可以任意变动一切生产投入要素。如果一行业出现超额利润或亏损，会通过新厂商进入或原有厂商退出，最终使超额利润或亏损消失，从而在达到长期均衡时整个行业的超额利润为零。

4. 理想产量

答：西方经济学家把完全竞争厂商在长期平均成本 LAC 曲线最低点上的产量称为理想产量，把实际产量与理想产量之间的差额称为多余的（过剩的）生产能力。多余的生产能力对社会来说是一种损失。

单项选择题

1. 无论在竞争性市场还是完全垄断市场，（　　）的厂商将扩大其产出水平。
   A. 价格低于边际成本　　　　B. 价格高于边际成本
   C. 边际收益低于边际成本　　D. 边际收益高于边际成本
2. 以下都是垄断的特征，其中不是垄断竞争行业特征的是（　　）。
   A. 有进入限制　　　　　　　B. 企业以利润最大化为目标
   C. 向右下方倾斜的需求曲线　D. 企业生产有差别产品
3. 以下都是完全竞争的特征，其中不是垄断竞争特征的是（　　）？
   A. 有许多企业　　　　　　　B. 企业生产无差别产品
   C. 企业以利润最大化为目标　D. 自由进入
4. 垄断竞争市场上的短期均衡（　　）。
   A. 与完全竞争市场上的相同　　B. 与完全垄断市场上的相似
   C. 与完全竞争和完全垄断都不相同　D. 与完全竞争市场的长期均衡相似
5. 完全竞争和垄断竞争之间的重要相同点是（　　）。
   A. 长期中，价格等于平均成本，边际收益等于边际成本
   B. 长期平均成本上使厂商利润最大化的点是相同的
   C. 产品异质的程度
   D. 以上都对
6. 垄断竞争厂商短期均衡时（　　）。
   A. 厂商一定能获得超额利润　　B. 厂商一定不能获得超额利润
   C. 只能得到正常利润　　　　　D. 三种情况都能发生
7. 在垄断竞争厂商处于长期均衡时，下列说法中错误的是（　　）。
   A. 价格高于边际成本
   B. 主观需求曲线的弹性绝对值小于实际需求曲线
   C. 边际成本等于实际需求曲线对应的边际收益
   D. 超额利润等于0

答案：1~5：DABBA；6~7：DB。

问答题

1. 比较垄断竞争市场的条件与完全竞争市场的条件的相近点和区别，并说明产品差别对垄断竞争市场形成的意义。
2. 试述垄断竞争厂商的两条需求曲线的含义及其相互关系，并进一步用图说明垄断竞争厂商的短期均衡和长期均衡的形成及其条件。
3. 比较完全竞争厂商的长期均衡与垄断竞争厂商的长期均衡的异同点。

1. 答:

完全竞争市场的条件:第一,市场上有大量的买者和卖者;第二,市场上每一个厂商提供的商品都是完全同质的;第三,所有的资源具有完全的流动性;第四,信息是完全的。

垄断竞争市场的条件:第一,在市场中有大量的企业生产有差别的同类产品,这些产品彼此之间都是非常接近的替代品;第二,市场中的企业数量非常多,以至于每个厂商都认为自己的行为影响很小,不会引起竞争对手的注意和反应,因而自己也不会受到竞争对手的任何报复措施的影响;第三,厂商的生产规模比较小,因此,进入或退出一个市场比较容易。

两者的相近点:第一,两个市场中都有大量买者和卖者,企业数量众多;第二,厂商进入或退出都比较容易。在完全竞争市场条件下,因资源具有完全的流动性,厂商进入或退出一个行业是完全自由和毫无困难的;垄断竞争市场条件下,由于厂商的生产规模比较小,因此,进入或退出一个行业也比较容易。

两者的区别:产品差别。在完全竞争的市场条件下,所有厂商的产品是完全同质的;而在垄断竞争市场条件下,众多厂商之间的产品是有差别的,多样化的产品使消费者有更多的选择自由。

意义:第一,产品差别是指同一种产品在质量、包装、牌号或销售条件等方面的差别。产品差别既会产生垄断,又会引起竞争,从而形成一种垄断竞争的状态。有差别的产品往往是由不同的厂商生产的。第二,产品差别是垄断竞争理论中的一个重要概念。产品差别的主观特性和客观特性是同等重要的。由于存在着产品差别,消费者对不同厂商的产品产生不同的偏好。所以西方经济学认为,产品差别是垄断竞争形成和存在的原因。一方面,垄断竞争市场的每一厂商提供的产品都存在某种差别,因而都具有一定的垄断性。垄断程度取决于产品差别程度。产品差别越大,垄断程度越高。另一方面,有差别的产品之间又存在替代性,因而存在着竞争。产品差别在垄断竞争条件下是厂商进行品质竞争的重要手段。

2. 答:

(1) 关系。垄断竞争厂商的需求曲线有两条,它们被区分为 d 曲线和 D 曲线,如图 8-2 所示。d 曲线是厂商认为自己的产品价格变动时其他厂商不会跟着变动,厂商的销售量随它的价格变动而变动的需求曲线,也可称主观需求曲线;D 曲线是厂商变动产品价格时其他厂商也对价格做同样的变动,从而实际上会有的需求曲线,也可称实际需求曲线。

其中,d 曲线表示:在垄断竞争生产集团中的某个厂商改变产品的价格,而其他厂商产品价格保持不变时,该厂商的产品价格和销售量之间的关系。如图 8-2 所示,假定某垄断竞争厂商开始时处于价格为 P_1 和产量为 Q_1 的 A 点上,该厂商想通过改变产品的价格来增加自己产品的销售量。该厂商确信,其他厂商不会对自己的降价行为作出反应,由此自己的降价行为不仅能增加自己产品的原有买者的销售量,而且还能够从生产集团内其他厂商那里吸引新的买者。随着他的商品价格由 P_1 下降为 P_2,他的销售量会沿着 d 需求曲线由 Q_1 增加到 Q_2,即他的预期生产量会沿着 d 曲线由 A 点运行到 B 点。

D 曲线表示:在垄断竞争生产集团的某个厂商改变产品价格,而且集团内的其他所有厂商也使产品价格发生相同变化时,该厂商的产品价格和销售量之间的关系。如图 8-2 所示,起初垄断竞争市场商品价格固定在 P_1。如果某垄断竞争厂商将价格下调到 P_2,根据他的主观预期需求虚线它的预期销售量为 Q_2。但是,如果集团内所有其他厂商也跟着将商品价格由 P_1 降到 P_2,于是该厂商的实际销售量是 D 曲线上的 Q_3,显然 Q_3 小于它的预期需求量 Q_2。这种结果是因为随着其他厂商的降价,该厂没有能够吸引其他厂商的买者。整个市场销售量的增加来源于整个市场价格水平的下降。所以,该厂商降价的结果是使自己的销售量由 A 点沿着 D 曲线移动到 F 点,相应的其需求曲线 d 也由 B 点平行移动到 F 点。

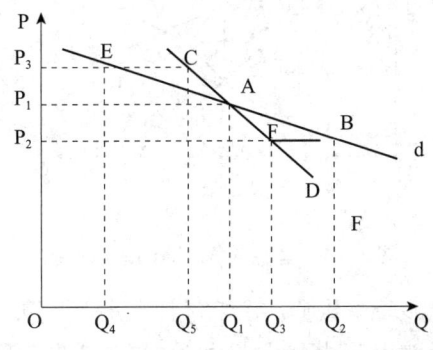

图 8-2 垄断竞争厂商的需求曲线

通过对图 8-2 的分析,我们可以得到关于 d 曲线和 D 曲线的一般关系。第一,当垄断竞争生产集团内厂商集体以相同的方式改变产品价格,从而使市场价格发生变动时,单个厂商的 d 需求曲线的位置将会随着 D 曲线发生平移。第二,由于 d 曲线和 D 曲线分别表示单个厂商改变市场价格时的主观需求曲线和每个厂商在特定价格水平的实际需求曲线,因此,两者相交意味着垄断竞争市场的平衡状态。第三,d 曲线较之 D 曲线更平坦,即 d 需求曲线的弹性要大于 D 曲线。

(2) 短期均衡形成条件。在短期内,垄断竞争厂商是通过对现有生产规模下产量和价格的同时调整来实现 MR=SMC 的均衡条件。现在通过对图 8-3 的分析来说明垄断竞争厂商的短期均衡的形成过程。

如图 8-3 (a) 所示,其中 SMC 曲线和 SAC 曲线表示代表性企业的现有生产规模,d 曲线和 D 曲线表示代表性企业的两种需求曲线,MR_1 曲线是相对于 d_1 曲线的边际收益曲线,MR_2 曲线是相对于 d_2 曲线的边际收益曲线。现在假定代表性企业最初在 d_1 曲线和 D 曲线相交的 A 点上进行生产。如图 8-3 (a) 所示,就该企业在 A 点的价格和产量而言,与该企业实现利润最大化的条件的 MR_1=SMC 的均衡点 E_1 所要求的产量 Q_1 和价格 P_1 相差很远。现在假定该厂商想通过改变产

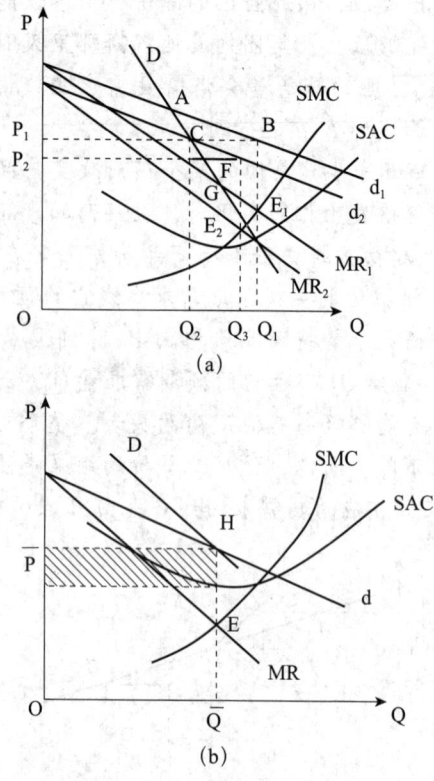

图 8-3 垄断竞争厂商的短期均衡

品的价格来增加自己产品的销售量,该厂商将生产由 A 点沿着主观需求曲线调整到 B 点,即将价格降低为 P_1,将产量增加为 Q_1。但是,如果每个企业都是在假定自己改变价格而其他企业不会改变价格的条件下采取了相同的行动,即都把价格降为 P_1,计划生产 Q_1 的产量。随着整个市场的价格下降为 P_1,每个企业的产量都毫无例外是 Q_2,而不是 Q_1。相应地,每个企业的 d_1 曲线也都沿着 D 曲线运动到了 d_2 的位置。所以,该次降价的结果是使代表性企业的经营位置由 A 点沿 D 曲线运动到 C 点。在 C 点位置上,d_2 曲线与 D 曲线相交,相应的边际效益曲线为 MR_2。如图 8-3(a) 所示,C 点上的代表性企业的产品价格 P_1 和产量 Q_2 仍然不符合在新的市场价格水平下的 $MR_2 = SMC$ 的均衡点 E_2 上的价格 P_2 和产量 Q_3 的要求。为了实现利润最大化,该企业又会再一次降价,该企业的生产将沿着 D 曲线由 C 点运动到 G 点。相应地,d_2 曲线将向下平移,并与 D 曲线相交于 G 点。代表性企业为了实现 MR = SMC 的利润最大化的原则,会继续降低价格,d 曲线会沿着 D 曲线不断向下平移,并在每一个新的市场价格水平与 D 曲线相交,一直持续到代表性企业所追求的 MR = SMC 的均衡条件实现为止。如图 8-3(b)所示,代表性企业连续降价的最终结果,将使得 d 曲线和 D 曲线相交于 H 点,该点恰好是 MR = SMC 的均衡点 E 所要求的产量 $\overline{Q}$ 和价格 $\overline{P}$。此时,该企业便实现了短期均衡,获得了利润,利润量如图 8-3(b)所示的阴影部分。垄断竞争厂商短期均衡的条件是:MR = SMC。在短期均衡的产量上,必定存着 d 曲线和 D

曲线的交点，它意味着市场上的供求相等。此时，垄断竞争厂商可能获得最大利润，可能利润为零，也可能蒙受最小亏损。

(3) 长期均衡形成条件。垄断竞争厂商的长期均衡的形成过程可以用图8-4来说明。在图8-4 (a)，假定代表性企业开始时在I点上经营。在I点所对应的产量Q_1上，最优生产规模由SAC_1曲线和SMC_1曲线所代表；企业的边际收益曲线MR、长期边际成本曲线LMC和短期边际成本曲线SMC，相交于E_1点，即存在均衡点E_1；d曲线和D曲线相交于I点，即市场供求相等；企业获得利润，其利润量相当于图中的阴影部分面积。

由于市场内存在着利润，就会激励新的厂商加入到市场中来。生产集团内企业数量的增加，使得市场内产品生产的数量增加。在市场需求规模不变的条件下，每个企业的市场销售份额相应地就会减少，这一情况使得D曲线向左下方平移，如图8-4 (a) 中左边的箭头所示。D曲线的移动使原有的均衡点E_1的位置也会发生动摇，市场内企业为建立新的均衡会相应地降低价格，这又使得d曲线沿着D曲线也向左下方平移，如图8-4 (a) 中箭头所示。D曲线和d曲线不断地向左下方的移动过程一直要持续到市场内的每个厂商的利润为零，即不再吸引新厂商加入为止。最后，厂商实现长期均衡，均衡点在图8-4 (b) 中的E_2点。D曲线与d曲线也相交于J点，即意味着市场上的供求相等。

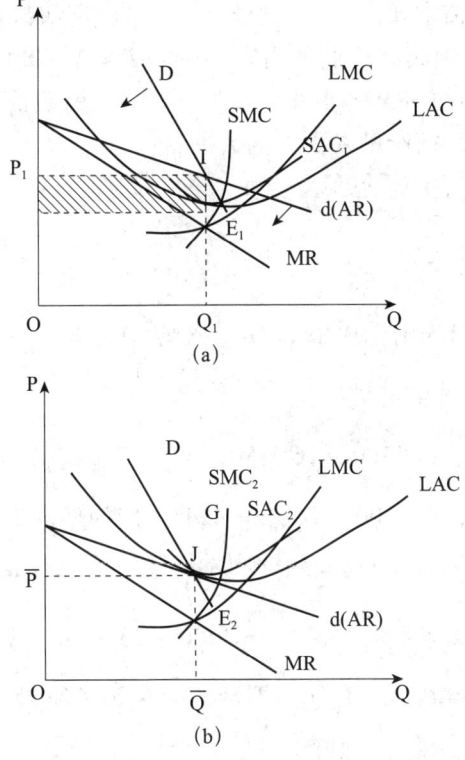

图8-4 垄断竞争厂商的长期均衡

总之，垄断竞争厂商的长期均衡条件为MR曲线、LMC曲线和SMC_2曲线相交于同一点即均衡点 E_2，MR = LMC = SMC；d 曲线与 LAC 曲线相切于 LAC 曲线与 SAC_2 曲线的切点 J，AR = LAC = SAC，厂商的超额利润为零。并且，在长期的均衡产量上，垄断竞争厂商的利润为零，存在一个 d 需求曲线和 D 需求曲线的交点。

3. 答：

相同点：在两类市场中，直到利润降为 0 之前，都会有新厂商加入，因此，完全竞争厂商与垄断竞争厂商在长期均衡点的利润都为 0。

不同点：第一，在完全竞争条件下，价格等于边际成本，但在垄断竞争条件下，价格大于边际成本。第二，在完全竞争市场中厂商面临的需求曲线是水平的，所以 0 利润点出现在平均成本的最低点。在垄断竞争市场中，需求曲线是向下倾斜的，所以 0 利润点在平均成本最低点的左侧。因此，垄断竞争厂商达到长期均衡时的边际成本高于平均成本的最低点。综上所述，垄断竞争长期均衡相对于完全竞争长期均衡是非效率的。

计算题

1. 一家垄断厂商生产某产品的总成本函数为 $TC = Q^3/3 - 30Q^2 + 1000Q$，利润最大的总产量为 48。产品在第一个市场的需求函数为 $P_1 = 1100 - 13Q$，第二个市场在均衡价格处的需求弹性为 3，试求该厂商的纯利润为多少？

2. 垄断竞争市场中典型厂商的需求函数是 $P = A - 0.1Q$，长期成本函数为 $TC = 0.0025Q^3 - 0.5Q^2 + 384Q$，其中，A 为行业中厂商数目。求解长期均衡下典型厂商的均衡价格和均衡产量以及 A 的数量。

1. 解：

由于利润最大化时 $MR_1 = MR_2 = MC$，此时，$MC = \dfrac{dTC}{dQ} = Q^2 - 60Q + 1000 = 48^2 - 60 \times 48 + 1000 = 424$。

因此，$MR_1 = \dfrac{dTR}{dQ} = 1100 - 26Q$；$MR_2 = P_2(1 - \dfrac{1}{E_{d2}}) = p(1 - \dfrac{1}{3})$。

根据 $MR_1 = MC$，即 $1100 - 26Q_1 = 424$，可得 $Q_1 = 26$，$Q_2 = 22$。

根据 $MR_2 = MC$，即 $P_2(1 - \dfrac{1}{3}) = 424$，可得 $P_2 = 636$。

将 $Q_1 = 26$ 代入需求函数可得 $P_1 = 1100 - 13 \times 26 = 762$。

厂商的纯利润 $\pi = P_1 Q_1 + P_2 Q_2 - TC = 762 \times 26 + 636 \times 22 - (\dfrac{1}{3} \times 48^3 - 30 \times 48^2 + 1000 \times 48) = 18060$。

2. 解：

对 TC 求导，得 $LMC = 0.0075Q^2 - Q + 384$；

且 $LAC = \dfrac{TC}{Q} = 0.0025Q^2 - 0.5Q + 384$。

由 $P = A - 0.1Q$，得 $MR = A - 0.2Q$。

长期均衡时，一方面，$LMC = MR$；另一方面，$LAC = P$。于是有：

$$\begin{cases} 0.0075Q^2 - Q + 384 = A - 0.2Q \\ 0.0025Q^2 - 0.5Q + 384 = A - 0.1Q \end{cases}$$

解方程组可得：$Q = 80；P = 360；A = 368$。

三、拓展习题

单项选择题

1. 在垄断竞争市场上，企业为追求最大利润，愿意扩大产出的情况是（　　）。

   A. 价格大于边际成本

   B. 价格低于边际成本

   C. 边际销售收入大于边际成本

   D. 边际成本大于边际销售收入

2. 完全竞争与垄断竞争的一个重要区别是（　　）。

   A. 产品是否有差别

   B. 参与竞争的企业数目多少

   C. 长期中企业获得的利润的大小

   D. 资源转移的灵活程度

3. 处于短期均衡的垄断竞争厂商将会按以下方式生产（　　）。

   A. 边际成本等于实际需求对应的边际收益

   B. 平均成本等于实际价格

   C. 主观需求曲线与平均成本曲线的交点

   D. 主观需求曲线与平均变动成本曲线的切点

4. 在垄断竞争厂商处于长期均衡时（　　）。

   A. 价格高于长期平均成本

   B. 价格高于边际成本

   C. 主观需求曲线的弹性绝对值小于实际需求曲线

   D. 超额利润大于零

答案：1~4：AAAD。

问答题

1. 假设一个垄断竞争行业中的所有厂商都被并入一个大企业，这个新企业仍然会生产那么多品牌吗？或者它只生产一种单一品牌吗？请解释。

2. 讨论完全竞争与垄断竞争在下列方面的相同点与不同点：（1）企业产品需求曲线的弹性；（2）价格和边际成本的偏离程度；（3）利润；（4）经济效率。

1. 答：

合并之后的新企业不会仍然生产那么多品牌，因为这些品牌之间的竞争会减少利润，而且继续生产那么多品牌成本会很高。

不过，合并之后的新企业也不会只生产一种品牌。因为在垄断竞争中，同种产品的不同品牌之间在品质、销售服务等方面的差别（而这正是厂商赚到经济利润的原因），培养了不同消费者对不同品牌产品的一定程度的忠诚度，只生产一个品牌会让其他很多消费者心理上感到难以接受。另外，根据消费者不同的需求价格弹性，生产几种在价格、特点上有差别的产品，也可能会刺激总需求，提高收入水平。

2. 答：

（1）完全竞争和垄断竞争情况下，企业面临的需求曲线弹性都比较大；差别在于完全竞争市场中企业面临水平的需求曲线，也就是需求曲线弹性无穷大，垄断竞争市场中企业面临的需求曲线虽然比较平坦，不过仍然是向右下方倾斜的。

（2）完全竞争市场中厂商面临着水平的需求曲线，并且 $P = MR$，因此，均衡价格恰好等于边际成本。而垄断竞争市场中厂商的需求曲线向右下方倾斜，价格会偏离边际成本。不过由于垄断竞争市场中厂商面临着平坦的需求曲线，价格偏离边际成本的程度不大。

（3）完全竞争市场和垄断竞争市场的进出壁垒都比较小，因此，长期来看，市场中厂商的利润都是 0。

（4）完全竞争市场是最有效率的。垄断竞争市场中商品价格高于边际成本，因此，产量降到理想的竞争水平之下，这是低效率的。不过，也有人认为垄断竞争市场中生产出大量差异化的产品，满足了不同消费者的品位和需求。这种效率的损失换来消费者差异化需求的满足也是值得的。

计算题

1. 假设某垄断竞争厂商的产品需求函数为 $P = 9400 - 4Q$，成本函数为 $TC = 4000 + 3000Q$，求该厂商均衡时的产量、价格和利润。

2. 已知某垄断竞争厂商的长期成本函数为 $LTC = 0.01Q^3 - 0.51Q^2 + 200Q$；如果该产品的生产集团内的所有厂商都按相同比例调整价格，那么，每个厂商的份额需求曲线为 $P = 238 - 0.5Q$。试求：

（1）该厂商长期均衡时的产量和价格。

（2）该厂商长期均衡时的主权需求曲线上的需求的价格点弹性值（保留整

数部分)。

(3) 如果该厂商的主观需求曲线是线性的,推导该厂商长期均衡时的主观需求函数。

1. 解:

由需求函数 $P = 9400 - 4Q$,得 $MR = 9400 - 8Q$。

由成本函数 $TC = 4000 + 3000Q$,得 $MC = 3000$。

根据利润极大化条件 $MR = MC$,得 $9400 - 8Q = 3000$,并解得 $Q = 800$。

将 $Q = 800$ 代入需求函数 $P = 9400 - 4Q$,得 $P = 6200$。

此时有 $\pi = TR - TC = PQ - TC = 6200 \times 800 - (4000 + 3000 \times 800) = 2556000$。

2. 解:

(1) 由题意可得 $LAC = \dfrac{LTC}{Q} = 0.001Q^2 - 0.51Q + 200$;$LMC = \dfrac{dLTC}{dQ} = 0.003Q^2 - 1.02Q + 200$。

且已知与份额需求 D 曲线相对应的反需求函数为 $P = 238 - 0.5Q$。由于在垄断竞争厂商利润最大化的长期均衡时,D 曲线与 LAC 曲线相切(因为 $\pi = 0$),即有 $LAC = P$,于是:

$0.001Q^2 - 0.51Q + 200 = 238 - 0.5Q$。

解得:$Q = 200$(负值舍去了)。将 $Q = 200$ 代入份额需求函数,得 $P = 238 - 0.5 \times 200 = 138$。

所以,该垄断竞争厂商实现利润最大化长期均衡时的产量 $Q = 200$,价格 $P = 138$。

(2) 由 $Q = 200$ 代入长期边际成本 LMC 函数,得 $LMC = 0.003 \times 200^2 - 1.02 \times 200 + 200 = 116$。

因为厂商实现长期利润最大化时必有 $MR = MC$,所以有 $MR = 116$。

再根据公式 $MR = P(1 - \dfrac{1}{E_d})$,得 $116 = 138(1 - \dfrac{1}{E_d})$,因而解得:$E_d \approx 6$。

所以厂商长期均衡时主观需求曲线 d 上的需求的价格点弹性约为 6。

(3) 令该厂商线性的主观需求 d 曲线上的需求函数形式为 $P = A - BQ$,其中,A 表示该线性需求 d 曲线的纵截距;$-B$ 表示斜率。下面,分别求 A 值和 B 值。

根据线性需求曲线的点弹性的几何意义,可以有 $E_d = \dfrac{P}{A - P}$,其中,P 表示线性需求 d 曲线上某一点所对应的价格水平。于是,在该厂商实现长期均衡时,由 $E_d = \dfrac{P}{A - P}$ 得:$6 = \dfrac{138}{A - 138}$,解得 $A = 161$。

此外,根据几何意义,在该厂商实现长期均衡时,线性主观需求 d 曲线的斜率的绝对值可以表示为：$B = \dfrac{A-P}{Q} = \dfrac{161-138}{200} = 0.115$。

于是，该垄断竞争厂商实现长期均衡时的线性主观需求函数为：$P = A - BQ = 161 - 0.115Q$，或者 $Q = (161 - P)/0.115$。

四、难点解析

1. 为什么垄断竞争厂商的需求曲线比总的市场需求曲线更平坦？假设一家垄断竞争厂商短期内有一个利润，长期中它的需求曲线会发生什么变化？

2. 为什么需求价格弹性较大会导致垄断竞争厂商进行非价格竞争？

1. 答：

因为在垄断竞争市场中，产品之间是非常接近的替代品，因而对某个品牌商品的需求弹性很大，所以厂商的向右下方倾斜的需求曲线是比较平坦的，相对比较接近完全竞争厂商需求曲线的形状。而市场需求曲线表示的是消费者对整个行业所生产的一类产品的总需求状况，这类产品对消费者来说是必需的，替代品很少甚至没有，其需求弹性显然小于消费者对此类产品中不同品牌产品的需求弹性。因此，市场需求曲线要较单个厂商的需求曲线陡峭。

如果行业内某个厂商存在着利润，新的厂商就会被吸引进来。当他们推出竞争性品牌时，在市场需求规模不变的情况下，这个厂商将会损失一部分市场份额，其需求曲线、边际收益曲线向左移动，直至利润消失为止。

2. 答：

垄断竞争厂商的产品之间有较大的替代性，因而其需求的价格弹性较高，需求曲线接近于水平线。当垄断竞争厂商提高价格时，如其他厂商不跟着提价，他的销售市场会缩小，使利润减少；反之，当垄断竞争厂商降价时，其他厂商也跟着降价，他的销售量只会稍有增加。因此，垄断竞争厂商之间一般不愿意进行价格竞争，而宁可进行非价格竞争（包括改进品质、包装、商标，做广告等）。

第九章 寡头市场

一、学习指导

【学习目的】
　　通过本章的学习，使学生了解寡头市场的概念、特征以及形成寡头市场的原因，了解寡头之间的合作与竞争机制；并基本掌握几种重要的寡头市场模型；重点掌握完全竞争、垄断、垄断竞争与寡头市场之间的比较；理解博弈论的基本原理。

【学习目标】
　　1. 掌握寡头市场的概念、特征以及形成寡头市场的原因。
　　2. 了解寡头之间的合作与竞争机制。
　　3. 理解古诺模型的推导过程。
　　4. 掌握斯威齐模型、卡特尔、价格领导等寡头市场理论。
　　5. 理解博弈论的基本原理，掌握静态博弈和动态博弈结局的不同。

【关键概念】
　　寡头垄断（oligopoly）；寡头市场（oligopoly market）；古诺模型（cournot model）；伯特兰模型（bertrand model）；斯威齐模型（sweezy model）；卡特尔（cartel）；价格领导（price leadership）；成本加成定价法（cost-plus pricing）；博弈论（game theory）；囚犯困境（prisoner's dilemma）；占优策略均衡（dominant strategy）；纳什均衡（nash equilibrium）。

【本章框架】
　　本章首先明确寡头市场的概念、特征以及形成寡头市场的原因；其次分析寡头之间的合作与竞争，并介绍几种重要的寡头市场模型；再次给出完全竞争、垄断、垄断竞争与寡头市场之间的比较；最后简单介绍博弈论的相关知识（见图9-1）。

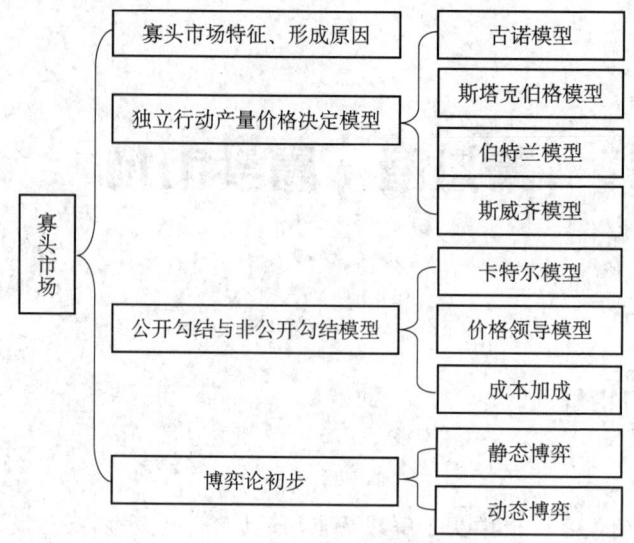

图 9-1 寡头市场框架

【内容提要】

- 寡头市场接近于垄断,但寡头厂商的行为模式是不确定的:如果寡头之间采取真诚的合作态度,那么该市场就等同于垄断,但这种合作通常是不稳固的,由于它们追求自己的私利,它们通常不能达到垄断结果。
- 几个重要的寡头理论模型,如表 9-1 所示。

表 9-1　　　　　　　　几个重要的寡头理论模型

重要的寡头理论模型	独立行动	产量竞争	古诺模型
			斯塔克伯格先动模型
		价格竞争	伯特兰模型
			斯威齐模型
	相互勾结		卡特尔模型
			价格领导模型

- 博弈论是描述和研究行为者之间相互依存、相互作用的一种决策理论,也叫游戏理论(game theory)和对策论。

二、习题解析

名词解释

寡头垄断;古诺模型;伯特兰模型;囚徒困境。

1. 寡头垄断

答:寡头垄断市场又称寡头、寡占,意指为数不多的几家厂商控制着整个市场产品的生产或销售的这样一种市场组织。寡头垄断的基本特征是：第一，厂商数量有限，每个厂商对价格都有相当的影响力，但不能完全控制价格；第二，寡头垄断厂商的行为互相影响、互相依存；第三，寡头垄断的市场存在明显的进入障碍。

2. 古诺模型

答：古诺模型是由法国经济学家古诺于1838年提出的早期寡头模型，它假定一个产品市场只有两个卖者，并且相互间没有任何勾结行为，但相互间都知道对方将怎样行动，从而各自怎样确定最优的产量来实现利润最大化。该模型属于典型产量竞争模型。

3. 伯特兰模型

答：伯特兰模型，是由法国经济学家约瑟夫·伯特兰于1883年建立的，该模型假定各寡头企业彼此没有任何勾结、生产的产品是同质的、消费者选择价格低的产品进行消费。该模型属于典型的价格竞争模型。

4. 囚徒困境

答：囚徒困境，是博弈论中非零和博弈的经典例子，反映个人理性可能会导致集体的非理性。在现实的社会经济生活中这样的例子很多，例如，价格竞争、环境保护等。

问答题

1. 寡头垄断市场的特征是什么？
2. 什么是拐折的需求曲线？
3. 解释卡特尔的产量分配方法。

1. 答：

寡头垄断的基本特征是：

第一，厂商数量有限，每个厂商对价格都有相当的影响力，但不能完全控制价格。

第二，厂商之间相互依存，厂商的行动会影响到其他寡头的收益导致对手变更其行为。相互依存是寡头垄断市场的基本特征。由于厂商数目少而且占据市场份额大，不管怎样，一个厂商的行为都会影响对手的行为，影响整个市场。所以，每个寡头在决定自己的策略和政策时，都非常重视对手对自己这一策略和政策的态度和反应。作为厂商的寡头垄断者是独立自主的经营单位，具有独立的特点，但是他们的行为又互相影响、互相依存。

第三，进出困难。寡头垄断的市场存在明显的进入障碍。这是少数企业能够占据绝大部分市场份额的必要条件，也可以说是寡头垄断市场结构存在的原因。主要原因在于行业本身的规模效益、资源障碍、技术壁垒、法律障碍等。其中，最重要也是最基本的因素是这些行业存在较明显的规模经济性。

2. 答：

寡头市场的（价格）竞争是非常激烈的，但是，在现实经济中，很多寡头市场的产品价格在一段时间内保持不变。这是由于寡头厂商会意识到在他们之间存在相互依赖的关系，因此，当一个寡头厂商提价时，其竞争对手并不提价，以保持市场份额；但是当一个寡头厂商降价时，其竞争对手也降价，以避免市场份额减少，由此形成有特点的需求曲线——拐折的需求曲线。

为解释这一需求曲线，我们假设：在初始状态，存在寡头 A 和其他寡头。假设开始时寡头市场处于暂时的均衡状态。对于寡头 A 而言，如果自己涨价，其他寡头不跟进，这样自己将失去很多客户（需求量减少比较多），于是自己将面临较为平坦的需求曲线（弹性较大）；如果自己降价，其他寡头跟进，这样自己也不会增加太多客户（需求量增加不太多），于是自己将面临较为陡峭的需求曲线（弹性较小）。在图 9-2 中，E 点是初始点。对应价格是 8，产量是 10。当寡头 A 提高价格时，其他厂商不提高，对应的需求曲线是 D_1，由于该曲线较平坦，弹性较大。因此，销售量会减少很多；当寡头 A 降低价格时，其他厂商也降低，对应的需求曲线是 D_2，由于该曲线较陡峭，弹性较小。因此，销售量增加不多。与 D_1 对应的边际收益曲线是 MR_1，与 D_2 对应的边际收益曲线是 MR_2，由于在 E 点 D_1 和 D_2 的斜率不同，导致在产量为 10 时，MR_1 和 MR_2 不相交，而是出现一个间断 FG。

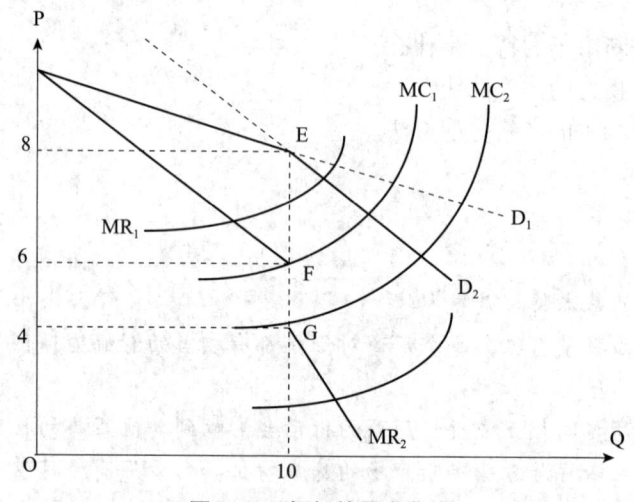

图 9-2 拐折的需求曲线

可以发现，当 MC 位于 FG 之间变化时，寡头厂商 A 不会改变价格和产量，价格总为 8，产量为 10。只有当 MC 与 MR_1 或 MR_2 相交时，寡头厂商 A 才会改变价格和产量。

3. 答：

卡特尔（cartel）是一种正式的串谋行为，它能使一个存在竞争的市场变成一个垄断市场，属于寡头市场的一个特例。卡特尔以扩大整体利益作为它的主要目标，为了达到这一目的，在卡特尔内部将订立一系列的协议，来确定整个卡特尔的产量、产品价格，指定各企业的销售额及销售区域等。

假定两厂商的成本曲线分别如图 9-3（a）(b) 所示，那么，卡特尔作为整体的边际成本曲线可通过将这两家厂商的边际成本曲线按水平方向加总得到。假定整个行业的需求曲线为 D，则全行业的边际收益曲线为 MR。这样，卡特尔即可根据 MR=MC 的利润最大化准则确定其总产量为 Q_0，相应的"垄断价格"为 P_0。在此基础上，卡特尔将按照等边际成本原理来分配其总产量。

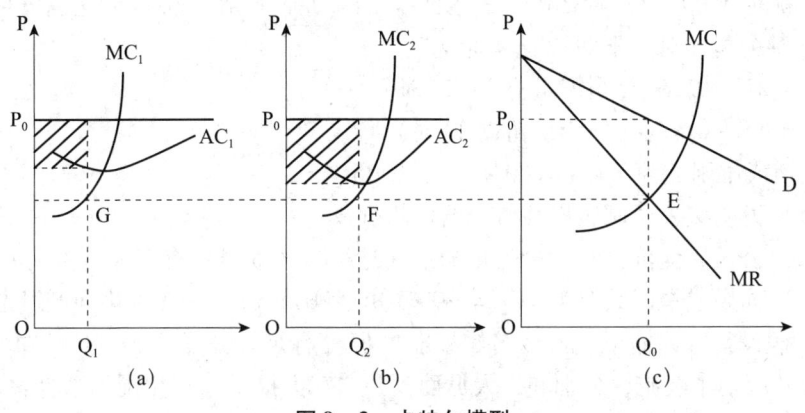

图 9-3 卡特尔模型

曲线 MR 与 MC 的交点确定了相同的边际成本水平（水平虚线），再由这条虚线与各厂商的边际成本曲线的交点确定各自的产量 Q_1 和 Q_2，且 $Q_1+Q_2=Q_0$。阴影部分为厂商各自的利润。可以看到，各厂商的利润是不同的。各厂商从自身利益出发，或对这种分配结果不满，或期望更多的利润等原因的驱使下，卡特尔的协议及相应的分配结果是不稳定的。各厂商在最大利润的驱使下很容易走上"背叛"之路。而一旦有某个成员违反协议，因为市场中厂商个数较少，其行动很容易被其他厂商察觉，从而引起连锁反应，最终导致卡特尔的崩溃。

主要有两个因素导致卡特尔具有天然的不稳定性：第一，潜在进入者的威胁。一旦卡特尔把价格维持得较高水平，那么就会吸引新企业进入这个市场，而新企业进入后，可以通过降价扩大市场份额，此时卡特尔要想继续维持原来的高价就很不容易了。第二，卡特尔内部成员所具有的欺骗动机。这是一个典型的"囚徒困境"。给定其他企业的生产数量和价格都不变，那么一个成员企业偷偷地增加产量将会获得额外的巨大好处，这会激励成员企业偷偷增加产量，如果每个成员企业都偷偷增加产量，显然市场总供给大量增加，市场价格必然下降，卡特尔限产提价的努力将瓦解。如果卡特尔不能有效解决这个问题，最终将导致卡特尔的解体。事实上，经济学家研究得出，世界上卡特尔的平均存续期间约为6.6 年，最短的两年就瓦解了。此外，随着各国政府反垄断法的实施，卡特尔也可能因为违反了政府法律而被迫解体，正因如此，许多卡特尔都是国际性卡特尔，以规避国内的反垄断法。

计算题

1. 某寡头行业有两个厂商，厂商 1 的成本函数为 $C_1 = 8Q_1$，厂商 2 的成本函数为 $C_2 = -0.8Q_2^2$。该市场的需求函数为 $P = 152 - 0.6Q$。求：该寡头市场的古诺均衡解。

2. "一个寡头垄断厂商面临一条拐折需求曲线。他像其他厂商一样，利润极大化时将有 $MC = MR = P(1 - \frac{1}{|E_d|})$。因此，如果知道了厂商的边际成本和价格水平，就能计算出该厂商面临的需求曲线上的点弹性值。"你认为这说法对吗？

3. 某公司面对以下两段需求曲线：

$P = 25 - 0.25Q$（当产量为 $0 \sim 20$ 时）

$P = 35 - 0.75Q$（当产量超过 20 时）

公司成本函数为 $TC_1 = 200 + 5Q + 0.25Q^2$。

（1）说明该公司所属何种市场结构的行业；

（2）公司最优价格和产量是多少？这时利润（亏损）有多大？

（3）如果成本函数改为 $TC_2 = 200 + 8Q + 0.25Q^2$，最优价格和产量是多少？

4. 假设警方逮捕甲、乙两名嫌疑犯，但没有足够证据指控二人有罪。于是警方分开囚禁嫌疑犯，分别和二人见面，并向双方提供以下相同的选择：若一人认罪并作证检举对方，而对方保持沉默，此人将即时获释，沉默者将判监 10 年。若二人都保持沉默，则二人同样判监 1 年。若二人都互相检举，则二人同样判监 2 年。利用博弈论的知识分析一下甲、乙可能的选择和结果。

1. 解：

依题意得：$\pi_1 = TR_1 - C_1 = PQ_1 - C_1 = 152Q_1 - 0.6Q_1^2 - 0.6Q_1Q_2 - 8Q_1$，则

$\frac{d\pi_1}{dQ_1} = 144 - 1.2Q_1 - 0.6Q_2$。

厂商 1 利润最大化的一阶条件为：$144 - 1.2Q_1 - 0.6Q_2 = 0$。

由此得厂商 1 的反应函数为：$Q_1(Q_2) = 120 - 0.5Q_2$。　　　　　　　①

同理，厂商 2 的反应函数为：$Q_2(Q_1) = \frac{380}{7} = \frac{3}{14} = Q_1$。　　　　　②

联立以上两个反应函数式①和式②可求得古诺解 $Q_1 = 104$，$Q_2 = 32$，$P = 70.4$。

2. 解：

不能。因为该厂商面临的是拐折需求曲线，因此，边际收益是不连续的，当 MC 经过此不连续区间时，MC 有定值，但 MR 无定值。拐折点两边的需求弹性不一样，需求曲线在拐折点上方的弹性比拐折点下方的弹性要大得多。因此，无法根据厂商的边际成本和价格水平计算出需求弹性。

3. 解：

（1）该公司所在行业属寡头垄断行业，该模型是斯威齐模型，即拐折需求

曲线模型。

（2）由题设，当 Q = 20 时，P = 25 - 0.25 × 20 = 20（将 Q = 20 代入 P = 35 - 0.75Q 可得同样结果）。

然而，当 P = 20，Q = 20 时：

对于 P = 25 - 0.25Q 来说，MR_1 = 25 - 0.5Q = 25 - 0.5 × 20 = 15；

对于 P = 35 - 0.75Q 来说，MR_2 = 35 - 1.5Q = 35 - 1.5 × 20 = 5。

这表明，对应厂商需求曲线，MR 在 5 ~ 15 之间间断，边际成本在此区域范围内厂商均可达到均衡。

由题设成本函数 TC_1 = 200 + 5Q + 0.25Q^2，得 MC_1 = 5 + 0.5Q。

当 MR_1 = MC_1 时，即 25 - 0.5Q = 5 + 0.5Q，得 Q_1 = 20。

当 MR_2 = MC_1 时，即 35 - 1.5Q = 5 + 0.5Q，得 Q_2 = 15。

显然，只有 Q_1 = 20 才符合均衡条件，是公司最优产量，而 Q_2 = 15 < 20，不符合题设条件，因为 MR_2 所对应的 P = 35 - 0.75Q 只在 Q > 20 时才适用。

将 P = 20 和 Q = 20 代入利润函数，得 π = TR - TC = 20 × 20 - (200 + 5 × 20 + 0.25 × 20^2) = 0

（3）由成本函数 TC_2 = 200 + 8Q + 0.25Q^2，得 MC_2 = 8 + 0.5Q。

当 MR_1 = MC_2 时，即 25 - 0.5Q = 8 + 0.5Q，得 Q_1 = 17。

当 MR_2 = MC_2 时，即 35 - 1.5Q = 8 + 0.5Q，得 Q_2 = 13.5。

显然，由于 Q_2 = 13.5 < 20，不符合均衡条件，因此，Q_1 = 17 是公司最优产量。

将 Q = 17 代入需求函数 P = 25 - 0.25Q，得 P = 25 - 0.25 × 17 = 20.75

将 P = 20.75 和 Q = 20 代入利润函数，得

π = TR - TC = 20.75 × 17 - (200 + 8 × 17 + 0.25 × 17^2) = -55.5。

4. 解：

这仍然是囚徒困境，支付矩阵如图 9 - 4 所示。

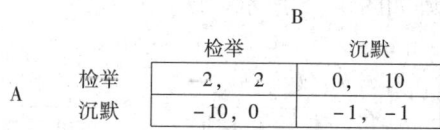

图 9 - 4　支付矩阵

博弈均衡是占优策略均衡，甲、乙均选择检举。

三、拓展习题

单项选择题

1. 广告作用最大的是(　　)。
   A. 完全竞争市场　　　　　　B. 垄断竞争市场
   C. 寡头垄断市场　　　　　　D. 完全垄断市场

2. 无论是竞争性企业还是垄断性企业，要扩大产出应该(　　)。
   A. P > MC 　　B. P < MC 　　C. MR > MC 　　D. MR < MC
3. 寡头垄断厂商的产品是(　　)。
   A. 同质的
   B. 既可以是同质的，也可以是有差异的
   C. 有差异的
   D. 以上都不对
4. 要得到古诺模型中的均衡，必须假定(　　)。
   A. 该行业中只两个厂商　　　　　　B. 边际成本为零
   C. 两个厂商有相同的反应函数　　　D. 以上都不对
5. 斯威齐模型是(　　)。
   A. 假定一个厂商提高价格，其他厂商就一定跟着提高价格
   B. 说明为什么每个厂商要保持现有价格，而不管别的厂商如何行动
   C. 说明为什么均衡价格是刚性的，而不是说明价格如何决定的
   D. 假定每个厂商都认为其需求曲线在价格下降时比上升时更有弹性

答案：1~5：BCBDC。

问答题

1. 为什么欧佩克石油卡特尔成功地将石油价格抬高了很多，而西佩克铜卡特尔却没做到？什么条件是成功的卡特尔所必需的？一个卡特尔必须克服什么组织上的问题？
2. 为什么古诺均衡是稳定的？如果不能共谋，为什么它们不能将产量定在共同利润最大化的水平？
3. 博弈的报酬矩阵如图9-5所示。

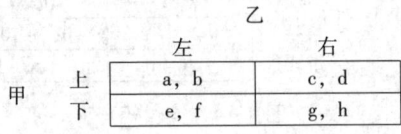

图9-5　博弈的报酬矩阵

要求：

(1) 如果（上，左）是占优策略的均衡，那么a、b、c、d、e、f、g、h之间必然满足哪些关系？（尽量把所有必要的关系式都写出来）

(2) 如果（上，左）是纳什均衡，(1)中的关系式哪些必须满足？

(3) 如果（上，左）是占优策略均衡，那么它是否必定是纳什均衡？为什么？

(4) 什么情况下，纯战略纳什均衡不存在？

1. 答:

成功的卡特尔必须具备两个条件:一是对产品的需求是缺乏弹性的;二是该卡特尔必须控制大部分的产品供给。

OPEC 的成功在于:它是由 12 个主要的石油生产国组成的,其石油产量占了世界石油总产量的相当比例。而且,在一定时期内,对石油的总需求以及非 OPEC 成员的供给都是缺乏弹性的。因此,OPEC 具有相当的垄断势力,可以将价格提到高出竞争性价格很多的水平。而世界对铜的总需求是富有弹性的,而且非西佩克的供给也有很大的弹性。因此,西佩克的潜在垄断势力很小。

卡特尔在组织上必须解决以下问题:在卡特尔内部如何达成关于价格和市场份额分配的协议,如何执行和监督协议的实施。

2. 答:

在古诺均衡中,每个寡头的产量都是在给定它竞争对手产量时它所能实现利润最大化的产量。由于古诺模型假设信息是完全的,因此,在均衡点,各寡头对彼此产量的预测是正确的。此时,双方都处在给定竞争对手条件下,自己所能做得最好选择。因此,双方都没有改变产量的冲动。

寡头双方都面临着"囚徒困境",任何一方都不愿意冒先降低产量的风险。因此,如果不串通,双方无法将产量调整到使双方利润最大化的水平。

3. 答:

(1) 可能分为三种情况:第一,对甲占优均衡,$a>e$,$c>g$,$b>d$;第二,对乙占优均衡,$b>d$,$f>h$,$a>e$;第三,对甲乙都占优均衡,$a>e$,$c>g$,$b>d$,$f>h$。

(2) 纳什均衡只需要满足:甲选取上的策略时,$b>d$,同时乙选取左的策略时,$a>e$。即本题中纳什均衡的条件为 $b>d$,$a>e$。

(3) 占优均衡一定是纳什均衡,因为占优均衡的条件包含了纳什均衡的条件。

(4) 当对任何一方一种策略组合都不满足纳什均衡时,纯战略纳什均衡就不存在。

计算题

1. 两个寡头所面临的需求曲线为 $P = a - bQ$,其中,$Q = Q_1 + Q_2$,成本函数为 $C_i = a_i + b_i$,其中 $i = 1, 2$,a、b、a_i、b_i 为常数。求解:

(1) 两个寡头联合时的最大产出是多少?为了联合,每个寡头分别应该生产多少产量。

(2) 如果两个寡头采取合作策略,寡头 1 处于领导地位,求出各自均衡产量、利润、市场价格。

(3) 寡头 1 愿意出多高的价格兼并另外一个寡头?

2. 某一市场需求函数为：$p = 100 - 0.5(q_1 + q_2)$。在该市场上只有两家企业，他们各自的成本函数为：$c_1 = 5q_1$；$c_2 = 0.5q_2^2$。请问：

(1) 在斯塔格博格模型（stackelberg model）中，谁会成为领导者？谁会成为追随者？

(2) 该市场最后的结局是什么？为什么？

1. 解：

(1) 当两个寡头联合使利润极大化，应满足行业的边际收益 MR 等于行业的边际成本，并且各厂商的边际成本等于行业边际成本来分配产量，由已知条件 a_i, b_i 可得：

则 $MC_1 = MC_2 = 0$，故 $MC = 0$，行业总收益为 $TR = aQ - bQ^2$，行业边际收益为 $MR = a - 2bQ$。

令 $MR = MC = 0$，可解得 $Q = \dfrac{a}{2b}$，即两寡头联合时的最大产出量为 $\dfrac{a}{2b}$，市场价格为 $P = a - b(Q_1 + Q_2) = \dfrac{1}{2}a$。

由于 $MC_1 = MC_2 = MC = 0$ 无法确定两厂商的具体产量，只要满足 $Q_1 + Q_2 = \dfrac{a}{2b}$，行业利润即为最大。

(2) 由于寡头 1 处于领导地位，为先行动者，假设其产量为 Q_1，则寡头 2 所面临的问题是在给定寡头 1 的产量下使自身的利润极大化，即解如下的问题：

$\max \pi_2 = [a - b(Q_1 + Q_2)]Q_2 - (a_2 + b_2)$

令 $\dfrac{d\pi_2}{dQ_2} = 0$，可得寡头 2 的反应函数为：$Q_2 = \dfrac{a - bQ_1}{2b}$。

在给定寡头 2 的反应函数下，寡头 1 所面临的问题为：

$$\pi_1 = \left[a - b\left(Q_1 + \dfrac{a - bQ_1}{2b}\right)\right]Q_1 - (a_2 + b_1)$$

令 $\dfrac{d\pi_1}{dQ_1} = 0$，可得 $Q_1 = \dfrac{a}{2b}$，$Q_2 = \dfrac{a}{4b}$，$Q = Q_1 + Q_2 = \dfrac{3a}{4b}$，$P = a - bQ = \dfrac{1}{4}a$；

$\pi_1 = PQ_1 - C_1 = \dfrac{a^2}{8b} - (a_1 + b_1)$，$\pi_2 = \dfrac{a^2}{16b} - (a_2 + b_2)$。

(3) 如果寡头 1 兼并寡头 2，其愿意的出价应不超过兼并后所增加的利润，兼并的总利润可以由 (1) 问的结论直接求得：

$$\max \pi = TR - C_1 - C_2 = a \cdot \dfrac{a}{2b} - b\left(\dfrac{a}{2b}\right)^2 - (a_1 + b_1) - (a_2 + b_2)$$

$$= \dfrac{a^2}{4b} - (a_1 + b_1) - (a_2 + b_2)$$

未兼并前如果寡头 1 处于领导地位，由 (2) 问的结论知 $\pi_1 = \dfrac{a^2}{8b} - (a_1 + b_1)$。

反之，如果寡头 1 与寡头 2 处于平等地位，实际上是联立求解以下两个最优化问题。

$$\max \pi_1 = [a - b(Q_1 + Q_2)]Q_1 - (a_2 + b_2)$$
$$\max \pi_2 = [a - b(Q_1 + Q_2)]Q_2 - (a_2 + b_2)$$

解得 $Q_1 = \dfrac{a}{3b}$，$Q_2 = \dfrac{a}{3b}$，$\pi_1 = \dfrac{a^2}{9b} - a_2 - b_2$。

因为寡头 1 愿出价为 $\pi - \pi_1$，所以当寡头 1 处于领导地位时，$\pi - \pi_1 = \dfrac{a^2}{8b} - a_2 - b_2$；当寡头 1 与寡头 2 处于平等地位时，$\pi - \pi_1 = \dfrac{5a^2}{36b} - a_1 - b_1$。

2. 解：

（1）先求古诺均衡：$\max \pi_1(q_1, q_2) = (100 - 0.5q_1 - 0.5q_2)q_1 - 5q_1q_1$，使得 $q_1 = 95 - 0.5q_2$。

$\max \pi_2(q_1, q_2) = (100 - 0.5q_1 - 0.5q_2)q_2 - 0.5q_2^2 q_2$，使得 $q_2 = 50 - 0.25q_1$。

由 $\begin{cases} q_1 = 95 - 0.5q_2 \\ q_2 = 50 - 0.25q_1 \end{cases}$

得 $q_1 = 80$，$q_2 = 30$。

对于任何先行动者来说，必须有 $q_1 \geq 80$，$q_2 \geq 30$。

要使企业 1 成为领导者，其必须条件是对任何企业 2 的先行产量决策，企业 1 均采取战略使对方益为负，即：

$$\begin{cases} \pi_1(q_1, q_2) = (100 - 0.5q_1 - 0.5q_2)q_1 - 5q_1^2 > 0 \\ \pi_2(q_1, q_2) = (100 - 0.5q_1 - 0.5q_2)q_1 - 0.5q_2^2 > 0 \end{cases}$$
$$\Rightarrow 200 - 2q_1 < q_1 < 190 - q_2^2,$$

对于企业 2 的任何产量先行决策 $q_2 > 10$，只要企业 1 威胁其产量 q_1 满足上式，则企业 2 不敢先行动，而 $q_2 < 10$，与先行动者的 $q_2 \geq 30$ 矛盾。当企业 1 先行动时，企业 2 决策：

$$\max \pi_2(q_1, q_2) = (100 - 0.5q_1 - 0.5q_2)q_2 - 0.5q_2^2 q_2$$
$$\Rightarrow q_2 = 50 - 0.25q_1$$

企业 1 决策：$\max \pi_1(q_1, q_2) = (100 - 0.5q_1 - 0.5q_2)q_1 - 0.5q_1q_1$
$$= \max_{q_1}(70 - 0.375q_1)q_1$$
$$\Rightarrow q_1 = \dfrac{380}{3} = 93.33$$

企业 1 的产量决策范围为 $80 \leq q_1 \leq 93.33$。

而企业 2 要惩罚企业 1 为领导者必须满足：

$$\begin{cases} \pi_2(q_1, q_2) = (100 - 0.5q_1 - 0.5q_2)q_2 - 0.5q_2^2 > 0 \\ \pi_1(q_1, q_2) = (100 - 0.5q_1 - 0.5q_2)q_1 - 0.5q_1 < 0 \end{cases}$$

$$\Rightarrow 190 - q_1 < q_2 < 100 - 0.5q_1$$
$$\Rightarrow q_1 > 180$$

这与 $80 \leq q_1 \leq 93.33$ 矛盾。故在斯塔格博格模型中，只可能企业1成为领导者，企业2成为被领导者。

(2) 企业1先行动时，$q_1 = \dfrac{280}{3}$，$q_2 = \dfrac{80}{3}$，$\pi_1 = 3266.67$，$\pi_2 = 711.11$。

企业2先行动时：$q_1 = 67.5$，$q_2 = 35$；$\pi_1 = 2953.125$，$\pi_2 = 1093.75$。

两企业同时行动时：$q_1 = 80$，$q_2 = 30$；$\pi_1 = 3200$，$\pi_2 = 900$。

博弈的支付矩阵如图9-6所示。

		企业2	
		检举	沉默
企业1	领导者	3200，900	3266.67，711.11
	跟随者	2953.125，1093.75	3200，900

图9-6 博弈的支付矩阵

可见对任何企业，先行动均为占优策略，故市场的最后结局为古诺均衡。企业1生产80，企业2生产30。

四、难点解释

1. 具有折弯需求曲线的斯威齐模型是描述寡头垄断市场的重要模型。解释该模型是如何说明问题的。它的局限性是什么？为什么价格刚性在寡头垄断市场中产生出来？
2. 在斯塔克伯格模型中，先决定产量的厂商具有一种优势，请解释原因。
3. 试比较不同市场经济效率。

1. 答：

根据斯威齐模型，每一个厂商在现行价格下都面临着一条折弯的需求曲线。如果它提高价格，其他大部分厂商不会跟着提价，则它会失去很多市场份额。因此，在现行价格之上，需求曲线是富有弹性的。反之，如果它降低价格，其他厂商也会跟着降价，则它的需求量增加是很少的。因此，在现行价格之下，需求曲线是缺乏弹性的。由于厂商的需求曲线是折弯的，所以它的边际收益曲线是间断的。利用间断的边际收益曲线，便可以解释寡头市场上的价格刚性现象。只要边际成本曲线的位置变动不超出边际收益曲线的垂直间断范围，寡头垄断厂商的均衡价格和均衡数量都不会发生变化。

这个模型的局限性在于：它只是为寡头市场上较为普遍的价格刚性现象提供了一种解释，但没有说明具有刚性的这个价格本身。

在寡头垄断市场上，由于囚徒困境的存在，不公开的串通是很脆弱的。而且，厂商之间为了避免价格战而导致亏本，即使成本或需求改变了，也不太愿意改变价格。因此，寡头市场上的价格具有刚性。

2. 答：

在斯塔克伯格模型中，先决定产量是一种策略优势。因为先行动者在宣布了产量之后，后行动的竞争对手将把先动者的产量视为给定的，并给自己制定一个较低的产量水平，以实现利润最大化。如果后行动者将"争取平等"看的比赚钱还重要，从而制定一个较高的产量水平，这样将会压低价格，使双方都受到损伤。不过，符合理性人假设的厂商一般是不会这么做的。

3. 答：

经济效率是指利用经济资源的有效性。高的经济效率表示对资源的充分利用或能以最有效的生产方式进行生产；低的经济效率表示对资源的利用不充分或没有以最有效的方式进行生产。

不同市场结构下的经济效率是不相同的。西方经济学家通过对不同市场条件下厂商的长期均衡状态的分析得出结论：完全竞争市场的经济效率最高。垄断竞争市场较高，寡头垄断市场较低，完全垄断市场最低。可见，市场的竞争程度越高，则经济效率越高；反之，市场的垄断程度越高，则经济效率越低。其具体分析如下：

完全竞争市场，是一个理想中的市场，这个市场中有无数个生产者和消费者，双方信息完全对称，产品完全一致，厂商的需求曲线是一条水平线，生产者的利润率为零，进入退出市场无壁垒。在完全竞争厂商的长期均衡时，水平的需求曲线相切于 LAC 曲线的最低点；产品的均衡价格最低，它等于最低的生产的平均成本；产品的均衡产量最高。这种情况是希望经济学认为最有效率的市场，是所有经济学家希望的目标。

垄断竞争市场，是目前大多数产品市场的表现，即众多厂商间展开竞争，产品有差异，厂家因各自不同的产品差异和地域差异而在各个细分市场中占据些许的垄断，进入退出都有一些壁垒。这个市场类型的经济效率不如完全竞争市场，但在现实生活中比比皆是。在垄断竞争市场上，厂商的长期利润为零，所以，在垄断竞争厂商的长期均衡时，向右下方倾斜的、相对比较平坦的需求曲线相切于 LAC 曲线的最低点的左边；产品的均衡价格比较低，它等于生产的平均成本；产品的均衡产量比较高；企业存在着多余的生产能力。

寡头市场，是一种垄断市场，整个市场只有几家大企业存在，各企业间为了共同生存而需要制定价格同盟，策略同盟，这以早期的托拉斯，辛迪加联盟为主要表现。企业联盟会一起排挤新竞争者，维护自己的垄断利润，消费者只能接受其指定的垄断价格。这是一种没有效率的市场。厂商的需求曲线不太确定。一般认为，寡头垄断市场是与完全垄断市场比较接近的市场组织，在长期均衡时，寡头厂商的产品的均衡价格比较高，产品的均衡数量比较低。利润也较高。

垄断市场是一个企业完全垄断的市场，没有竞争者，所以没有进步和研发的动力，信息完全不对称，价格偏离价值，消费者只能接受。生产者完全占据市场,新进入者无法与之抗衡,这是最没有效率的市场。在完全垄断市场上,厂商在长期内获得利润,所以,在完全垄断厂商的长期均衡时,向右下方倾斜的、相对比较陡峭的需求曲线与 LAC 曲线相交;产品的均衡价格最高,且大于生产平均成本;产品均衡数量最低。设想,垄断完全厂商若肯放弃一些利润,价格就可以下降一些,产量就可以增加一些。显然,完全垄断市场多余的生产能力是最高的。表 9-2 显示了不同市场效率的对比。

表 9-2 不同市场效率的比较

市场类型	价格	产量	成本	利润	效率
完全竞争	最低（LAC 最低点）	最高（LAC 最低点对应的产量）	最低（LAC 最低点）	零	最高
垄断竞争	较低（LAC 最低点的左侧）	较高（需求曲线与 LAC 左侧切点对应的产量）	较低（LAC 最低点的左侧）	零	较高
寡头垄断	较高	较低	较高	较高	较低
完全垄断	最高	最低	最高	最高	最低

以上是西方经济学家在不同市场结构的经济效率比较问题上的基本观点。也有一些西方经济学家从技术进步状态、规模经济和产品差别程度等方面对四种市场的优劣进行分析,如果从这几个方面看,三种不完全竞争市场似乎也有一定的可取之处。

一是关于技术进步,有不少西方经济学家认为,虽然垄断厂商有凭借垄断地位阻碍技术进步的一面,但垄断又有有利于技术进步的一面。因为,一方面,垄断厂商利用高额利润所形成的雄厚经济实力,有条件进行各种科学研究和重大的技术创新;另一方面,垄断厂商可以利用自己的垄断地位,在长期内保持由于技术进步而带来的更高的利润。这恰恰是完全竞争市场上原子式的厂商所不具备的。

二是关于规模经济。寡头垄断市场和完全垄断市场比完全竞争市场和垄断竞争市场有利的一个方面是,它能够取得规模经济效应。很难设想,无数个如同完全竞争行业或垄断竞争生产集团内的企业,可以将钢铁生产和铁路运输经营在有效率的水平上。

三是关于产品差别。在完全竞争的市场条件下,所有厂商的产品是完全相同的,它无法满足消费者的各种偏好。在垄断竞争市场条件下,众多厂商之间的产品是有差别的,多样化的产品使消费者有更多的选择自由,可以满足不同的需要。在产品差别这一问题上,产品差别寡头垄断行业也存在与垄断竞争生产集团相类似的情况。当然,也要认识到,垄断竞争市场和产品差别寡头垄断市场的产品也有一些是非真实性的虚假的差别,也会给消费者带来损失。与此同时,垄断竞争市场和产品差别寡头垄断市场往往伴随过于庞大的广告支出,会造成资源的浪费和抬高销售价格,再加上某些广告内容过于夸张和诱导,这些都是于消费者不利的。

第十章 生产要素的需求

一、学习指导

【学习目的】
　　首先明确决定要素价格形成的两个因素：需求和供给；掌握要素需求的特征；掌握厂商要素需求的一般原则及不同市场上厂商的要素需求曲线。理解厂商的要素需求曲线推导市场需求曲线的过程。通过学习使我们更好地理解生产要素的边际生产力分配理论。

【学习目标】
　　1. 明确决定要素价格的因素。
　　2. 明确要素需求的特征，掌握厂商要素需求的一般原则，认识厂商使用要素的边际收益、使用要素的边际成本与一般意义上的边际收益、边际成本的区别。
　　3. 掌握完全竞争厂商对要素的需求曲线，了解不完全竞争厂商对要素的需求曲线。
　　4. 了解从单个厂商的要素需求曲线到市场的要素需求曲线的推导过程。

【关键概念】
　　边际收益产品（marginal revenue product）；边际产品价值（value of marginal product）；边际要素成本（marginal factor cost）；工资（wage）；卖方垄断（monopoly）；买方垄断（monopsony）。

【本章框架】
　　本章主要介绍要素的需求（见图10-1）。首先明确决定要素价格形成的两个因素，即需求和供给；其次分析要素需求的特征，介绍厂商要素需求的一般原则及不同市场上厂商的要素需求曲线；最后由厂商的要素需求曲线推导出市场的需求曲线。

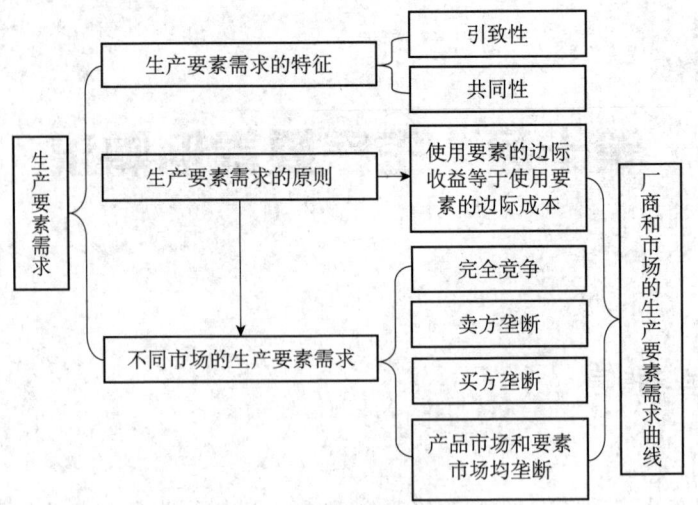

图 10-1 生产要素需求框架

【内容提要】

● 要素价格由两个因素决定：需求和供给。厂商对要素的需求有引致性和共同性两个特征。

● 任何厂商使用要素的原则都可以表述为：使用要素的边际收益（边际收益产品 MRP）恰好等于使用要素的边际成本（边际要素成本），即 MRP = MFC。

● 完全竞争厂商使用要素的原则是：边际产品价值等于要素价格（工资），即 VMP = W。单个完全竞争厂商的要素需求曲线与边际产品价值曲线重合。完全竞争市场的要素需求曲线不是单个完全竞争厂商要素需求曲线的简单累加。

● 垄断市场分为三种情况：

产品市场垄断——要素市场完全竞争，即产品市场的卖方垄断，简称卖方垄断。使用要素的原则是：边际收益产品 MRP 等于要素价格（工资），即 MRP = W。卖方垄断单个厂商的要素需求曲线与 MRP 重合，市场要素需求曲线是单个厂商要素需求曲线的累加。

产品市场完全竞争——要素市场垄断，即要素市场的买方垄断，简称买方垄断。使用要素的原则是：边际产品价值 VMP 等于边际要素成本 MFC，买方垄断厂商不存在有规律的要素需求曲线。

产品市场和要素市场均为垄断。使用要素的原则是：MRP = MFC，不存在有规律的要素需求曲线。

二、习题解答

名词解释

边际收益产品；边际产品价值；边际要素成本；工资；卖方垄断；买方

垄断。

1. 边际收益产品

答：厂商每增加一单位某种生产要素所增加的收益，或者说厂商每增加一单位某种生产要素所增加的产品所带来的收益，叫做边际收益产品（marginal revenue product，MRP），它等于边际产品与边际收益的乘积，即 $MRP = \dfrac{dTR}{dL} = \dfrac{dTR}{dQ} \times \dfrac{dQ}{dL} = MR \times MP_L$。

2. 边际产品价值

答：边际产品价值是指在其他条件不变的前提下，厂商增加一单位要素投入所增加的产品的价值。它为一种投入品的边际产品乘以产品的价格，即 $VMP = P \times MP$，表示在完全竞争条件下，厂商增加使用一个单位要素所增加的收益，实际上是边际收益产品在完全竞争市场下的一种特殊情况。

3. 边际要素成本

答：增加一单位的生产要素投入所增加的成本，叫边际要素成本。边际要素成本 $MFC = \dfrac{dTC}{dL} = \dfrac{dTC}{dQ} \times \dfrac{dQ}{dL} = MC \times MP_L$。

4. 工资

答：工资是指用人单位以货币形式支付给劳动者的劳动报酬，包括计时工资、计件工资、奖金、津贴和补贴、加班工资以及特殊情况下支付的工资等。

5. 卖方垄断

答：卖方垄断是指产品的卖者只有一个而买者很多的市场类型。在卖方垄断情况下，卖方具有垄断性，他面临着向下倾斜的需求曲线，其销售量是由卖方垄断者的边际收益和边际成本决定的。

6. 买方垄断

答：买方垄断是指要素的买者只有一个而卖者很多的市场类型。在买方垄断情况下，买者具有垄断性，其购买量是由买方垄断者的边际收益产品和边际要素成本决定的。

单项选择题

1. 生产要素所有者得到的收入是劳动的工资与（　　）。
   A. 资本的利润和货币的利息　　B. 资本的红利和货币的利息
   C. 资本的利息和土地的地租　　D. 资本的利润和土地的地租

2. 派生需求的例子是（　　）。
   A. 对经济学学生派生的棉毛衫的需求
   B. 对劳动与资本生产的棉毛衫的需求
   C. 生产棉毛衫中使用的劳动的需求

D. 对毛衫的需求

3. 增加一单位资本使用所引起的总收益的变动是（　　）。
    A. 资本的边际产量　　　　　　B. 资本的边际收益
    C. 资本的边际收益成本　　　　D. 资本的边际收益产量

4. 在实现了利润最大化的均衡时，下列选项中不正确的是（　　）。
    A. 边际收益等于边际产量
    B. 边际收益等于边际成本
    C. 要素的边际收益乘边际产量等于要素的边际成本
    D. 要素的边际收益产品等于要素的边际成本

5. 假定一个利润最大化的企业在竞争的劳动市场上雇用劳动。如果劳动的边际收益产量大于工资，企业将（　　）。
    A. 提高工资率　　　　　　　　B. 降低工资率
    C. 增加雇用的劳动量　　　　　D. 减少雇用的劳动量

6. 企业产品价格的上升将引起（　　）。
    A. 劳动的供给增加　　　　　　B. 所用的投入量减少
    C. 边际产量增加　　　　　　　D. 边际收益产量增加

7. 如果厂商处于完全竞争的产品市场中，且要素 a 是其唯一的可变要素，则该厂商对要素 a 的需求曲线由（　　）给出。
    A. VMP_a 曲线　　　　　　　B. MPP_a 曲线
    C. MFC_a 曲线　　　　　　　D. 以上都不是

8. 若厂商处于不完全竞争的产品市场中，且要素 a 是其唯一的可变要素，则该厂商对要素 a 的需求曲线由（　　）给出。
    A. VMP_a 曲线　　　　　　　B. MRP_a 曲线
    C. MFC_a 曲线　　　　　　　D. MPP_a 曲线

9. 完全竞争产品市场与不完全竞争产品市场两种条件下生产要素的需求曲线相比（　　）。
    A. 前者与后者重合　　　　　　B. 前者比后者陡峭
    C. 前者比后者平坦　　　　　　D. 无法确定

10. 假定在完全竞争的要素市场上各种生产要素的价格、产品的价格和边际收益均等于 4 美元，且此时厂商得到了最大利润，则各种生产要素的边际物质产品为（　　）。
    A. 2　　　　B. 1　　　　C. 4　　　　D. 不可确知

答案：1～5：CCBAC；6～10：DABCB。

问答题

1. 厂商对要素的需求有什么特征？

2. 厂商利润极大化的条件 MC = MR 为什么可以重新表达为 MFC = MRP？完全竞争条件下出售产品的利润极大化 MC = P 能否重新表述为 W = VMP，为什么？

3. 为什么买方垄断没有有规律的要素需求曲线？

4. 简述完全竞争厂商使用生产要素的原则。

5. 简述完全竞争厂商的要素需求曲线的特点及其形成条件。

1. 答：

第一个特征是派生性。厂商对要素的需求反映了或根源于人们对产品本身的需求，所以，经济学把厂商对生产要素的需求称为派生需求（derived demand）或引致需求，意指厂商对要素的需求是人们对要素所产出的产品的需求派生出来的。这个特性称为要素需求的派生性或引致性。

第二个特征是共同性。厂商对生产要素的需求不仅是一种派生的需求，也是一种联合的需求（joint demand）或相互依存的需求。这就是说，任何生产行为所需要的都不是一种生产要素，而是多种生产要素，这样各种生产要素之间就是互补的。如果只增加一种生产要素而不增加另一种，就会出现边际收益递减现象。这个特性称为要素需求的共同性。

2. 答：

（1）MR = MC，即 $\dfrac{dTR}{dQ} = \dfrac{dTC}{dQ}$，两边同乘以 MP，得到：

$$MP \times \dfrac{dTR}{dQ} = MP \times \dfrac{dTC}{dQ} \Rightarrow$$

$$\dfrac{dQ}{dL} \times \dfrac{dTR}{dQ} = \dfrac{dQ}{dL} \times \dfrac{dTC}{dQ} \Rightarrow$$

$$\dfrac{dTR}{dL} = \dfrac{dTC}{dL} \Rightarrow MRP = MFC$$

（2）可以。对于完全竞争来说，MC = P，两边同乘以 MP，得到：MFC = P · MP 即 W = VMP。

3. 答：

如图 10 - 2 所示，边际产品价值曲线 VMP 与边际要素成本曲线 MFC 相交于 E 点，对应的最佳劳动雇用量为 L_0，工资是多少应该在 W（L）上找。图 10 - 2 中垂线（虚线）与 W（L）相交于 F 点，对应的工资应该是 W_0。

例如，工资提高到 W_1，根据 W（L）曲线，对应的劳动量为 L_1，但（W_1，L_1）不是均衡组合，因为在劳动量为 L_1 时，MFC 大于 VMP，显然买方垄断厂商雇用的劳动太多了，应该减少，随着劳动雇用量的减少，VMP 增加，MFC 减少，最终又会回到最佳劳动雇用量 L_0，工资也会退回到 W_0。也就是说，在给定买方垄断厂商边际产品价值曲线 VMP 与边际要素成本曲线 MFC 的情况下，在图 10 - 2 中只能确定一个工资与劳动的组合点（W_0，L_0），从而无法确定买方垄断厂商的要素需求曲线。买方垄断厂商的要素需求曲线不存在。

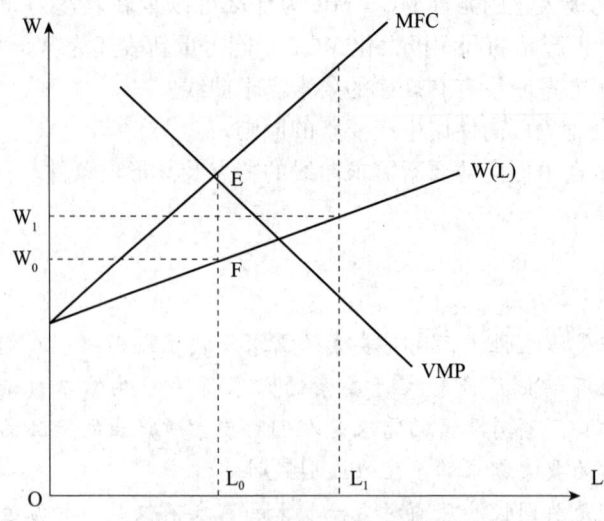

图 10-2 买方垄断厂商的要素需求

当然，如果改变 W(L) 曲线，买方垄断厂商的边际要素成本曲线 MFC 也会改变，它与 VMP 曲线会出现新的交点，从而可以找到新的工资与劳动的组合点，但是这个新组合点的位置没有规律，无法与原来的组合点构成有规律的要素需求曲线。

4. 答：

跟厂商通过调整产出量以实现最大利润所需具备条件 MC = MR 完全一样，厂商通过调整某种生产要素投入量以实现最大利润的条件，是它把投入某种生产要素最后一个单位带来的收益（边际收益产品 MRP）恰好等于他增加最后那个单位的生产要素投入所增加的成本（边际要素成本），即 MRP = MFC。

其道理在于：假如 MRP > MFC，这表示继续增加该种生产要素的投入带来的收益会超过为此付出的成本，因而增加投入量可以使利润总量有所增加；反之，假如 MRP < MFC，这表示最后增加的那单位生产要素反而造成损失，从而导致利润总量的减少。因此，无论是 MRP > MFC，还是 MRP < MFC，厂商的利润都不是最大的。只有在 MRP = MFC 时，利润才达到最大。也就是说，MRP = MFC 是要素市场的厂商均衡的一般条件。

实际上，这个原则完全可以由 MR = MC 推出。MR = MC，即 $\dfrac{dTR}{dQ} = \dfrac{dTC}{dQ}$，两边同乘以 MP，得到：

$$MP \times \dfrac{dTR}{dQ} = MP \times \dfrac{dTC}{dQ} \Rightarrow$$

$$\dfrac{dQ}{dL} \times \dfrac{dTR}{dQ} = \dfrac{dQ}{dL} \times \dfrac{dTC}{dQ} \Rightarrow$$

$$\dfrac{dTR}{dL} = \dfrac{dTC}{dL} \Rightarrow MRP = MFC$$

可以发现，边际收益等于边际成本与边际收益产品等于边际要素成本是等价的，或者说 MR＝MC 与 MRP＝MFC 是等价的。

5. 答：

边际产品价值（VMP）曲线所在的位置就是要素需求曲线。但要素需求曲线只是与边际产品价值（VMP）曲线重合，并不能说 VMP 曲线就是要素需求曲线。VMP 曲线的自变量是要素（劳动），因变量是边际产量与价格的乘积；要素需求函数的自变量是要素（劳动），但因变量是价格。

另外，要素需求曲线与边际产品价值曲线重合是有条件的：第一，要素价格变化后，要素的边际产量是否变化；第二，要素价格变化后，产品的价格是否变化。只有要素的边际产量和产品价格保持不变，才能保证要素价格变化后边际产品价值曲线保持不变，要素需求曲线才与边际产品价值曲线重合。

计算题

1. 某厂商以劳动作为唯一的可变要素，其生产函数为 $Q = -0.01L^3 + 1.25L^2 + 52L$。已知产品市场与生产要素市场都是完全竞争的，且产品价格为 2 元，工资率为 4 元。试问：

（1）厂商使用的劳动量是多少？

（2）如果固定成本为 10000 元，厂商的利润是多少？

2. 设某一厂商使用的可变要素为劳动 L，其生产函数为 $Q = -0.01L^3 + L^2 + 36L$，其中，Q 为每日产量，L 是每日投入的劳动小时数。所有市场（劳动市场及产品市场）都是完全竞争的，单位产品价格为 10 美分，小时工资为 4.80 美元。厂商要求利润最大化，厂商每天要雇用多少小时劳动？

1. 解：

（1）由生产函数 $Q = -0.01L^3 + 1.25L^2 + 52L$，可推导出 $MPP = dQ/dL = -0.03L^2 + 2.5L + 52$。

由于是完全竞争市场，$MRP = VMP = MPP \times P = -0.06L^2 + 5L + 104$。

根据利润最大化原则，MRP＝MFC，即 $-0.06L^2 + 5L + 104 = 4$。

解方程得 L＝100，即厂商使用的劳动量为 100 个单位。

（2）将 L＝100 代入生产函数，得 Q＝7700，TR＝PQ＝15400。

又因为 TVC＝100×4＝400，TFC＝10000，故利润为 5000 元。

2. 解：

由题设 $Q = -0.01L^3 + L^2 + 36L$，P＝0.10，W＝4.80。

当厂商利润最大化时，有 $W = VMP_L = P \cdot MPP_L = P \cdot dQ/dL$。

即：$4.80 = 0.10 \times (-0.03L^2 + 2L + 36)$。

解得 L＝20/3（舍去），L＝60 即厂商每天投入 60 劳动小时。

三、拓展习题

单项选择题

1. 已知三种生产要素 A、B、C 的组合是 10A－20B－18C，产量是 200 单位。如果生产要素的组合变成 10A－21B－18C，产量增加到 210 单位，由此可知(   )。

  A. A 的边际产量等于 10   B. B 的边际产量等于 10

  C. C 的边际产量等于 10   D. 以上都不对

2. 劳动的边际产品价值大于其工资率的原因是(   )

  A. 产品市场不完全竞争而要素市场完全竞争

  B. 要素市场不完全竞争而产品市场完全竞争

  C. 产品市场和要素市场均为不完全竞争

  D. B 和 C 都是可能原因

3. 假设生产某种商品需要使用 A、B、C 三种生产要素，当 A 的投入量连续增加时，它的边际产量(   )。

  A. 在 B 和 C 的数量及技术条件不变时将下降

  B. 在任何条件下都将下降

  C. 在技术条件不变但 B 和 C 的数量同比例增加时将下降

  D. 无法确定

4. 生产要素的需求曲线之所以向右下方倾斜，是因为(   )。

  A. 生产要素的边际收益产品递减

  B. 要素生产的产品的边际效用递减

  C. 要素参加生产的规模报酬递减

  D. 以上说法都不正确

答案：1～4：BDAA。

问答题

1. 在产品市场不完全竞争但生产要素市场完全竞争的条件下，生产要素的价格是怎样决定的？

2. 假设一个厂商面临完全竞争要素和产品市场，我们如何来描述该厂商的行为？描述在完全竞争市场情况下，个别厂商对一种生产要素的需求曲线。

3. 在完全竞争条件下，在多种要素可变的情况下（长期内）厂商对某一生产要素 A 的需求曲线与单一要素可变的情况下（短期内）对生产要素 A 的需求曲线有何不同？并解释原因。

1. 答：

(1) 某厂商的产品市场是垄断的，而要素市场是完全竞争的。在此情况下，厂商的要素供给曲线是水平线，要素需求曲线则由 MRP 曲线表示。该厂商的产品需求曲线是市场对该产品的需求曲线，市场的要素需求曲线是使用该要素的产品市场垄断厂商的要素需求曲线的总和。要素市场价格由市场的供求曲线决定，厂商对要素的购买量则决定于市场价格和垄断厂商的要素需求曲线。

(2) 某厂商的产品市场是完全竞争的，但要素市场是买方垄断。在这种情况下，厂商使用生产要素的边际收益是 VMP，边际成本是 MFC，要素的供给曲线 W（L）是向右上方倾斜的市场供给曲线。要素价格由要素供给曲线 W（L）决定，厂商对要素的购买量决定于 VMP 和 MFC 的均衡点。在此种情况下，厂商使用生产要素的原则是 VMP = MFC。

2. 答：

根据要素价格理论，我们可以知道，在完全竞争的产品市场中，厂商对产品市场的价格没有任何影响，厂商可以在商品给定的市场价格下出售任何数量的该商品，这就意味着，在该商品给定的市场价格下，企业面临的需求曲线为一条水平线（即弹性无穷大）。在完全竞争的要素市场中，厂商对要素市场的价格没有任何影响。厂商可以在该要素给定的市场价格下购买任何数量的该要素，这就意味着在市场决定的价格水平上，企业面临要素的供给曲线为水平线（即弹性无穷大）。在完全竞争情况下，厂商对某一种生产要素的需求量的决定不仅要考虑市场价格，还要考虑这一生产要素的边际产值和平均产值，追求利润最大化的厂商将总是以一种要素的边际产值与该要素的价格相等的原则来确定该要素的最佳使用量。概括地说，在完全竞争条件下，生产者对某一生产要素的需求曲线就是低于平均产值曲线的边际产品价值（VMP_a）。

3. 答：

当单一要素 A 可变时，追求利润最大化的厂商将总是以一种要素的边际产值与该要素的价格相等的原则，来确定该要素的最佳使用量，因此，个别厂商对 A 生产要素的需求曲线就是低于其平均产值曲线的边际产品价值曲线（VMP_a）。但是，在长期内，多种生产要素是可变的（为了简化分析，我们认为有两种可变要素 A 和 B），厂商对其中的 A 要素的需求曲线就不再是这种情况。因为当 A 生产要素的价格发生变化时，生产要素 B 的需求量将会因此受影响而发生变化，而生产要素 B 的需求量的变化，又会反过来影响生产者对 A 生产要素的需求，使 A 生产要素的需求曲线 VMP_a 移动。这种影响就是生产中，生产要素之间对个别厂商的"内部效应"。由此，厂商对作为多种生产要素之一的 A 生产要素需求曲线是由原来 VMP_a 曲线随着 P_a 的变化运动，产生内部效应之后，新的 VMP_a 的变化轨迹形成，将比只有一种可变要素的需求曲线弹性大。概括而言，只要有两种以上的要素是可变的，上述情况就会发生，任何一种可变要素的需求曲线都是该要素的水平的价格曲线与发生相应变动后的该要素边际产品价值曲线之交点的轨迹。

计算题

1. 设甲厂商的产品为完全竞争市场，其市场的供给与需求函数别为 $D:P = 600 + 2Q$；$S:P = 120 + Q$ 已知甲厂商的生产函数为 $f(L,K) = 4L^{0.5}K^{0.5}(\bar{K} = 100)$，劳动供给函数为 $SL：W = 150 + 2L^{0.5}$，试问：

(1) 厂商会雇用多少劳动？其工资为多少？

(2) 厂商的 VMP_L，MRP_L，MC_L 及 AC_L 各为多少？

(3) 厂商会生产多少产量？其产品价格为多少？

2. 给定下列条件：(1) 要素市场为完全竞争市场，且厂商要素投入向量为 $X = (X_1, X_2, \cdots, X_n)$，对应的价格向量为 $R = (r_1, r_2, \cdots, r_n)$；(2) 厂商规模收益不变。

请推导出厂商超额利润与垄断力的关系。

1. 解：

(1) 由产品市场的供给与需求可求得产品市场价格为：

$$\begin{cases} P = 600 - 2Q \\ P = 120 + Q \end{cases} \Rightarrow P = 280$$

因为 $MP_L = 2L^{-0.5}K^{0.5} = 20L^{-0.5}$（因为 $\bar{K} = 100$），故：

$$MRP_L = VMP_L = P \cdot MP_L = 5600L^{-0.5}$$

所以有：

$$S_L = AC_L = 150 + 2L^{0.5}$$

而

$$MC_L = \frac{dAC_L \cdot L}{dL} = 150 + 3L^{0.5}$$

因为厂商雇用劳动量的条件为 $MC_L = MRP_L$，所以有：

$$150 + 3L^{0.5} = 5600L^{-0.5} \Rightarrow 150L^{0.5} + 3L = 5600$$

令 $X = L^{0.5}$，则上式可改为：

$$3X^2 + 150X - 5600 = 0$$

$$X = \frac{-150 + \sqrt{150^2 + 67200}}{6} = 24.92$$

代入 $X = L^{0.5}$，可得 $L = 621$。因为工资决定于 $S_L = AC_L$，故 $W = 150 + 49.84 = 199.84$。

(2) 由上面所求可知，当 $L = 621$ 时：

$$VMP_L = MRP_L = 5600L^{-0.5} = 224.72$$

$$MC_L = 150 + 3L^{0.5} = 224.76$$

$$AC_L = 150 + 2L^{0.5} = 199.84$$

(3) 因为 $Q = 40L^{0.5}$（因为 $\overline{K} = 100$），把 $L = 621$ 代入可得 $Q = 996.8$, $P = 280$。

2. 答：

垄断力：

$$I_1 = \frac{p - MR}{p} = 1 - \frac{p\left(1 - \frac{1}{E_d}\right)}{p} = \frac{1}{E_d}$$

$$\pi = pQ - \sum_{i=1}^{n} x_i r_i, r_i = MP_i \cdot MC, MC = MR$$

$$r_i = MP_i \cdot MR = MP_i \cdot p\left(1 - \frac{1}{E_d}\right)$$

由于厂商规模报酬不变，所以有：

$$Q = \sum_{i=1}^{n} x_i MP_i$$

$$\pi = p \cdot \sum_{i=1}^{n} x_i MP_i - p\left(1 - \frac{1}{E_d}\right)\sum_{i=1}^{n} x_i MP_i$$

$$= \frac{p \sum_{i=1}^{n} x_i MP_i}{E_d} = \frac{pQ}{E_d} = \frac{TR}{E_d} = I_i \cdot TR$$

由此，可以得出超额利润与垄断力成正比的关系。

四、难点解析

1. 为什么厂商利润极大化的条件 $MC = MR$ 可以重新表达为 $MFC = MRP$？假如产品市场是完全竞争的，那么，利润极大化的条件 $MC = MR = P$ 就可以表达为 $MFC = VMP$，为什么？

2. 在完全竞争情况下生产要素的市场需求曲线与产品的需求曲线有何不同？

3. 假定有两个行业——制造业和零售业。比较这两个行业劳动需求的长期弹性的大小关系，并解释原因。

1. 答：

（1）从不同的角度出发，厂商利润极大化的条件既可以表述为 $MC = MR$，也可以表述为 $MFC = MRP$，这两者都可以保证厂商利润极大化目标的实现，我们知道，为了实现最大化的利润，厂商对需要要素量、产出量做出某种抉择。如果厂商把产量作为选择变量，将总收益、总成本进而总利润视为产量的函数，那么实现最大利润的条件是，厂商把产出量调整到一定数量，使得这一产出量下的最后一个单位的产品所提供的总收益的增加量（边际收益 MR）恰好等于增加这最后一个单位的产品引起总成本的增加量（边际收益 MC），即使得这一产出量下的 MC = MR。

如果厂商把投入的生产要素（如劳动）作为选择变量，将总收益、总成本进而总利润视为投入要素的函数，那么实现最大化利润就可以表述为 MFC = MRP，也就是厂商把雇用的劳动投入量调整到一定数量，使得这一雇用劳动总量下的最后一个单位劳动带来的总收益的增加量（边际收益产品 MRP），恰好等于增加这最后一个单位劳动雇用量引起的总成本的增加量（边际要素成本 MFC）。理由是：假如 MRP > MFC，这表示每增加一个单位的劳动投入带来的总收益的增加量超过雇用这个劳动单位引起的总成本增加量，也就意味着继续增加劳动投入量，增加的每单位劳动投入量都可获得些许利润，从而增加劳动投入可使总利润有所增加；反之，假如 MRP < MFC，这意味着最后增加雇用的那个单位劳动反而造成损失，从而导致总利润较前减少。所以，如果厂商把投入要素如雇用的劳动量作为选择变量，实现利润极大化的条件便是他雇用的劳动量 MRP = MFC。

(2) 事实上，MC = MR 和 MRP = MFC 这两个式子可以相互转换。由于 MRP = MP · MR，因此，MRP/MP = MR，同样，MFC/MP = MC。这是因为，MFC 表示多使用一单位要素所多支出的成本，MP 表示多使用一单位要素所多生产的产量，因而 MFC/MP 就表示多生产一单位产品所多使用的成本，即 MC，于是从 MRP/MP = MFC/MP 就得到 MR = MC。

假如产品市场是完全竞争，那么利润极大化的条件 MC = MR = P 就可以表达为 MFC = VMP，因为在完全竞争的产品市场上，P = MR。这样，表示增加单位要素投入带来的总收益的增加量的 MRP（= MR × MPP）就可以表示为（等同于）VMP = (P × MP)，相应地，利润极大化的条件就可以表达为 MFC = VMP。

2. 答：

与产品的市场需求曲线不同，生产要素的市场曲线不能简单地由各个厂商对该要素需求曲线的水平相加所形成。当一种生产要素的价格下降时，所有的厂商都会或多或少地增加该要素的投入量，从而使整个行业的产量有所扩大，或者当某种生产要素价格下降时，会导致使用该要素的所有厂商的生产成本下降。不论是成本不变产量扩大还是产量不变成本下降，都意味着各厂商的供给曲线向右下方移动，从而造成厂商所生产的商品价格 P 下降。这就是说，任何一种生产要素价格的下降，都会不同程度地引起各厂商生产的产品价格 P 下降。而产品价格 P 与该要素的边际产品 MP 的乘积恰好等于边际产品价值 VMP，边际产品价值曲线实际上就是厂商对该要素的需求曲线，因此，当某种生产要素的价格下降时，由此而引起的产品价格 P 的下降会使边际产品价值 VMP 下降。

产品市场需求曲线之所以可以由所有个别厂商的需求曲线简单加总，是因为它假定在其他条件不变时人们的欲望是无限的，虽然有边际效用递减的原因也会产生商品的负效用，但毕竟是一种例外。

3. 答：

制造业的弹性较大，因为在制造业中劳动和资本之间的替代比较容易。例如，当劳动力价格上升时，对于制造业厂商来说，它们可以减少对劳动力的使用而增加对资本的使用，这样在长期中，对于制造业，长期劳动需求的弹性较大。而对于零售业，劳动和资本之间的替代比较难。例如，当劳动力价格上升时，对于零售业厂商来说，它们不能减少对劳动力的使用而增加对资本的使用，长此以往，对于零售业，长期劳动需求的弹性较小。

第十一章　生产要素的供给

一、学习指导

【学习目的】

本章要求掌握要素供给的原则，并能够从无差异曲线得到一般意义上的要素供给曲线。重点理解劳动供给的替代效应与收入效应以及向后弯曲的供给曲线，掌握地租的决定以及租金、准租金与经济租等相关概念，并将需求曲线与供给曲线结合得到均衡地租；在资本市场，了解长期消费决策，并将需求曲线与供给曲线结合得到均衡利率。了解贫富差距形成的原因。

【学习目标】

1. 掌握要素供给的原则。
2. 学会分析工资变动的替代效应与收入效应以及向后弯曲的劳动供给曲线的推导。
3. 掌握地租的决定，理解租金、准租金与经济租等相关概念。
4. 理解资本供给的形成和均衡利率的决定过程。
5. 了解贫富差距形成的原因和基尼系数。

【关键概念】

要素供给（factor supply）；地租（rent）；准租金（quasi-rent）；经济租金（economic rent）；利率（rate）；洛伦兹曲线（lorenz curve）；基尼系数（gini coefficient）。

【本章框架】

首先，介绍要素供给的一般问题，包括要素供给的主体、要素供给者的行为目标、研究方法以及要素供给的原则，并利用无差异曲线得到一般意义上的要素供给曲线。其次，对劳动力市场、土地市场、资本市场逐个分析。最后，介绍欧拉定理，贫富差距及其衡量（见图11-1）。

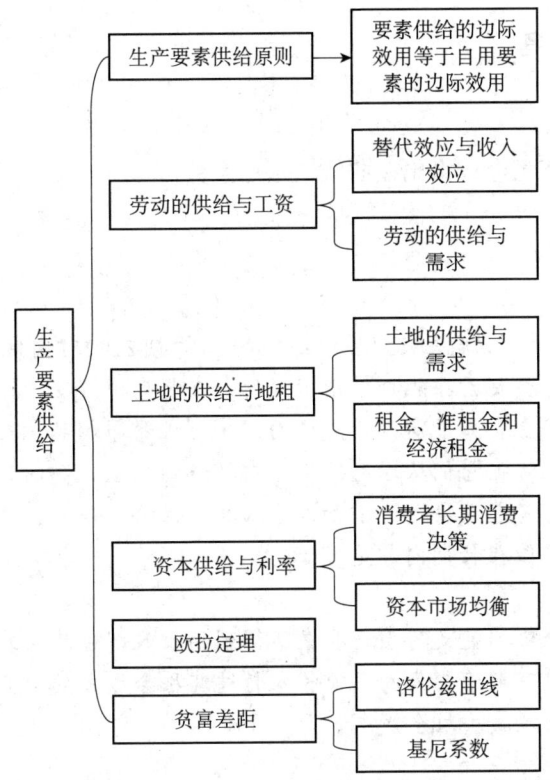

图 11-1 生产要素供给框架

【内容提要】

- 消费者要素供给的基本原则：作为要素供给的资源的边际效用与作为保留自用的资源的边际效用之比等于作为要素供给的资源价格与保留自用的资源价格之比。
- 劳动的供给曲线是一条折弯的曲线，向右上方弯曲的部分是替代效应大于收入效应的结果，而向后弯曲的部分则是收入效应大于替代效应的结果。劳动的市场供给曲线是正常的向右上方倾斜的曲线。
- 土地的供给曲线是垂直的，但是土地供给曲线垂直的原因不是因为其自然供给不变，而是因为假设其保留自用的效用为零。
- 资本是由经济制度本身所生产出来并被用作投入要素以便进一步生产更多的商品和服务的物品。储蓄或贷款的供给曲线是一条向后弯曲的曲线。短期内资本供给曲线是一条垂线，长期内会不断向右移动。
- 可以用洛伦兹曲线和基尼系数来衡量贫富差距。导致工资差异的因素归结为劳动质量的差异、非货币利益的不同或补偿性工资差别、劳动市场的不完全竞争以及歧视。

二、习题解答

名词解释

准租金；经济租金；洛伦兹曲线；基尼系数。

1. 准租金

答：准租金指对任何供给量暂时固定的（短期内相对固定）生产要素的支付。在现实中，有些要素在短期内是不变的，在长期中可变，这类要素所获得的收入，就叫做准租金。如厂商投资建设的厂房、机器等物品，在短期内即使厂商不能盈利，它也无法把它们从现有的用途中转移到收益较高的领域，反过来，即使厂商盈利很多，它也无法迅速增加这些物品的供给。因此，这些资本品在短期内供给是不变的，但在长期内却是可变的。

2. 经济租金

答：经济租金可以定义为生产要素所得到的收入超过其在其他场所可能得到的收入部分。可以理解为要素的当前收入超过其机会成本的部分，简而言之，经济租金等于要素收入减去机会成本。

3. 洛伦兹曲线

答：为衡量一个国家或地区的贫富差距程度，美国统计学家洛伦兹提出了著名的洛伦兹曲线。洛伦兹曲线与45°度线 OL 围成的阴影面积是"不平等面积"（由 A 代表）。此面积越大，收入分配越不平等，反之亦然。如图11-2所示。

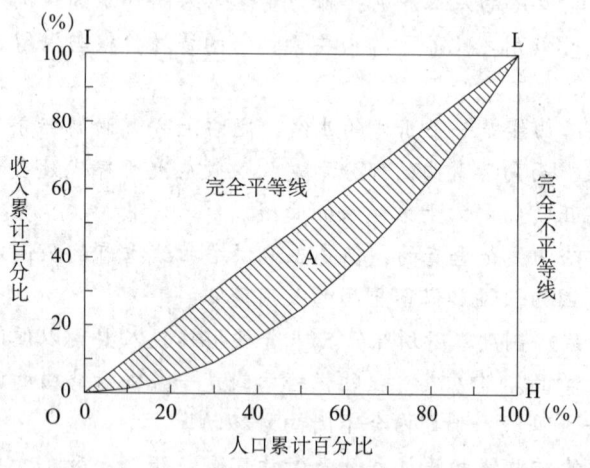

图11-2 洛伦兹曲线

4. 基尼系数

答：根据洛伦兹曲线，意大利经济学家基尼提出可以用 A、B 的面积比来表示一个经济的收入分配不平等程度，这个比值就是基尼系数。具体计算公式为：

$$G = \frac{A}{A+B}$$

基尼系数是一个大于 0 且小于 1 的数。基尼系数越大，说明一个国家收入分配越不平等，即贫富悬殊程度越高；基尼系数越小，说明一个国家的收入分配越平等。

单项选择题

1. 供给同样固定不变的一般资源的服务价格叫做（   ）。
   A. 地租   B. 租金   C. 准租金   D. 经济租
2. 使地租不断上升的原因是（   ）。
   A. 土地的供给、需求共同增加
   B. 土地供给不断减少，而需求不变
   C. 土地的需求日益增加，而供给不变
   D. 以上全不对
3. 土地的供给曲线是一条（   ）。
   A. 平行于横轴的直线   B. 垂直于横轴的直线
   C. 供给弹性 = 0   D. 向右下方倾斜的线
4. 厂商的总利润与准租金相比（   ）。
   A. 总利润大于准租金   B. 总利润等于准租金
   C. 总利润小于准租金   D. 上述情况均可发生
5. 洛伦兹曲线越是向横轴凸出，表示（   ）。
   A. 基尼系数就越大，收入就越不平等
   B. 基尼系数就越大，收入就越平等
   C. 基尼系数就越小，收入就越不平等
   D. 基尼系数就越小，收入就越平等

答案：1～5：CCBCA。

问答题

1. 简析生产要素供给的原则。
2. 简述单个劳动的供给曲线的特征、含义、原因。
3. 用土地的需求、供给曲线解释一下我国房地产价格的持续上升。

1. 答：
   消费者要素供给的基本原则：作为"供给"的要素的边际效用与"自用"的要素的边际效用相等。

设效用为 U，作为要素供给的资源量为 L（以劳动为例），劳动供给增加导致收入增加从而效用增加，$\Delta L \Rightarrow \Delta Y \Rightarrow \Delta U$，因而有：$\dfrac{dU}{dL} = \dfrac{dU}{dY} \cdot \dfrac{dY}{dL}$，$\dfrac{dY}{dL}$。实际上就是 W，因此，可以改写为：$\dfrac{dU}{dL} = \dfrac{dU}{dY} \cdot W$。

而保留自用的边际效用为 $\dfrac{dU}{dl}$，其中，U 为效用，l 为要素保留自用量。

在均衡时应该有：

$$\dfrac{dU}{dl} = \dfrac{dU}{dY} \cdot W$$

$$\dfrac{dU/dl}{dU/dY} = W$$

用 W_Y 表示收入的价格，$W_Y = 1$。上式为 $\dfrac{dU/dl}{dU/dY} = \dfrac{W}{W_y}$。

2. 答：

如图 11-3 所示。

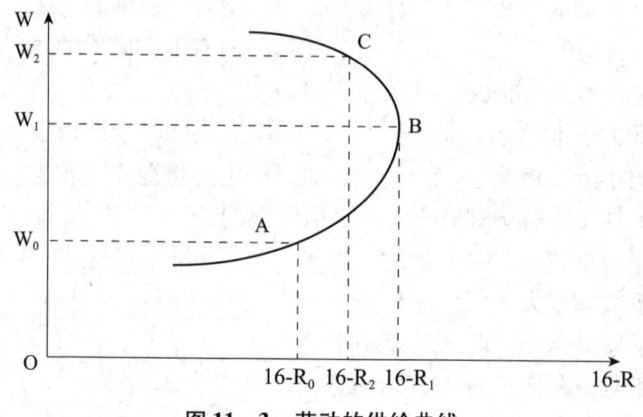

图 11-3 劳动的供给曲线

当工资为 W_0 时，闲暇量为 R_0，则劳动量为 $16 - R_0$；当工资为 W_1 时，闲暇量为 R_1，则劳动量为 $16 - R_1$；当工资为 W_2 时，闲暇量为 R_2，则劳动量为 $16 - R_2$。

可以看到，消费者的劳动供给曲线具有明显的特点：在 B 点以下的部分是正常的向右上方倾斜的曲线，而在 B 点以上供给曲线是"向后弯曲"的，即向左上方倾斜。向后弯曲的劳动供给曲线意味着当劳动的价格上升时，劳动的供给非但不上升，反而下降。

当工资率上升的时候，闲暇的价格提高，闲暇商品和其他商品的相对价格变得更加昂贵，在效用总水平不变的前提下，理性的消费者理所当然地会减少闲暇商品的消费，而增加劳动供给，也就是获取更高的收入，这就是替代效应。可以看出替代效应导致工资率与劳动供给呈同方向变化。另外，由于闲暇是一种正常物品，工资率的上升引起消费者的收入增加，收入的增加会提高消费者对闲暇商品的需求，这就是收入效应。显然收入效应导致工资率与劳动供给呈反方向变化。我们看到，工资率提高时，由于替代效应，消费者会增加劳动的供给，由于收入效应，消费者会减少劳动的供给。当替代效应大于收入效应时，总效应是劳动供给增加；当收入效应大于替代效应时，总效应是劳动供给减少。所以劳动的供给曲线向右上方弯曲的部分是替代效应大于收入效应的结果，而向后弯曲的部分则是收入效应大于替代效应的结果。

3. 答：

从图 11-4 可以看出，土地供给不变的情况下，如果需求不断下降，即需求曲线下移，土地的价格水平将自然下降。随着需求不断上升，土地的价格水平则会不断地提高。

因此，土地价格以及房地产价格的根本原因在于土地是稀缺的。如果土地的供给不变，土地价格以及房地产价格就会不断提高。

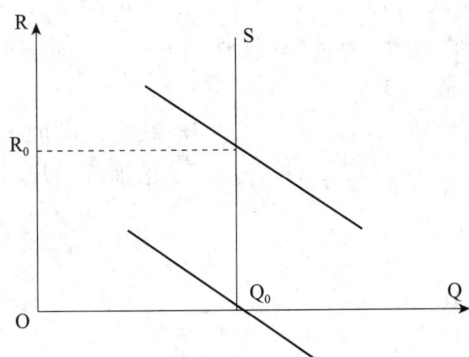

图 11-4 土地以及房地产价格的决定

计算题

1. 一厂商生产某产品，其单价是 10 元，月产量为 100 单位。每单位产品的平均可变成本为 5 元，平均不变成本为 4 元。试求其准租金和经济利润。

2. 假定某地区劳动的需求由 $L_d = 500 - 50H$ 表示，劳动的供应由 $L_s = 200H$ 表示，L 表示劳动力人数，H 表示劳动的小时工资率。求该劳动市场的均衡劳动人数和劳动工资率。

1. 答：

经济利润等于总收益减去总成本，总收益 = $10 \times 100 = 1000$（元），总成本 = $(5+4) \times 100 = 900$（元），经济利润 = $1000 - 900 = 100$（元）。准租金等于利润加不变成本，即准租金 = $100 + 4 \times 100 = 500$（元）。

2. 答：

均衡时，$L_d = L_s$ 即 $500 - 50H = 200H$，$H = 2$。劳动人数 = $200 \times 2 = 400$。

三、拓展习题

单项选择题

1. 不完全竞争企业面临的要素供给曲线是(　　)。
   A. 边际产品价值曲线　　　　　　B. 边际产品收益曲线
   C. 边际支出曲线　　　　　　　　D. 平均支出曲线
2. 当运用到劳动供给决策,预算约束是(　　)。
   A. 效用约束　　　　　　　　　　B. 成本约束
   C. 时间约束　　　　　　　　　　D. 收入约束
3. 当工资率上升时,闲暇的价格(　　)。
   A. 上升　　　　　　　　　　　　B. 不变
   C. 下降　　　　　　　　　　　　D. 不能决定
4. 工资率上升的收入效应导致闲暇消费(　　),而其替代效应则导致闲暇消费(　　)。
   A. 减少,减少　　　　　　　　　B. 减少,增加
   C. 增加,减少　　　　　　　　　D. 增加,增加

答案:1~4:DCAC。

问答题

1. 一项研究表明,在其他因素不变的情况下,某学区的教师工资取决于该地区内学区数量的多少?请分析如下问题:

   (1) 如果该地区内的学区比较多,那么某特定学区的教师工资会高一些还是会低一些?

   (2) 假定教师可毫无代价地到该地区以外的学区去任职,这是否会影响第一个问题的答案?

   (3) 近年来,大的学区倾向于分散成若干个小学区,并且每个小学区自己有权制定聘用或解聘教师的规章制度,这对教师工资有何影响?

   (4) 赞成学区分散的理由有哪些?

2. 最低工资法对完全竞争和买方垄断的劳动力市场具有不同的作用。图11-5中的 S,MRP 和 E 分别为不存在最低工资法情况下的劳动力供给曲线、劳动力边际收益产品曲线和劳动力边际费用曲线。问:

   (1) 如果最低工资为 W_0,这时买方垄断者雇用的劳动力数量是多少?是否会存在失业?

   (2) 如果最低工资定为 W_1,这时买方垄断者雇用的劳动力数量是多少?是否会存在失业?

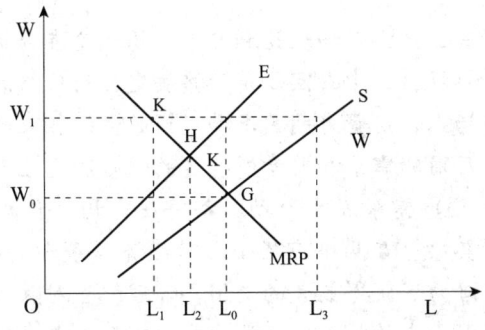

图 11-5 劳动力供给与需求曲线

(3) 在买方垄断情况下，最低工资法是否会减少就业量？
(4) 工资较低的劳动力市场是否属于买方垄断？
3. 简述在微观经济学中产品市场理论与要素市场理论的异同点。

1. 答：
(1) 根据买方垄断理论，如果处于相对隔离状态的学区是该学区教师的唯一雇主，则有可能只支付较低的工资。反之，如果该地区学区较多，相互之间对教师的竞争较为激烈，则教师工资水平会相对较高。
(2) 如果教师可以毫无代价地到该地区以外的学区去任职，那么，即使某学区是当地的唯一雇主，也会大大降低其买方垄断能力。
(3) 学区分散化决策可能会提高教师工资，因为这会增强不同学区聘用教师的竞争程度。
(4) 学区决策分散化的主要优点是可使教育制度、培养特点等更适合各学区的具体要求。

2. 答：
(1) 最低工资为 W_0 时，对买方垄断者来说，有效的劳动力供给曲线是 $W_0 GS$，边际成本曲线为 $W_0 GHE$。边际成本曲线与边际收益产品曲线相交确定的买方垄断者所雇用的劳动力人数为 L_0，这时没有失业。
(2) 最低工资为 W_1 时，对买方垄断者来说，有效的劳动供给曲线为 $W_1 K$。由于有效的劳动力供给曲线呈水平型，它同时也是边际成本曲线，这样就决定了劳动力的雇用量为 L_1。但由于在这样工资条件下劳动力的供给量为 L_3，因而将有 $L_3 - L_1$ 的劳动者愿意工作却找不到雇用者。
(3) 最低工资 W_0 会增加就业，而不是减少就业。如果不存在最低工资限制，就业量为 L_2；有了 W_0 的最低工资，就业量为 L_0。然而，如果最低工资过高，如 W_1，则将会减少就业量，这时的就业量为 L_1，它低于没有最低工资时的 L_2。
(4) 劳动力市场的低工资并不一定是由买方垄断造成的，影响工资的因素有许多。

3. 答：

就微观经济学而言，产品市场理论和要素市场理论在分析方法上有许多相似之处。首先，在两个市场上，中心问题是价格决定，而价格决定是通过供求均衡来实现的。在产品市场上，消费者的需求和厂商的供给相互作用，决定产品的价格；在要素市场上，厂商的需求和要素所有者的供给决定生产要素的价格。在两个市场上，供给和（或）需求发生变动，都将使得均衡价格发生改变，供求定理发挥同样的作用。其次，在两个市场上，对经济当事人的行为分析是一样的。在产品市场上，消费者为了获得最大的效用，合理配置对收入的支出，用于购买既定价格的产品；而消费者的收入则来源于要素市场上要素所有者对生产要素的供给。同样，在供给生产要素数量时，要素所有者遵循的原则仍然是效用最大化。厂商是产品市场上的供给者，为的是利润最大化，在既定的价格下选择供给产品的数量。同样，厂商也是要素市场上的利润最大化者，以此原则，厂商选择使用生产要素的数量。

尽管关于两个市场的分析具有相同之处，但两个市场上消费者和生产者的行为具有许多差异。首先，产品市场上需求曲线来源于消费者的效用函数，从而决定需求规律的因素，是有关消费者行为的假设。例如，在基数效用论中是边际效用递减规律，而在序数效用论中是商品的边际替代率递减规律，由于这些假设多来源于对消费者心理的描述，因而难以得到有力的证明。与此不同，产品的供给曲线来源于厂商的边际成本，从而来源于厂商的生产规律，即边际收益递减规律。作为技术规律，有关生产函数的假设较容易得到证明，因而使得生产理论的分析建立在科学的基础之上。其次，在要素市场上，要素的需求来源于厂商，而厂商使用生产要素的目的是为了获得最大利润，但厂商获得最大利润的前提是消费者的需求，即要素需求是引致需求。与此不同，产品市场上需求是消费者的直接需求，消费者对产品需求的大小，部分地决定了生产该产品的厂商对生产要素的需求。同时，不同于产品的供给，要素的供给取决于要素所有者的效用，而产品的供给则主要是生产者的技术因素。

计算题

1. 工人具有高能力（H），或者具有低能力（L）。一项高质量的教育（e）能够提高工人们的生产率（y），高能力的人受了此项教育后的生产率为 $y = H + de$；低能力的人受了此教育之后的生产率为 $y = L + de$。假定学费与质量无关，所以我们抽象掉学费。为了获得这项教育，低能力（L）的人要承受的非货币成本为 $C(e) = e$；而对高能力（H）的人来说，该成本为 $C(e) = ke$，$0 < d < k < 1$。教育对工人的报酬为 $W - C(e)$，而企业则获得 $y - W$。如果企业不知道工人们的生产率，只有工人知道自己的生产率，企业则只有把教育当作信号来辨别 H 或 L。假定企业相信，只有 H 型的工人才会选择 $e \geq e^*$ 的教育，而 L 型的工人则只会选择 $e < e^*$ 的教育，那么，e^* 值为多少才合适？

2. 偏远小镇上，独一公司是唯一的雇主。该公司对劳动力的需求为 W =

$12 - 2L$，其中，W 是工资率。劳动供应函数为 $W = 2L$。

(1) 独一公司作为垄断买方，它的边际劳动成本是什么？

(2) 独一公司将雇用多少工人？工资率是多少？

(3) 如果当地的工人低工资率是 7 分，独一公司将雇用多少工人？工资率是多少？

(4) 假设劳动市场不是买方垄断的而是完全竞争，(2)、(3) 两问题的答案又是如何？

3. 某农场主决定租进土地 250 公顷，固定设备的年成本为 12000 美元（包括利息、折旧等），燃料、种子、肥料等的年成本为 3000 美元，生产函数为 $Q = -L^3 + 20L^2 + 72L$，Q 为谷物年产量（吨），L 为雇用的劳动人数，劳动市场和产品市场均为完全竞争，谷物价格每吨 75 美元，按现行工资能实现最大利润的雇用量为 12 人，每年的最大纯利润为 3200 美元，他经营农场的机会成本为 5000 美元，求：

(1) 每个农业工人的年工资是多少？

(2) 每公顷土地支付地租是多少？

1. 解：

由题意可知：(1) 企业制定 e^* 的目的是使自己能够凭 e^* 去识别谁是高能力、谁是低能力，即选择 $e > e^*$ 的教育水平的是高能力的，而选择 $e < e^*$ 的教育水平的人是低能力的。由题目中可以看出，公司对职员的工资水平是 W 固定不变，因而公司的收益就是 $y - W$，这样公司则希望利用这个 e^* 招聘到高质量的员工。

(2) 工人面对 e^* 所做的决策是：是否选择接受 e^* 的教育水平，其选择与否的标准是：不接受 e^* 的教育水平相比，如果接受 e^* 能给自己带来更多的收益，则接受 e^*，反之，则不接受。由于企业只雇用高能力的员工。即只对达 e^* 教育的人支付 W 的工资。而对没有达到 e^* 的人则不支付任何工资。因此，要达到企业的目的，须使 e^* 对高能力的人来说 $W - C(e) \geq 0$，则对低能力的人来说 $W - C(e) \leq 0$。即有下列不等式组：

$$\begin{cases} W - Ke^* > 0 & \text{（对高能力劳动者来说）} \\ W - e^* < 0 & \text{（对低能力劳动者来说）} \end{cases}$$

得：$W < e^* < \dfrac{W}{K}$。所以 e^* 为 W 时对企业来说比较合适。

2. 解：

(1) 边际劳动成本，是指每单位劳动的变化所得厂商成本的变化量，用 MC_L 表示则有 $MC_L = dc/dL = d(W \cdot L)/dL = d(2L \cdot L/dL) = 4L$，即其边际劳动成本是 4L。

(2) 由于独一公司是当地唯一的雇主，并且它是从利润最大化的角度考虑雇用多少工人。根据 π = TR − TC，利润最大化的要求是 MRP = MC_L。其中，MRP 是指劳动的边际产量收益；TR 指总收益；TC 指总成本。由已知它的劳动需求函数为 W = 12 − 2L，所以 12 − 2L = 4L，解得：L = 2，W = 8。

（3）由（2）可知，由于此时的均衡工资为 8，因而最低工资率对企业不构成限制，企业仍按（2）的决策进行生产，L = 2，W = 8。

（4）当劳动市场是完全竞争时，市场均衡的达到是按照供给等于需求，即 12 − 2L = 2L。因此，L = 3，W = 6。

若当地的最低工资率为 7 分时，对市场均衡有影响，此时公司将雇用的人数由 7 = 12 − 2L 决定。因此，L = 2.5，W = 7。

3. 解：

（1）因产品和劳动市场均为完全竞争，故均衡时有 W = VMP_L = P · MP_L = 75 × ($-3L^2$ + 40L + 72) = 75 × (-3×12^2 + 40 × 12 + 72) = 9000（美元），即每个农业工人的年工资为 9000 美元。

（2）由题设，总收益 TR = P · Q = 75 × (-12^3 + 20 × 12^2 + 72 × 12) = 118200（美元）。

故总地租 R = 118200 − 12000 − 3000 − 12 × 9000 − 5000 − 3200 = 20000（美元），于是，每公顷支付地租 = $\frac{R}{250} = \frac{20000}{250}$ = 80（美元）。

四、难点解析

1. "劣等土地不会有地租"这句话对吗？
2. 解释生产要素供给原则的两种分析方法。

1. 答：

这句话不对。根据经济学理论，地租产生的根本原因在于土地的稀少，供给不能增加；如果给定了不变的土地供给，则地租产生的直接原因就是对土地的需求曲线的右移。土地需求曲线右移是因为土地的边际生产力提高或土地产品（如粮食）的需求增加从而粮价提高。如果假定技术不变，则地租就由土地产品价格的上升而产生，且随着产品价格的上涨而不断上涨。因此，即使是劣等土地，也会产生地租。

2. 答：

（1）基数效用下要素供给原则的表示。基数效用下，借助于上面指出的要素供给的间接效用和自用资源的直接效用概念，可以将效用最大化条件表示为：

$$\frac{dU}{dL} = W \cdot \frac{dU}{dY}$$

如考虑所谓"收入的价格" W_Y，显然有 W_Y = 1，则有：

$$\frac{\dfrac{dU}{dL}}{\dfrac{dU}{dY}} = \frac{W}{W_Y}$$

符合这一条件的要素供给能实现效用最大化。

(2) 序数效用条件下要素供给原则的表示。在序数效用条件下，为无差异曲线与消费者预算曲线的切点，在这一切点上，能实现效用最大化。在切点上，有：预算线的斜率 $(K-\overline{Y})/\overline{L} = -W$；无差异曲线的斜率为 dY/dl。且在切点上，肯定有 $dY/dl = -W$。

(3) 可以看出，序数效用条件下的要素供给原则与基数效用条件下的要素供给原则的结论是一致的。假定效用可以用基数来衡量，则资源供给的边际替代率 dY/dl 可以表示为自用资源和收入的边际效用之比。

第十二章 一般均衡与福利经济学

一、学习指导

【学习目的】

通过本章的学习,初步了解福利经济学的研究内容,即一个社会如何实现其资源的优化配置,这涉及三个主要问题:全社会各个市场之间是如何相互作用和影响的;全社会的资源如何配置才达到最优效率;实现全社会资源优化配置的机制是什么。

【学习目标】

1. 了解一般均衡与局部均衡的差别。
2. 掌握一般均衡的定义及瓦尔拉斯一般均衡的基本模型。
3. 掌握帕累托最优的内涵与三个实现条件。
4. 了解公平和效率的关系以及基尼系数的含义。

【关键概念】

局部均衡(partial equilibrium);一般均衡(general equilibrium);福利经济学(welfare economics);帕累托最优(pareto optimality);帕累托改进(pareto improvement);洛伦茨曲线(lorenz curve);基尼系数(gini coefficient)。

【本章框架】

本章主要包括两大部分,即一般均衡理论和福利经济学(见图12-1)。第一部分介绍一般均衡与局部均衡的差别及瓦尔拉斯的一般均衡模型;第二部分在介绍福利经济学含义的基础上,进一步介绍帕累托最优状态、公平与效率的关系。

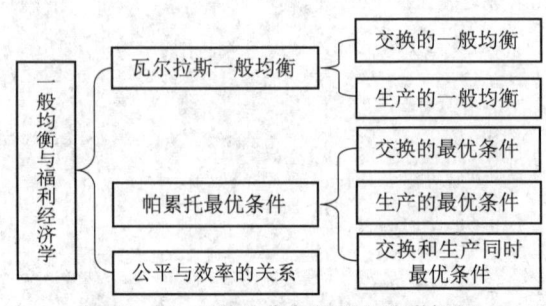

图12-1 一般均衡与福利经济学框架

【内容提要】

- 局部均衡是在假定其他市场条件不变的情况下，孤立地考察单个市场或部分市场的供求与价格之间的关系或均衡状态，而不考虑它们之间的相互联系和影响。
- 一般均衡是指在承认供求与市场上各种商品价格和供求关系存在相互联系、相互影响条件下，所有市场上各种商品的价格与供求的关系或均衡状态。由于研究思路不同，一般均衡分析的结论可能与局部均衡分析的结论迥然不同。
- 瓦尔拉斯提出了一般均衡的数学模型，并论证了一般均衡的存在性问题。
- 福利经济学（welfare economics），是研究社会经济福利的一种经济学理论体系，属于规范经济学的研究范畴。
- 帕累托最优（pareto optimality），也称为帕累托效率（pareto efficiency），是指社会经济达到了这样一种状态，不可能在使某一成员受益的同时不使其他成员受损。此时，社会资源得到最优配置，经济运行达到最高效率。
- 实现帕累托最优的三个条件：交换的最优条件；生产的最优条件；交换和生产的最优条件。
- 对公平的定义存在很大差异，目前存在四种比较典型的公平观：（1）平均主义的公平观；（2）罗尔斯主义的公平观；（3）功利主义的公平观；（4）市场主义的公平观。
- 基尼系数（gini coefficient）由于给出了反映居民之间贫富差异程度的数量界限，可以较客观、直观地反映和监测居民之间的贫富差距，预报、预警和防止居民之间出现贫富两极分化，因此，作为衡量贫富差距的主要指标被世界各国普遍采用。

二、习题解答

名词解释

局部均衡分析；一般均衡分析；帕累托最优；帕累托改进；交换契约曲线；生产契约曲线；产品转换率。

1. 局部均衡分析

答：局部均衡分析，是在假定其他市场条件不变的情况下，孤立地考察单个市场或部分市场的供求与价格之间的关系或均衡状态，而不考虑它们之间的相互联系和影响。

2. 一般均衡分析

答：一般均衡分析，是指在承认供求与市场上各种商品价格和供求关系存在相互联系、相互影响条件下，分析所有市场上各种商品的价格与供求的关系或均衡状态。

3. 帕累托最优

答：帕累托最优，也称为帕累托效率，是指社会经济达到了这样一种状态，不可能在使某一成员受益的同时不使其他成员受损。此时，社会资源得到最优配置，经济运行达到最高效率。

4. 帕累托改进

答：帕累托改进，是指通过社会资源重新配置，在不使其他成员境况变坏的情况下使某一（或某些）成员的境况变得更好。

5. 交换契约曲线

答：交换契约曲线，又称消费者契约曲线，指的是在埃奇沃思箱中，不同消费者的无差异曲线切点的轨迹。交换契约曲线说明两个消费者如何通过自由交换而实现最大的满足程度，即实现了交换的帕累托最优。

6. 生产契约曲线

答：生产契约曲线，是指在埃奇沃思想中，不同生产者的等产量线切点的轨迹。生产契约曲线上的点，对于不同生产者来说，要素的边际技术替代率相等，此时实现了生产的帕累托最优。

7. 产品转换率

答：产品转换率，指的是同一种生产要素可以生产一种产品A也可以生产另一种产品B时，放弃生产一单位的产品A可以得到产品B的数量。

单项选择题

1. 在两种商品（X和Y）、两种要素（L和K）的经济中，达到生产全面均衡的条件为（   ）。

   A. $MRTS_{LK} = \dfrac{P_L}{P_K}$
   B. $MRTS_{LK} = MRCS_{XY}$
   C. $MRTS_{LK}^X = MRTS_{LK}^Y$
   D. $MRPT_{XY} = MRCS_{XY}$

2. 在两个人（A和B）、两种商品（X和Y）的经济中，生产和交换的全面均衡发生在（   ）。

   A. $MRPT_{XY} = \dfrac{P_X}{P_Y}$
   B. A与B的 $MRCS_{XY} = \dfrac{P_X}{P_Y}$
   C. $MRCS_{XY}^A = MRCS_{XY}^B$
   D. $MRPT_{XY} = MRCS_{XY}^A = MRCS_{XY}^B$

3. 一个社会要达到最高的经济效率，得到最大的经济福利，进入帕累托最优状态，必须（   ）。

   A. 满足交换的边际条件：$MRCS_{XY}^A = MRCS_{XY}^B$
   B. 满足生产的边际条件：$MRTS_{LK}^X = MRTS_{LK}^Y$
   C. 满足替代的边际条件：$MRCS_{XY} = MRPT_{XY}$
   D. A、B和C

答案：1~3：CDD。

问答题

1. 简述福利经济学第一定律和第二定律的内容。
2. 为什么边际转化率和边际替代率不相等时资源配置没有达到最优状态？

1. 答：

福利经济学第一定律表述如下。如果一个经济符合以下条件：消费者偏好具有完备性、反身性和可传递性，需求是非饱和的，且边际替代率递减；边际技术替代率递减，规模报酬不变或递减；生产和消费都不存在外部性，那么完全竞争市场的一般均衡就是帕累托最优的。即自由市场在均衡时，是帕累托有效的。

福利经济学第二定律表述如下。如果一个经济符合以下条件：消费者偏好具有完备性、反身性和可传递性，需求是非饱和的，且边际替代率递减；边际技术替代率递减，规模报酬不变或递减；生产和消费都不存在外部性，那么每一种符合帕累托最优的资源配置方式都可以通过完全竞争的一般均衡来实现。福利经济学第二定律是指在完全竞争的市场条件下，政府所要做的事情是改变个人之间禀赋的初始分配状态，其余的一切都可以由市场来解决。

2. 答：

之所以将 $MRT_{XY} = MRS_{XY}$ 作为交换和生产的一般均衡条件，是因为只有符合这一条件，才能即使生产满足消费者的需求，又使得资源达到有效配置。如果 MRT_{XY} 不等于 MRS_{XY} 和 MRS_{XY}，例如，$MRT_{XY} = 1$，$MRS_{XY} = 2$，表明消费者愿意放弃 2 单位商品 Y 的生产，说明重新配置资源以增加商品 X 的生产是必要的。只要边际转换率和边际替代率不相等，重新配置资源都会使消费者受益。即只有当边际转换率和边际替代率相等时，才能达到资源的有效配置。

计算题

1. 假设经济社会除了一个生产者之外满足帕累托最优条件。该生产者为其产品市场上的完全垄断者和用于生产该产出品的唯一投入要素市场的完全垄断购买者。该生产者的生产函数为 $Q = 0.5x$，产出的需求函数为 $P = 100 - 4Q$，投入要素的供给函数为 $r = 2 + 2x$。试求：

(1) 该生产者利润极大化时 Q、x、P 及 r。

(2) 该生产者满足帕累托最优时的上述各值。

2. 由 A、B 两人及 X、Y 两产品构成的经济中，A，B 的效用函数分别为 $UA = XY$，$UB = 40(X + Y)$，X、Y 的存量为 (120, 120)，该经济的社会福利函数为 $W = UAUB$。求：

(1) 该经济的效用边界。

(2) 社会福利最大化时的资源配置。

3. 已知商品 X 的生产函数为 $X = 5L^{0.4}K^{0.6}$，商品 Y 的生产函数为 $Y = 4L^{0.5}K^{0.5}$，若社会上有 $\bar{L} = 100 \bar{K} = 200$，且只生产 X 与 Y 商品，试问：该社会的生产契约曲线是什么？

1. 解：

(1) 由题设，该生产者的利润函数为：

$$\pi = TR - TC = PQ - rx$$
$$= (100 - 4Q)Q - (2 + 2x)x$$
$$= (100 - 4Q)Q - (2 + 2 \cdot 2Q) \cdot 2Q$$
$$= 96Q - 12Q^2$$

为使其利润极大化，取利润函数的一阶导数并令其为零：$\dfrac{d\pi}{dQ} = 96 - 24Q = 0$，于是 $Q = 96/24 = 4$。

将 $Q = 4$ 代入生产函数 $Q = 0.5x$，得 $x = 2Q = 2 \times 4 = 8$。

将 $Q = 4$ 代入需求函数 $P = 100 - 4Q$，得 $P = 100 - 4 \times 4 = 84$。

将 $x = 8$ 代入要素供给函数 $r = 2 + 2x$，得 $r = 2 + 2 \times 8 = 18$。

(2) 若该垄断生产者满足帕累托最优条件，则意味着 $MPP = \dfrac{r}{P}$，即 $P = \dfrac{r}{MPP} = MC$。

而 $TC = rx = r \cdot 2Q$，由此得 $MC = \dfrac{dTC}{dQ} = 2r$。

将 $r = 2 + 2x$ 及 $Q = 0.5x$ 代入，得 $MC = 2(2 + 2x) = 2(2 + 2 \cdot 2Q) = 4 + 8Q$。

由均衡条件 $P = MC$，即 $100 - 4Q = 4 + 8Q$，得 $Q = 8$。

将 $Q = 8$ 代入生产函数 $Q = 0.5x$，得 $x = 2Q = 2 \times 8 = 16$。

将 $Q = 8$ 代入需求函数 $P = 100 - 4Q$，得 $P = 100 - 4 \times 8 = 68$。

将 $x = 16$ 代入要素供给函数 $r = 2 + 2x$，得 $r = 2 + 2 \times 16 = 34$。

2. 解：

(1) 设配置给 A 的产品为 (X, Y)，则配置给 B 的量为 (120 − X, 120 − Y)。此时，两者的效用分别为 $U_A = XY$，$U_B = 40(240 − X − Y)$。由此解得 $U_A = X(240 − X − U_B/40)$。

帕累托最优状态是指，当一个人效用水平不变条件下使另一个人的效用极大化。A 的效用 U_A 极大化（U_B 不变）的条件为：$\dfrac{dU_A}{dX} = 240 - \dfrac{U_B}{40} - 2X = 0$，解得 X = 120 - U_B/80，代入 U_A = X (240 - X - U_B/40)，即得 U_B = 9600 - 80$U_A^{\frac{1}{2}}$，这就是该经济的效用边界。

（2）帕累托最优状态的社会福利函数为：
$$W = U_A U_B = 9600 U_A - 80 U_A^{\frac{3}{2}}$$

由社会福利最大化条件：
$$\frac{dW}{dU_A} = 9600 - 120 U_A^{\frac{1}{2}} = 0$$

解得：U_A = 6400，U_B = 3200。

此时，X = 80，Y = 80，即 A 的产品拥有量为（80，80），B 的产品拥有量为（40，40）。

3. 解：

由 X = 5$L^{0.4}K^{0.6}$，可得 $\frac{dX}{dL} = 2L^{-0.6}K^{0.6}$，$\frac{dX}{dK} = 3L^{0.4}K^{-0.4}$。

又由 Y = 4$L^{0.5}K^{0.5}$，可得 $\frac{dY}{dL} = 2L^{-0.5}K^{0.5}$，$\frac{dY}{dK} = 2L^{0.5}K^{-0.5}$。

因为生产的契约曲线上的点必须满足 $MRTS_{LK}^X = MRTS_{LK}^Y$，已知：

$$MRTS_{LK}^X = -\left(\frac{dK}{dL}\right)_X = -\frac{2}{3}\left(\frac{K}{L}\right)_X = -\frac{2}{3} \cdot \frac{K_X}{L_X}$$

$$MRTS_{LK}^Y = -\left(\frac{dK}{dL}\right)_Y = -\left(\frac{K}{L}\right)_Y = -\frac{K_Y}{L_Y}$$

所以有：$\frac{2}{3} \cdot \frac{K_X}{L_X} = \frac{K_Y}{L_Y}$ ①

该社会的资源在充分利用情况下有：
$$\begin{cases} L_X + L_Y = 100 \\ K_X + K_Y = 200 \end{cases}$$ ②

将②式代入①式得：$\frac{2}{3} \cdot \frac{(200 - K_Y)}{(100 - L_Y)} = \frac{K_Y}{L_Y}$，这就是生产契约曲线。

论述题

试解释为什么存在生产的外部性时经济不能达到帕累托最优状态。

答：

经济达到帕累托最优状态要求：边际社会利益（MSB）必须等于边际社会成本（MSC）；边际社会利益必须等于边际私人利益（MPB）；边际社会成本（MSC）必须等于边际私人成本（MPC）。

当仅存在生产的外部经济时，MSC < MPC = P = MPB = MSB，这个经济生产的商品量太少，以至于不能达到帕累托最优状态。当仅存在消费的外部经济时，

MSB > MPB = MPC = MSC，这时，消费的商品量太少，以致不能达到帕累托最优状态。在仅存在生产的外部不经济时，MSC > MPC = P = MPB = MSB，这个经济生产的商品量太多，不能达到帕累托最优状态。在仅存在消费的外部不经济时，MSB < MPB = MPC = MSC，这时，消费的商品量过大，也不能达到帕累托最优状态。

三、拓展习题

单项选择题

1. 基尼系数是一种衡量收入不平等程度的标准，其数值范围是(　　)。
   A. 0～1　　　　　　　　　　　　B. 1～10
   C. 0～100　　　　　　　　　　　D. 1%～100%
2. 下面关于洛伦兹曲线的说法中正确的是(　　)。
   A. 弯曲程度越大表示越公平
   B. 弯曲程度越小表示越公平
   C. 弯曲程度越小表示贫富差距越大
   D. 弯曲程度与公平与否无关
3. 当经济学家关心经济中所有成员福利时，他们会用(　　)。
   A. 效率　　　　　　　　　　　　B. 生产率
   C. 实际工资　　　　　　　　　　D. 货币收入
4. 如果经济处于生产可能性曲线上，则(　　)。
   A. 它必具有产品组合的效率
   B. 它不一定具有产品组合的效率
   C. 它不具有生产的效率
   D. 人们已获得了从交易中获得的所有好处
5. 福利经济学是(　　)。
   A. 实证经济学　　　　　　　　　B. 规范经济学
   C. 宏观经济学　　　　　　　　　D. 科学经济学

答案：1～5：ABABB。

问答题

1. 假定某一经济体系处在全面均衡状态，如果某种原因使商品 X 的市场供给增加，分析：
   (1) X 商品的替代品市场和互补品市场有什么变化？
   (2) 生产要素市场上会有什么变化？
   (3) 收入分配会有什么变化？

2. 论述生产和交换的一般均衡条件。
3. 查阅资料，说明福利经济学在西方经济学中的地位。

1. 答：

（1）如果商品 X 的市场供给增加，按局部均衡分析，则其价格下降，需求量增加。由于实际生活中各种部门、各种市场是相互依存、相互制约的，因此，需要运用一般均衡分析来考虑 X 商品市场的变化与经济其他部门的相互影响。由于商品 X 的价格下降，人们会提高对其互补品的需求，降低对其替代品的需求。这样对其互补品的需求量将增加，其价格将会上升；而对其替代品的需求量将减少，其价格将会下降。

（2）在商品商场上的上述变化也会影响到生产要素市场。因为它导致了生产 X 商品及其互补品的生产要素的需求增加，因此，又引起了生产商品 X 和其互补品的要素价格的上升。它同时又导致商品 X 的替代品的需求下降。因此，又引起生产商品 X 的替代品的生产要素的价格和数量的下降。这些变化被替代生产要素价格的相对变化所削弱。

（3）由于（2）中所述的变化，不同生产要素所有者所获取的收入也发生变化。商品 X 及其互补品的投入要素的所有者因对其要素需求的增加，其收入便随要素价格的上升而获得增加。商品 X 的替代品的投入要素的所有者因对其需求减少，其收入便随要素价格的下降而减少。这样变化转而又或多或少地影响包括商品 X 在内的所有最终商品的需求。这样所有生产要素的派生需求都受到影响。这一过程一直持续到所有的商品市场和生产要素市场又同时重新稳定，整个经济又一次进入全面均衡状态。

2. 答：

交换的一般均衡条件是，消费者的各自商品组合选择达到这样一种状态，如果再作任何一种改变都不可能使任何一个人的境况变好或者不使另一个人的境况变坏。用数学语言说就是，在埃奇沃斯盒形图中消费者 A 的无差异曲线与消费者 B 的无差异曲线正好相切，因此，这两条无差异曲线的边际替代率正好相等，即 $MRS_{XY}^A = MRS_{XY}^B$。

生产的一般均衡条件是任意两种生产要素的边际技术替代率对于使用这两种要素而生产的商品来说都是相等的。如果离开两曲线的切点，在任何一条等产量线上移动，都会使某一产品的数量减少。因此，就一种产品来说，保持相同的产出水平也许可以有许多种资源投入组合，但同时会使另一种产品的产出水平达到最高水平的只有一种。两条等产量线的边际技术替代率相等，即 $MRT_{XY}^A = MRT_{XY}^B$。

3. 答：

福利经济学是微观经济学论证的"看不见的手"远离的最后一个环节，其目的在于说明，完全竞争模型可以导致帕累托状态，而这一状态对整个社会来说又是资源配置的最优状态。福利经济学属于规范经济学的范畴，它从微观经济学主体的行为及其相互联系的角度出发,从生产资源有效率的配置和国民收入在社会成员之间的分配这两个方面来研究一个国家实现最大社会经济福利所需具备的条件和国家为了增进社会福利应有的政策措施。

计算题

1. 考虑由两个人、两种商品组成的纯交换经济（pure-exchange economy）。已知该经济系统既有的商品总量分别为 q_1^0 和 q_2^0；两个人的效用函数分别为 $\mu_A = q_{A1}^\alpha q_{A2}$，$\mu_B = q_{B1}^\beta q_{B2}$，且 $q_{A1} + q_{B1} = q_1^0$，$q_{A2} + q_{B2} = q_2^0$。

试求：作为 q_{A1} 和 q_{A2} 的函数的契约曲线方程，如要使该契约曲线成为一条直线，对 α 和 β 要加上什么条件?

2. 考虑一由两种商品和固定要素供给组成的经济。假设以商品空间定义的社会福利函数为 $W = (q_1 + 2) q_2$，隐含的生产函数为 $q_1 + 2q - 10 = 0$。试求：社会福利函数达最大时 q_1、q_2 之值。

3. 由 A、B 两人及 X、Y 两产品构成的经济中，A、B 的效用函数分别为 $U_A = XY$，$U_B = 40(X + Y)$，X、Y 的存量为 (120, 120)，该经济的社会福利函数为 $W = U_A U_B$。求：

(1) 该经济的效用边界。

(2) 均衡状态下两种产品的价格比，并求其资源配置。

1. 解：

契约曲线是交换均衡点的轨迹，曲线上每一点所代表的都是交换各方通过交换所能获得的最大效用时的商品的数量组合，即此时任何形式的改变都不可能在无损于别人的前提下使其中任何一个人的效用较前增加。也就是给定其他消费者的效用水平的情况下，任何一个消费者的效用已达到最大。根据题意，对于两个人，两种商品的经济，可通过给定 u_B，使 u_A 极大化来求契约曲线，即 $\max u_A = q_{A1}^\alpha q_{A2}$。

使得 $u_B^0 = q_{B1}^\beta q_{B2} = (q_1^0 - q_{A1})^\beta (q_2^0 - q_{A2})$，构造拉格朗日函数：

$$\varphi = q_{A1}^\alpha q_{A2} + \lambda [(q_1^0 - q_{A1})^\beta (q_2^0 + q_{A2}) - u_B^0]$$

令一阶偏导数为零：

$$\frac{\partial \varphi}{\partial q_{A1}} = \alpha q_A^{\alpha-1} q_{A2} - \lambda \beta (q_1^0 - q_{A1})^{\beta-1} (q_2^0 + q_{A2}) = 0 \quad ①$$

$$\frac{\partial \varphi}{\partial q_{A2}} = q_{A1}^\alpha - \lambda (q_1^0 - q_{A1})^\beta = 0 \quad ②$$

$$\frac{\partial \varphi}{\partial \lambda} = (q_1^0 - q_{A1})^\beta (q_2^0 - q_2^0) - u_B^0 = 0 \quad ③$$

由①式、②式得：

$$\frac{\alpha q_{A1}^{\alpha-1} q_{A2}}{q_A^\alpha} = \frac{\beta (q_1^0 - q_{A1})^{\beta-1}(q_2^0 - q_{A2})}{(q_1^0 - q_{A1})^\beta}$$

于是，所求契约方程为：

$$\frac{\alpha q_{A2}}{q_{A1}} = \frac{\beta(q_2^0 - q_{A2})}{q_1^0 - q_{A1}}$$

或 $\alpha q_{A2} q_1^0 - \alpha q_{A1} q_{A2} = \beta q_{A1} q_2^0 - \beta q_{A1} q_{A2}$；或 $\alpha q_{A2} q_1^0 = \beta q_{A1} q_2^0 + (\alpha - \beta) q_{A1} q_{A2}$。

若无 $(\alpha - \beta) q_{A1} q_{A2}$，即当 $\alpha = \beta$ 时，该契约曲线便成为线性的了。

2. 解：

依题设，即求 $\max W = (q_1 + 2) q_2$，使得 $q_1 + 2q_2 - 10 = 0$，构造拉格朗日函数：$\varphi = (q_1 + 2) q_2 + \lambda (q_1 + 2q_2 - 10)$。

令一阶偏导数为零，即：

$$\frac{\partial \varphi}{\partial q_1} = q_2 + \lambda = 0 \qquad ①$$

$$\frac{\partial \varphi}{\partial q_2} = q_1 + 2 + 2\lambda = 0 \qquad ②$$

$$\frac{\partial \varphi}{\partial \lambda} = q_1 + 2q_2 - 10 = 0 \qquad ③$$

由①式得 $\lambda = -q_2$，代入②式得 $q_1 + 2 - 2q_2 = 0$。

即 $q_1 = 2q_2 - 2$，代入③式得 $2q_2 - 2 + 2q_2 - 10 = 0$。

于是 $q_2 = \frac{12}{4} = 3, q_1 = 2q_2 - 2 = 2 \times 3 - 2 = 4$。即当这两种商品的产量分别为 4 单位、3 单位时，该经济的社会福利达到最大。

3. 解：

(1) 设配置给 A 的产品为 (X, Y)，则配置给 B 的量即为 (120 - X, 120 - Y)。此时两者的效用分别为 $U_A = XY$ 和 $U_B = 40(240 - X - Y)$。由此解得 $U_A = X(240 - X - U_B/40)$。

帕累托最优状态是指，当一人效用水平不变条件下使另一人的效用极大化。A 的效用 U_A 极大化（U_B 不变）的条件为：$\frac{dU_A}{dX} = 240 - U_B/40 - 2X = 0$。解得：$X = 120 - U_B/80$。

将上式代入 $U_A = X(240 - X - U_B/40)$，即得 $U_B = 9600 - 80 U_A^{\frac{1}{2}}$，这就是该经济的效用边界。

(2) 帕累托最优状态的社会福利函数为：

$$W = U_A U_B = U_A (9600 - 80 U_A^{\frac{1}{2}}) = 9600 U_A - 80 U_A^{1\frac{1}{2}}$$

由社会福利最大化条件：$\frac{dW}{dU_A} = 9600 - 1200 U_A^{\frac{1}{2}} = 0$，解得 $U_A = 6400, U_B = 3200$，此时 $X = 80$, $Y = 80$。即 A 的产品拥有量为 (80, 80)，B 的产品拥有量为 (40, 40)。

四、难点解析

1. 为什么一般均衡分析与局部均衡分析存在很大的不同？
2. 为什么完全竞争可以实现帕累托最优状态所需具备的条件？
3. 什么是平等与效率，如何处理好两者的关系？

1. 答：

局部均衡是在假定其他市场条件不变的情况下，孤立地考察单个市场或部分市场的供求与价格之间的关系或均衡状态，而不考虑它们之间的相互联系和影响。局部均衡的代表人物是马歇尔。

一般均衡是指在承认供求与市场上各种商品价格和供求关系存在相互联系和相互影响条件下，所有市场上各种商品的价格与供求的关系或均衡状态。一般均衡理论的代表人物是瓦尔拉斯。

由于研究思路不同，一般均衡分析的结论可能与局部均衡分析的结论迥然不同。例如，从局部均衡分析来看，降低工资会降低成本，进而增加生产，增加就业。但从一般均衡分析的角度来看，降低工资将会导致收入水平下降，进而各个市场的需求和价格普遍下降，最终导致生产下降，失业增加。因此，降低工资到底会增加就业，还是会导致失业，从一般均衡的眼光来分析比局部均衡分析要复杂得多。

2. 答：

帕累托最优状态是用于判断市场机制运行效率的一般标准。帕累托最优状态是指这样一种状态：在其他条件不变的条件下，如果不减少一些人的经济福利，就不能改善另一些人的经济福利，标志着社会经济福利达到了最大化状态，实现了帕累托最优状态。一个经济实现帕累托最优状态必须满足三个必要条件：第一，任何两种商品的边际替代率对于所有使用这两种商品的消费者来说都必须是相等的；第二，任何两种要素的边际技术替代率对于任何使用这两种要素的生产者来说都必须是相等的；第三，任何两种商品对于消费者的边际替代率必须等于这两种商品对于生产者的边际商品转换率。

在完全竞争条件下，每种商品的价格对所有消费者来说都是相同的、既定不变的。而消费者为了追求效用最大化，一定会使其消费的任何两种商品的边际替代率等于其价格比率。既然相同商品的价格对所有消费者都是等同的，那么每一消费者购买并消费的任何两种商品的数量必使其边际替代率等于全体消费者所面对的共同的价格比率。因此，就所有消费者来说，任何两种商品的边际替代率必定相同。

在完全竞争条件下，任一生产要素的价格对任一产品的生产者都是相同的、既定不变的。而生产者为了追求最大利润，一定会使其使用的任何一组生产要素的边际技术替代率等于它们的价格比率。既然相同要素的价格对所有产品的生产者都是等同的,那么每一生产者购买并使用的任何两种要素的数量必使其边际技术替代率等于全体生产者所面对的共同的价格比率。因此,对所有产品的生产者来说,任何一组要素的边际技术替代率必定相同。

任何两种产品生产的边际转换率即为这两种商品的边际成本之比。每一消费者对于任何两种商品的边际替代率等于其价格比率。而在完全竞争条件下,任何产品的价格等于其边际成本。因此,对任何两种产品来说,其生产的边际转换率必等于任何消费者对这两种商品的边际替代率。

综上所述,在完全竞争条件下,帕累托最优的三个必要条件都可以得到满足。换言之,在完全竞争的市场机制作用下,整个经济可以全面达到帕累托的最优状态,这样的经济必定是最优效率的经济。

3. 答:

平等是指将社会的商品平均地分配给社会的所有成员,使得大家都有完全相同的商品。效率是指经济资源的合理配置和有效配置,它是研究帕累托最优问题的核心内容。在资源配置与收入分配问题上,平等与效率是一个两难的选择。如果只强调平等而忽视效率,就会因产生平均主义而阻碍经济增长导致普遍贫穷;如果只强调效率而忽视平等,就会因分配不公而影响社会安定。从发展经济和社会稳定角度来看,最好能够选择一种兼顾效率与公平的分配。根据世界各国的经验,处理好两者关系的原则是,在保障效率的基础上实现社会的平等。

第十三章　市场失灵与政府微观经济政策

一、学习指导

【学习目的】
　　通过本章的学习，理解和掌握造成市场失灵的原因与机制分析：垄断；外部性；公共物品；信息不对称。掌握政府针对市场失灵的不同情况应采取的微观经济政策。

【学习目标】
　　1. 理解和掌握垄断造成市场失灵的理论分析及相应的应对政策。
　　2. 理解和掌握外部性造成市场失灵的理论分析及相应的应对政策。
　　3. 理解和掌握公共物品造成市场失灵的理论分析及相应的应对政策。
　　4. 理解和掌握信息不对称造成市场失灵的理论分析及相应的应对政策。

【关键概念】
　　市场失灵（market failure）；外部性（externality）；科斯第一定理（first cause theorem）；科斯第二定理（second cause theorem）；公共物品（public goods）；私人物品（private goods）；搭便车（free rider）；公共选择（public choice）；信息不对称（asymmetric information）；逆向选择（adverse choice）；道德风险（moral hazard）；委托—代理（principal-agent）。

【本章框架】
　　本章主要介绍市场失灵及政府与之相适应的微观经济政策（见图13-1）。首先，介绍市场失灵的含义；其次，分别从垄断、外部性、公共物品及信息不对称四个方面具体介绍造成市场失灵的内部机理及政府的应对措施。

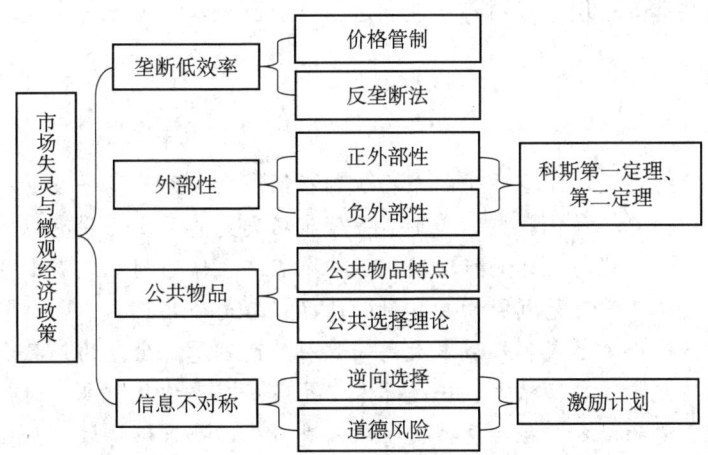

图 13-1 市场失灵与微观经济政策框架

【内容提要】

● 市场机制在现实社会的很多场合不能导致资源的有效配置，这种情况被称为"市场失灵（market failure）"。造成市场失灵的原因主要有四类：垄断；外部性；公共物品；信息不对称。

● 垄断企业的低效率体现在四个方面：产出受到限制，价格升高；容易导致寻租行为；不利于创新；组织的低效率，即 X-非效率。

● 经济活动对处于交易关系之外的其他人的影响被称为外部影响，也被称为外部性。外部性通常分为正外部性和负外部性两大类。正外部性，通常会使市场主体的经济活动水平低于社会所需要的最优水平。负外部性，通常会使市场主体的经济活动水平高于社会所需要的水平。不管正外部性还是负外部性都会给社会带来福利损失。

● 科斯第一定理：如果产权是明确的，而且谈判协商的成本是零，则无论初始由哪一方拥有产权，都能带来资源的有效配置。科斯第二定理：在交易成本大于零的情况下，不同的权利界定会对经济运行的效率产生影响。

● 公共物品具有两大主要特点：非排他性；非竞争性。因为不能排他，使收费变得困难，公共物品消费过程中的"搭便车"现象在所难免。

● 信息不对称（asymmetric information）是指在市场经济活动中，各类人员对有关信息的了解是有差异的；掌握信息比较充分的人员，往往处于比较有利的地位，而信息贫乏的人员，则处于比较不利的地位。研究事前非对称信息博弈的模型称为逆向选择模型（adverse selection），研究事后非对称信息的模型称为道德风险模型（moral hazard）。

二、习题解析

名词解释

市场失灵；外部性；科斯第一定理；科斯第二定理；公共物品；私人物品；

搭便车；公共选择；信息不对称；逆向选择；道德风险；委托—代理。

1. 市场失灵

答：市场失灵是指完全竞争的市场机制在很多场合下不能导致资源的有效配置，不能达到帕累托最优状态的情形。导致市场失灵的原因主要有以下六种：一是外部性，即一个经济主体的行为造成另一个经济主体的利益或成本的变化，而另一个经济主体又没有得到补偿或支付的情况；二是公共产品，即对整个社会有益，但因不能获得收益或私人成本太高而私人厂商不愿意生产的产品和劳务，如国防、空间研究、气象预报等；三是非零交易成本，如搜集信息、讨价还价、达成合同等所需要的成本，往往使得交易难以进行；四是市场特权，如垄断的存在或过度的竞争；五是市场机制不能够解决社会目标问题；六是非对称信息，如生产者往往具有比消费者更多的关于商品的信息等。认识到市场失灵的存在，就可以更加自觉地利用计划、法律或其他非经济手段和经济手段来管理经济，而不是完全依靠市场机制。这样，社会资源配置会更加有效率，社会经济运行更加协调。

2. 外部性

答：外部性也称为外溢性、相邻效应，指一个经济活动的主体对他所处的经济环境的影响。外部性的影响会造成私人成本和社会成本之间以及或私人收益和社会收益之间的不一致，这种成本和收益差别虽然会相互影响，却没有得到相应的补偿，因此，容易造成市场失灵。外部性的影响方向和作用结果具有两面性，可以分为外部经济和外部不经济。那些能为社会和其他个人带来收益或能使社会和个人降低成本支出的外部性称为外部经济，它是对个人或社会有利的外部性；那些能够引起社会和其他个人成本增加或导致收益减少的外部性称为外部不经济，它是对个人或社会不利的。

3. 科斯第一定理

答：针对外部性问题，科斯提出了一个著名的论点：如果产权是明确的，而且谈判协商的成本是零，则无论初始由哪一方拥有产权，都能带来资源的有效配置。这一论点后来被称作"科斯第一定理"。

4. 科斯第二定理

答：在科斯第一定理中，交易成本为零是一个必要条件。但是，在现实生活中，交易成本常常不能忽略。这样，就出现了"科斯第二定理"：在交易成本大于零的情况下，不同的权利界定会对经济运行的效率产生影响。科斯第二定理把权利安排即制度形式与资源配置直接对应了起来，使人们认识到权利（产权）的初始界定与经济运行效率之间存在的内在联系。

5. 公共物品

答：公共物品是可供社会成员共同享用的物品。公共物品具有两个显著特点：第一，公共物品的消费具有非排他性。这是指公共物品的消费权或享用权并不是由某个人所独有，而是由整个社会共同所有，一个人对公共物品的享用并不影响另一个人的享用。第二，公共物品的供给具有非竞争性。这是指公共物品的消费增加时，成本并不会增加；也就是说，增加一个公共物品使用者的边际成本是零，而不像私人物品那样，增加一个单位的供给，就会增加一定的成本。公共物品具有的上述特点，决定了公共物品只能主要由政府来提供。

6. 私人物品

答：私人物品是只能供个人享用的物品。它具有效用的可分割性、消费的排他性和供给的竞争性的特征。

7. "搭便车"

答："搭便车"的基本含义是不付成本而坐享他人之利。公共物品消费的非排他性和非竞争性使得公共物品的消费和生产具有自己的特点，同时给市场机制带来一个严重的问题——"搭便车"问题。"搭便车"问题往往导致市场失灵，使市场无法达到效率。

8. 公共选择

答：公共选择是现代微观经济学的一个重要分支。其核心内容是，公共选择者（官员、政党、政府、选民等）的行为特征；不同规则下政治决策可能产生的结果；民主政治活动在现实生活中的运行方式以及如何来设计和选择一个能改善公共决策效率的宪章。

9. 信息不对称

答：信息不对称是指在市场经济活动中，各类人员对有关信息的了解是有差异的；掌握信息比较充分的人员，往往处于比较有利的地位，而信息贫乏的人员，则处于比较不利的地位。信息不对称带来了许多问题，市场机制本身可以解决其中的一部分；但是在很多情况下，市场的价格机制并不能够解决或者至少是不能够有效的解决不完全信息问题，从而导致市场失灵。

10. 逆向选择

答：逆向选择是指由于信息不对称所造成市场资源配置扭曲的现象。它是制度安排不合理所造成市场资源配置效率扭曲的现象，而不是任何一个市场参与方的事前选择。

11. 道德风险

答：道德风险是指从事经济活动的人在最大限度地增进自身效用的同时做出不利于他人的行动。或者说是，当签约一方不完全承担风险后果时所采取的自身效用最大化的自私行为。

12. 委托—代理理论

答：委托—代理理论是建立在非对称信息博弈论基础之上的，研究委托人在考虑"激励相容约束"和"参与约束"两个条件下如何选择激励计划，让代理人的行为符合委托人的利益。

问答题

1. 简述垄断带来的社会成本。
2. 阐述科斯第一定理及第二定理的内容。
3. 公共物品有什么特点？为什么公共物品只能靠政府来提供？

1. 答：

垄断为人们所诟病的主要原因在于其会影响经济运行的效率。垄断厂商的低效率主要表现在以下四个方面。

(1) 产出受到限制，价格升高。图 13-2 表示一个典型垄断厂商的利润最大化情况。曲线 D 和 MR 表示该厂商面临的需求曲线和边际收益曲线。此外，为简单起见，假设厂商的边际成本与平均成本相等且固定不变，由图 13-2 中水平直线 AC=MC 表示。

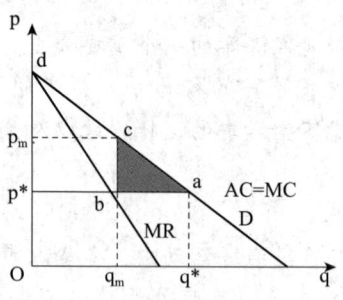

图 13-2 垄断和低效率

垄断厂商利润最大化的原则是 MR=MC。因此，厂商利润最大化的产量为 q_m，与之相对应的垄断价格 p_m 显然高于厂商的边际成本。

显而易见，上述垄断厂商利润最大化时的状况并没有达到帕累托最优状态。由于在利润最大化产量 q_m 上，价格 p_m 高于边际成本 MC，这表明，消费者愿意为增加额外一单位产量所支付的价格超过生产该单位产品所引起的成本。因此，存在帕累托改进的空间。

(2) 容易导致寻租行为。寻租行为是垄断厂商广受诟病的另一个重要方面，也是垄断造成低效率的一个重要原因。根据传统的经济理论，垄断虽然会造成效率损失，但是这种损失从数量上看并不是很大，仅仅相对于图 13-2 中的小三角形 abc。传统垄断理论的局限性在于其着重分析垄断的"结果"，而忽略了获得和维持垄断的"过程"，因而大大低估了垄断所造成的效率损失。如果将垄断企业获得和维持垄断的"过程"也考虑进来，垄断的经济损失不仅包括"纯损失" abc，还包括垄断厂商的经济利润 bcp_mp^*。这是因为，为了获得和维持垄断地位获得好处，厂商通常要付出一定的代价。例如，向政府官员行贿，或者雇用有影响的相关人士向政府游说。这种非生产性的寻利活动被概括为所谓的"寻租"活动，即为获得和维持垄断地位从而获得垄断利润的活动。

(3) 不利于创新。在竞争的市场环境中，厂商为了获得竞争优势，一方面需要通过不断创新、开发新的技术和工艺来提高资源的配置效率，降低生产成本；另一方面可以通过创新来提高产品质量、推出更符合市场需求的新产品，从而扩大自己的市场份额。与完全竞争厂商不同，垄断厂商凭借自己的垄断地位就可以获得高额的垄断利润，很难有足够的动力去创新。因此，垄断厂商在研究开发方面投入的费用通常要小于竞争厂商。

(4) 组织的低效率。垄断企业的低效率已成为世人的共识。产业经济学界通常用"X-非效率"来描述垄断企业的这种低效率状况。垄断企业中产生"X-非效率"的原因主要是：第一，两权分离的制度安排，往往易于产生"内部人控制"问题。第二，垄断性的大企业与中小企业相比，公司绩效与职工物质利益不易直接挂钩。第三，随着垄断企业规模扩大，管理层次增加信息交换传输量和组织协调的工作量将按几何级数增加。与此同时，由于信息传输或转换中某些障碍，有意或无意的出现错误的可能性也将大大的增加。

2. 答：

科斯认为，外部性是因为产权界定不明确或界定不恰当而造成的。只要能够界定并保护产权，随后产生的市场交易就能使资源的配置达到最优。

针对外部性问题，科斯提出了一个著名的论点：如果产权是明确的，而且谈判协商的成本是零，则无论初始由哪一方拥有产权，都能带来资源的有效配置。这一论点后来被称作科斯第一定理。

在科斯第一定理中，交易成本为零是一个必要条件。但是，在现实生活中，交易成本常常不能忽略。这样，就出现了科斯第二定理：在交易成本大于零的情况下，不同的权利界定会对经济运行的效率产生影响。科斯第二定理才是科斯产权理论的核心部分。科斯第二定理把权利安排即制度形式与资源配置直接对应起来，使人们认识到权利（产权）的初始界定与经济运行效率之间存在的内在联系。科斯第二定理中的交易成本就是指在不同的产权制度下的交易费用。在交易费用至上的科斯定理中，它必然成为选择或衡量产权制度效率高低的唯一标准。推而广之，不同的产权制度和法律制度，会导致不同的资源配置效率，产权制度是决定经济效率的重要内生变量。

3. 答：

公共物品是指供整个社会即全体社会成员共同享用的物品，如国防、警务之类。公共物品具有非排他性和非竞争性特点。非排他性指一产品为某人消费的同时，无法阻止别人也来消费这一物品。这和一件衣服、一磅面包之类的私人物品不同。对于私人物品来说，购买者支付了价格就取得了该物品的所有权，就可轻易阻止别人来消费这一物品，而像国防之类的公共物品则不同，该国每一居民不管是否纳税，都享受到了国防保护。非竞争性指公共物品可以同时为许多人所消费，增加一名消费者的消费的边际成本为零，即一个人对这种物品的消费不会减少可供别人消费的量。例如，多一位消费者打开电视机不会给电视台带来任何增加的成本。这也和私人物品不同。一件衣服具有给你穿了就不能同时给他穿的特性。

当物品像私人物品那样具有排他性和竞争性时，消费者就可按一定价格购买自己所需要的一定数量独自享用，排斥他人分享。在这种情况下，消费者对物品的偏好程度可通过愿意支付的价格来表现，使自己的消费达到最大满足，从而市场价格可对资源配置起支配作用。公共物品由于不具有排他性和竞争性，因而人们对公共物品的消费不能由市场价格来决定，价格机制无法将社会对公共物品的供需情况如实反映出来。这样，公共物品就只能由政府根据社会成员的共同需要来提供。如果要根据人们用价格所表现的偏好来生产这些物品，则谁都不愿表露自己的偏好，只希望别人来生产这些物品，自己则坐享其成，这样，公共物品就无法生产出来了。因此，在公共物品的供给上，市场是失灵的，只能由政府来提供。

计算题

设一个公共牧场的成本是 $C = 5x^2 + 2000$，x 是牧场上养牛的头数。每头牛的价格 $P = 1800$ 元。

(1) 求牧场净收益最大时的养牛数。

(2) 若该牧场有 5 户牧民，牧场成本由他们平均分摊，这时牧场上将会有多少养牛数？若有 10 户牧民分摊成本，养牛总数将有多少？

(3) 从中可得出什么结论？

解：

(1) 牧场净收益最大的养牛数将由 P = MC 给出，即 $1800 = 10x$，得 $x = 180$。

(2) 该牧场有 5 户牧民时，每户牧民分摊的成本为 $(5x^2 + 2000) \div 5 = x^2 + 400$。于是养牛数将是 $1800 = 2x$，得 $x = 900$。

该牧场有 10 户牧民时，每户牧民分摊的成本为 $(5x^2 + 2000) \div 10 = 0.5x^2 + 200$。于是养牛数将是 $1800 = 0.5 \times 2x$，得 $x = 1800$。

(3) 显然，从中引起的问题是牧场因放牧过度，数年后一片荒芜，这就是所谓的公地悲剧。

三、拓展习题

单项选择题

1. 说垄断会造成低效率的资源配置是因为产品价格（　　）边际成本。

　　A. 大于　　　　　　　　　　　B. 小于

　　C. 等于　　　　　　　　　　　D. 上述情况都存在

2. 为了提高资源配置效率，政府对竞争行业厂商的垄断行为是（　　）。

　　A. 限制的　　　　　　　　　　B. 支持的

C. 有条件加以限制的 D. 放任不管的
3. 对自然垄断的管制通常使价格等于（ ）。
   A. 边际收益 B. 边际成本
   C. 平均收益 D. 平均成本
4. 某一经济活动存在外部经济效果是指该活动的（ ）。
   A. 私人利益大于社会利益 B. 私人成本大于社会成本
   C. 私人利益小于社会利益 D. 私人成本小于社会成本
5. 当人们无偿地享有了额外的收益时，称作（ ）。
   A. 公共产品 B. 外部不经济
   C. 交易成本 D. 外部经济
6. 如果上游工厂污染了下游居民的饮水，按科斯定理，（ ），问题就可妥善解决。
   A. 不管产权是否明确，只要交易成本为零
   B. 只要产权明确，且交易成本为零
   C. 只要产权明确，不管交易成本有多大
   D. 不论产权是否明确，交易成本是否为零
7. 公共物品的市场需求曲线是消费者个人需求曲线的（ ）。
   A. 水平相加 B. 垂直相加
   C. 算术平均数 D. 加权平均数
8. 交易双方信息不对称，如买方不清楚卖方的一些情况，是由于（ ）。
   A. 卖方故意要隐瞒自己的一些情况 B. 买方认识能力有限
   C. 完全掌握情况所费成本太高 D. 以上三种情况都有可能
9. 一旦产权被分配后，市场将产生一个有社会效率的结果，这种观点称为（ ）
   A. 有效市场理论 B. 看不见的手
   C. 科斯定理 D. 逆向选择
10. 面对不对称信息，下列哪一项不能为消费者提供质量保证？（ ）
    A. 品牌 B. 低价格
    C. 长期质量保证书 D. 气派的商品零售处

答案：1~5：ACBCD；6~10：BBDCD。

问答题

1. 简述寻租理论的要点。
2. 委托—代理问题产生的原因是什么？
3. 改革开放以来各地区的工业发展对我国经济的持续高速发展做出了很大的贡献，然而也造成了日益加重的环境污染。试根据经济学原理讨论下列问题。

（1）环境污染为什么通常难以由污染者自行解决，而需要政府加以管理？

（2）解决环境污染的常用办法是：关闭工厂；制定排污标准并对超标者罚款；按照污染物排放量收费。试从经济学角度分析比较这三种方法。

1. 答：

西方寻租理论的要点主要有：

（1）当政府干预市场时，就会经常形成集中的经济利益和扩散的经济费用，带来以"租金"形式出现的经济利益。租金是泛指政府干预或行政管制市场而形成的级差收入，是超过机会成本的收入。一切市场经济中行政管制都会创造出这种级差收入。寻租就是为这样的干预而进行的游说活动，是政府干预的副产品。

（2）一切利用行政权力大发横财的活动都可以称为寻租活动，其有以下五个特点：第一，利用各种合法或非法的手段以获得拥有租金的特权，如游说、疏通、拉关系、走后门等。第二，它不是生产性活动，不增加任何新产品或新财富，但它改变生产要素的产权关系，并中饱私囊。第三，使资源配置扭曲，是资源无效配置的一个根源。第四，导致政府部门及官员争权夺利，影响政府声誉，增加廉政成本。第五，妨碍公共政策的制定和执行，降低行政运转速度，甚至危及政权。

（3）在现代市场经济体制下，只有政府公共部门才能借助于行政手段创造不平等竞争条件，维持一部分人占有租金的特权。因此，在有政府干预的地方就可能存在寻租现象，并且寻租行为还可在不同层次上发生。寻租和腐败也是我国现实存在的一种非市场缺陷，若不严加防范和治理会愈演愈烈。西方理论界将寻租和腐败看成是经济发展、政治稳定和文化进步的陷阱。一旦落入这一陷阱，就会使社会处于低效、停滞甚至紊乱状态。

2. 答：

委托人往往不知道代理人要采取什么行动或者即使知道代理人采取某种行动，也不能观察和测度代理人从事这一行动时的努力程度，同时两者之间存在的利益分割关系，通常会使得代理人不完全按照委托人的意图行事，这在经济学上被称为委托—代理问题。

委托—代理问题产生的原因有以下四个方面。

（1）追求的目标不同。委托人的目标并非就是代理人的目标。代理人有代理人的目标，代理人可能利用委托人的授权从事损害委托人利益的活动，是委托—代理问题产生的根本原因。例如，经理可能追求企业规模的扩张以扩大自己对企业的控制力；工人可能追求工资收入的最大化，或者在工资收入既定的条件下追求闲暇的最大化，因而可能在工作时偷懒、怠工。

（2）信息不对称。相对于委托人而言，代理人拥有更多的信息，形成了明显的信息不对称，其后果主要有两种：一是逆向选择（adverse selection），即在交易前，信息居于劣势的交易方不能正确选择高质量的交易对方，发生类似"劣者驱逐良者"的现象；二是道德风险（moral hazard），即在交易发生后，有信息优势的代理人可能利用信息不对称而故意采取有利于自己而损害委托人利益的行为。后者一般是委托—代理理论所研究的内容，又称为"代理风险"（agency hazard）。

（3）责任不对等。对于现代企业来说，经营人员或代理集团最多不过是个人信誉、财产或自由的丧失，这与所有者的资产相比是十分不对称的，这使得经营者有可能为了个人的利益而采取风险过度的行为或掠夺性资产转移行为，使所有者的利益受到损害。

（4）契约不完备。所有者与经营者在签订的契约中不可能预料到未来所有的情况，也不可能规定各种情况下各方的责任，不完备的契约为经营者谋求个人效用最大化提供了可乘之机。

3. 答：

（1）如果由市场机制决定污染量，交易成本高昂，因此，需要政府加以管理。

（2）优劣由以下三个方面的情况来决定：工厂产品的盈利、污染的社会成本以及交易成本。如果污染的社会成本大于工厂产品盈利，那么工厂应当关闭。如果污染的社会成本小于企业盈利，则要考虑另外两种手段。制定排污标准，信息与执行成本较小，但对污染的控制力度较弱，而且减排成本较高；而按照污染排放量收费，信息与执行成本较高，但对污染的控制力较强，减排的成本较低。在信息不完全时，排污标准使排污水平比较确定而减排成本不太确定；收取排污费使减排成本比较确定而使排污水平的下降不确定。因此，这两种政策哪个更好取决于信息成本、不确定性的性质和各成本曲线的形状。

计算题

1. 设一产品的市场需求函数为 $Q = 1000 - 10P$，成本函数为 $C = 40Q$，试问：

（1）若该产品为一垄断厂商生产，利润极大时产量，价格和利润各为多少？

（2）要达到帕累托最优，产量和价格应为多少？

（3）社会纯福利在垄断性生产时损失了多少？

2. 假定某垄断厂商生产的产品的需求函数为 $P = 600 - 2Q$，成本函数为 $C_P = 3Q^2 - 400Q + 40000$（产量以吨计，价格以元计）。

（1）求利润最大时产量、价格和利润。

（2）若每增加一单位产量，由于外部不经济（环境污染）会使社会受到损失从而使社会成本函数成为 $C_S = 4.25Q^2 - 400Q + 40000$，试求帕累托最优的产量和价格应为多少？

（3）若政府决定对每单元产品征收污染税，税率应是多少才能使企业产量与社会的最优产量相一致？

3. 一个养蜂人住在一个苹果园旁边。果园主人由于蜜蜂而受益，因为每箱蜜蜂大约能为一英亩树授粉。然而主人并不为这一服务付任何费,因为蜜蜂并不需要他做任何事就会到果园来。蜜蜂不足以使全部果园都授粉,因此,果园人必须以每英亩树 10 美元的成本,用人工来完成授粉。养蜂的边际成本为 $MC = 10 + 2Q$,其中,Q 是蜂箱数目,每箱产生值为 20 美元的蜂蜜。求:

(1) 养蜂人将会持有多少箱蜂蜜?

(2) 这是不是经济上有效率的蜂蜜数目?

(3) 什么样的变动可以导致更有效率的动作?

4. 假定一个社区中有 n 个消费者,每一个消费者关于公共产品 x 和私人产品 y 的效用函数为 $U_i = 8\varphi_i x^{\frac{1}{4}} + y_i (i = 1, 2, \cdots, n)$,求公共产品达到最大产量时的价格。

1. 解:

(1) 该产品为垄断厂商生产时,市场需求函数即该厂商的需求函数。由 $Q = 1000 - 10P$ 得 $P = 100 - 0.1Q$;得边际收益函数 $MR = 100 - 0.2Q$。

由成本函数 $C = 40Q$,得 $MC = 40 = AC$。

利润极大时,$MC = MR$,即 $40 = 100 - 0.2Q$,得 $Q = 300$,$P = 70$,$\pi = 70 \times 300 - 40 \times 300 = 9000$。

即产量、价格和利润分别为 300、70 和 9000。

(2) 要达到帕累托最优,则价格必须等于边际成本,即:

$$p = 100 - 0.1Q = 40 = MC,\ 得\ Q = 600,\ P = 40$$

(3) 当 $Q = 300$,$P = 70$ 时,消费者剩余为:

$$CS = \int_0^{300} (100 - 0.1Q)dQ - PQ$$
$$= |100 \times 300 - 0.05 \times 300 \times 300|_0^{300} - 70 \times 300$$
$$= 300(85 - 70) = 4500$$

当 $Q = 600$,$P = 40$ 时,消费者剩余为:

$$CS = \int_0^{600} (100 - 0.1Q)dQ - PQ$$
$$= |100 \times 600 - 0.05 \times 600 \times 600|_0^{600} - 40 \times 600$$
$$= 600(70 - 40) = 18000$$

社会福利的纯损失 $= 18000 - 4500 - 9000 = 4500$。

在此,$18000 - 4500 = 13500$ 是垄断所造成的消费者剩余的减少量。其中,9000 转化为垄断者利润,因此,社会福利的纯损失为 4500。

2. 解:

(1) 从厂商需求函数求得边际收益函数为 $MR = 600 - 4Q$,从成本函数求得边际成本函数为 $MC_P = 6Q - 400$。

令 $MC_P = MR$,即 $6Q - 400 = 600 - 4Q$,得 $Q = 100$,$P = 400$。

$$\pi = 400 \times 100 - (3 \times 100^2 - 400 \times 100 + 40000) = 10000$$

所以利润最大时的产量为 100 吨，价格是 400 元/吨，利润是 10000 元。

(2) 从该产品的社会成本函数中可知社会边际成本函数为 $MC_s = 8.5Q - 400$。

令 $MC_s = MR$，即 $8.5Q - 400 = 600 - 4Q$，得 $Q = 80$，$P = 440$。

可见，若考虑外部不经济，从帕累托最优的资源配置角度看，该厂商的最优产量是 80 吨，价格是 440 元/吨，即该工厂的产量应当减少，价格应当上升。

(3) 要使企业产量与社会最优产量相一致，必须使企业的边际成本从 400 提高到 440，因此，税率应当是 10%。

3. 解：

(1) 养蜂人根据 $MR = MC$ 原则决定生产：$100 + 2Q = 20$，即 $Q = 5$（箱）。

(2) 这不是有效率的蜂箱数目，因为这点蜜蜂不足以使全果园都授到粉，原因是蜜蜂免费授粉，使养蜂活动具有正的外在性，养蜂的私人收益小于社会收益。如果苹果园主把人工授粉的 10 美元给养蜂人的话，养蜂产量可达：$(20 + 10) = 10 + 2Q$，$Q = 10$（箱）。

(3) 由此可想到，若能让果园和养蜂合并，就可将蜜蜂授粉的外在正效应内部化，则会导致更有效动作。或者让果园主和养蜂人订一合同，使养蜂人得到适当的授花粉服务的收益。

4. 解：

对每个消费者来说，他对公共产品和私人产品的最优消费量应当满足消费者均衡的必要条件：$\dfrac{MU_x}{MU_y} = \dfrac{P_x}{P_y}$，即 $\dfrac{2\varphi_i (x^*)^{-\frac{3}{4}}}{1} = \dfrac{1}{1}$ 得 $\dfrac{2\varphi_i}{(x^*)^{\frac{3}{4}}} = 1$ 或 $(x^*)^{\frac{3}{4}} = 2\varphi_i$，因此，得 $x^* = (2\varphi_i)^{\frac{3}{4}}$。

该社区中共有 n 个消费者，因此，整个社区 x 的最优产量为：

$$x^* = \sum_{i=1}^{n} x^* = \sum_{i=1}^{n} (x\varphi_i)^{\frac{4}{3}} = \left(2\sum_{i=1}^{n} \varphi_i\right)^{\frac{4}{3}}$$

从每个消费者对公共产品的最优消费量中可求得这一产量的价格：令这一价格为 P_i，则 $\dfrac{MU_x}{MU_y} = \dfrac{P_i}{P_y}$ 即 $\dfrac{2\varphi_i (x^*)^{-\frac{4}{3}}}{1} = \dfrac{P_i}{1}$，得 $P_i = 2\varphi_i (x^*)^{-\frac{3}{4}}$。

四、难点解析

1. 试述"市场失灵"与"政府失灵"的区别。
2. 解释保险市场上逆向选择与道德风险的区别。

1. 答：

(1) 市场失灵指完全竞争的市场机制在很多场合下不能导致资源的有效配

置，不能达到帕累托最优状态的情形。导致市场失灵的原因主要有以下几种：外部性，即一个经济主体的行为造成的另一个经济主体的利益或成本的变化，而另一个经济主体又没有得到补偿或支付的情况；公共产品，即对整个社会有益，但因不能获得收益或私人成本太高而私人厂商不愿意生产的产品和劳务，如国防、空间研究、气象预报等；非零交易成本，如搜集信息、讨价还价、达成合同等所需要的成本，往往使得交易难以进行；市场特权，如垄断的存在或过度的竞争；市场机制不能够解决社会目标问题；非对称信息，如生产者往往具有比消费者更多的关于商品的信息等。

市场经济难以解决经济活动中公共产品、外部效应、不完全竞争、收入分配不公、经济波动与失衡等的问题，政府需要通过其资源配置对此进行必要的干预。第一，市场机制不适应于公共产品的有效生产，政府的首要职能就是提供公共产品。第二，市场机制难以解决外部效应问题。外部效应有正负两个方面，社会为了达到最大的经济效果，应该鼓励那些能够带来正外部效应的生产活动，限制那些带来负外部效应的经济活动，但靠市场机制无法达到这一目的。第三，现代市场经济是包含自然垄断、市场垄断在内的复合体，是不完全竞争。政府通常采取替代市场来组织公共事业的生产来防止或通过价格管制的办法来纠正自然垄断，制定反托拉斯法对市场垄断加以限制。第四，市场机制不能解决收入分配不公问题。社会必须追求效率与公平的平衡，市场经济能较好地解决效率问题，却不能解决公平问题。政府可以普遍采用税收政策和社会保障制度来调节收入分配。第五，市场经济不能解决宏观的经济波动与失衡。因为市场机制注重的眼前利益和个体的微观利益，市场的调节作用具有短期性和局部性的特点，容易导致宏观总量失衡、长期发展受阻。国家必须通过制订和实施经济计划来解决这个问题。

(2) 政府失灵是指政府在经济管理上的不足之处，如信息失灵、决策失误和管理失控等。制定公共决策是一个比较复杂的过程，存在着多种障碍和制约因素，使得政府难以真正做到正确合理。同时，公共决策是各种利益集团妥协的产物，难以代表全体公民的利益。政府有不断扩张的倾向，使得政府的财政支出逐年扩大，增加了决策成本。由于政府垄断了公共产品的供应，一方面因缺乏竞争、没有追求利润的动机，会导致机构臃肿、人浮于事、效率低下；另一方面，政府官员可能用公共产品交换私人产品从而获取个人利润，产生腐败。总之，政府失灵与市场失灵一样，同样会导致社会资源浪费、经济效益降低、资源配置低效、社会福利减少和政府开支的增长等一系列弊端。

政府失灵决定了社会经济活动的一部分功能必须由除政府、营利的机构个人或者企业之外的第三者（通常是非营利机构，大学是典型的非营利机构）来承担。

2. 答：

保险市场的逆向选择：身体比较健康、平时不大患病的人，一般是不愿意到保险公司购买健康保险的；恰恰是那些身体不大健康、平时老爱生病的人，更愿意购买健康保险。由于保户的总体健康水平很低，保险公司赔给保户的钱就会大大高于他们按照正常人平均得病率所收取的保费。这就迫使保费价格上升，从而使那些较健康的人，由于知道自己的低风险，作出不投保决定。这进一步提高了不健康人的比例，又迫使保险价格上升，直到几乎所有买保险的人都是不健康的人。

保险市场的道德风险，是指投保人在得到保险保障之后改变日常行为的一种倾向，分为事前道德风险和事后道德风险。保险可能会对被保险人的防止损失的动机产生一定的影响，这种影响叫做事前道德风险。举个例子来说，投保车险的人可能比未投保的人开车更莽撞一些，因为他们知道可以获得赔偿。也就是说，因为保险，人们就变得比原来更大胆了，也不如原来小心防止事故发生了。损失发生后，保险可能会对被保险人的减少损失的动机产生一定的影响，这种影响叫做事后道德风险。例如，享受失业保险的人可能比条件相同却没有失业保险的人在找工作时付出的努力要小；有医疗保险的人会比没有医疗保险的人更多地去医院。

第十四章 宏观经济学导论

一、学习指导

【学习目的】
  通过本章的学习,掌握宏观经济学的研究对象和研究方法,熟悉宏观经济学研究的基本问题及体系构架,对宏观经济学有一定的了解。

【学习目标】
  1. 掌握宏观经济学的含义及基本研究内容。
  2. 掌握宏观经济学与微观经济学的区别和联系。
  3. 掌握宏观经济学的基本研究方法。
  4. 了解宏观经济学发展与现状的大致情况。

【关键概念】
  宏观经济学(macroeconomics);微观经济学(microeconomics);合成谬误(fallacy of composition);规范分析法(normative analysis)。

【本章框架】
  本章首先从宏观经济学的含义开始,从宏观经济学的基本内容引出微观经济学与宏观经济学的区别和联系;其次讲解了宏观经济学主要的一些研究方法;最后简单介绍了宏观经济学的发展及其现状(见图14-1)。

【内容提要】
  ● 宏观经济学以整个国民经济作为研究对象,研究经济总量的决定及其变化规律。
  ● 宏观经济学的基本内容包括国民收入决定理论、通货膨胀与失业理论、经济增长与经济周期理论、开放经济理论、宏观经济政策等。
  ● 宏观经济学的基本研究内容和方法是建立在以下假设基础之上的:一是市场机制是不完善的;二是政府有能力调节经济,纠正市场机制的缺点;三是制度是既定的、已知的。宏观经济学的特点是在与微观经济学的比较中体现出来的,

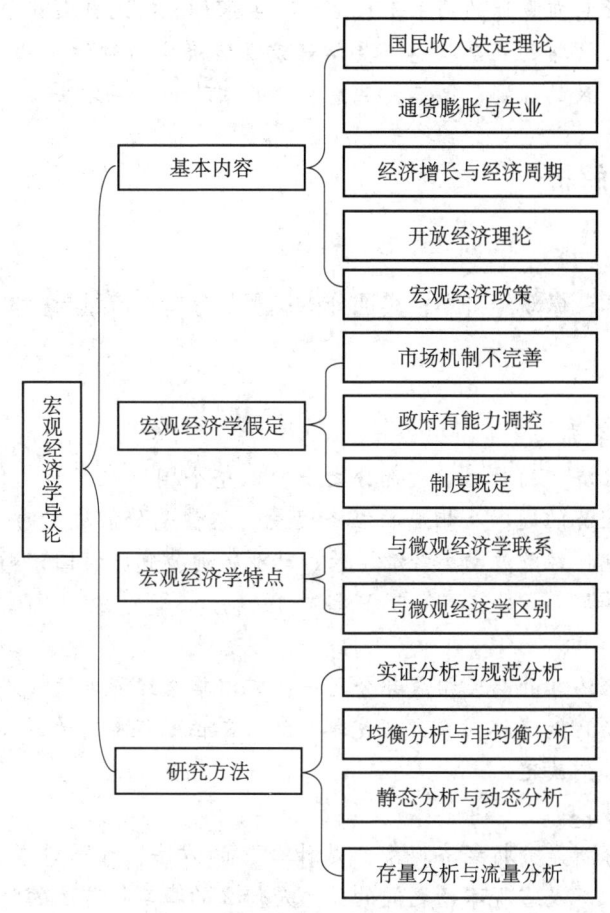

图 14-1 宏观经济学导论框架

两者是整体与个别之间的关系。宏观经济学与微观经济学的联系表现在：第一，微观经济学是宏观经济学的基础；第二，两者是相互补充、互为前提的；第三，两者都采用了实证分析法，属于实证经济学；第四，两者都以市场经济制度为背景，都是市场经济的经济学，研究的是市场经济条件下经济的运行规律与调控。宏观经济学与微观经济学的区别体现在：研究对象不同；解决的问题不同；研究方法不同；基本假设不同；中心理论和基本内容不同。

● 宏观经济学的研究方法包括：实证分析与规范分析；均衡分析与非均衡分析；静态、比较静态和动态分析；存量分析与流量分析；事前变量分析与事后变量分析。

● 宏观经济学自1936年由凯恩斯创立，到20世纪80年代已基本形成了凯恩斯主义比较完整的宏观经济学体系。20世纪80年代，发达市场经济国家出现的"滞胀"现象，对凯恩斯主义主流经济学是一个严重的挑战。目前，西方经济学界学派林立，一片混战，但是，根据各派分歧的根本点，可以把它们基本分为两大派别：一派是现代凯恩斯主义主流经济学派；另一派是新自由主义学派。自由主义学派坚决反对凯恩斯的国家干预主义，主张彻底回到自由竞争的市场经济秩序。面对宏观经济学的混乱状态，要学好宏观经济学必须注意两个原则：第一，逻辑和历史相一致的原则；第二，注意理论的细节和研究方法。

二、习题解析

名词解释

宏观经济学；微观经济学；实证分析；规范分析；流量与存量。

1. 宏观经济学

答：西方经济学的两大组成部分之一，以整个国民经济活动作为考察对象，研究社会总体经济问题以及相应的经济变量的总量是如何决定的及其相互关系。总体经济问题包括经济波动、经济增长、就业、通货膨胀、国家财政、进出口贸易和国际收支等。

2. 微观经济学

答：西方经济学的两大组成部分之一，它以单个经济单位（居民户、厂商以及单个产品市场）为考察对象，研究单个经济单位的经济行为以及相应的经济变量的单项数值如何决定。

3. 实证分析

答：实证分析是分析经济现象"是什么"的方法，即是对事实判断的分析，对客观事物的状况及客观事物之间的关系是什么的事实性陈述的分析。

4. 规范分析

答：规范分析是以一定的价值判断为出发点，提出行为的标准，并研究如何才能符合这些标准。它说明的是"应该是什么"的问题。

5. 流量与存量

答：流量是一定时期内发生的变量变动的数值。存量是一定时点上存在的变量的数值。例如，某年某月某日一国的货币供应量（或流通中的货币数量）、某一时点上一国的就业数量等是存量概念，而某年一国的国内生产总值以及该国的进出口总额则是流量概念。

问答题

1. 简述宏观经济学的产生与发展历程。
2. 微观经济学与宏观经济学有何区别和联系？
3. 2010年1月27日，美国总统奥巴马在国会发表首次国情咨文时说，促进就业是2010年的第一要务，他提议国会通过一项新的促进就业法案。他说，1/10的美国人仍找不到工作。美国创造就业的真正引擎是企业，政府可以为企业扩张和增加雇员创造必要条件。他提议从华尔街大银行归还给政府的资金中拿出 300 亿美元用于帮助社区银行增加向小企业贷款。他同时提出新的小企业税务抵扣计划，用来帮助 100 万小企业增加雇员或者提高工资，并取消小企业投资的资本利润税。为什么奥巴马对失业的问题如此重视？

4. 大家都知道盲人摸象的故事：从前，有四个盲人很想知道大象是什么样子，可他们看不见，只好用手摸。胖盲人先摸到了大象的牙齿。他就说："我知道了，大象就像一个又大、又粗、又光滑的大萝卜。"高个子盲人摸到的是大象的耳朵。"不对，不对，大象明明是一把大蒲扇嘛！"他大叫起来。"你们净瞎说，大象只是根大柱子。"原来矮个子盲人摸到了大象的腿。而那位年老的盲人呢，却嘟囔："唉，大象哪有那么大，它只不过是一根草绳。"四个盲人争吵不休，都说自己摸到的才是真正大象的样子。而实际上呢？他们一个也没说对。

通过上面的故事分析一下问题的分解与合成的关系，并尝试说明微观经济学与宏观经济学研究问题的方法有何不同？

1. 答：

现代宏观经济学诞生的标志是 1936 年凯恩斯的著作《就业、利息和货币通论》的出版。在凯恩斯之前，经济学研究基本都集中在微观领域，涉及的宏观经济问题仅仅是总产量、就业、利息、工资等问题，即这时的宏观经济学存在着"供给自动创造需求"的萨伊定律。凯恩斯对传统经济学的重大突破在于，认为由于边际消费倾向、资本边际效率、流动偏好这些基本心理因素的作用，在通常情况下总需求小于总供给，生产过剩不可避免，从理论上对萨伊定律的否定和对大危机的解释，形成了宏观经济学上的凯恩斯革命。

随后，凯恩斯追随者对凯恩斯理论进行了发展和丰富。但是从 20 世纪 70 年代开始，发达国家出现了"滞胀"，凯恩斯宏观经济理论不能给出令人信服的解释，严重地动摇了凯恩斯主义的统治地位。随之，各种反对凯恩斯主义的学派纷纷复兴，其中，以被称为新古典宏观经济学的货币主义和理性预期学派影响最大。另外，20 世纪的经济毕竟不同于亚当·斯密时代的经济，因为各种各样的垄断和市场不完全（而不是完全竞争）支配着经济活动，公共部门在经济结构中所占的比重越来越大，经济全球化把各国经济更加紧密地联系在一起，自由放任主义似乎已经不合时宜，政府对经济活动的适度干预和调节是必不可少的，这又为新凯恩斯主义的出现准备了条件。新凯恩斯主义的理论在经济学界获得了支持，其政策主张又赢得了政府的垂青。20 世纪下半期以来的经济增长以及由此带来的生活水平的提高在大多数国家和地区的扩散，重新焕发了经济学家们对经济周期和经济增长问题的兴趣，由此导致实际经济周期理论的提出和经济增长理论的复兴。凯恩斯理论不断发展，在吸收了理性预期学派的某些研究成果后，出现了新凯恩斯主义。经过 20 世纪下半期凯恩斯主义与货币主义的争论以及新古典主义宏观经济学与新凯恩斯主义经济学的争论，西方宏观经济学已经出现了融合或综合的倾向。这种融合有许多征兆：理性预期假说最初是新古典主义宏观经济学的基本假说之一，如今这个假说也被纳入新凯恩斯主义体系。正因如此，现在用"理性预期学派"来称呼以卢卡斯等人为代表的学派就不能准确地刻画这个学派的特征了。另外，货币主义提出的自然失业率假说现在也被新凯恩斯主义所接受，只是后者更倾向于把它称作"非加速通货膨胀的失业率"。新凯恩斯主义者也接受货币主义者关于长期与短期菲利普斯曲线的划分。新凯恩斯主义者用来解释工资粘性的理论之一的效率工资理论，实际上是古典经济学的工资理论和凯恩斯主义工资理论的融合。实际的经济周期理论把经济增长和经济周期放在同一框架下进行研究，这在一定程度上调和了宏观经济学是主要关注经济增长问题还是主要关注经济波动问题的分歧。这些征兆表明，西方宏观经济学各流派之间的分歧正在缩小，流派之间的区分界限变得越来越模糊。

2. 答：

现代西方经济学把经济学原理或经济理论，即有关经济问题的知识体系的全部内容，区分为两大组成部分或两大分支学科：微观经济学和宏观经济学。

微观经济学是以单个经济单位为研究对象，通过研究单个经济单位的经济行为和相应的经济变量单项数值的决定来说明价格机制如何解决社会的资源配置问题的经济理论。宏观经济学是以整个国民经济为研究对象，通过研究经济中各有关总量的决定及其变化，来说明资源如何才能得到充分利用的经济理论。

微观经济学与宏观经济学在研究对象、解决的问题、中心理论和分析方法上是不同的。微观经济学：研究对象是单个经济单位的经济行为；解决的问题是资源配置；中心理论是价格理论；研究方法是个量分析。宏观经济学：研究的对象是整个经济；解决的问题是资源利用；中心理论是国民收入决定理论；研究方法是总量分析。

微观经济学与宏观经济学，在上述各个方面存在着区别，但它们作为一门科学的一套理论体系或知识体系的两大组成部分，又是密切联系的。首先，它们是整体与个体之间的关系，两者不是互相排斥而是互相补充的。其次，微观经济学与宏观经济学都是实证分析。最后，宏观经济行为的分析总是要以一定的微观分析为其理论基础。

3. 答：

一般来说，宏观经济的最大难题就是失业问题。因为失业问题不仅关乎经济的增长，也关乎政府应采取的宏观经济政策的走向。在西方政府中，失业问题也往往成为政党之间争斗的焦点。奥巴马之所以将经济政策的重点放在保就业上，不仅是因为失业问题是衡量美国经济是否走出金融危机困境的重要指标，同时也是关系到他能否继续执政的最大考验。

4. 答：

盲人摸象的故事，从分解与合成的角度来讲，想借以说明这样一个问题，即我们研究问题，观察事物，就必须客观全面地看问题，既要看到事物的部分，更要看到事物的整体。要反对片面地孤立地看问题，不能一叶障目，不见泰山。

在对经济问题的认识上，虽然微观经济学与宏观经济学在研究方法或角度上等各个方面存在着区别，但它们作为一门科学的一套理论体系或知识体系的两大组成部分又是密切联系的。首先，它们是整体与个体之间的关系，两者不是互相排斥而是互相补充的。其次，宏观经济行为的分析总是要以一定的微观分析为理论基础的。

三、拓展习题

问答题

简述宏观经济学的研究对象和基本理论框架。

答：宏观经济学研究社会总体经济行为及结果，其核心内容是研究国民收入的决定问题。围绕国民收入的决定，涉及这样一些主要内容：总需求与总供给、宏观经济政策影响、国民收入的波动与经济增长、就业与失业、通货膨胀以及国际经济等问题。宏观经济问题涉及三个主体：家庭、企业和政府，涉及四个市场：产品市场、货币市场、劳动市场和国际市场。正是三个经济主体和四个市场的交互作用，也就形成了宏观经济学的基本理论框架，如图 14-2 所示。

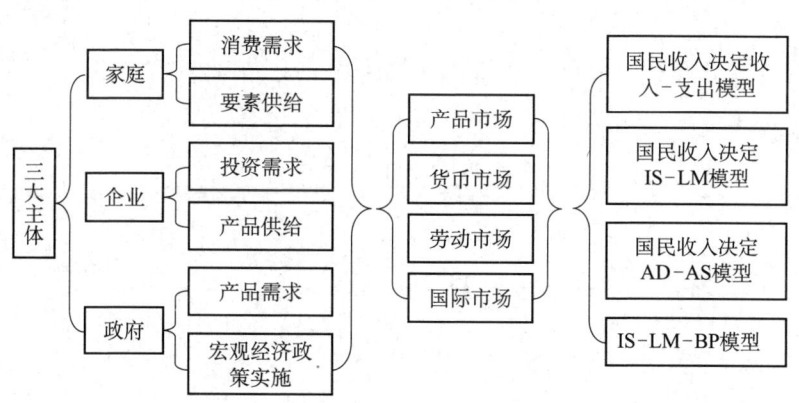

图 14-2　宏观经济学的基本理论框架

四、难点解析

如何理解"看不见的手"与"看得见的手"？

答：

"看不见的手"是一个隐喻，亚当·斯密（Adam Smith）用来描述这样一种原理：出于个人行为的非故意的结果，一种能产生善果的社会秩序出现了。实际上,"看不见的手"就是指市场机制,在这种机制中,没有政府的干预,但自然而然会产生供给与需求的均衡。例如,一种商品如果价格很高,需求就会减少,供给则增加,这样价格就会逐渐下降;同样,商品如果价格很低,需求就会增加,供给则减少,这样价格就会逐渐下降。无须政府做任何干预,市场会自动实现平衡。

"看得见的手"则是指政府干预。不受干预的市场会实现均衡,但均衡不是经济学的全部问题,例如,甲乙两人努力程度相同,但由于智力、体力和运气等方面的差异使得一人成为百万富翁,另一人成为穷光蛋,那么政府就可以通过征收富人的个人所得税来补贴穷人。当然,除了税收,还有很多其他的宏观经济政策,统称为"看得见的手"。

微观经济学的基本假设是市场出清、完全理性、充分信息,认为"看不见的手"能自由调节经济,实现资源配置的最优化。宏观经济学则假定市场机制是不完善的,政府有能力调节经济,通过"看得见的手"纠正市场机制的缺陷。

第十五章 国民收入核算理论

一、学习指导

【学习目的】
通过本章的学习,理解和掌握国民收入各个总量的概念及其关系,特别是国民收入核算的基本原理、基本方法和国民收入核算中的恒等式。

【学习目标】
1. 理解国内生产总值、国民生产总值、国内生产净值、国民收入、个人收入、个人可支配收入的含义及其之间的关系,尤其重点理解国内生产总值的含义。
2. 理解名义 GDP 与实际 GDP 的区别。
3. 掌握国民收入核算的基本概念及其核算方法。
4. 理解在国民收入核算中,经济循环流量中的总收入恒等于总支出及储蓄—投资恒等式。
5. 了解国民收入核算的不足。

【关键概念】
国内生产总值(gross domestic product);名义国内生产总值(nominal GDP);实际国内生产总值(real GDP);最终产品(final goods);中间产品(intermediate products);国民生产总值(gross national product);存货投资(inventory investment);国内生产净值(net domestic product);国民生产净值(net national product);国民收入(national income);个人收入(personal income);个人可支配收入(disposable personal income);绿色 GDP(green GDP)。

【本章框架】
本章首先明确了国民收入的概念、特征以及构成;其次介绍了国民收入的计算方法;再次通过分析国民收入流量循环模型,得出了国民收入构成的基本恒等式;最后通过对国民收入核算方法运用的解释,指出了其本身存在的缺陷或不足。图 15-1 为国民收入核算框架。

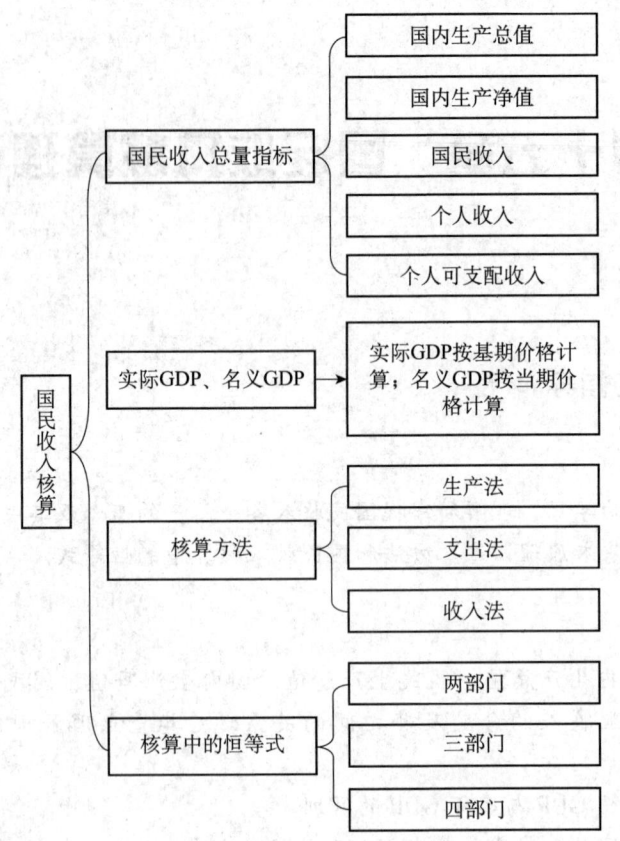

图 15-1 国民收入核算框架

【内容提要】

● 在国民收入核算体系中，国民收入总量是最重要的，也是经常用于表示经济成就的总量。反映国民收入总量的指标主要有以下五个：国内生产总值、国内生产净值、国民收入、个人收入、个人可支配收入。

● 国内生产总值是最终产品市场价值的总和。因此，国内生产总值还要受价格水平的影响。同样，最终产品量按不同的价格会计算出不同的国内生产总值。按当年价格计算的国内生产总值称为名义国内生产总值。按不变价格计算的某一年的国内生产总值，称为实际国内生产总值。

● 国内生产总值的计算方法是国民收入核算体系中的重要内容。世界各国采用的核算方法不尽相同，主要有支出法、收入法与生产法。

● 在对国民收入核算体系进行了解和分析的基础上，可以进一步推导出国民收入构成的基本公式，这就是储蓄—投资恒等式。在两部门经济中，$I=S$；在三部门经济中，$I+G=S+T$；在四部门经济中，$I+G+X=S+T+M$。

● 由于国民收入总量是表现整个经济活动的综合性指标，因而得到了广泛的应用，但同时也存在着一些不足。

二、习题解析

名词解释

国内生产总值；国民生产总值；国民收入；个人可支配收入；名义 GDP；实际 GDP；GDP 折算指数。

1. 国内生产总值

答：国内生产总值是指一个经济社会（即一国或一地区）在某一给定时期内运用生产要素所生产的全部最终产品和劳务的市场价值。它是最终产品而不是中间产品的价值；它是一个时期内生产的最终产品价值，而不是一定时间内所出售的最终产品的价值；它是一定时期内生产的价值，包含时间因素；它是一个地域概念，而不是国民概念；除少数例外，仅仅指为市场而生产的物品和劳务的价值，非市场活动不包括在内。

2. 国民生产总值

答：国民生产总值是指一个经济社会的全体公民在某一给定时期内运用生产要素所生产的全部最终产品和劳务的市场价值。

3. 国民收入

答：国民收入指狭义的国民收入，是一国生产要素在一定时期内提供服务所获得的报酬的总和，即工资、利息、租金和利润的总和。国民收入＝国内生产净产值－间接税。

4. 个人可支配收入

答：个人可支配收入指缴纳了个人所得税以后留下的可为个人所支配的收入。个人可支配的收入＝个人收入－个人纳税。

5. 名义 GDP

答：名义 GDP 是用生产物品和劳务的那个时期的价格计算的全部最终产品和劳务的市场价值。

6. 实际 GDP

答：实际 GDP 是用以前某一年作为基期的价格计算出来的全部最终产品和劳务的市场价值。

7. GDP 折算指数

答：GDP 折算指数指名义国内生产总值与实际国内生产总值的比率。GDP 折算指数＝名义 GDP/实际 GDP，国内生产总值折算系数是重要的物价指数之一，它能反映通货膨胀的程度。

单项选择题

1. 在国民收入体系中，测度一定时期所有最终产品和劳务的货币价值量的是( )。
A. 国民收入 B. 国民生产总值
C. 国民生产净值 D. 可支配收入总和

2. 下列各项不是要素收入的是( )。
A. 业主收入 B. 雇员报酬
C. 公司转移支付 D. 股息

3. 为了从国民收入中获得个人收入，不用减去( )。
A. 社会保险基金 B. 公债利息
C. 公司收入税 D. 公司未分配利润

4. 下列各项中不是转移支付的是( )。
A. 退伍军人津贴 B. 失业救济金
C. 贫困家庭补贴 D. 工人的工资

5. 2000 年的 GDP 以当年价计算为 3980 亿元，2010 年的 GDP 以当年价计算为 6760 亿元，相当的价格指数 2000 年为 91，2010 年为 111，那么，2010 年与 2000 年的 GDP 实际值相比( )。
A. 保持不变 B. 增长约 40%
C. 增长约 70% D. 增长约 90%

6. 在一般情况下，国民收入核算体系中数值最小的是( )。
A. 国内生产净值 B. 个人收入
C. 个人可支配收入 D. 国民收入

7. 下列各项应计入 GDP 中的是( )。
A. 面包厂购买的面粉 B. 购买 40 股股票
C. 家庭主妇购买的面粉 D. 购买政府债券

8. 已知：消费额 = 6 亿元，投资额 = 1 亿元，间接税 = 1 亿元，政府用于商品和劳务的支出额 = 1.5 亿元，出口额 = 2 亿元，进口额 = 1.8 亿元。答案对的是( )。
A. NDP = 8.7 亿元 B. GDP = 7.7 亿元
C. GDP = 8.7 亿元 D. NDP = 5 亿元

9. 计入国内生产总值的是( )。
A. 家庭主妇的家务劳动折合成的收入
B. 拍卖毕加索作品的收入
C. 出售股票的收入
D. 晚上为邻居看儿童的收入

10. 在国民收入核算体系中，计入 GDP 的政府支出是指( )。
A. 政府购买物品的支出
B. 政府购买物品和劳务的支出
C. 政府购买物品和劳务的支出加上政府的转移支出之和
D. 政府工作人员的薪金和政府转移支出

11. 四部门经济中，如果用支出法来衡量，GDP 等于(　　)。
A. 消费＋投资
B. 消费＋投资＋政府支出
C. 消费＋投资＋政府支出＋净出口
D. 消费＋投资＋净出口

12. 国内生产总值与国内生产净值之间的差别是(　　)。
A. 直接税　　　B. 折旧　　　C. 间接税　　　D. 净出口

13. 按最终使用者类型，将最终产品和劳务的市场价值加总起来计算 GDP 的方法是(　　)。
A. 支出法　　　B. 收入法　　　C. 生产法　　　D. 增加值法

答案：1～5：BCBDB；6～10：CCCDB；11～13：CBA。

问答题

1. 下列项目是否计入 GDP？为什么？
(1) 政府转移支付。
(2) 购买一辆用过的卡车。
(3) 购买普通股票。
(4) 购买一块地产。

2. 如果甲乙两国合并成一个国家，对 GDP 总和会有什么影响（假定两国产出不变）？

3. 国民生产总值与国内生产总值有何不同？

1. 答：
(1) 政府转移支付不计入 GDP，因为政府转移支付只是简单地通过税收（包括社会保障税）和社会保险及社会救济等把收入从一个人或一个组织转移到另一个人或另一个组织手中，并没有相应的货物或劳务发生。例如，政府给残疾人发放救济金，并不是残疾人创造了收入；相反，倒是因为他丧失了创造收入的能力从而失去生活来源才给予救济的。
(2) 购买一辆用过的卡车不计入 GDP，因为在生产时已经计入过。
(3) 购买普通股票不计入 GDP，因为经济学上所讲的投资是增加或替换资本资产的支出，即购买新厂房，设备和存货的行为，而人们购买股票和债券只是一种证券交易活动，并不是实际的生产经营活动。
(4) 购买一块地产也不计入 GDP，因为购买地产只是一种所有权的转移活动，不属于经济意义的投资活动，故不计入 GDP。

2. 答：

如果甲乙两国合并成一个国家，对 GDP 总和没有影响。因为国民收入核算中核算的是两国的最终产出，只要两国的产出一定，GDP 总和就不会变化。

3. 答：

国内生产总值（GDP）、国民生产总值（GNP，1993 年联合国出版的新 SNA 改称为国民总收入，英文缩写 GNI）是国民经济核算体系中重要的总量指标，它们分别从特定角度反映整体经济活动成果，彼此间既有密切的联系又有所区别。

GDP 是一国（或地区）地域范围内所有常住单位在一定时期生产最终产品和提供劳务价值的总和。国内生产总值，从生产角度来看，是国民经济各部门的增加值之和；从分配角度来看，是这些部门的劳动者报酬、生产税净额、营业盈余和固定资产折旧之和；从使用角度来看，它是最终用于消费、投资、存货增加及净出口的产品和劳务的总和。

GNP 是一国（或地区）的所有常住单位一定时期内在国内（地区内）或国外（地区外）所生产的最终产品和提供的劳务价值之和。它等于国内生产总值加上国外净要素收入（来自国外的利润、利息、劳务收入等要素收入扣除支付给国外的要素收入后的净额）之和。它们之间的关系为：国民生产总值＝国内生产总值＋国外净要素收入。

由此可见，国内生产总值是"生产"概念，从生产角度反映社会经济活动成果；国民生产总值是"收入"概念，从收入角度反映社会经济情况。两者之间的数量关系是按其构成决定的，如当"国外净要素收入"为负值时，国民生产总值将小于国内生产总值。随着本国经济不断向外拓展，从国外得到的要素收入会有所增长。

计算题

1. 某年发生了以下活动：（a）一银矿公司支付了 7.5 万美元给矿工，开采了 50 千克银卖给一银器制造商，售价为 10 万美元；（b）银器制造商支付 5 万美元工资给工人造了一批项链给消费者，售价 40 万美元。

（1）用最终产品生产法计算 GDP。

（2）每个生产阶段生产多少价值？用增值法计算 GDP。

（3）在生产生活中赚的工资和利润各为多少？用收入法计算 GDP。

2. 一经济社会生产三种产品：书本、面包和菜豆。它们在 2010 年、2011 年的产量和价格如表 15－1 所示。

表 15－1　　　　　　　　2010 年和 2011 年的产量和价格

	2010 年		2011 年	
	数量	价格	数量	价格
书本	100	10 美元	110	10 美元
面包	200	1 美元	200	1.5 美元
菜豆	500	0.5 美元	450	1 美元

试求：（1）2010 年名义 GDP。

（2）2011 年名义 GDP。

（3）以 2010 年为基期，2010 年和 2011 年的实际 GDP 是多少，这两年实际 GDP 变化多少百分比？

（4）以 2011 年为基期，2010 年和 2011 年的实际 GDP 是多少，这两年实际 GDP 变化多少百分比？

（5）"GDP 的变化取决于我们用哪一年的价格作为衡量实际 GDP 的基期的价格。"这话对否？

（6）用 2010 年作为基期，计算 2010 年和 2011 年的 GDP 折算指数。

3. 若某国的 GDP 为 8800 单位，总投资为 1150 单位，净投资为 292 单位，消费为 5800 单位，政府购买的商品和劳务价值为 1500 单位，间接税为 620 单位，政府财政盈余为 44 单位，求该国 NDP、进出口净额、个人可支配收入和个人储蓄各为多少？

4. 假定一国有下列国民收入统计资料（单位：亿美元）：

国民生产总值　　4800

总投资　　　　　800

净投资　　　　　300

消费　　　　　　3000

政府购买　　　　960

政府预算盈余　　30

试求：（1）国民生产净值。

（2）净出口。

（3）政府税收减去政府转移支付后的收入。

（4）个人可支配收入。

（5）个人储蓄。

1. 解：

（1）项链为最终产品，价值 40 万美元。

（2）开矿阶段生产 10 万美元，银器制造阶段生产 30 万美元，即 40 - 10 = 30（万美元），两阶段共增值 40 万美元。

（3）在生产活动中，所获工资 = 7.5 + 5 = 12.5（万美元），在生产活动中，所获利润 = (10 - 7.5) + (30 - 5) = 27.5（万美元）。

用收入法统计的 GDP = 12.5 + 27.5 = 40（万美元）。

可见，用最终产品法，增值法和收入法计得的 GDP 是相同的。

2. 解：

（1）2010 年名义 GDP = $100 \times 10 + 200 \times 1 + 500 \times 0.5 = 1450$（美元）。

（2）2011 年名义 GDP = $110 \times 10 + 200 \times 1.5 + 450 \times 1 = 1850$（美元）。

(3) 以 2010 年为基期，2010 年实际 GDP = 1450 美元，2011 年的实际 GDP = 110×10 + 200×1 + 450×0.5 = 1525（美元），这两年的实际 GDP 变化百分比 = (1525 − 1450) / 1450 = 5.17%。

(4) 以 2011 年为基期，2011 年实际 GDP = 1850 美元，2010 年实际 GDP = 100×10 + 200×1.5 + 500×1 = 1800（美元），这两年实际 GDP 变化百分比 = (1850 − 1800) / 1800 = 2.78%。

(5) GDP 的变动由两个因素造成：一是所生产的物品和劳务的数量的变动；二是物品和劳务价格的变动。"GDP 的变化取决于我们用哪一年的价格作衡量实际 GDP 的基期的价格"这句话只说出了后一个因素，所以是不完整的。

(6) 用 2010 年作为基期，2010 年 GDP 折算指数 = 名义 GDP/实际 GDP = 1450/1450 = 100%，2011 年的 GDP 折算指数 = 1850/1525 = 121.31%。

3. 解：

(1) NDP = GDP − 折旧 = 8800 − 858 = 7942。

折旧 = 总投资 − 净投资 = 1150 − 292 = 858。

(2) X − M = GDP − (C + I + G) = 8800 − (5800 + 1150 + 1500) = 350。

(3) DI = C + $S_私$ = 5800 + 598 = 6398。

(4) (I − S) = (T − G) + (M − X)，1150 − S = 44 − (X − M) = 44 − 350，S = 1150 − 44 + 350 = 1456。

$S_私$ = 1456 − 折旧 = 1456 − 858 = 598。

4. 解：

(1) 国内生产净值 = 国内生产总值 − 资本消耗补偿，而资本消耗补偿即折旧 = 总投资 − 净投资后的余额，即 500 = 800 − 300，因此，国内生产净值 = 4800 − 500 = 4300（亿美元）。

(2) 从 GDP = C + I + G + (X − M) 中可知，X − M = GDP − C − I − G，因此，净出口 = X − M = 4800 − 3000 − 800 − 960 = 40（亿美元）。

(3) 用 BS 代表政府预算盈余，T 代表净税收即政府税收减去政府转移支付后的收入，则 BS = T − G，从而有：T = BS + G = 30 + 960 = 990（亿美元）。

(4) 个人可支配收入原是个人收入减去个人所得税后的余额，本题条件中没有给出间接税、公司利润、社会保险税等因素的相关数据，因此，可从国内生产净值中间接得到个人可支配收入，即 DPI = NNP − T = 4300 − 990 = 3310（亿美元）。

(5) 个人储蓄 S = DI − C = 3310 − 3000 = 310（亿美元）。

三、拓展习题

单项选择题

1. 下列各项中不列入国内生产总值核算的是（　　）。

A. 出口到国外的货物

B. 政府给贫困家庭发放的救济金

C. 经纪人为旧房买卖获得的佣金

D. 保险公司收到的保险费

2. 一国国内生产总值大于国民生产总值，说明该国从外国获得的收入（　　）外国从该国获得的收入。

A. 大于　　　　　　　　　　B. 小于

C. 等于　　　　　　　　　　D. 可能大于也可能小于

3. 今年名义国内生产总值大于上年的名义国内生产总值，说明（　　）。

A. 今年物价比上年高

B. 今年物价和实物（和服务）总量比上年高

C. 今年生产的实物（和服务）比上年高

D. 以上说法都不正确

4. "面粉是中间产品"这一命题（　　）。

A. 一定是对的　　　　　　　B. 一定是不对的

C. 可能对也可能错　　　　　D. 以上答案都不对

5. 下列各项中不是公司间接税的是（　　）

A. 销售税　　B. 利润税　　C. 货物税　　D. 财产税

6. 下列项目中（　　）不是要素收入。

A. 总统薪水　　　　　　　　B. 股息

C. 公司对灾区的捐献　　　　D. 银行存款利息

7. 下列项目中（　　）不是要素收入但被居民得到了。

A. 租金　　B. 银行存款利息　　C. 红利　　D. 养老金

8. 如果个人收入等于 570 美元，而个人所得税为 90 美元，消费为 430 美元，个人储蓄为 90 美元，则个人可支配收入为（　　）美元。

A. 500　　B. 480　　C. 470　　D. 400

答案：1~5：BBDCB；6~8：CDB。

问答题

1. 在统计中，社会保险税增加对 GDP、NDP、NI、PI 和 DPI 这五个总量中哪个总量有影响？为什么？

2. 怎样理解产出等于收入以及产出等于支出？

1. 答：

社会保险税实质上是企业和职工为得到社会保障而支付的保险金，它由政府有关部门（一般是社会保险局）按一定比率以税收形式征收。社会保险税是从国民收入中扣除的,因此,社会保险税的增加并不影响 GDP、NDP 和 NI,但影响个人收入 PI。社会保险税增加会减少个人收入,从而也从某种意义上会影响个人可支配收入。然而,应当认为,社会保险税的增加并不直接影响可支配收入,因为一旦个人收入决定以后,只有个人所得税的变动才会影响个人可支配收入 DPI。

2. 答:

产出指 GDP 的生产,也即新创造的价值,而不是各经济部门的产品价值总和,例如,长期以来我们所讲的社会总产值。假定某纺纱厂 1 年产出成品(棉纱)值 20 万元,其中,包括消耗棉花价值为 15 万元(我们用棉花代表棉纱生产过程中耗费的全部中间产品价值),则创造的价值只有 5 万元,而不是 20 万元。

为什么产出等于收入呢?如果我们暂不考虑折旧和间接税,那么,新创造的这 5 万元价值就被认为是生产棉纱所投入的生产要素(劳动、土地、资本及企业家管理才能)共同创造的,因而要转化为这些要素的报酬,即工资、地租、利息和利润。其中,利润是产品卖价 20 万元扣除原材料价格、工资、利息和地租后的余额。假定工资是 2 万元,利息是 1.5 万元,地租是 5000 元,则利润就是 1 万元。正是由于在国民收入核算中把利润看成是产品卖价扣除成本后的余额,因此,总产出等于总收入。

总产出等于总支出是指就全社会来看,总产出等于购买最终产品的总支出。例如,假定一件上衣卖 500 元,就意味着消费者购买时支出 500 元,而这 500 元又是许多与之有关的生产经营者(如棉农、棉纱厂、织布厂、制衣厂、售衣商等)创造的价值即产出。上衣是如此,千千万万最终产品也是如此,因而就全社会来看,总产出就等于购买最终产品的总支出。

计算题

1. 假定某行业有 A、B、C 三个厂商,A 厂商年生产 5000,卖给 B、C 和消费者,其中,B 买 200,C 买 2000,其余 2800 卖给消费者。B 年产 500,直接卖给消费者。C 年产 6000,其中 3000 由 A 购买,其余由消费者买。

(1) 假定投入再生产都用完,计算价值增加多少。

(2) 计算 GDP 为多少。

(3) 如果只有 C 有 500 折旧,计算国民收入是多少。

2. 从表 15-2 中计算:

(1) 国民收入。

(2) 国内生产净值。

(3) 国内生产总值。

(4) 个人收入。

(5) 个人可支配收入。

(6) 个人储蓄。

表 15-2　统计资料　　　　　　　　　　　　　单位：十亿美元

资本消耗补偿	356.4
雇员酬金	1866.3
企业利息支付	264.9
间接税	266.3
个人租金收入	34.1
公司利润	164.8
非公司企业主收入	120.8
红利	66.4
社会保险税	253.0
个人所得税	402.1
消费者支付的利息	64.4
政府支付的利息	105.4
政府转移支付	374.5
个人消费支出	1991.9

3. 假定国内生产总值是 5000，个人可支配收入是 4100，政府预算赤字是 200，消费是 3800，贸易赤字是 100（单位：亿美元）。试计算：

（1）储蓄。

（2）投资。

（3）政府支出。

1. 解：

（1）由题设，厂商 A 产出为 5000，其中向 C 买了 3000，故 A 的价值增加 = 5000 - 3000 = 2000。

厂商 B 产出为 500，其中向 A 买了 200，故 B 的价值增加 = 500 - 200 = 300。

厂商 C 产出为 6000，其中向 A 买了 2000，故 C 的价值增加 = 6000 - 2000 = 4000。

这样，合计价值增加 = 2000 + 300 + 4000 = 6300。

（2）由题设，厂商 A 卖给消费者最终产品 2800，厂商 B 卖给消费者最终产品 500，厂商 C 卖给消费者最终产品 3000，这样，由最终产品生产法可得 GDP = 2800 + 500 + 3000 = 6300。

（3）国民收入 = 6300 - 500 = 5800。

2. 解：

（1）国民收入 = 雇员酬金 + 企业利息支付 + 个人租金收入 + 公司利润 + 非公司企业主收入 = 1866.3 + 264.9 + 34.1 + 164.8 + 120.8 = 2450.9（十亿美元）。

（2）国内生产净值 = 国民收入 + 间接税 = 2450.9 + 266.3 = 2717.2（十亿美元）。

（3）国内生产总值 = 国内生产净值 + 资本消耗补偿 = 2717.2 + 356.4 =

3073.6（十亿美元）。

（4）个人收入 = 国民收入 −（公司利润 + 社会保险税）+ 政府支付的利息 + 政府的转移支付 + 红利 = 2450.9 −（164.8 + 253.0）+ 105.1 + 374.5 + 66.4 = 2579.1（十亿美元）。

（5）个人可支配收入 = 个人收入 − 个人所得税 = 2579.1 − 402.1 = 2177（十亿美元）。

（6）个人储蓄 = 个人可支配收入 − 个人消费支出 − 消费者支付的利息 = 2177 − 1991.9 − 64.4 = 120.7（十亿美元）。

3. 答：

（1）用 S 代表储蓄，用 Y_D 代表个人可支配收入，则 S = GDP − Y_D = 4100 − 3800 = 300（亿美元）。

（2）用 I 代表投资，用 S_p、S_g、S_r 分别代表私人部门、政府部门和国外部门的储蓄，其中，S_g = T − G = BS，在这里，T 代表政府税收收入，G 代表政府支出，BS 代表政府预算盈余，在本题中，S_g = BS = −200。

而国外部门的储蓄 S_r，是外国的出口减去进口，对本国来说，则是进口减去出口，在本题中，S_r = 100，因此，I = S_p + S_g + S_r = 300 +（−200）+ 100 = 200（亿美元）。

（3）从 GDP = C + I + G +（X − M）中可知，政府支出 G = 4800 − 3000 − 800 −（−100）= 1100（亿美元）。

四、难点解释

1. 储蓄—投资恒等式为什么并不意味着计划储蓄总等于计划投资？
2. 如何理解四部门经济的收入构成以及储蓄投资恒等式？

1. 答：

在国民收入核算体系中，存在的储蓄—投资恒等式完全是根据储蓄和投资的定义得出的。根据定义，国内生产总值总等于消费加投资，国民总收入则等于消费加储蓄，国内生产总值又总等于国民总收入，这样才有了储蓄恒等于投资的关系。这种恒等关系就是两部门经济的总供给（C + S）和总需求（C + I）的恒等关系。只要遵循储蓄和投资的这些定义，储蓄和投资一定相等，而不管经济是否充分就业或通货膨胀。但这一恒等式并不意味着人们意愿的或者说事前计划的储蓄总会等于企业想要有的投资。在实际经济生活中，储蓄和投资的主体及动机都不一样，这就会引起计划投资和计划储蓄的不一致，形成总需求和总供给不平衡，引起经济扩张和收缩。分析宏观经济均衡时所讲的投资要等于储蓄，是指只有计划投资等于计划储蓄时，才能形成经济的均衡状态。这和国民收入核算中的实际发生的投资总等于实际发生的储蓄这种恒等关系并不是一回事。

例如，一个两部门经济，某年总产出为1000，消费为500，投资为500，储蓄也是500，这时有消费加投资等于消费加储蓄。如果总产出仍为1000，卖给消费者500，固定资产投资以及计划存货投资为400，则非计划存货投资为100。此时，总供给为1000（因为人们生产了1000的物品，就要获得1000的报酬），分为消费500和储蓄500，而总需求为900，即消费500加计划投资400。总供给大于总需求，生产过剩，经济会收缩。但在国民收入核算中，消费加储蓄为1000，消费加投资（含非计划存货投资）也是1000，即消费（500）加计划投资（400）加非计划存货投资（100）。

关键之处在于：当我们讨论总供给和总需求时，投资中不含非计划存货投资；而在国民收入核算中，投资包括非计划存货投资。

2. 答：

在四部门经济中，贸易的经济活动表现在：一方面，组织本国商品和劳务出口；另一方面，从国外进口商品和劳务。四部门经济中国民收入的构成也可以从支出和收入两个方面来加以分析。

第一种方法：

一方面，从支出的角度看，国民收入就等于消费、投资、政府购买和出口的总和，用公式表示，即 $Y = C + I + G + X$。另一方面，从收入的角度看，由于存在外贸活动，家庭的总收入不仅用于消费、储蓄、交税，还有可能用于对外国人的转移支付。因此，国民收入总是等于消费加储蓄加税收加进口，即 $Y = C + S + T + M$。

由于 $C + I + G + X = Y = C + S + T + M$，就有 $I + G + X = S + T + M$，或 $I = S + (T - G) + (M - X)$。$S$ 是居民储蓄，$(T - G)$ 是政府储蓄，$(M - X)$ 是对外贸易储蓄（外国储蓄），这就是四部门经济中储蓄—投资恒等式。其循环模型如图15-2所示。

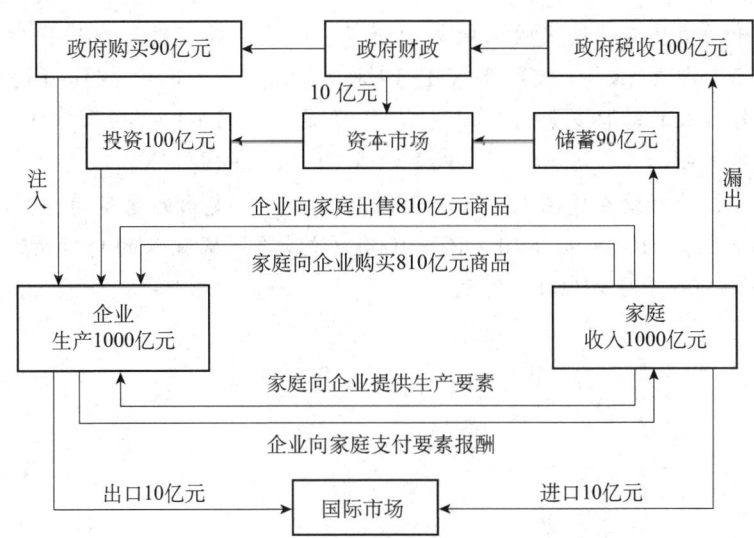

图15-2 四部门经济中国民收入流量循环

解释：以上分析方法中有一个小问题。因为从支出的角度看，Y = C + I + G + X = 810 + 100 + 90 + 10 = 1100（亿元），而总产出是 1000 亿元，两者略有出入。

同样，从收入的角度看，Y = C + S + T + M = 810 + 90 + 100 + 10 = 1100（亿元），也大于家庭收入。

可以将企业出售商品量改为 800 亿元，家庭向企业购买商品量改为 800 亿元。即为图 15 - 3 所示。

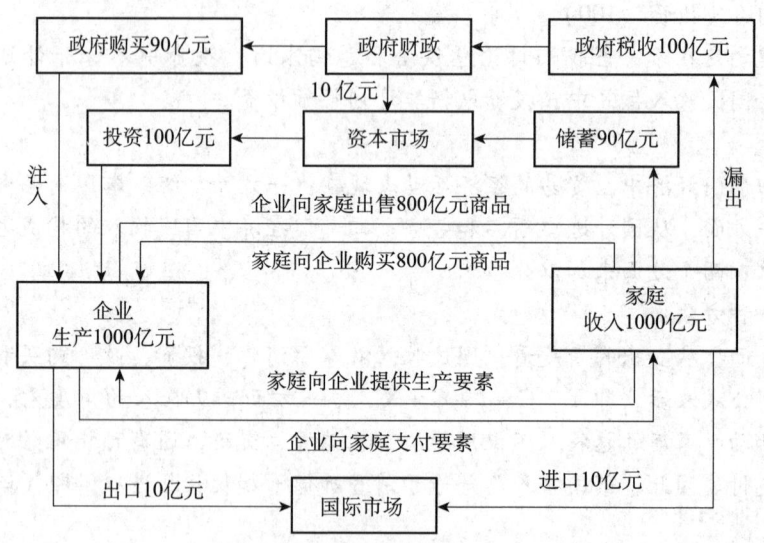

图 15 - 3　四部门经济中国民收入流量循环

这样，支出角度，Y = C + I + G + X = 800 + 100 + 90 + 10 = 1000（亿元）；收入角度，Y = C + S + T + M = 800 + 90 + 100 + 10 = 1000（亿元）。

第二种方法：

从支出的角度看，国民收入就等于消费、投资、政府购买和净出口的总和，用公式表示，即 Y = C + I + G + X - M。从收入角度，Y = C + S + T + Kr，Kr 为本国居民对外国人的转移支付（可以忽略）。于是，有 C + I + G + X - M = Y = C + S + T，就有 I + G + X - M = S + T，或 I = S + (T - G) + (M - X)。

这种分析的好处在于图 15 - 3 不用修改。因为从支出的角度看，Y = C + I + G + X - M = 810 + 100 + 90 + 10 - 10 = 1000（亿元）；从收入的角度看，Y = C + S + T = 810 + 90 + 100 = 1000（亿元）。

第十六章 国民收入决定——收入支出模型

一、学习指导

【学习目的】

通过本章的学习,要求学生了解凯恩斯的消费理论和其他消费理论,掌握两部门、三部门、四部门经济中国民收入的决定,熟悉投资乘数等各种乘数的概念及其对现实宏观经济实践的意义。

【学习目标】

1. 掌握均衡产出的概念及均衡产出的条件。
2. 理解 MPC 与 MPS、APC 与 APS 的概念及其相互关系。
3. 理解和掌握两部门经济中国民经济均衡条件:$Y = C + I$ 或 $I = S$。
4. 理解和掌握三部门、四部门经济中均衡国民收入决定及表达式推导过程。理解消费、储蓄、政府购买、税收、转移支付等对均衡国民收入的影响。
5. 掌握乘数原理和三部门、四部门经济的各种乘数以及其对宏观经济实践的重要意义。

【关键概念】

凯恩斯定律(keynes's law);消费函数(consumption function);边际消费倾向(marginal propensity to consume);边际储蓄倾向(marginal propensity to save);储蓄函数(saving function);绝对收入消费论(absolute income hypothesis of consumption);相对收入假说(relative income hypothesis);永久收入假说(permanent income hypothesis);生命周期假说(life cycle hypothesis);投资乘数(investment multiplier);税收乘数(tax multiplier);政府支出乘数(government expenditure multiplier);转移支付乘数(transfer payment multiplier);平衡预算乘数(balanced budget multiplier);对外贸易乘数(foreign trade multiplier);通货膨胀缺口(inflationary gap);通货紧缩缺口(deflationary gap)。

【本章框架】

首先,明确了国民收入的多少决定于总需求和总需求相等的产出便是均衡产出,因此,国民收入 y 就取决于消费 c 和投资 i(或储蓄 s),即 $y=c+i=c+s$,或 $i=s$。其次,在介绍凯恩斯的消费理论和储蓄函数的基础上,得出国民收入的决定其实是一个复杂函数的结论。通过分析两部门、三部门以及四部门经济中国民收入的决定及其变动,得到了不同经济部门中国民收入决定的函数表达式,最终引出乘数理论并发现其重要性(见图 16-1)。

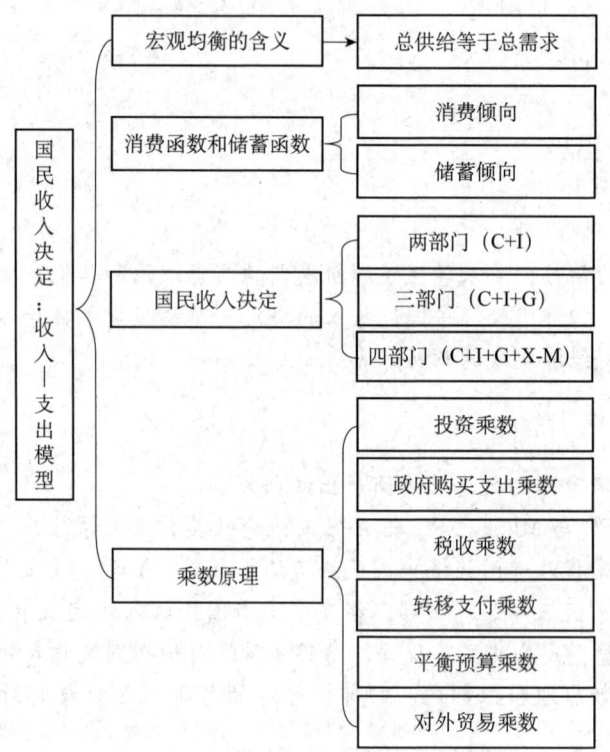

图 16-1 国民收入决定:收入—支出模型框架

【内容提要】

● 均衡产出是和总需求相一致的产出,也就是经济社会的收入正好等于全体居民和企业想要有的支出。若用 E 代表支出,y 代表收入,则经济均衡的条件是 $E=y$。这里 $E=c+i$,即计划支出等于计划消费加投资;$y=c+s$,即生产创造的收入等于计划消费加计划储蓄(这里,y、c、s 也都是剔除了价格变动的实际收入、实际消费和实际储蓄)。由 $E=y$ 知道 $c+i=c+s$,即 $i=s$。需要说明的是,这里的投资等于储蓄,是指经济要达到均衡,计划投资必须等于计划储蓄,而在国民收入核算中的 $i=s$,则是指实际发生的投资始终等于储蓄。前者为均衡的条件,即计划投资不一定等于计划储蓄,只有两者相等时,收入才处于均衡状态;而后者所指的实际投资和实际储蓄是根据定义而得到的实际数字,从而必然相等。

- 凯恩斯主义经济学认为，国民收入的决定主要取决于总支出 AE 的水平，因此，在 AE-NI 模型中，总支出 AE 的构成及其水平如何，对国民收入处在何种水平上，都起着决定性的作用。而简单国民收入决定理论就是从消费函数的论述开始的。消费函数是消费与收入之间的依存关系。凯恩斯认为，随着收入的增加，增加的收入中用于消费的数量越来越少，即边际消费倾向呈递减的趋势，这被称为边际消费倾向递减规律。

- 在两部门经济（只有家庭部门和企业部门的经济）下，意愿的或计划的总支出 AE 由意愿的或计划的家庭消费支出 C 和企业投资支出 I 构成。当总收入 Y 与总支出均衡时，有 Y=C+I。同时，均衡产出等于意愿的或计划的消费与储蓄之和，即 Y=C+S。均衡收入是总支出与总收入相等时的收入，于是有 C+I=C+S，即 I=S。这就是两部门经济的国民收入均衡条件。

- 乘数原理又称倍数原理，是国民收入决定理论的重要组成部分，主要分析支出变动与引起的国民收入变动量之间的数量关系。乘数的大小主要取决于边际消费倾向，边际消费倾向越大，乘数就越大。乘数包括投资乘数、政府购买乘数、税收乘数、平衡预算乘数等。

二、习题解答

名词解释

均衡产出或收入；消费函数；边际消费倾向和平均消费倾向；棘轮效应；边际储蓄倾向和平均储蓄倾向；投资乘数；税收乘数；转移支付乘数；通货紧缩缺口；通货膨胀缺口。

1. 均衡产出或收入

答：均衡产出或收入是与总需求相一致的产出，此时经济社会的收入正好等于包括全体家庭和企业在内的各个经济部门想要有的支出，或者说计划或意愿的投资正好等于计划或意愿的储蓄。

2. 消费函数

答：消费函数指关于消费和收入的依存关系的函数，其图形表示即消费曲线。凯恩斯认为，随着收入的增加，消费也会增加，但消费的增加不及收入增加的多。关于收入和消费的关系，凯恩斯认为，存在一条基本心理规律：随着收入的增加，消费也会增加，但消费的增加不及收入增加的多，消费和收入的这种关系称作消费函数或消费倾向，用公式表示是 $C=a+bY$。其中，a 表示自发性消费部分，b 表示边际消费倾向，b 和 Y 的乘积表示收入引致的消费。

3. 边际消费倾向和平均消费倾向

答：边际消费倾向指增加的消费与增加的收入之比率，也就是增加单位收入中用于增加消费部分的比率。平均消费倾向指任一收入水平上消费在收入中的比率。边际消费倾向计算公式为：MPC $= \Delta C/\Delta Y$ 或 $b = \Delta C/\Delta Y$；平均消费倾向计算公式是：APC $= C/Y$。

4. 棘轮效应

答：棘轮效应是指人的消费习惯形成之后有不可逆性，即易于向上调整，而难以向下调整。尤其在短期内消费是不可逆的，其习惯效应较大。这种习惯效应，使消费取决于相对收入，即相对于自己过去的高峰收入。消费者易于随收入的提高增加消费，但不易随收入的降低而减少消费。这种特点被称为棘轮效应。

5. 边际储蓄倾向和平均储蓄倾向

答：边际储蓄倾向指储蓄增量对收入增量的比率；平均储蓄倾向是指任一收入水平上储蓄在收入中所占的比率。边际储蓄倾向计算公式是：PS $= \Delta S/\Delta Y$；平均储蓄倾向计算公式是：APS $= S/Y$。

6. 投资乘数

答：投资乘数指国民收入的变化与带来这种变化的投资支出变化的比率。如果用 b 代表边际消费倾向，K 代表投资乘数，则投资乘数 $K = 1/(1-b)$。可见，乘数的大小与边际消费倾向有关。边际消费倾向越大，或边际储蓄倾向越小，则乘数就越大。实际上，投资乘数效应的发挥是两方面的，既可以使得国民收入成倍增加，又可以使得国民收入成倍减少。

7. 税收乘数

答：税收乘数是指国民收入变动对引起这种变动的税收变动的比率。如果政府减税，就会增加个人可支配收入，随着可支配收入增加，人们就会增加消费，进而会引起国民收入若干倍增加；反之，就会引起国民收入若干倍减少。

8. 转移支付乘数

答：转移支付乘数是指国民收入变动对引起这种变动的政府转移支付变动的比率。政府转移支付的增加也会增加总需求，从而使产量和国民收入增加。增加转移支付与减少税收的效果相同，即都会引起个人可支配收入增加，从而增加消费，最终形成国民收入成倍增加。反之，就会引起国民收入若干倍减少。

9. 通货紧缩缺口

答：通货紧缩缺口是指实际总支出低于充分就业国民收入所要求的总支出之间的缺口，它测度着达到充分就业均衡所需要增加的总支出量。

10. 通货膨胀缺口

答：通货膨胀缺口是指实际总支出超过充分就业国民收入所要求的总支出之间的缺口，它测度为实现充分就业均衡所需要降低的总支出量。

单项选择题

1. 在两部门经济中，均衡发生于（　　）之时。

A. 实际储蓄等于实际投资

B. 实际的消费加实际的投资等于产出值

C. 计划储蓄等于计划投资

D. 总支出等于企业部门的收入

2. 在产品市场两部门经济模型中，如果边际消费倾向值为0.8，那么自主消费乘数值为（　　）。
A. 1.6　　　　B. 2.5　　　　C. 5　　　　D. 4

3. 存在闲置资源的条件下，如果政府购买支出增加，那么GDP将（　　）。
A. 减少，但其减少量小于政府购买支出的增加量
B. 减少，但其减少量多于政府购买支出的增加量
C. 增加，其增加量小于政府购买支出的增加量
D. 增加，其增加量多于政府购买支出的增加量

4. 假定其他条件不变，税收增加将引起国民收入（　　）。
A. 增加，但消费水平下降　　　　B. 增加，同时消费水平提高
C. 减少，同时消费水平下降　　　　D. 减少，但消费水平上升

5. 在产品市场四部门收入决定模型中，政府同时等量地增加购买支出与税收，则GDP（　　）。
A. 将下降，且下降量等于税收的增加量
B. 将下降，但下降量少于税收的增加量
C. 将增加，且增加量等于政府购买支出的增加量
D. 将增加，但增加量少于政府购买支出的增加量

6. 在产品市场收入决定模型中，如果净出口增加，则GDP（　　）。
A. 将下降，且下降量等于净出口的增加量
B. 将下降，但下降量多于净出口的增加量
C. 将增加，且增加量等于净出口的增加量
D. 将增加，且增加量多于净出口的增加量

7. 在短期，实际GDP可能（　　）潜在GDP。
A. 等于　　　　　　　　　　　　B. 大于
C. 小于　　　　　　　　　　　　D. 等于，也可能大于或小于

8. 在产品市场收入决定模型中，实际GDP低于均衡GDP，意味着（　　）。
A. 储蓄大于实际投资　　　　　　B. 储蓄小于实际投资
C. 储蓄大于计划投资　　　　　　D. 储蓄小于计划投资

9. 已知某个经济社会充分就业的收入是4000亿元，实际均衡收入是3800亿元。假定边际储蓄倾向为25%，增加（　　）亿元投资将使经济达到充分就业。
A. 200　　　　B. 50　　　　C. 100　　　　D. 40

10. 产品市场两部门经济中的投资乘数（　　）三部门经济中的投资乘数。
A. 等于　　　　　　　　　　　　B. 大于
C. 小于　　　　　　　　　　　　D. 既可以大于也可以小于

11. 产品市场三部门经济中的投资乘数（　　）四部门经济中的投资乘数。
A. 等于　　　　　　　　　　　　B. 大于
C. 小于　　　　　　　　　　　　D. 既可以大于也可以小于

12. 若其他情况不变，所得税税率提高时，投资乘数（　　）。
A. 将增大　　　　　　　　　　B. 将缩小
C. 不变　　　　　　　　　　　D. 可能增大也可能缩小

答案：1~5：CCDCD；6~10：DDDBB；11~12：BB。

问答题

1. 在均衡产出水平上，计划存货投资和非计划存货投资是否都必然为零？
2. 为什么说 i = s 是简单收入决定模型中的基本均衡条件？应当怎样看待这一均衡条件？
3. 简述乘数原理及乘数发挥作用的前提。
4. 在低于充分就业的经济中，为什么均衡收入水平随着总需求的变动而变动？在收入的变动过程中，一般价格水平为什么常常保持不变？

1. 答：

当计划投资等于储蓄时产品市场达到均衡，产量正好等于销量，这正是企业愿意保持的产量水平，企业生产稳定下来，此时计划投资不是零，而非计划投资则必然等于零。用收入支出分析法来说明。

假设投资函数 c = a + by，总需求 AD = c + i，如图 16-2 所示。在图中，c 线为没有计划投资的需求线。总需求线 AD = c + i 与 c 线之间的纵向距离为 i。图 16-2 中的 45°线表示收入恒等式。45°线与 c 线之差称为实际投资，从图 16-2 中显然可以看出，只有 E_0 点实际投资等于计划投资，这时经济处于均衡状态。而计划存货投资是计划投资的一部分，一般不为零。除 E_0 点以外，实际投资与计划投资不等，存在非计划存货投资 IU。而在 E_0 点，产出等于需求，非计划存货投资为零。

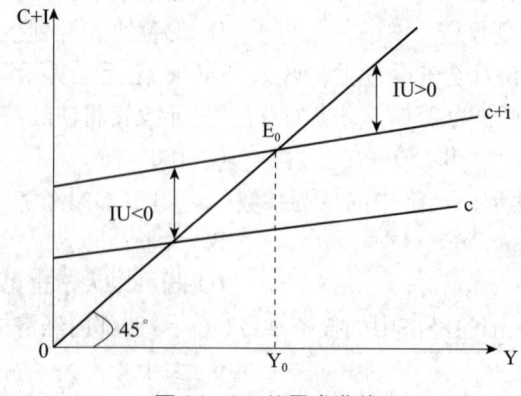

图 16-2　总需求曲线

2. 答:

均衡国民收入是指与总需求（或总支出）相等的产出，即 $y=c+i$。又因为生产创造的产出（或收入）等于计划消费加计划储蓄，即 $y=c+s$（这里，y、c、s 都是剔除了价格变动的实际收入、实际消费和实际储蓄），因此，$c+i=c+s$，等式的两边消去 c，则得 $i=s$。

这就是简单国民收入均衡的基本条件，反映的是投资等于储蓄，即经济要达到均衡时计划投资必须等于计划储蓄。

3. 答:

1936 年，凯恩斯在《就业、利息与货币通论》一书中引入边际消费倾向概念，系统地阐述了投资乘数原理。经济生活中一定规模的投资增加，在一定程度上对就业和国民收入产生积极的影响，有效地促进生产和消费的扩大，这就是国民收入乘数理论的雏形。国民收入乘数原理是凯恩斯需求管理的主要支柱之一。

乘数是指自发总需求（如自发性投资、自发性消费、政府支出的变动、税收的变动、净出口的变动等）的增加所引起的国民收入增加的倍数，或者说是国民收入变化量与引起这种变化量的自发总需求的变化量之间的比率。如投资只增加 10 亿美元，均衡国民收入却增加了 50 亿美元，增加的国民收入是增加的投资的 5 倍。这个倍数 5 就是投资乘数。如果用 k_i 表示投资乘数，Δi 表示投资增加量，Δy 表示国民收入增加量，则投资乘数的计算公式为：$k_i = \Delta y / \Delta i$。于是有，当投资变化 Δi 时，通过乘数使得国民收入变为 $\Delta y = k_i \Delta i$。

应该承认，国民经济各部门之间确实存在着乘数原理所反映的这种连锁反应，国民收入的增加大于最初自发性投资的增加，但乘数发生作用是需要有一定条件的。这就是说，只有在社会上各种资源没有得到充分利用时，总需求的增加才会使各种资源得到利用，产生乘数作用。如果社会上各种资源已经得到充分利用，或者某些关键部门（如能源、原材料或交通）存在着制约其他资源利用的"瓶颈状态"，乘数也无法发挥作用。此外，乘数的作用是双重的，即当自发性投资增加时，所引起的国民收入的增加大于最初投资的增加量；当自发性投资减少时，所引起的国民收入的减少也会大于最初自发性投资减少。所以，经济学家形象地把乘数称为一把"双刃剑"。

4. 答:

按照凯恩斯的总需求分析理论，在非充分就业之前，均衡国民收入取决于总需求（或总支出），即社会需要多少就能生产多少。因此，总需求增加会导致均衡国民收入增加；总需求减少，均衡国民收入随之减少。

同时，当总需求变动时只会引起产量和收入变动，而不会引起价格变动。由于凯恩斯写作《就业、利息和货币通论》时，面对的是 1923～1933 年的经济大萧条，工人大批失业，资源大量闲置。在这种情况下，社会总需求的增加，只会使闲置的资源得到利用，使生产增加，而不会使资源的价格上升，从而产品成本和价格大体上能保持不变。

计算题

1. 假设两部门经济中,社会消费函数为 $c = 100 + 0.75y$,投资 $i = 100$(单位均为十亿美元)。求:

(1) 求均衡的国民收入。

(2) 如果当时实际产出(即收入)为 1000,试求企业非计划存货投资。

2. 假设社会消费函数为 $c = 100 + 0.8y_d$(y_d 为可支配收入),投资支出 $i = 50$,政府购买支出 $g = 200$,政府转移支付 $tr = 62.5$,定额税收 $t_0 = 250$(单位均为十亿美元)。求:

(1) 均衡的国民收入。

(2) 投资乘数、政府购买乘数、税收乘数、转移支付乘数与平衡预算乘数。

(3) 假定该社会的充分就业所需要的国民收入为 1200,试问:A. 增加政府购买;B. 减少税收;C. 增加政府购买和税收同一数额(以便预算平衡)来实现充分就业,各需多少数额?

1. 解:

(1) 根据两部门经济的均衡条件 $y = c + i$,得 $y = 100 + 0.75 + 100$。于是,$y = (100 + 100) / (1 - 0.75) = 800$。

(2) 当实际产出为 1000(十亿美元)时,企业非计划存货投资 = 实际产出 − 均衡产出 = $1000 - 800 = 200$(十亿美元)。

2. 解:

(1) 根据国民均衡条件 $y = c + i + g$,且 $C = 100 + 0.8(y - 250 + 62.5)$;$i = 50$;$g = 200$。得:$y = (100 + 50 + 200 - 0.8 \times 250 + 0.8 \times 62.5) / (1 - 0.8) = 1000$。

(2) 根据三部门经济中有关乘数计算公式,得到各种乘数值:

投资乘数 $k_i = \Delta y / \Delta i = 1 / (1 - 0.8) = 5$;

政府购买支出乘数 $k_g = \Delta y / \Delta g = 1 / (1 - 0.8) = 5$;

税收乘数 $k_t = \Delta y / \Delta t = -0.8 / (1 - 0.8) = -4$;

转移支付乘数 $k_{tr} = \Delta y / \Delta tr = 0.8 / (1 - 0.8) = 4$;

平衡预算乘数 $k_b = \Delta y / \Delta g = \Delta y / \Delta t = (1 - 0.8) / (1 - 0.8) = 1$。

(3) 假定该社会的充分就业所需要的国民收入为 1200 时,均衡国民收入和充分就业国民收入相差 200(十亿美元)。

A. 按照政府购买支出乘数 $k_g = \Delta y / \Delta g = 5$,有 $\Delta g = \Delta y / k_g = 40$。所以,单独增加政府购买支出 40(十亿美元)就可实现充分就业所需的国民收入 1200(十亿美元)。

B. 同理有,$\Delta t = (1200 - 1000) / -4 = -50$(十亿美元)。

C. 根据 $1200 = 100 + 0.8[1200 - (t + \Delta t) + tr] + i + (g + \Delta g)$,并且 $\Delta g = \Delta t$,解之得 $\Delta g = \Delta t = 200$(十亿美元),即同时增加政府购买支出 200 和税收 200 就能实现充分就业。

三、拓展习题

单项选择题

1. 从短期来说，当某居民的可支配收入等于零时，其消费支出可能( )。
   A. 大于零 B. 等于零
   C. 小于零 D. 以上几种情况都不可能

2. 从长期来说，如果居民的可支配收入等于零，则消费支出( )。
   A. 大于零 B. 小于零
   C. 等于零 D. 以上几种情况都可能

3. 在短期内，居民的( )有可能大于可支配收入。
   A. 储蓄 B. 消费
   C. 所得税 D. 转移支付

4. 直线型的消费函数表明平均消费倾向( )。
   A. 大于边际消费倾向 B. 小于边际消费倾向
   C. 等于边际消费倾向 D. 以上几种情况都有可能

5. 下列( )不会使收入水平增加。
   A. 自发性支出增加 B. 自发性税收下降
   C. 自发性转移支付增加 D. 净税收增加

6. 如果其他情况不变，净税收和政府购买增加同一数额时，则( )。
   A. 总支出线（C+I+G）上移 B. 总支出线（C+I+G）下移
   C. 总支出线（C+I+G）不变 D. 以上三种情况都有可能

7. 假定净出口函数是 $NX = \bar{X} - mY$，且净出口余额为零，则增加投资支出将( )。
   A. 使净出口余额和收入增加
   B. 收入增加，但净出口余额变为负值
   C. 收入增加，净出口余额不受影响
   D. 收入不受影响，但净出口余额变为负值

8. 边际进口倾向上升( )。
   A. 对乘数的影响和 MPC 一样 B. 对乘数没有影响
   C. 使乘数变大 D. 使乘数变小

答案：1~5：ACBAD；6~8：ABD。

问答题

1. 能否说边际消费倾向和平均消费倾向总是大于零而小于1？
2. 假定有两位老妇人都有购房行为，其中一位老太太说，我积蓄了一辈子钱，

昨天总算买了一套房，住了一夜就来到天堂；另一位老太太说，我也很辛苦，住了一辈子大房子，直到昨天才还清买房的贷款，今天就来到天堂。如果真有这样两位老太太，你认为哪位老太太聪明些？为什么？她们的购房行为，各是根据什么消费理论？

3. 一些西方经济学家常断言，将一部分国民收入从富者转给贫者，将提高总收入水平，你认为他们的理由是什么？

4. 按照凯恩斯主义观点，增加储蓄对均衡收入会有什么影响？

1. 答：

消费倾向就是消费支出和收入的关系，又称消费函数。消费支出和收入的关系可以从两个方面加以考察：一方面考察消费支出变动量和收入变动量关系，这就是边际消费倾向（$MPC = \frac{\Delta C}{\Delta Y}$ 或 $MPC = \frac{dC}{dY}$）；另一方面考察一定收入水平上消费支出量和该收入量的关系，这就是平均消费倾向 $APC = \frac{C}{Y}$。边际消费倾向总大于零而小于1。因为一般说来，消费者增加收入后，既不会不增加消费（即 $MPC = \frac{\Delta C}{\Delta Y} = 0$），也不会把增加的收入全用于增加消费（即 $MPC = \frac{\Delta C}{\Delta Y} = 1$），一般情况是一部分用于增加消费，另一部分用于增加储蓄，即 $\Delta Y = \Delta C + \Delta S$，因此，$\frac{\Delta C}{\Delta Y} + \frac{\Delta S}{\Delta Y} = 1$，所以，$\frac{\Delta C}{\Delta Y} = 1 - \frac{\Delta S}{\Delta Y}$。只要 $\frac{\Delta S}{\Delta Y}$ 不等于1或0，则 $0 < \frac{\Delta C}{\Delta Y} < 1$。可是，平均消费倾向就不一定总是大于零而小于1。当人们收入很低甚至是零时，也必须消费，哪怕借钱也要消费，这时，平均消费倾向就会大于1。

2. 答：

用贷款买房那位老太太聪明些，因为她住了一辈子房子，她比那位积蓄了全部现金才买房的老太太在住房方面要幸福多了，她的购房行为根据的是持久收入和生命周期的消费理论，这两种理论都属前瞻性消费理论。根据该理论，单个消费者并不是简单地根据当前的绝对收入来做消费决策，而是根据终生的或持久的收入来决策。也就是说，消费者不只单单考虑本年度可支配收入，还把他们在将来可能获得的可支配收入考虑进去，当他们购买住宅或汽车之类需要大量资金，而他们目前的收入和已积累起来的货币又不足以支付如此巨大的金额时，就可以凭借信用的手段用贷款来完成购买行为，用以后逐年逐月获得的收入来归还贷款。这样，消费者就可以提前获得消费品的享受。

3. 答：

他们的理由是，富者的消费倾向较低，储蓄倾向较高；而贫者的消费倾向较高（因为贫者收入低，为维持基本生活水平，他们的消费支出在收入中的比重必然大于富者），因而将一部分国民收入从富者转给贫者，可提高整个社会的消费倾向，从而提高整个社会的总消费支出水平，于是总收入水平就会随之提高。

4. 答：

按照凯恩斯主义的观点，增加储蓄会导致均衡收入下降，这可以用储蓄和投资决定均衡收入的模型来加以说明。

图 16 – 3 中，投资曲线与储蓄曲线的交点 E_0 表示计划投资等于计划储蓄，它决定了均衡收入水平 Y_0。假设消费函数为 $C = a + bY$，则储蓄函数为 $S = Y - C = Y - (a + bY) = -a + (1 - b)Y$，则增加储蓄也就是减少消费，即减少消费函数中的 a、b 值。a 变小，意味着图 16 – 3 中储蓄线上移；b 变小，表示图中储蓄线以图中的 A 为圆心逆时针方向转动。这两者均会导致均衡点 E_0 向左移动，也就是使均衡收入下降。

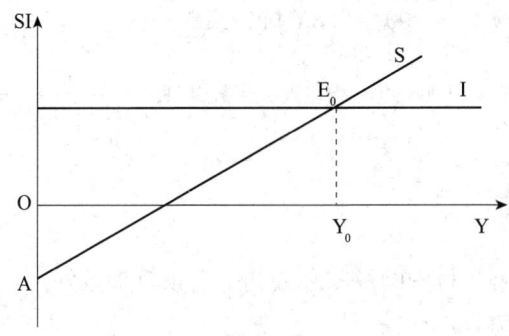

图 16 – 3　均衡国民收入决定模型

增加储蓄会导致均衡收入下降，这是凯恩斯主义的观点。增加消费或减少储蓄会通过增加总需求而引起国民收入增加，经济繁荣；反之，减少消费或增加储蓄会通过减少总需求而引起国民收入减少，经济萧条。由此得出一个看起来是自相矛盾的推论：节制消费增加储蓄会增加个人财富，对个人是件好事，但由于会减少国民收入引起萧条，对整个经济来说却是坏事；增加消费减少储蓄会减少个人财富，对个人是件坏事，但由于会增加国民收入使经济繁荣，对整个经济来说却是好事。这在经济学中被称为"节俭的悖论"。

计算题

假设某经济社会的消费函数为 $C = 100 + 0.8Y$，投资为 50（单位：十亿元）。

（1）求均衡收入、消费和储蓄。若投资增至 100，求增加的收入。

（2）若消费函数变为 $C = 100 + 0.9Y$，投资仍为 50，收入和储蓄各为多少？投资增至 100 时收入增加多少？

（3）消费函数变动后，乘数有何变化？

解：

（1）由均衡条件 $Y = C + I$，即 $Y = 100 + 0.8Y + 50$，得 $Y = 750$（十亿美元）。

于是，C = 100 + 0.8 × 750 = 700（十亿美元），S = Y − C = 50（十亿美元）。

投资增至 100，再利用 Y = C + I，即 Y = 100 + 0.8Y + 100，得 Y = 1000（十亿美元）。

于是，增加的收入 ΔY = 1000 − 750 = 250（十亿美元）。

（2）再由均衡条件 Y = C + I，即 Y = 100 + 0.9Y + 50，得 Y = 1500（十亿美元）。

于是，S = Y − C = 1500 − 100 − 0.9 × 1500 = 50（十亿美元）。

投资增至 100，再利用 Y = C + I，即 Y = 100 + 0.9Y + 100，得 Y = 2000（十亿美元）。

于是，增加的收入 ΔY = 2000 − 1500 = 500（十亿美元）。

（3）消费函数为 C = 100 + 0.8Y 时，乘数为 $K = \dfrac{1}{1-0.8} = 5$。

消费函数变为 C = 100 + 0.9Y 后，乘数为 $K = \dfrac{1}{1-0.9} = 10$。

四、难点解释

1. 怎样正确理解教材中的税收乘数和平衡预算乘数？
2. 怎样理解均衡收入？

1. 答：

在西方经济学教学实践中，我们发现流行的西方经济学教材中关于税收乘数以及平衡预算乘数的解释不尽相同，且有互相矛盾之处。如高鸿业教授的《西方经济学》（中国人民大学出版社第二版）教材中对税收的分析与尹伯成教授的《西方经济学简明教程》（上海人民出版社第五版）中的分析过程不同，但最后均定义为 $\dfrac{-\beta}{1-\beta(1-t)}$，其中，β 为边际消费倾向，t 为税率。同样，平衡预算乘数均为 1，但在课后习题中给出的答案与教材内容不符。高鸿业教授的《西方经济学》（中国人民大学出版社第三版）教材中作了改进，但并未彻底解决该问题。而其他国外学者的著作基本上都回避了该问题。

为解决税收乘数以及平衡预算乘数的问题，我们的思路是将定量税与比例税分开，并且比例税也分为税率变化与税率不变两种情况，具体过程如下：

定量税时的税收乘数和平衡预算乘数：

均衡时的收入：$y = c + i + g$ ①

其中，消费函数为：$c = \alpha + \beta y_d = \alpha + \beta(y - T)$ ②

均衡收入为：$y = \dfrac{\alpha + i + g - \beta T}{1 - \beta}$ ③

用③式对 g 和 T 求导数，可以得到：

政府支出乘数：$dy/dg = 1/(1-\beta)$

税收乘数为：$dy/dT = -\beta/(1-\beta)$

在这种情况下，平衡预算乘数 = 政府支出乘数 + 税收乘数 = $1/(1-\beta) - \beta/(1-\beta) = 1$。

比例税情况下的税收乘数和平衡预算乘数如下。

(1) 税率不变时。

政府支出乘数：

假设税收 $T = T_0 + ty$，政府支出为 g，均衡收入为 $y = \dfrac{\alpha + i + g - \beta T_0}{1 - \beta(1-t)}$，得到政府支出乘数为 $1/(1-\beta(1-t))$。

下面计算税收乘数：

政府减税 ΔT，则可支配收入增加 ΔT，消费者按边际消费倾向 β 消费，形成收入的第一轮增加 $\beta\Delta T$；得到收入的人按税率缴税，税后可支配收入为 $\beta\Delta T(1-t)$，再进行消费，消费量为 $\beta^2\Delta T(1-t)$，这是第二轮；第三轮为 $\beta^3\Delta T(1-t)^2$……依次类推，第 n 轮为 $\beta^n\Delta T(1-t)^{n-1}$。将 n 轮收入增加累计，得到：

$$\Delta y = -[\beta\Delta T + \beta^2(1-t)\Delta T + \beta^3(1-t)^2\Delta T + \cdots + \beta^n\Delta T(1-t)^{n-1}]$$
$$= -\beta\Delta T/(1-\beta(1-t))$$

于是税收乘数为 $\dfrac{-\beta}{1-\beta(1-t)}$。

但根据这个乘数的数值得不到平衡预算乘数为 1 的结果。因为平衡预算乘数 = 政府支出乘数 + 税收乘数 = $(1-\beta)/(1-\beta(1-t))$，显然不等于 1。

上面讨论中的问题出在哪里呢？问题在于减税后只是形成了收入的增加，而非可支配收入的增加，也就是说消费者要先缴税再消费（减税后增加的收入也要缴税）。于是有：政府减税 ΔT，则收入增加 ΔT，消费者首先缴税，缴税后的收入按边际消费倾向 β 消费，形成收入的第一轮增加 $\beta(1-t)\Delta T$；得到收入的人按税率缴税，税后可支配收入为 $\beta\Delta T(1-t)^2$，再进行消费，消费量为 $\beta^2\Delta T(1-t)^2$，这是第二轮增加；第三轮为 $\beta^3\Delta T(1-t)^3$……依次类推，第 n 轮为 $\beta^n\Delta T(1-t)^n$。

将 n 轮收入增加累计，得到：
$$\Delta y = -[\beta(1-t)\Delta T + \beta^2(1-t)^2\Delta T + \beta^3(1-t)^3\Delta T + \cdots + \beta^n\Delta T(1-t)^n]$$
$$= -\beta(1-t)\Delta T/(1-\beta(1-t))$$

于是税收乘数为 $\dfrac{-\beta(1-t)}{1-\beta(1-t)}$。

这样得到新的税收乘数与政府支出乘数之和就为 1，平衡预算乘数 = 政府支出乘数 + 税收乘数 = 1。平衡预算乘数不为 1 的问题就解决了。那么关键在于减税后增加的收入是否要缴税？实际上这是可能的。如一个企业从事出口，得到出口退税后收入增加，仍然要多缴纳企业所得税。又如农民的农业税得到减免，收入增加，所得税也要增加。这个方法可以称为推导法。

另外，也可以用导数法来计算税收乘数。由于减少税收会引起收入的变化，即 $T = T_0 + ty$，因而有：$dT = dT_0 + tdy$（注意，此时税率不变，而由于减税导致的收入增加量为 $dy = dT$）$dT_0 = dT - tdT = (1-t)dT$。

$$\frac{dy}{dT_0} = \frac{-\beta}{1-\beta(1-t)} \Rightarrow \frac{dy}{(1-t)dT} = \frac{-\beta}{1-\beta(1-t)} \Rightarrow \frac{dy}{dT} = \frac{-\beta(1-t)}{1-\beta(1-t)}$$

可以看到此结果式与上面的结果是一样的。

(2) 税率改变时（假设 T_0 不变）。

用推导法：

假设税率由 t_0 变为 t_1，政府减税 ΔT，消费者首先缴税，税率是 t_1，缴税后的收入按边际消费倾向 β 消费，形成收入的第一轮增加 $\beta(1-t_1)\Delta T$，以下类似，可以得到税收乘数为：$\frac{-\beta(1-t_1)}{1-\beta(1-t_1)}$。

要注意式中税率的改变，同时政府支出乘数也变为 $\frac{1}{1-\beta(1-t_1)}$，两者相加，平衡预算乘数 = 政府支出乘数 + 税收乘数 = 1。

用导数法：

根据 $y = \frac{\alpha + i + g - \beta T_0}{1-\beta(1-t)}$，可以求得：$\frac{dy}{dt} = (-\beta)\left[\frac{\alpha+i+g-\beta t}{(1-\beta(1-t))^2}\right] = \frac{-\beta y}{1-\beta(1-t)}$，这是收入变化与税率变化之间的关系。

根据 $T = T_0 + ty$，求导得到：$dT = tdy + ydt$（由于 T_0 不变，而税率与收入都变化）。

同样，由于减税导致的收入增加量为 $dy = dT$，得到：

$$dT = tdy + ydt = tdT + ydt \Rightarrow ydt = dT - tdT \Rightarrow dt = (1-t)dT/y$$

$$\frac{dy}{dt} = \frac{-\beta y}{1-\beta(1-t)} \Rightarrow \frac{dy}{(1-t)dT/y} = \frac{-\beta y}{1-\beta(1-t)} \Rightarrow \frac{dy}{dT} = \frac{-\beta(1-t)}{1-\beta(1-t)}$$

这就是税率改变时的税收乘数，与政府支出乘数相加，平衡预算乘数仍旧为1。也许有人会问此解法式中的 t 究竟是改变前的还是改变后的，实际上导数法只能适用于税率微小的改变，也就是税率微分变化的情况，在税率变化很小时，t 究竟是改变前的税率还是改变后的税率对乘数影响不大。

总之，从以上的分析可以看出，对税收乘数以及平衡预算乘数的疑问归根结底集中在减税后形成的收入增加量要不要缴税的问题。在现实经济中，我们认为该收入还是应该缴税的，如果该收入不缴税，我们只能把它理解为转移支付，但根据转移支付的概念，显然不包括该项内容，因此，减税后形成的收入增加量仍然要缴税。在这样的假设下，平衡预算乘数总为1。

2. 答：

我们一定要明白，宏观经济学所说的均衡收入与微观经济学的均衡完全不一样。在微观经济学中，需求和供给相等构成均衡，均衡时的产量就是均衡产量。而在宏观经济学中，不是"总需求和总供给相等"，而是要求总供给等于总需求,即总需求在起决定性作用,不管有多大的生产能力,只有生产的产量恰好等于总需求,才构成均衡。如果生产的产量大于总需求,那就会过剩,存货就会意外增加,下一期企业就会减少产量;如果生产的产量小于总需求,那就会短缺,存货就会意外减少,下一期企业就会增加产量。

注意其假设:假设不论需求量为多少,经济制度均能以不变的价格提供相应的供给量。这就是说,社会总需求变动时,只会引起产量变动,不会引起价格变动,这在西方经济学中有时被称为凯恩斯定律。什么时候才会存在这种可能性呢?只有在经济萧条期间。由于凯恩斯写作《就业、利息和货币通论》时,面对的是1929~1933年的大萧条,工人大批失业,资源大量闲置,社会需求增加时,只会使闲置的资源得到利用,使生产增加,而不会使资源价格上升,从而产品成本和价格保持不变。因此,凯恩斯定律只适用于短期分析。

于是,在上述情况下,经济社会的产量或者说国民收入就决定于社会总支出(总需求)。与总支出相等的产出称为均衡产出。在两部门经济中,对产品的总需求就只由居民消费和企业投资构成。于是,均衡产出可用公式表示:$Y = C + I$。其中,Y、C、I 分别代表产出或收入、消费和投资,而且是代表剔除了价格变动的实际产出或收入,实际消费和投资。上式中 $Y = C + I$ 并不是指两者总是相等,而是指只有 Y 等于 $C + I$ 时,才均衡。

假如:$C = 500$,$I = 500$,投资中的500包括固定资产投资300,意愿存货投资200。而企业由于错误估计形势,生产了1100的产品,则 Y 要大于 $C + I$,这就不均衡。1100的产品中消费掉500,意愿投资(固定资产投资300加意愿存货投资200)为500,另外100就是非意愿存货投资。这是总供给大于总需求的情况,企业在下一期就会减少产量。

假如:$C = 500$,$I = 500$,投资中的500包括固定资产投资300,意愿存货投资200。而企业由于错误估计形势,生产了900的产品,则 Y 要小于 $C + I$,这也不均衡。900的产品中消费掉500,意愿投资(固定资产投资300加意愿存货投资200)为500,另外还有 -100 就是存货的意外减少量。这是总供给小于总需求的情况,企业在下一期就会增加产量(记住:在均衡产出水平上,非计划存货投资等于零)。

此外,还存在一个判断总需求、总供给是否均衡的一个简便方法。以总供给大于总需求为例:$C = 500$,$I = 500$,投资中的500包括固定资产投资300,意愿存货投资200,企业生产了1100,也就是要发给企业工人1100的报酬,这些报酬消费掉500,剩余600为储蓄(S)。此时 $S = 600$ 大于 $I = 500$。就是说,只要 $S > I$,或者 $I < S$,就是总供给大于总需求。又如:$C = 500$,$I = 500$,投资中的500包括固定资产投资300,意愿存货投资200,企业生产了900,也就是要发给企业工人900的报酬,这些报酬消费掉500,剩余400为储蓄(S)。此时 $S = 400$ 小于 $I = 500$。也就是说,只要 $S < I$,或者 $I > S$,就是总需求大于总供给。

第十七章 货币、利率和国民收入

一、学习指导

【学习目的】

通过本章的学习，要求学生了解货币的职能和分类，掌握货币供给原理和货币需求原理。重点掌握银行派生存款货币的创造和货币需求函数。在此基础上，使学生掌握货币供求的均衡及利率的决定。本章的重点是货币供给和货币需求理论，这是理解利率决定理论的关键。本章的难点是货币需求函数和利率对国民收入的影响。

【学习目标】

1. 掌握货币的职能与货币创造的过程。
2. 掌握凯恩斯的货币需求函数。
3. 理解货币市场均衡的形成过程。
4. 掌握利率的变化如何影响投资与国民收入的决定。

【关键概念】

利率（interest rate）；流动性偏好（liquidity preference）；交易动机（the transaction motive）；谨慎动机（the precautionary motive）；投机需求（speculative demand）；凯恩斯陷阱（keynesian trap）；高能货币（high-powered money）；投资（investment）。

【本章框架】

本章首先引入货币供给和货币需求理论，其次考察货币市场的均衡及均衡的变动，再次分析利率的变动对于投资的影响，最后探讨利率与国民收入的对应关系（见图17-1）。

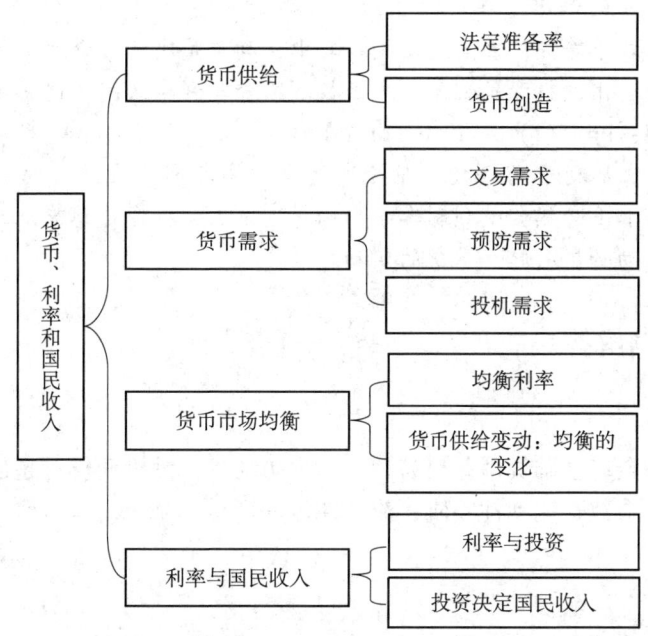

图 17-1 货币、利率和国民收入框架

【内容提要】

- 在现代西方经济学中,货币是指在商品和劳务的支付或债务的偿还中被普遍接受的东西。货币一般被认为有以下三种职能:交易媒介、价值标准、价值贮藏。按货币变现能力的强弱或流动性的高低,可以将货币划分为 M_1、M_2、M_3 等几个层次。其中,M_1 称为狭义货币,M_2、M_3 和 L 都称为广义货币。

- 现代银行体系是一个由中央银行、商业银行和其他金融机构组成的两级银行体系,中央银行居于核心地位。

- 基础货币是货币供给的基础,是一国的银根。它是商业银行借以扩张货币供给的基础,即基础货币的变化,将会引起货币供给成倍地变化。值得注意的是货币乘数是一把"双刃剑",若中央银行通过出售债券收缩银根时,在法定准备金的要求下,银行存款将发生多倍收缩,即银行存款的多倍扩张的连锁反应也会发生相反的作用。

- 按照凯恩斯的说法,人们之所以愿意牺牲利息及利润收入,以不能增值的货币形式保持一部分财产,是出于流动性偏好。并将其归纳为以下三种动机:交易动机、谨慎动机和投机动机。

- 凯恩斯把人们持有货币的三种动机综合起来,放入货币需求公式之中,便构成了对货币的总需求。其中,货币交易需求和预防需求是实际收入的增函数,即 $L_1 = L_1(y) = ky$,而货币的投机需求是利率的减函数,即 $L_2 = L_2(r) = -hr$,因此,对货币的总需求函数可表达为:$L = L_1 + L_2 = L_1(y) + L_2(r) = ky - hr$。

- 宏观经济学中的利率,是指一个时期内,整个货币市场上,当货币需求和货币供给相等时的利率。在实际生活中，投资还要受到如利率、预期通货膨胀率、资本边际效率等许多因素的影响。其中，利率是决定投资的首要因素，投资与利率反方向变化，投资是利率的减函数。投资与利率之间的这种关系称为投资函数，可写为：i=i（r）或 i=e－dr（d>0）。

● 既然投资是利率的函数，即投资量与利率之间存在反方向变化关系。那么，国民收入水平必然会受到利率的影响，这是因为投资是总需求的一个组成部分，投资的变动必然引起总需求的变动。

二、习题解答

名词解释

法定准备金；基础货币；交易动机；预防动机；投机动机；超额准备金；货币需求；货币乘数；流动性陷阱；流动性偏好。

1. 法定准备金

答：法定准备金指按法定准备率提留的准备金，而法定准备率是中央银行规定的各商业银行和存款机构必须遵守的存款准备金占其存款总额的比率。

2. 基础货币

答：基础货币指商业银行的准备金总额（包括法定和超额的）加上非银行部门持有的通货，是存款扩张的基础。由于它会派生出货币，因而是一种活动力强大的货币，故又称高能货币或强力货币。

3. 交易动机

答：交易动机是指人们持有货币是为了进行正常的交易活动。由于收入和支出在时间上是不同步的，人们必须持有足够的货币来支付日常需要的开支，出于这种动机所需要的货币，就是货币的交易需求。

4. 预防动机

答：预防动机也称为谨慎动机，是指人们为了预防意外支出而需要持有一部分货币的动机，出于预防动机而产生的货币需求，就称为货币的谨慎需求或预防需求。

5. 投机动机

答：投机动机是为了抓住购买证券的有利机会，为了利用利率或证券价格的变化进行投机。人们出于投机动机而需要持有的货币，就称为货币的投机需求。

6. 超额准备金

答：超额准备金指超过法定准备金要求的准备金。如果银行找不到可靠的贷款对象，或厂商由于预期利润率太低，不愿贷款，或银行认为给客户贷款利率太低而不愿贷款，这些都会带来超额储备。

7. 货币需求

答：货币需求，简单地说，就是人们在不同条件下出于各种考虑对持有货币的需求。人们对持有货币的需求是指对闲置货币的需求，而不是对动用货币的需求。包括三个动机：交易动机、预防动机和投机动机。

8. 货币乘数

答：一单位基础货币（又称高能货币）通过活期存款的派生机制能带来若干倍货币供给，这若干倍即货币乘数。用公式表示为：$\frac{M}{H} = \frac{\gamma + 1}{\gamma + \alpha + \beta}$，其中，M 为货币量，H 为高能货币。$\gamma$、$\alpha$ 和 β 分别代表现金存款比率、法定准备率和超额准备率。

9. 流动性陷阱

答：当利率极低，人们会认为这时利率不大可能再下降，或者说有价证券市场价格不大可能再上升而只会跌落，此时人们不管手中有多少货币都愿意持有手中，这种情况即为流动性陷阱，又称凯恩斯陷阱。

10. 流动性偏好

答：实际上就是指人们对于流动性的需求，即货币需求，因为货币的流动性最强。按照凯恩斯的说法，人们之所以愿意牺牲利息及利润收入，以不能增值的货币形式保持一部分财产，是出于流动性偏好。并将其归纳为以下三种动机：交易动机、谨慎动机和投机动机。

单项选择题

1. 下列各项中除了（　　）都是近似货币的例子。

 A. 股票 B. 旅行支票
 C. 隔夜回购协议 D. 储蓄存款

2. 下列（　　）是 M_2 的一部分但不是 M_1 的一部分。

 A. 旅行支票 B. 活期存款
 C. 储蓄存款 D. 其他支票存款

3. 下列（　　）不影响货币需求。

 A. 一般物价水平 B. 银行利率水平
 C. 公众支付习惯 D. 物品和劳务的相对价格

4. 如果人们工资增加，则增加的主要是（　　）。

 A. 货币的交易需求 B. 货币的预防需求
 C. 货币的投资需求 D. 上述的任何一种

5. 下列各项中会增加货币的预防需求的是（　　）。

 A. 估计股票价格会上涨 B. 害怕政府倒台
 C. 职工减少工资 D. 物价普遍上涨

6. 货币的交易需求不仅和收入有关，还和货币债券或储蓄存款的交易费用、市场利率有关，因此（　　）。

 A. 交易需求随收入和交易费用增加以及利率提高而增加
 B. 交易需求随收入和交易费用增加以及利率下降而增加

C. 交易需求随收入和交易费用减少以及利率提高而增加
D. 交易需求随收入和交易费用减少以及利率下跌而增加

7. 当利率很低时，人们购买债券的风险将会(　　)。
   A. 变得很小   B. 变得很大
   C. 可能很大，也可能很小 D. 不变

8. 人们在(　　)下，会倾向于减少手持货币。
   A. 债券价格趋于下降   B. 债券价格趋于上升
   C. 债券收益率不变   D. 债券价格不变

9. 下列各项中不会直接影响实际货币余额持有水平的是(　　)。
   A. 联储系统的商业银行数目 B. 实际收入水平
   C. 价格水平   D. 利率水平

10. 某国对实际货币余额需求减少，可能是由于(　　)。
    A. 通货膨胀率上升   B. 利率上升
    C. 税收减少   D. 总产出增加

11. 灵活偏好曲线表明(　　)。
    A. 利率越高，债券价格越低，人们预期债券价格越是会下降，因而不愿购买更多债券
    B. 利率越高，债券价格越低，人们预期债券价格回涨的可能性越大，因而越愿意更多购买债券
    C. 利率越低，债券价格越高，人们为购买债券时需要的货币就越多
    D. 利率越低，债券价格越高，人们预期债券价格还要上升，因而希望购买更多债券

12. 如果灵活偏好曲线接近水平状，这意味着(　　)。
    A. 利率稍有变动，货币需求会大幅度变动
    B. 利率变动很大时，货币需求也不会有很多变动
    C. 货币需求丝毫不受利率影响
    D. 以上三种均有可能

答案：1~5：BCDAB；6~10：BBAAB；11~12：BA。

问答题

1. 货币市场最初是均衡的，这时中央银行增加货币供给，说明新的货币市场均衡的实现过程。
2. 利息率在凯恩斯学派和货币学派中的地位和作用有何区别？
3. 商业银行如何创造活期存款？
4. 什么是货币创造乘数？货币创造乘数与法定准备率、超额准备率以及现金—存款比率有什么关系？

1. 答:

实际货币供给增加意味着在利息率既定时货币的供给量将大于货币的需求量。这样,货币持有者就想减少其货币持有量,并用这些货币去购买债券。对债券需求的增加将引起债券价格上升,进而债券的利率下降。随着利率的下降,货币需求量增加,这就减少了超额货币供给。这个过程一直持续到利率的下降足以使货币需求量等于货币供给量为止。

2. 答:

无论凯恩斯学派还是货币供给学派都承认货币供给的变化会引起最终产品市场上总需求的变化,从而引起总产量的变化。但是,在货币供给变化影响总产出这一过程中,对利息率作用的看法却有着严重的分歧。

凯恩斯主义者强调利息率变化的重要性,认为货币供给的变动会影响利息率,而利息率的变动又会影响总投资,从而影响最终产品市场的总需求,总需求的变动将引起总产出的变动,在这一传导过程中,利息率的变动起着关键的作用,所以凯恩斯主义者把利息率作为制定货币政策的基本目标。只要控制好均衡利息率,就可以有效地影响最终产品市场,并配合其他措施将最终产品市场的均衡总产量控制在充分就业的水平上。对于凯恩斯主义者来说,提高利息率就是紧缩的货币政策,降低利息率就是扩张的货币政策。

货币主义者的观点与此不同。他们认为,利息率的变动并不重要,重要的是货币供给量本身或货币供给增长率。当货币供给增加时,人们手中的货币超过了他们所希望持有的数量。这时他们将不只是购买债券,还要购买其他实物的财产,包括投资品、消费品及各种服务。因此,货币主义者认为,不必经过利息率下降这个中间环节,货币供给量的增加本身就意味着最终产品市场的总需求上升。但他们并不否认货币供给增加会使实际利息率下降的观点,只是不同意把利息率下降的作用当作总需求变动的关键。他们认为应把货币政策的目标放在货币供给量的控制上。

3. 答:

商业银行吸收到原始存款后,按法定存款准备率留一部分作为法定准备金外,其余可用于放款和购买证券。在广泛使用非现金结算的条件下,客户在取得贷款或证券价款后,通常并不(或不全部)支取现金,而是转入客户的银行账户,以转移存款形式进行支付。这样,就在原有存款之外,形成了一笔新存款。接受这笔新存款的商业银行,除保留一部分作法定准备金外,又可用于放款或投资,从而派生出又一笔存款,这个过程继续下去,商业银行便通过自己的资产业务,对原始存款不断运用,可创造出数倍于原始存款的派生存款。

4. 答:

一单位基础货币(又称高能货币)通过活期存款的派生机制能带来若干倍货币供给,这若干倍即货币创造乘数。如果用 M 和 H 代表货币供给量和高能货币，则货币创造乘数的计算公式是：$\frac{M}{H} = \frac{Cu/D + 1}{Cu/D + RR/D + ER/D}$。其中，$Cu/D$是现金—存款比率，$RR/D$是法定准备率，$ER/D$是超额准备率。从上式可见，现金—存款比率、法定准备率和超额准备率越大，货币创造乘数就越小。这是因为，这三个比率越大时，一笔原始存款中可用来放贷和投资的金额就越少，从而货币扩张能力就越小。

计算题

1. 若货币需求 $L_1 = 0.2Y$，货币投资性需求 $L_2 = 2000 - 500r$。试求：

（1）写出货币总需求函数。

（2）当利率 $r = 6$、收入 $Y = 10000$ 亿美元时，货币需求量为多少？

（3）若货币供给 $Ms = 2500$ 亿美元、收入 $Y = 6000$ 亿美元时，可满足投机性需求的货币是多少？

（4）当收入 $Y = 10000$ 亿美元、货币供给 $Ms = 2500$ 亿美元时，货币市场均衡时的利率为多少？

2. 假定货币供给量用 M 表示，价格水平用 P 表示，货品需求用 $L = ky - hr$ 表示。

（1）求 LM 曲线的代数表达式，找出 LM 等式的斜率的表达式。

（2）找出 $k = 0.2$、$h = 10$，$k = 0.2$、$h = 20$，$k = 0.1$、$h = 10$ 时 LM 的斜率的值。

（3）当 k 变化小时，LM 斜率如何变化；h 增加时，LM 斜率如何变化。并说明变化的原因。

（4）若 $k = 0.2$，$h = 0$，LM 曲线形状如何？

3. 设法定准备率是 0.12，没有超额准备，对现金的需求是 1000 亿美元。请计算：

（1）假定总准备金是 400 亿美元，货币供给是多少？

（2）若中央银行把准备率提高到 0.2，货币供给变动多少（假定总准备金仍是 400 亿美元）？

（3）中央银行买进 10 亿美元政府债券（存款准备金率是 0.12），货币供给如何变动？

4. 若货币交易性需求 $L_1 = 0.2Y$，货币投机性需求 $L_2 = 2000 - 500r$。

（1）写出货币总需求函数。

（2）当利率 $r = 6$，收入 $y = 10000$ 时，货币需求量是多少？

（3）若货币供给 $Ms/p = 2500$，当收入 $y = 6000$ 时可用于投机的货币是多少？

（4）当收入 $y = 10000$，货币供给 $Ms/p = 2500$ 时，均衡利率为多少？

1. 解：

（1）$L = L_1 + L_2 = 0.2Y + 2000 - 500r$；

(2) $M_d = 0.2 \times 10000 + 2000 - 500 \times 6 = 1000$（亿美元）；

(3) $2500 = 0.2 \times 6000 + L2$，$L2 = 1300$ 亿美元；

(4) $2500 = 0.2 \times 10000 + 2000 - 500r$，$r = 3\%$。

2. 解：

(1) 由 $L = M/P$，得 LM 曲线代数表达式为：$ky - hr = M/P$，即 $r = ky/h - M/h$，其斜率代数表达式为 k/h。

(2) 当 $k = 0.2$，$h = 10$，LM 曲线斜率为 $k/h = 0.02$；

$k = 0.2$，$h = 20$，LM 曲线斜率为 $k/h = 0.01$；

$k = 0.1$，$h = 10$，LM 曲线斜率为 $k/h = 0.01$。

(3) 由于 LM 曲线斜率为 k/h，所以当 k 越小时，LM 曲线斜率越小，曲线越平坦；当 h 越大时，LM 曲线斜率也越小，曲线越平坦。

(4) 若 $k = 0.2$，$h = 0$，则 LM 曲线为 $0.2y = M/P$，即 $y = 5 M/P$，此时 LM 曲线为一条垂直于横轴的直线，$h = 0$ 表明货币与利率的大小无关，这正好是 LM 的古典区域的情况。

3. 解：

(1) 货币供给 $M = 1000 + 400/0.12 \approx 4333$（亿美元）

(2) 当准备金率提高到 0.2，则存款 $= 400/0.2 = 2000$（亿美元），现金仍是 1000 亿美元，因此，货币供给 $= 1000 + 2000 = 3000$（亿美元），即货币供给减少了 1333 亿美元。

(3) 中央银行买进 10 亿美元债券，即基础货币增加 10 亿美元，则货币供给增加：$\Delta M = 10 \times 1/0.12 \approx 83.3$（亿美元）。

4. 解：

(1) 依题设，有 $L = L_1 + L_2 = 0.2y + 2000 - 500r$；

(2) $L = 0.2 \times 10000 + 2000 - 5000 \times 6 = 1000$；

(3) 由 $M_s/p = L_1 + L_2$，即 $2500 = 0.2 \times 6000 + L_2$，得 $L = 1300$；

(4) 由 $M_s/p = L$，即 $2500 = 0.2 \times 10000 + 2000 - 500r$，得 $r = 3$。

三、拓展习题

问答题

1. 现代货币的本质特征是什么？货币有哪几种职能？

2. 影响名义货币需求的因素有哪些？

3. 分析为什么债券价格下降就是利率上升？

1. 答：

现代货币的本质特征是作为支付手段而被普遍接受，这一特征决定了货币的基本职能。货币的职能有三：作为商品和劳务的交换媒介；作为价值尺度，确定商品和劳务相交换的比率；作为价值储存手段。如果货币不能作为被普遍接受的支付手段，则既不能当作交换媒介，也不能作为价值尺度，更不能作为价值储存手段。

2. 答：

影响名义货币需求的因素有三：①收入，货币需求是收入的增函数，即货币需求随收入增加而增加；②利率，货币需求是利率的减函数，即货币需求随利率上升而减少；③通货膨胀率，货币需求随通货膨胀率上升而减少。

3. 答：

债券价格是和利率反方向地联系着的，一张年息10美元的债券在市场利率为10%时，其价格为100美元，而市场利率为5%时，其价格为200美元，可见，债券价格上升就表示利率下降；债券价格下降，就表示利率上升。

计算题

1. 假定某国有600亿美元纸币，100亿美元铸币，2000亿美元活期存款，1000亿美元储蓄存款，1600亿美元政府债券。试问M_1、M_2和M_3各为多少？

2. 货币需求函数是$m = 0.8y - 8r$。其中，y是实际GDP，单位为兆；r是利率，单位为%。现在，实际GDP为300兆日元，货币供给量为200兆日元。试问使货币市场均衡的利率是百分之多少？如果实际GDP增加到320兆日元，利率又为多少？

1. 解：

纸币、铸币和活期存款都包括在M_1中，M_2还包括储蓄存款，M_3则又包括政府债券，因此：

$M_1 = 600 + 100 + 2000 = 2700$（亿美元）

$M_2 = 2700 + 1000 = 3700$（亿美元）

$M_3 = 3700 + 1600 = 5300$（亿美元）

2. 解：

将有关数据代入货币需求函数有：$200 = 0.8 \times 300 - 8r$，得$r = 5\%$，即为货币市场均衡利率。$200 = 0.8 \times 320 - 8r$，得$r = 7\%$，即为实际GDP增加后的利率。

四、难点解释

如何理解货币创造乘数？哪些因素影响货币创造乘数的大小？

答：

货币创造乘数不同于存款创造乘数。存款创造乘数等于法定准备率的倒数，

即 $1/\alpha$，而货币创造乘数 $= \dfrac{M}{H} = \dfrac{\gamma+1}{\gamma+\alpha+\beta}$，其中，M 为货币量，H 为高能货币，$\gamma$、$\alpha$ 和 β 分别代表现金存款比率、法定准备率和超额准备率。

存款创造乘数是一个容易理解的概念。例如，存入 100 元，法定准备率为 20%，则最后创造存款为 500。存款创造乘数 $= 500/100 = 5$。

而货币创造乘数则不太容易理解。我们看一下其推导过程：

$M = C_u + D$，即货币定义为现金加存款。$H = C_u + RR + ER$，即高能货币定义为现金加法定储备加超额储备。然后有 $\dfrac{M}{H} = \dfrac{C_u + D}{C_u + RR + ER}$。

再令等式上下都除以 D，得到 $\dfrac{M}{H} = \dfrac{\gamma+1}{\gamma+\alpha+\beta} = \dfrac{\gamma+\alpha+\beta}{\gamma+\alpha+\beta} + \dfrac{1-\alpha-\beta}{\gamma+\alpha+\beta} = 1 + \dfrac{1-\alpha-\beta}{\gamma+\alpha+\beta}$。此处，我们可以看到：$\alpha$ 和 β 越大，存款创造乘数越小；α 和 β 越小，存款创造乘数越大。

但 γ 的大小和存款创造乘数有什么关系？我们可以变换一下：

$$\dfrac{M}{H} = \dfrac{\gamma+1}{\gamma+\alpha+\beta} = \dfrac{\gamma+\alpha+\beta}{\gamma+\alpha+\beta} + \dfrac{1-\alpha-\beta}{\gamma+\alpha+\beta} = 1 + \dfrac{1-\alpha-\beta}{\gamma+\alpha+\beta}$$

如果 $\alpha + \beta < 1$，当然在现实中一般都是小于 1 的。因此，我们可以说 γ 越大，存款创造乘数越小。

第十八章 国民收入的决定：IS – LM 模型

一、学习指导

【学习目的】

通过本章的学习，要求学生了解 IS 模型、LM 模型，掌握在产品市场均衡和货币市场均衡条件下，利率和国民收入的关系，学会 IS 方程和 LM 方程的推导过程以及 IS 曲线和 LM 曲线的斜率、曲线的移动等。在此基础上，理解并掌握产品市场和货币市场同时均衡问题。

【学习目标】

1. 进一步了解投资的含义。
2. 掌握 IS 曲线的含义、推导过程以及政策含义。
3. 掌握 LM 曲线的含义、推导过程以及政策含义。
4. 掌握 IS – LM 模型的基本内容。
5. 熟悉凯恩斯理论的基本框架。

【关键概念】

投资边际效率（marginal efficiency of investment）；资本边际效率（marginal efficiency of capital）；IS 曲线（IS curve）；LM 曲线（LM curve）；IS – LM 分析（IS – LM analysis）；凯恩斯陷阱（keynesian trap）；投资（investment）。

【本章框架】

本章首先在上一章的基础上对投资作了进一步的分析；其次分析产品市场均衡下的国民收入决定即 IS 曲线，货币市场均衡下的国民收入决定即 LM 曲线；再次对产品市场与货币市场同时均衡下的国民收入决定即 IS – LM 模型进行了探讨；最后对凯恩斯理论的基本理论框架作了概述（见图 18 – 1）。

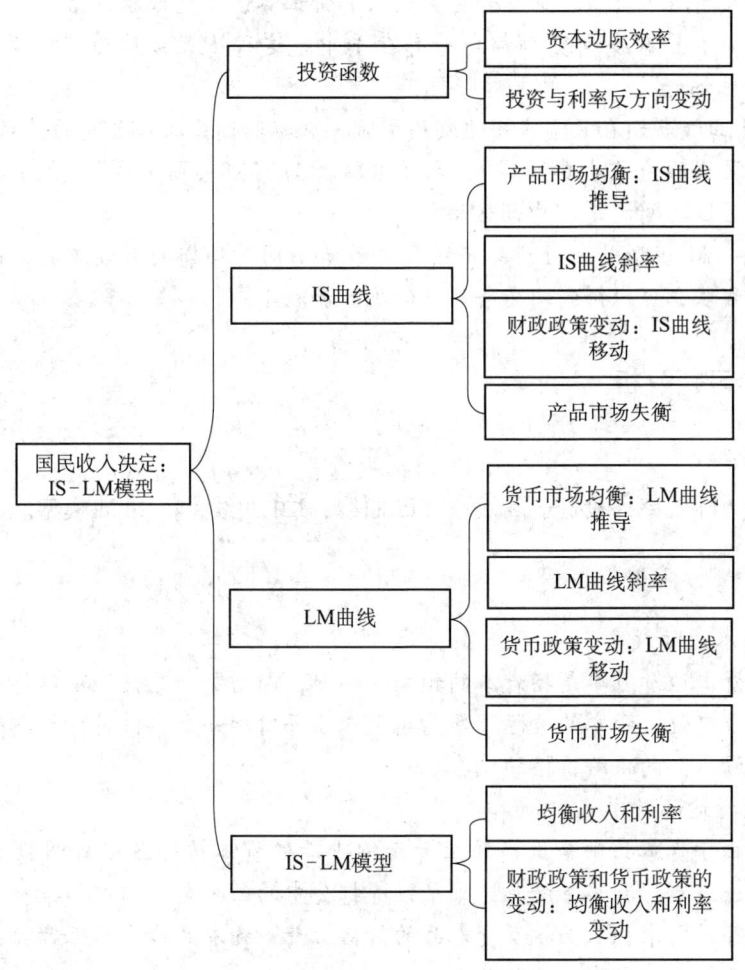

图 18-1 国民收入决定：IS-LM 模型框架

【内容提要】

● 投资是指资本形成，是指在一定时期内社会实际资本的增加，这里所说的实际资本包括厂房、设备、存货和住宅，不包括有价证券。根据投资包括的范围的不同，可以划分为重置投资、净投资和总投资。

● IS 曲线是指产品市场均衡时，利率和国民收入组合的轨迹。在产品市场上，总产出与利率之间存在着反方向变化的关系，即利率提高时总产出水平趋于减少，利率降低时总产出水平趋于增加。

● 凯恩斯认为个人与企业需要货币出于三种动机：交易动机、谨慎动机和投机动机。对货币的总需求就是对货币的交易需求和谨慎需求与对货币的投机需求之和。因此，货币的需求函数 L 表示为：$L = L_1 + L_2 = L_1(y) + L_2(r) = ky - hr$。

● 当利率极低时，人们会认为这时利率不会再下降而只能上升，或者说有价证券市场价格不会再上升而只会跌落，因而将所持有的有价证券全部换成货币。

即使手中又新增了货币,也不会再去购买有价证券,以免证券价格下跌而遭受损失,即人们不管有多少货币都会持有在手中。这种情况被称为"流动性陷阱"或"流动性偏好"。

- LM 曲线表示在货币市场达到均衡时,利率和国民收入之间的关系。LM 曲线的垂直区域称为"古典区域",水平区域称为"凯恩斯区域",介于凯恩斯区域和古典区域之间的是"中间区域"。

- IS-LM 模型是分析产品市场和货币市场同时均衡的有效工具,通过曲线相交、方程联立可以得到均衡条件下的收入和利率。

二、习题解析

名词解释

资本边际效率;投资边际效率;IS 曲线;LM 曲线;IS-LM 模型。

1. 资本边际效率

答:资本边际效率是指资本的预期利润率,即增加一笔投资可以得到的预期利润率。或者说,资本的边际效率是指资本品每增加一个单位时,新增的预期收益与这项资本品的供给价格的比率。

2. 投资边际效率

答:由于资本品供给价格的上升而缩小后的资本边际效率就叫投资边际效率。例如,当市场利率下降时,如果经济社会中的每个企业都增加投资,就会增加对资本品的需求,从而推动资本品的价格上升。资本品价格的上升会导致投资边际效率下降,低于资本边际效率。

3. IS 曲线

答:产品市场均衡条件下,利率与收入组合点的轨迹就是 IS 曲线,由于在两部门经济中产品市场均衡时总有投资等于储蓄,因此,称为 IS 曲线。

4. LM 曲线

答:货币市场均衡条件下,利率与收入组合点的轨迹就是 LM 曲线,由于在货币市场均衡时总有货币需求(L)等于货币供给(M),因此,称为 LM 曲线。

5. IS-LM 模型

答:当产品市场与货币市场同时达到均衡时,IS 曲线和 LM 曲线的交点处代表的是产品市场和货币市场同时均衡时,交点对应纵轴上的数值为均衡利率,交点对应横轴上的数值为均衡的国民收入,这就是 IS-LM 模型。

单项选择题

1. 在凯恩斯的理论体系中,货币需求和货币供给函数决定(　　)。
   A. 名义利率　　　　　　　　B. 实际利率
   C. 价格水平　　　　　　　　D. 消费水平

2. 若资本边际效率低于市场利率,则企业投资(　　)。
   A. 过多　　　　　　　　　　B. 过少
   C. 正好　　　　　　　　　　D. 都不对

3. 根据托宾的"q"说,当企业的股票市场价值大于新建企业的成本,则(　　)。
   A. 新建企业更合算　　　　　B. 购买旧企业更合算
   C. 两者都一样　　　　　　　D. 无法确定

4. (　　),LM 曲线向右移动。
   A. 名义利率下降　　　　　　B. 总产量增加
   C. 货币需求增加　　　　　　D. 货币供给增加

5. IS 曲线右上方、LM 曲线右下方的组合表示(　　)。
   A. 产品供大于求、货币供大于求　　B. 产品供大于求、货币求大于供
   C. 产品求大于供、货币供大于求　　D. 产品求大于供、货币求大于供

6. 假定 IS 曲线和 LM 曲线的交点所表示的均衡国民收入低于充分就业的国民收入。根据 IS – LM 模型,如果不让利息率上升,政府应该(　　)。
   A. 增加投资　　　　　　　　B. 在增加投资的同时增加货币供给
   C. 减少货币供给量　　　　　D. 减少投资的同时减少货币供给量

7. 自发投资支出增加 10 亿美元,会使 IS(　　)。
   A. 右移 10 亿美元　　　　　B. 左移 10 亿美元
   C. 右移支出乘数乘以 10 亿美元　　D. 左移支出乘数乘以 10 亿美元

8. 假定货币需求为 L = ky – hr,货币供给增加 10 亿美元而其他条件不变,则会使 LM(　　)。
   A. 右移 10 亿美元　　　　　B. 右移 k 乘以 10 亿美元
   C. 右移 10 亿美元除以 k(即 10÷k)　　D. 右移 k 除以 10 亿美元(即 k÷10)

答案:1~5:AAADB;6~8:BCC。

问答题

1. 试述流动性陷阱产生的原因。
2. 简要分析货币需求的动机。
3. 简述 IS – LM 模型的内容和意义。
4. 简述凯恩斯效应与庇古效应的含义并比较两者的异同。

1. 答:

当利率极低时，人们会认为利率不大可能再下降，或者说有价证券市场价格不大可能再上升而只会跌落，因而会将所持有的有价证券全部换成货币，人们有了货币也不愿再买有价证券，以免其价格下跌时再受损失。人们不管有多少货币都愿意持有在手中，这种情况称为"凯恩斯陷阱"或"流动偏好陷阱"。

其产生原因在于人们的投机心理，即当市场利率下降到极低时，债券的价格便上升到极高，此时人们认为债券价格绝对不会继续上升，在一定时间之后肯定会出现价格的下降。在此情况下，无论政府如何扩大货币供给，使人们手中持有的货币增加，这些增加的货币都会以现金形式保留在人们的手中，等待债券价格下降所带来的最佳购买时机。显然，正是人们的这种投机心理的作用，使利率的降低有一个下限。这个时候，不管货币供给曲线向右移动多少，即不管政府增加多少货币供给，都不可能再使利率下降。

2. 答:

凯恩斯认为货币需求有三大动机：一是交易动机，指人们为了满足日常的交易需要而持有的货币，其大小由收入决定并且同收入之间做同方向变动。二是预防需求，是指人们为了预防意外支出而持有一部分货币的动机，其大小也由收入决定并且同收入之间呈同方向变动。由于交易货币需求和预防货币需求都是收入的函数，所以可以把两者结合起来进行分析。如果把两种货币合起来用 L_1 表示，用 y 表示收入，则这种函数关系可写为：$L_1 = L_1(y)$。三是投机货币需求，是指人们为了抓住有利的购买生利资产（如债券等有价证券）的机会而持有一部分货币的动机。投机货币需求与利率密切相关，这是因为债券的价格随利率的变化而变化，债券价格=债券年收益/利率。投机货币需求是利率的函数，并且与利率作反方向变动，表示为 $L_2 = L_2(i)$。

3. 答:

LM 曲线的三个区域分别称为凯恩斯区域、中间区域、古典区域。他们分别具有 LM 曲线从左到右所经历的水平线、向右上方倾斜线、垂直线三个阶段。其经济含义是：在水平线阶段的 LM 曲线上，货币的需求曲线已处于水平状态，对货币的投机需求已达到利率下降的最低点。即"流动偏好陷阱"阶段，货币需求对利率敏感性极大。凯恩斯认为，当利率很低，即债券价格很高时，人们觉得用货币购买债券风险极大，因为债券价格已很高，只会跌，不会涨，因此，买债券很可能亏损，人们有货币在手的话，不会用于购买债券，这时，货币投机需求无限增大，从而使 LM 曲线呈水平状态。由于这种分析是凯恩斯提出的，所以水平的 LM 区域称为凯恩斯区域。在垂直阶段，LM 曲线斜率为无穷大，此时货币的投机需求对利率已毫无敏感性，进而货币需求曲线的斜率趋向于无穷大，呈垂直状态表示不论利率怎样的变动，货币的投机需求均为零，从而 LM 曲线也呈垂直状态。由于古典学派认为货币需求只有交易需求而无投机需求，因此，垂直的

LM 区域称为古典区域，介于垂直线与水平线之间的区域则称为"中间区域"。

4. 答：

凯恩斯效应是指：当价格 P 下降时，M/P 即实际货币供给量会增加，从而会导致利率下降，投资也随之增加，收入增加。

庇古效应又叫实际余额效应或财富效应，它认为：随着物价水平 P 的下降，实际货币余额（M/P）增加，消费者感到富有，并且更多地进行支出（消费），消费增加引起收入增加。这一理论首先由英国古典经济学家阿瑟·庇古在 1930 年提出，故称庇古效应。

两者的相同之处在于均认为价格下降后会带来收入增加。不同之处：前者考虑的是价格通过影响货币市场，进而影响利率和投资，最后影响产品市场。后者则绕过货币市场，直接考虑产品市场。前者认为投资带来收入增加，后者认为是消费带来了收入的增加。

计算题

1. 假定：①消费函数为 $c = 50 + 0.8y$，投资函数为 $i = 100 - 5r$；②消费函数为 $c = 50 + 0.8y$，投资函数 $i = 100 - 10r$；③消费函数 $c = 50 + 0.75y$，投资函数为 $i = 100 - 10r$。

（1）求①、②和③的 IS 曲线。

（2）比较①和②说明投资对利率更为敏感时、IS 曲线斜率将发生什么变化。

（3）比较②和③说明边际消费倾向变动时，IS 曲线斜率将发生什么变化。

2. 如果在一国的经济中，自发性消费 $\alpha = 250$，边际消费倾向 $\beta = 0.75$，$i = 500$，政府购买 $g = 500$（单位：亿美元）。试求：

（1）均衡国民收入、消费、储蓄各是多少？投资乘数是多少？

（2）如果当时实际产出（即收入）为 6000，国民收入将如何变化？为什么？

（3）如果投资 i 是利率 r 的函数：$i = 1250 - 50r$（r 的单位:%）；货币供给是价格水平 P 的函数：$M/P = 1000/P$；货币需求是收入 y 和利率 r 的函数：$L = 0.25y - 100r$。那么，①价格水平 $P = 1$ 时的 IS、LM 曲线及均衡利率和收入；②在价格水平是变动的情况下，导出总需求曲线，并说明其含义。

1. 解：

（1）由两部门经济的均衡条件 $S = y - c = y - (100 + 0.8y) = -100 + 0.2y = i = 100 - 5r$，解之有：$Y = 750 - 25r$，或者 $r = 30 - Y/25$，即为①的 IS 曲线。

同理可得②的 IS 曲线为：$Y = 750 - 50r$，或 $r = 15 - Y/50$。

③的 IS 曲线为：$Y = 600 - 40r$，或 $r = 15 - Y/40$。

（2）比较①和②，可知②的投资函数中的投资对利率更敏感，表现在 IS 曲线上就是 IS 曲线的斜率的绝对值变小，即 IS 曲线更平坦一些。

（3）比较②和③，当边际消费倾向变小（从 0.8 变为 0.75）时，IS 曲线斜率的绝对值变大了，即 IS 曲线更陡峭一些。

2. 解：

（1）$y = c + i + g = 250 + 0.75y + 500 + 500$

均衡收入：$y = 5000$（亿美元，下同）；

消费：$c = 250 + 0.75y = 250 + 0.75 \times 5000 = 4000$；

储蓄：$s = y - c = 5000 - 4000 = 1000$；

投资乘数：$k_i = 1/(1 - \beta) = 1/(1 - 0.75) = 4$。

（2）在三部门经济中，$i + g = s + t$ 是宏观均衡的条件，在第（1）小题中，$i + g = 500 + 500 = 1000 = s$，$y = 5000$，这是均衡国民收入。

当实际产出为 6000 时，$S = -\alpha + (1 - \beta)y = -250 + (1 - 0.75) \times 6000 = 1250$，$i + g = 1000 < s = 1250$，社会总需求小于总供给，国民收入将下降。

（3）①IS 方程：$y = c + i + g = (250 + 0.75y) + (1250 - 50r) + 500$，即 $y = 8000 - 200r$；LM 方程：$M/P = L = 0.25y - 100r = 1000$，即 $y = 4000 + 400r$。解由 $y = 8000 - 200r$ 和 $y = 4000 + 400r$ 组成的方程组，可得均衡利率 $r = 6.667\%$，均衡收入 $y = 6667$ 亿美元。

②由方程 $y = 8000 - 200r$ 和 $1000/p = 0.25y - 100r$ 组成的方程组，可得出 $y = 1/3(16000 + 4000p)$，该总需求函数表示商品市场和货币市场同时达到均衡时国民收入与价格的关系。

三、拓展习题

单项选择题

1. 假定货币供给量和价格水平不变，货币需求为收入和利率的函数，则收入增加时（　　）。

A. 货币需求增加，利率上升

B. 货币需求增加，利率下降

C. 货币需求减少，利率上升

D. 货币需求减少，利率下降

2. 利率和收入的组合点出现在 IS 曲线右上方，LM 曲线的左上方的区域中，则表示（　　）。

A. 投资小于储蓄，且货币需求小于货币供给

B. 投资小于储蓄，且货币供给大于货币需求

C. 投资大于储蓄，且货币需求小于货币供给

D. 投资大于储蓄，且货币需求大于货币供给

3. 如果利率和收入都能按供求情况自动得到调整，则利率和收入的组合点出现在 IS 曲线左下方，LM 曲线右下方区域中时，有可能（　　）。

A. 利率上升，收入下降

B. 利率上升，收入增加

C. 利率上升，收入不变

D. 以上三种情况都可能发生

4. IS 曲线表示满足(　　)关系。

A. 收入支出均衡

B. 总供给和总需求均衡

C. 储蓄和投资均衡

D. 以上都对

5. 在 IS 曲线上存在储蓄和投资均衡的收入—利率组合点有(　　)。

A. 一个　　　　　B. 无数个　　　　　C. 0 个　　　　　D. 多个

答案：1～5：AABDB。

问答题

1. 什么是 IS 曲线？为什么 IS 曲线向右下倾斜？

2. 什么是 LM 曲线？为什么 LM 曲线向右上倾斜？

3. 为什么政府支出增加会使利率和收入都上升，而中央银行增加货币供给会使收入增加而利率下降？

1. 答：

IS 曲线是描述产品市场达到均衡时利率与收入之间关系的曲线，IS 曲线向右下倾斜是由于假定投资需求是利率的减函数，而储蓄是收入的增函数。即利率上升时，投资要减少，利率下降时，投资要增加以及收入增加时，储蓄要随之增加，收入减少时，储蓄要随之减少。如果这些条件成立，那么，当利率下降时，投资必然增加，为了达到产品市场的均衡，或者说储蓄和投资相等，则储蓄必须增加，而储蓄又只有在收入增加时才能增加。这样，较低的利率必须和较高的收入配合，才能保证产品市场上总供给和总需求相等。于是，当坐标图形上纵轴表示利率，横轴表示收入时，IS 曲线就必然向右下倾斜。如果上述前提条件不存在，则 IS 曲线就不会向右下倾斜。例如，当投资需求的利率弹性无限大时，即投资需求曲线为水平状时，则 IS 曲线将成为一条水平线。再如，如果储蓄不随收入而增加，即边际消费倾向如果等于 1，则 IS 曲线也成为水平状。由于西方学者一般认为投资随利率下降而增加，储蓄随收入下降而减少，因此，一般可认为 IS 曲线为向右下倾斜的。

2. 答：

LM 曲线是描述货币市场达到均衡时利率与收入之间关系的曲线。LM 曲线向右上倾斜是假定货币需求随利率上升而减少，随收入上升而增加。如果这些条件成立，则当货币供给既定时，若利率上升，货币投机需求量减少（即人们认为债券价格下降时,购买债券从投机角度看风险变小,因而愿买进债券而少需要持有货币),为保持货币市场上供求平衡,货币交易需求量必须相应增加,而货币交易需求又只有在收入增加时才会增加,于是,较高的利率必须和较高的收入相结合,才能使货币市场均衡。如果这些条件不成立,则LM曲线不可能向右上倾斜。例如,古典学派认为,人们需要货币,只是为了交易,并不存在投机需求,即货币投机需求为零,在这种情况下,LM曲线就是一条垂直线。反之,凯恩斯认为,当利率下降到足够低的水平时,人们的货币投机需求将是无限大(即认为这时债券价格太高,只会下降,不会再升,从而买债券风险太大,因而人们手头不管有多少货币,都再不愿去买债券),从而进入流动性陷阱,使LM曲线呈水平状。由于西方学者认为,人们对货币的投机需求一般既不可能是零,也不可能是无限大,是介于零和无限大之间,因此,LM曲线一般是向右上倾斜的。

3. 答:

政府支出的增加意味着总需求(或总支出)的增加,这将使产量和收入增加,从而增加对货币的交易需求量,在货币供给量不变的条件下(或LM曲线不变),新增加的货币需求会使利率上升,最终引起投机动机的货币需求的下降来保证货币市场均衡。这个过程,在IS-LM模型里,表现为在LM曲线不变,IS曲线向右移动,总需求的增加引起收入和利率的同时增加。中央银行增加货币供给量,而货币需求不变的话,利率将会下降,从产品市场看,在IS曲线上,在投资函数既定条件下,利率的下降会导致投资和国民收入的增加。这个过程表现为在IS曲线不变条件下,LM曲线向右移动,并导致利率下降和国民收入上升。

计算题

1. 假定一个只有家庭和企业的两部门经济中,消费 C = 100 + 0.8Y,投资 I = 150 - 6r,名义货币供给 M = 150,货币需求 L = 0.2Y - 4r,价格水平为 P = 1。要求:

(1) 求 IS 和 LM 曲线。
(2) 求产品市场和货币市场同时均衡时利率和收入。

2. 假定某四部门经济中,消费 C = 300 + 0.8Y_d,投资 I = 200 - 1500r,净出口函数为 NX = 100 - 0.04Y - 500r,货币需求为 L = 0.5Y - 2000r,政府支出为 G = 200,税率 t = 0.2,名义货币供给为 M = 550,价格水平为 P = 1,试求:

(1) IS 曲线。
(2) LM 曲线。
(3) 产品市场和货币市场同时均衡时的利率和收入。
(4) 均衡的消费、投资和净出口值。

1. 解:

(1) 由 Y = C + I,即 Y = (100 + 0.8Y) + (150 - 6r),得 IS 曲线为:Y =

$1250 - 30r$。

由 $L = \dfrac{M}{P}$，即 $0.2Y - 4r = \dfrac{150}{1}$，得 LM 曲线为 $Y = 750 + 20r$。

（2）当产品市场与货币市场同时均衡时，IS 曲线和 LM 曲线相交于一点，该点上收入和利率可通过求解 IS 和 LM 方程而得，即：

$$\begin{cases} Y = 1250 - 30r \\ Y = 750 + 20r \end{cases}$$

得均衡利率 $r = 10$，均衡收入 $Y = 950$。

2. 解：

（1）由题设，知 $Y_d = Y - T = Y - 0.2Y = 0.8Y$。$Y = C + I + G + NX$，即：
$Y = (300 + 0.8 \times 0.8Y) + (200 - 1500r) + 200 + (100 - 0.04Y - 500r)$

整理得 IS 曲线为：$Y = 2000 - 5000r$。

（2）$L = \dfrac{M}{P}$，即 $0.5Y - 2000r = \dfrac{550}{1}$。

整理得 LM 曲线为：$Y = 1100 + 4000r$。

（3）将 IS 曲线与 LM 曲线联立：

$$\begin{cases} Y = 2000 - 5000r \\ Y = 1100 + 4000r \end{cases}$$

解得 $Y = 1500$，$r = 0.1$。

（4）均衡的消费为：$C = 300 + 0.8Y_d = 300 + 0.8 \times 0.8Y = 300 + 0.8 \times 0.8 \times 1500 = 1260$

均衡的投资为：$I = 200 - 1500r = 200 - 1500 \times 0.1 = 50$

均衡的净出口为：$NX = 100 - 0.04Y - 500r = 100 - 0.04 \times 1500 - 500 \times 0.1 = -10$。

四、难点解释

如何理解 IS-LM 模型的动态变化？IS-LM 模型由不均衡向均衡转化时为什么一定是逆时针旋转？

答：

众所周知，IS-LM 模型不是凯恩斯的发明，是希克斯和汉森对凯恩斯理论的所谓修正。希克斯认为凯恩斯的理论存在循环论证问题：总收入取决于有效需求，后者由投资和消费构成，消费倾向是稳定的，因而有效需求决定于投资，投资决定于资本边际效率和利率的比较，其中，资本边际效率又是稳定的，因而投资决定于利率，利率由货币需求决定，后者包括交易动机和投机动机，交易动机取决于收入，投机动机取决于利率。因此，总收入取决于利率，利率取决于收入和利率。所以是循环论证。

为此,希克斯和汉森提出了 IS – LM 模型,试图解决循环论证问题,直接得到均衡的利率和收入,但这个思想仍然是静态模型,利率与收入仍然是循环决定的,并不是有了方程组就不存在循环决定了。如方程组 $\begin{cases} y = x - 2 \\ x = 2y \end{cases}$ 中第一个方程可以说 y 由 x 决定,但第二个方程 x 也由 y 决定。实际上它们是相互决定的。因此,建立方程组求解实际上是没有用的,需要引入动态模型加以处理。

类似的动态模型已经有一些,但要么过于烦琐,要么难度较大。为得到一种简便的解决方法,既能够在理论上说明问题,又方便教师的课堂教授,我们准备采用蛛网模型来处理 IS – LM 模型,即提出 IS – LM 蛛网模型。之所以采取该模型,是因为在微观经济学中对该模型已经有所介绍,学生比较容易接受,另外在理论上,该模型也适合处理收入和利率的互动关系。我们可以验证:假设不同,可以得到不同的结果。

顺时针旋转的假设:

根据 IS 与 LM 的方程,设 $A = \dfrac{a + e + g - \beta T_0 + \beta TR}{1 - \beta(1 - t)}$,$B = \dfrac{d}{1 - \beta(1 - t)}$,其中,a、e、g、β、$T_0$、t、d、TR 分别为自发消费量、自发投资量、政府购买量、边际消费倾向、定量税、边际税率、投资的利率系数以及转移支付量。同样设 $C = \dfrac{M}{k}$,$D = \dfrac{h}{k}$,M、k、h 分别为货币供给量、货币需求的收入系数以及货币需求的利率系数。

首先,由 LM 方程中的利率决定一个收入(用 y 来表示),该收入(用 Y 来表示,以示区别)在 IS 方程里决定下一个利率,然后,这个利率到 LM 曲线方程中决定下一个收入,依次类推。如果最后的利率是稳定的,则为收敛型蛛网,否则为发散型或封闭型蛛网。

IS 方程:$Y_t = A - Br_t$ ①

LM 方程:$y_t = C + Dr_{t-1}$ ②

根据①式和②式可以求得:

$$r_t = \left(-\dfrac{D}{B}\right)r_{t-1} + \dfrac{A - C}{B} \qquad ③$$

当 t = 1 时:

$$y_1 = Dr_0 + C$$

$$Y_1 = y_1 \Rightarrow r_1 = \left(-\dfrac{D}{B}\right)r_0 + \dfrac{A - C}{B}$$

当 t = 2 时:

$$r_2 = \left(-\dfrac{D}{B}\right)r_1 + \dfrac{A - C}{B} = \left(-\dfrac{D}{B}\right)^2 r_0 + \left(-\dfrac{D}{B}\right)\dfrac{A - C}{B} + \dfrac{A - C}{B}$$

当 t = 3 时:

$$r_3 = \left(-\frac{D}{B}\right)r_2 + \frac{A-C}{B} = \left(-\frac{D}{B}\right)^3 r_0 + \left(-\frac{D}{B}\right)^2 \frac{A-C}{B} + \left(-\frac{D}{B}\right)\frac{A-C}{B} + \frac{A-C}{B}$$

由此可以得到：

当 t = n 时：

$$r_n = \left(-\frac{D}{B}\right)^n r_0 + \left(-\frac{D}{B}\right)^{n-1}\frac{A-C}{B} + \left(-\frac{D}{B}\right)^{n-2}\frac{A-C}{B} + \cdots + \left(-\frac{D}{B}\right)\frac{A-C}{B} + \frac{A-C}{B}$$

这是等比数列，可以求得：

$$r_n = \frac{A-C}{B+D} + \left(r_0 - \frac{A-C}{B+D}\right)\left(-\frac{D}{B}\right)^n \qquad ④$$

根据④式可以发现：

当 B 大于 D 时，也即 IS 曲线斜率（绝对值）小于 LM 曲线斜率时，模型收敛，$r = \frac{A-C}{B+D}$，$y = \frac{AD+BC}{B+D}$，如图 18-2 所示。

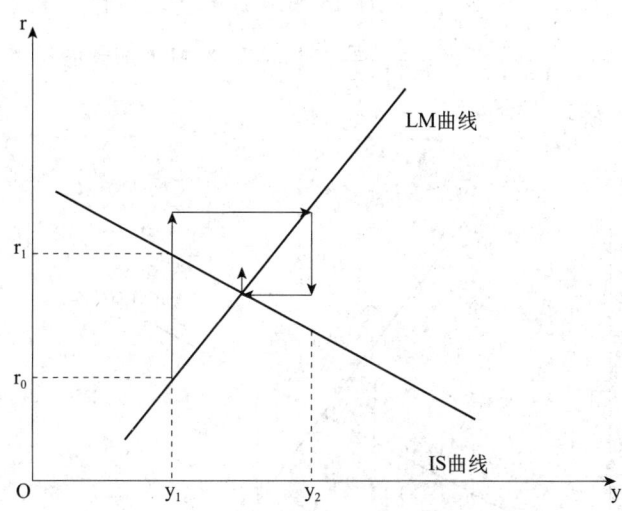

图 18-2　顺时针收敛型蛛网

当 B 小于 D 时，也即 IS 曲线斜率（绝对值）大于 LM 曲线斜率时，模型发散。图略。

当 B 等于 D 时，也即 IS 曲线斜率（绝对值）等于 LM 曲线斜率时，模型封闭。当 t 为奇数时，$r_t = \frac{2(A-C)}{B+D} - r_0$，当 t 为偶数时，$r_t = r_0$。图略。

这种收敛与教材上的逆时针旋转不一致，在现实中也是不合理的。

逆时针旋转假设：

由 IS 方程中的利率决定一个收入（用 Y 来表示），该收入（用 y 来表示，以示区别）在 LM 方程里决定下一个利率，然后，这个利率到 IS 曲线方程中决定下一个收入，依次类推。如果最后的利率是稳定的，则为收敛型蛛网，否则为发散型或封闭型蛛网。

IS 方程：$Y_t = A - Br_{t-1}$ ⑤

LM 方程：$y_t = C + Dr_t$ ⑥

可以求得：$r_t = (-\frac{B}{D})r_{t-1} + \frac{A-C}{D}$

$$r_1 = (-\frac{B}{D})r_0 + \frac{A-C}{D}$$

$$r_2 = (-\frac{B}{D})^2 r_0 + (-\frac{B}{D})\frac{A-C}{D} + \frac{A-C}{D}$$

可以得到：

$$r_n = (-\frac{B}{D})^n r_0 + (-\frac{B}{D})^{n-1}\frac{A-C}{D} + (-\frac{B}{D})^{n-2}\frac{A-C}{D} + \cdots + (-\frac{B}{D})\frac{A-C}{D} + \frac{A-C}{D}$$

求和得到：

$$r_n = \frac{A-C}{B+D} + (r_0 - \frac{A-C}{B+D})(-\frac{B}{D})^n$$ ⑦

根据⑦式：当 D 大于 B 时，也即 IS 曲线斜率（绝对值）大于 LM 曲线斜率时，模型收敛，$r = \frac{A-C}{B+D}$，$y = \frac{AD+BC}{B+D}$。我们得到了和前面讨论完全不同的结果，如图 18-3 所示。

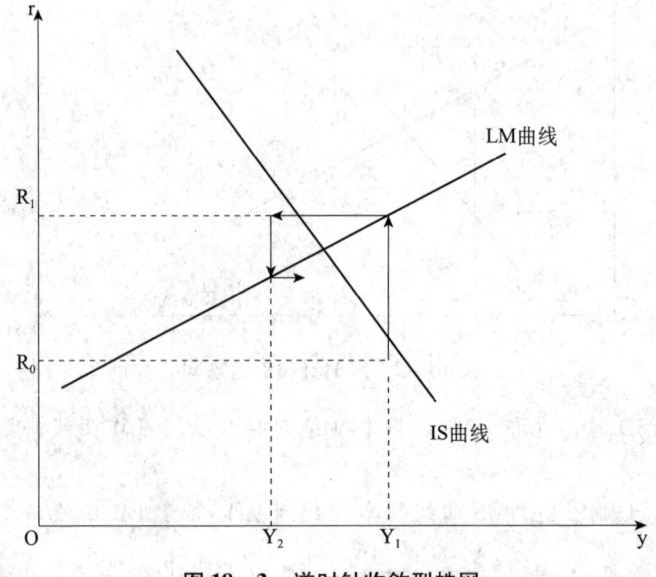

图 18-3 逆时针收敛型蛛网

讨论：

第一种思想的原理是，LM 方程中的利率决定一个收入，该收入在 IS 方程里决定下一个利率，依次类推。而第二种思想的原理是，IS 方程中的利率决定一个收入，该收入在 LM 方程里决定下一个利率，依次类推。哪一种思想正确呢？可以看出，第二种思想更加符合凯恩斯的思路，即利率决定投资，投资决定收入（这是 IS 方程的含义），然后该收入构成的货币需求以及货币供给一同决定利率（这是 LM 方程的含义），或者说产品市场更加具备决定性。这种思想也说明：只有当投资受利率影响较小时（IS 曲线较为陡峭时），模型才会收敛。考虑到凯恩斯对投资者"动物精神"（animal spirits）的描述，我们可以认为投资受利率的影响不大，也就是 IS 曲线比较陡峭，此时模型收敛也要求逆时针旋转。如果 IS 曲线干脆为垂线，模型直接收敛，这也是对教材中逆时针旋转达到均衡的一种解释。

第十九章　宏观经济政策分析

一、学习指导

【学习目的】
　　通过本章的学习，要求学生理解宏观经济目标及其相互关系；掌握财政政策与货币政策的定义、工具和效果；了解在不同宏观经济形势下财政政策和货币政策的搭配使用。

【学习目标】
　　1. 了解宏观经济政策目标及其相互关系。
　　2. 掌握财政政策的定义、工具、效果分析及其自身的缺陷。
　　3. 掌握货币政策的定义、工具、效果分析及其自身的缺陷。
　　4. 掌握财政政策与货币政策的搭配方式及其能达到的经济效果。

【关键概念】
　　充分就业（full employment）；财政政策（fiscal policy）；自动稳定器（automatic stabilizers）；扩张性财政政策（expansionary fiscal policy）；紧缩性财政政策（contractionary fiscal policy）；功能财政（functional finance）；相机抉择（discretionary）；政策时滞（action lag）；货币政策（monetary policy）；公开市场操作（open market operation）；紧缩货币政策（tight-money policy）；宽松货币政策（easy-money policy）；再贴现政策（rate of rediscount policy）；挤出效应（crowding out effect）。

【本章框架】
　　本章首先提出了宏观经济政策的目标；其次在财政政策定义的基础上分析了财政政策的分类、工具、效果及其缺陷；再次在货币政策定义的基础上分析了政策的工具、效果及其缺陷；最后对财政政策与货币政策的相互搭配进行了探讨（见图19-1）。

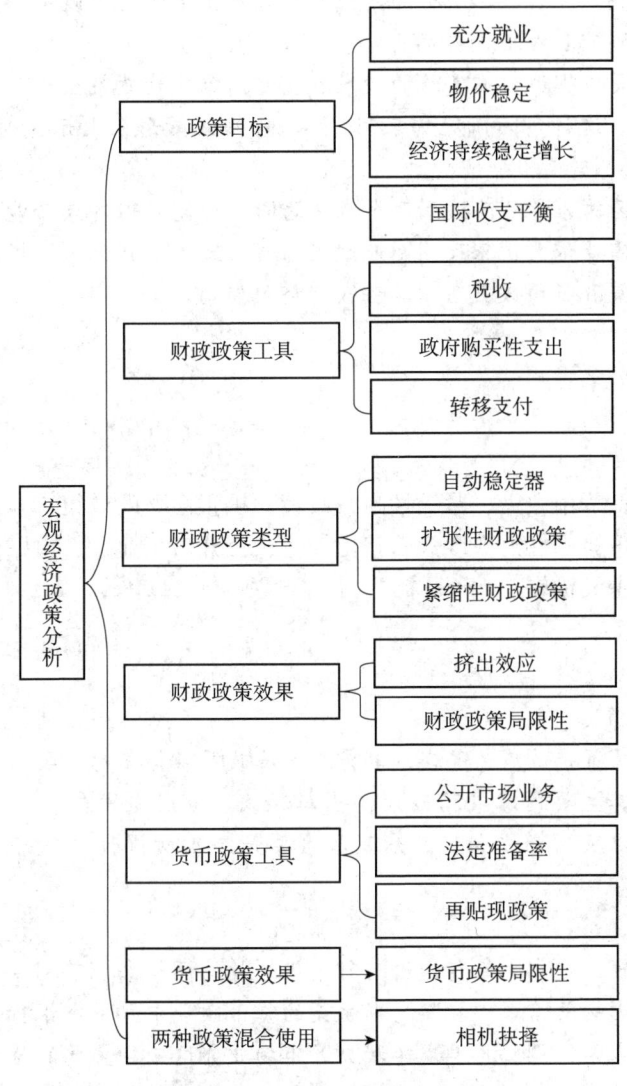

图 19-1　宏观经济政策分析框架

【内容提要】

● 宏观经济政策是国家或政府有意识、有计划地运用一定的政策工具,调节控制宏观经济的运行,以达到一定的政策目标。它应该同时达到四个目标:充分就业、物价稳定、经济持续稳定增长、国际收支平衡。常用的政策有财政政策和货币政策。

● 财政政策是政府为了实现其宏观经济政策目标而对其收入和支出水平所作出的决策。其主要内容包括政府支出与税收。政府支出包含政府公共工程支出、政府购买以及转移支付;政府税收主要是个人所得税、公司所得税和其他税收。货币政策是中央银行通过对货币供给量的调节来调节利息率,再通过利息率的变动来影响总需求。在凯恩斯主义的货币政策中,中央银行一般通过改变法定存款准备金率,调整再贴现率和公开市场业务这三种主要的货币政策工具来改变货币供给量,以达到宏观经济调控的目标。

● 财政政策与货币政策实施的效果有多大,取决于政策出台时该宏观经济运行的实际情况。这种实际情况如果用 IS-LM 曲线图形来表示,则是取决于 IS、LM 两条曲线的斜率变化。

● 依靠市场的力量可以达到两个市场的同时均衡,但却未必能实现充分就业均衡。因此,需要依靠国家运用财政政策与货币政策进行调节。根据政策调节的需要,财政政策和货币政策可以单独或者搭配使用。

二、习题解答

名词解释

财政政策;货币政策;紧缩性财政政策;扩张性财政政策;自动稳定器;相机抉择财政政策;中性财政政策;挤出效应;公开市场业务;再贴现;凯恩斯主义极端;古典主义极端。

1. 财政政策

答:财政政策是政府为了实现其宏观经济政策目标而对其收入和支出水平所作出的决策。其主要内容包括政府支出与税收。政府支出包含政府公共工程支出、政府购买以及转移支付;政府税收主要是个人所得税、公司所得税和其他税收。

2. 货币政策

答:货币政策是中央银行通过对货币供给量的调节来调节利息率,再通过利息率的变动来影响总需求。在凯恩斯主义的货币政策中,中央银行一般通过改变法定存款准备金率,调整再贴现率和公开市场业务这三种主要的货币政策工具来改变货币供给量,以达到宏观经济调控的目标。

3. 紧缩性财政政策

答:紧缩性财政政策是指通过财政政策收支活动减少或抑制社会总需求的政策。在社会总需求规模大于社会总供给、出现需求膨胀的情况下,政府通常采取紧缩的财政政策,通过增加税收、减少财政支出等手段来减少或者抑制社会总需求,以达到促进总供给与总需求相平衡的目标。

4. 扩张性财政政策

答:扩张性财政政策是指通过财政收支活动拉动刺激经济总需求的政策。在社会总需求不足的情况下,政府通常采取扩张性财政政策,通过减税、增加财政支出等手段刺激总需求增加,缩小总需求与总供给之间的差距。

5. 自动稳定器

答:自动稳定器也称内在稳定器,是指经济系统本身存在的一种会减少各种干扰对国民收入冲击的机制,能够在经济繁荣时期自动抑制通货膨胀,在经济衰退时期自动减轻萧条,无须政府采取任何行动。实际上是指国家财政预算中根据经济状况而自动发生变化的收入和支出项目,如税收和转移支付。

6. 相机抉择财政政策

答:相机抉择财政政策指政府根据经济情况和财政政策的有关手段的特点,相机抉择,主动地变动财政的支出和税收以稳定经济,实现充分就业的机动性财政政策。

7. 中性财政政策

答:中性财政政策指在制定财政政策时要求与政府年度预算平衡相一致,也就是说,不能发生预算盈余或赤字。现代西方经济理论认为,中性的财政政策不仅不能发挥"逆周期而动"的作用,而且带有加剧经济周期波动的副作用。

8. 挤出效应

答:挤出效应指政府支出增加或税收减少所引起的私人消费或投资降低的效果。具体来说,当政府支出增加时,或税收减少时,货币需求会增加,在货币供给既定情况下,利率会上升,私人部门(厂商)的投资会受到抑制,产生政府支出挤出私人投资的现象。

9. 公开市场业务

答:公开市场业务又称公开市场操作,是指中央银行在金融市场上公开买卖政府证券以控制货币供给和利率的政策行为。

10. 再贴现

答:再贴现是中央银行通过变动给商业银行及其他存款机构的贷款利率来调节货币供给量的政策。它是中央银行最早运用的货币政策工具。

11. 凯恩斯主义极端

答:当 LM 曲线为水平线、IS 曲线为垂直线时,财政政策十分有效、货币政策完全无效,这就是凯恩斯主义的极端情况。

12. 古典主义极端

答:与凯恩斯主义的极端情况相反,当水平的 IS 曲线与垂直的 LM 曲线相交时,财政政策完全无效、货币政策十分有效,这就是古典主义的极端情况。

单项选择题

1. 经济中存在失业时,应采取的财政政策是(　　)。
   A. 增加政府支出　　　　　　　　B. 提高个人所得税
   C. 提高公司所得税　　　　　　　D. 增加货币发行量
2. 经济过热时,应采取的财政政策是(　　)。
   A. 减少政府支出　　　　　　　　B. 增加财政支出
   C. 扩大财政赤字　　　　　　　　D. 减少税收
3. 紧缩性货币政策会导致(　　)。
   A. 减少货币供给量,利率降低　　B. 增加货币供给量,利率提高

C. 减少货币供给量,利率提高　　　D. 增加货币供给量,利率提高

4. 以下因素中,与"挤出效应"具有反向作用的是(　　)。
   A. 政府支出乘数　　　　　　　　B. 货币需求对产出的敏感程度
   C. 货币需求对利率的敏感程度　　D. 投资需求对利率的敏感程度

5. 在(　　)情况下,挤出效应更有可能发生。
   A. 货币需求对利率具有敏感性,私人支出对利率也有敏感性
   B. 货币需求对利率缺乏敏感性,私人支出也对利率缺乏敏感性
   C. 货币需求对利率具有敏感性,私人支出对利率缺乏敏感性
   D. 货币需求对利率缺乏敏感性,私人支出对利率具有敏感性

6. 在古典区域,下列说法正确的是(　　)。
   A. 货币政策有效　　　　　　　　B. 财政政策有效
   C. 货币政策无效　　　　　　　　D. 货币政策与财政政策同样有效

7. 对利率反应最敏感的是(　　)。
   A. 货币的交易需求　　　　　　　B. 货币谨慎需求
   C. 货币投机需求　　　　　　　　D. 三种货币需求的敏感程度相同

8. 扩张性财政政策的一般效应为(　　)。
   A. 消费需求增加　　　　　　　　B. 投资需求增加
   C. 总需求增加　　　　　　　　　D. 三者都有

9. 下列财政政策对于私人投资的挤出效应最小的是(　　)。
   A. 减税　　　　　　　　　　　　B. 增加政府支出
   C. 投资补贴　　　　　　　　　　D. 多发货币

10. 经济过热时期,政府采取紧缩性货币政策减少货币供给,则 LM 曲线左移,如果要使得均衡收入的变动量接近 LM 曲线的移动量,则必须要(　　)。
    A. LM 曲线和 IS 曲线一样陡峭　　B. LM 曲线和 IS 曲线一样平缓
    C. LM 曲线陡峭而 IS 曲线平缓　　D. LM 曲线平缓而 IS 曲线陡峭

11. 在凯恩斯主义极端情况下,当(　　)曲线水平时,则(　　)政策完全无效。
    A. LM,财政　　　　　　　　　　B. LM,货币
    C. IS,财政　　　　　　　　　　 D. IS,货币

12. 当经济出现通货膨胀但不十分严重的时候,可以(　　)。
    A. 采用扩张性财政政策和紧缩性货币政策组合
    B. 采用扩张性货币政策和紧缩性财政政策组合
    C. 采用紧缩性货币政策和紧缩性财政政策组合
    D. 只采用紧缩性货币政策

答案:1~5:AACDD;6~10:ACDCC;11~12:BB。

问答题

1. 什么是财政政策的"挤出效应"？它受哪些因素影响？
2. 货币政策效果与 IS 和 LM 曲线斜率有什么关系？为什么？
3. 财政政策对抵消各种干扰对经济运行的冲击有显著的作用，请问有哪些具体的财政政策？并简要说明它们的运用。
4. 试分析引起"完全挤出效应"的财政扩张情况。
5. 你认为应当怎样正确认识西方经济学家关于财政政策和货币政策效果的理论？这些理论对制定我国的宏观经济调控的政策有哪些借鉴意义？
6. 假定经济初期处于充分就业状态，现在政府要改变总需求构成，增加私人投资而减少消费支出，但不改变总需求水平，试问应当实行一种什么样的混合政策？并用 IS–LM 图形表示这一政策建议。
7. 假定政府要削减税收，试用 IS–LM 模型表示以下两种情况下减税的影响并说明两种情况下减税的经济后果的区别。

（1）用适应性货币政策保持利率不变。

（2）货币存量不变。

1. 答：

财政政策的"挤出效应"指由于政府支出增加而引起私人支出减少，相当于以政府的公共支出代替私人支出，从而总需求仍然不变。这样，扩张性财政政策刺激经济的作用就被削弱。财政政策挤出效应存在的最主要原因是政府支出增加引起利率上升，而利率上升会引起私人投资和消费的减少。财政政策挤出效应的大小取决于多种因素。在实现了充分就业的情况下，挤出效应最大，此时挤出效应为 1，也就是说，政府支出增加的量恰好等于私人支出减少的量，扩张性财政政策对经济没有任何刺激作用。在没有实现充分就业的情况下，挤出效应一般处于 0~1 之间，具体大小主要取决于政府支出增加所引起的利率上升幅度。

2. 答：

货币政策效果是指中央银行变动货币供给量对总需求进而对国民收入和就业的影响。例如，增加货币供应的扩张性货币政策，它的效果主要取决于：一是增加一定数量货币供给会使利率下降多少；二是利率下降时会在多大程度上刺激投资。从第一点看，如果货币需求对利率变动很敏感，即货币需求的利率系数很大，则 LM 曲线较为平缓，那么，这时增加一定数量的货币供给只会使利率稍有下降，在其他情况不变的情况下，私人部门的投资增加得就较少。从第二点看，如果投资对利率变动很敏感，即 IS 曲线较平缓，那么，利率下降时，投资就会大幅度增加，从而货币政策效果就比较大。

3. 答：

财政政策是政府根据既定目标通过财政收入和支出的变动以影响宏观经济活动水平的经济政策。政府通常使用的财政政策工具有政府采购、转移支付和税率。首先，政府采购。在总需求不足、经济衰退和失业增多时，政府要扩大对商品和劳务的需求，提高购买水平，以抑制衰退；相反，在总需求过旺、价格水平不断上升时，政府要减少对商品和劳务的需求，降低购买水平，以抑制通货膨胀。其次，转移支付。在总需求不足、失业持续增加时，政府要增加社会福利费用，提高转移支付水平；在总需求过旺，价格水平持续上升时，政府要减少社会福利水平，降低转移支付水平。最后，改变税率，主要是改变所得税的税率。在总需求不足、失业增加时，政府应采取减税措施，以刺激消费需求和投资需求，避免经济的衰退和失业上升；在总需求过旺，价格水平持续上升时，政府应采取增税措施，以抑制消费需求和投资需求，从而抑制通货膨胀。

4. 答：

一般来讲，在经济处于充分就业的条件下，经济没有过剩的生产能力，这时政府增加支出会产生完全的挤出效应。挤出效应的大小主要取决于支出乘数的大小、货币需求对产出水平的敏感程度、货币需求对利率变动的敏感程度，其中货币需求对利率变动的敏感程度是决定性因素。由于"挤出效应"与货币需求的利率敏感性反方向变动，从而如果 LM 曲线呈垂直状态，即货币需求的利率敏感性为 0，则 IS 曲线向右移动，或讲政府增加支出，会导致完全的"挤出效应"。

5. 答：

(1) 财政政策和货币政策是西方国家进行总需求管理的两大基本政策，西方学者认为，这两大经济政策的作用和效果可以通过 IS-LM 模型的分析得到清楚地说明，影响这些政策效果的因素也可以在 IS 曲线与 LM 曲线的斜率中得到解释。简单来说是，财政政策移动 IS 曲线，货币政策移动 LM 曲线；若 IS 曲线较陡峭，LM 曲线较平缓，财政政策对收入和就业的影响就明显，货币政策对收入和就业的影响就不明显；若 IS 曲线平缓而 LM 曲线陡峭，也可得到相反的结论；两种政策的混合效果也可在 IS 曲线和 LM 曲线的同时移动中得到反映。按照这些理论，似乎西方国家可以通过讨论财政政策和货币政策对总需求进行有效管理，同时实现物价稳定和充分就业。然而事实并非如此，无论从失业率的控制、物价的稳定，还是国民收入的增长、国际收支平衡等各方面的情况看，总需求管理的政策并不是那么有效。因为，总需求管理的政策主张首先存在理论上的错误。总需求管理是建立在凯恩斯的有效需求管理理论基础上的，根据这个原理，为促进充分就业和生产水平的提高，需要政府采用膨胀性财政政策和货币政策以填补有效需求不足的部分。然而，认为生产和就业是由有效需求决定，实质上就是认为生产是由流通决定；马克思主义经济学告诉我们，资本主义 $G=W=G'$ 的价值增值过程不仅需要在流通领域中而且还需要在生产领域中完成，所以总需求管理的政策只不过是治标的办法，它虽然可以暂时起到缓解和推迟问题的作用，但却不能彻底解决生产与消费的矛盾，因为这一矛盾来自更深层次的生产领域。20 世纪 60 年代末以后，凯恩斯主义的一套政策处方越来越不灵验，其中一个重要原因即在这里。第二次世界大战后的 20 多年中西方主要资本主义国家（尤其美国）良好的经济增长表现和 20 世纪 80 年代以来美国通货膨胀率的下降，也不能简单地归功于当时膨胀性或紧缩性的政策。事实证明,西方国家交替使用膨胀性政策和紧缩性政策,并未能真正消除经济波动,却常常会使经济变得很糟糕。西方世界20世纪60年代末至80年代初的"滞胀"局面,部分原因就是政府长期推行以膨胀经济为主的总需求管理政策的结果。应该看到,凯恩斯主义的这套需求管理政策还存在实践操作上的困难。由于经济实践时刻在发展,政策制定与实施存在难以克服的时间滞后,实施程度的不易测算,以及宏观经济政策作用的不确定性等因素,都大大影响了政策效果。

(2) 尽管西方的需求管理政策在理论和实践上存在许多局限,但不可否认,它确实反映了现代化大生产客观上要求国家在宏观上协调和管理经济。这种协调和管理很难依靠政府用行政命令或下达指令性计划指标的方式来实现,因为现代化大生产是在商品经济形式中不断发展的,而商品经济发展到今天要求发挥市场的基础性作用。因此,西方政府管理总需求往往通过税收、预算支出、利率等经济杠杆来影响市场,进而影响企业的生产和用工数量。因此,我们不能否认西方经济学家关于经济政策理论的意义。现在,我国正在建设社会主义市场经济,这就相应要求建立一套有效的宏观调控机制,在这方面,西方财政政策和货币政策的一些理论观点和实践经验是值得我们借鉴的。以后,我们有必要分析研究西方国家宏观调控的经验得失,充分考虑我国实际情况,逐步探索和建立起一套有中国特色的社会主义的财政政策和货币政策,以利于我国国民经济协调和健康发展。

6. 答:

如果政府要改变总需求构成,增加私人投资而减少消费支出,但不改变总需求水平,则应当实行扩大货币供给和增加税收的混合政策。扩大货币供给可使LM曲线右移,导致利率 r 下降,刺激私人部门的投资支出。税收增加时,人们可支配收入会减少,这使IS曲线左移。y_0 为充分就业时的国民收入,政府增加货币供给使LM移至LM′,利率由 r_1 降至 r_2,与此同时,政府采用紧缩性财政政策使IS左移至IS′,这样国民收入维持在充分就业水平 y_0,而私人投资增加了,消费支出减少了,如图19-2所示。

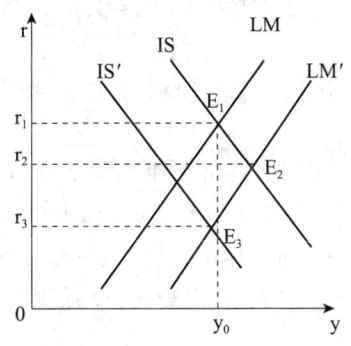

图19-2 财政政策与货币政策的搭配

7. 答:

(1) 政府减税,会使IS曲线向右上移动至IS′,这使得利率上升至 r_1,国民收

入增加至 y_1，为了使利率维持在 r_0 水平，政府应采取扩张性货币政策使 LM 曲线右移至处 LM′，从而利率仍归为 r_0，国民收入增至 y_2，均衡点为 LM′ 与 IS′ 的交点 E_2。

(2) 货币存量不变，即 LM 不变，这些减税使 IS 曲线向右移至 IS′ 的效果是利率上升至 r_1，国民收入增至 y_1，均衡点为 LM 与 IS′ 的交点 E_3。

两种情况下减税的经济后果显然有所区别，在（1）情况下，在减税的同时由于采取了扩张性的货币政策，使得利率不变，国民收入的增至 y_2，而在（2）情况下，在减税的同时保持货币存量不变，这使得利率上升，从而会使私人部门的投资被挤出一部分，因此，国民收入虽然也增加了，但只增至 y_1（$y_1 < y_2$）。上述情况可以用图 19-3 表示。

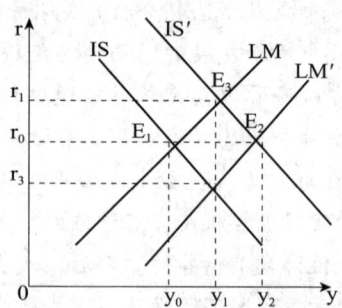

图 19-3 不同减税政策的效果

计算题

1. 假设 LM 曲线方程为 y = 500 亿美元 + 25r（货币需求 L = 0.20y - 5r，货币供给为 100 亿美元）。

(1) 计算：①当 IS 为 y = 950 亿美元 - 50r（消费 c = 40 亿美元 + $0.8y_d$，投资 i = 140 亿美元 - 10r，税收 t = 50 亿美元，政府支出 g = 50 亿美元）时；②当 IS 为 y = 800 亿美元 - 25r（消费 c = 40 亿美元 + $0.8y_d$，投资 i = 110 亿美元 - 5r，税收 t = 50 亿美元，政府支出 g = 50 亿美元）时的均衡收入、利率和投资。

(2) 政府支出从 50 亿美元增加到 80 亿美元时，情况①和情况②中的均衡收入和利率各为多少？

(3) 说明政府支出从 50 亿美元增加到 80 亿美元时，为什么情况①和情况②中收入的增加有所不同？

2. 假设货币需求为 L = 0.20y，货币供给量为 200 亿美元，c = 90 亿美元 + $0.8y_d$，t = 50 亿美元，i = 140 亿美元 - 5r，g = 50 亿美元。

(1) 导出 IS 和 LM 方程，求均衡收入、利率和投资。

(2) 若其他情况不变，g 增加 20 亿美元，均衡收入、利率和投资各为多少？

(3) 是否存在"挤出效应"？

(4) 用草图表示上述情况。

3. 假设货币需求为 L = 0.20y - 10r，货币供给量为 200 亿美元，c = 60 亿美元 + $0.8y_d$，t = 100 亿美元，i = 150 亿美元，g = 100 亿美元。

(1) 求 IS 和 LM 方程。

(2) 求均衡收入和利率、投资。

(3) 政府支出从 100 亿美元增加到 120 亿美元时，均衡收入、利率和投资有何变化？

(4) 是否存在"挤出效应"？

(5) 用草图表示上述情况。

4. 画出两个 IS – LM 图形（a）和（b），LM 曲线都是 $y = 750$ 亿美元 $+ 20r$（货币需求为 $L = 0.20y - 4r$，货币供给为 150 亿美元），但图（a）的 IS 为 $y = 1250$ 亿美元 $- 30r$，图（b）的 IS 为 $y = 1100$ 亿美元 $- 15r$。

(1) 试求图（a）和图（b）中的均衡收入和利率。

(2) 若货币供给增加 20 亿美元，即从 150 亿美元增加到 170 亿美元，货币需求不变，据此再做一条 LM′ 曲线，并求图（a）和（b）中 IS 曲线与这条 LM′ 曲线相交所得均衡收入和利率。

(3) 说明哪一个图形中均衡收入变动更多些，利率下降更多些？为什么？

5. 某两部门经济中，假定货币需求 $L = 0.20y$，货币供给为 200 亿美元，消费为 $c = 100$ 亿美元 $+ 0.8y$，投资 $i = 140$ 亿美元 $- 5r$。

(1) 根据这些条件求 IS 和 LM 的方程。

(2) 若货币供给从 200 亿美元增加到 220 亿美元，LM 曲线如何移动？均衡收入、利率、消费和投资各为多少？

(3) 为什么均衡收入增加量等于 LM 曲线移动量？

1. 解：

(1) 由 IS 曲线 $y = 950$ 亿美元 $- 50r$ 和 LM 曲线 $y = 500$ 亿美元 $+ 25r$ 联立求解得，解得均衡利率为 $r = 6$。

将 $r = 6$ 代入 $y = 950 - 50r$ 得均衡收入为 $y = 950 - 50 \times 6 = 650$；将 $r = 6$ 代入 $i = 140 - 10r$ 得投资为 $i = 140 - 10 \times 6 = 80$。

同理我们可以用同样的方法求情况②，由 IS 曲线亿美元和 LM 曲线亿美元联立得 $y = 500 + 25r = 800 - 25r$。解得均衡利率为 $r = 6$。将 $r = 6$ 代入 $y = 800 - 25r = 800 - 25 \times 6 = 650$；代入得投资函数为 $i = 110 - 5r = 110 - 5 \times 6 = 80$。

(2) 若政府支出从 50 亿美元增加到 80 亿美元时，对于情况①和②而言，其 IS 曲线都会发生变化。

首先看情况①：由 $y = c + i + g$，IS 曲线将为：

$y = 40 + 0.8(y - t) + 140 - 10r + 80 = 40 + 0.8(y - 50) + 140 - 10r + 80$，化简整理得 IS 曲线为 $y = 1100 - 50r$；与 LM 曲线联立得方程组：$y = 1100 - 50r$；$y = 500 + 25r$。解该方程组的均衡利率为 $r = 8$，均衡收入为 $y = 700$。

同理我们可以用同样方法求情况②：$y = c + i + g = 40 + 0.8(y - 50) + 110 - 5r + 80$，化简整理得新的 IS 曲线为 $y = 950 - 25r$，与 LM 曲线 $y = 500 + 25r$ 联立可

得均衡利率 $r=9$，均衡收入 $y=725$。

（3）收入增加之所以不同，这是因为在 LM 斜率一定的情况下，财政政策效果受 IS 曲线斜率的影响。在情况①下，IS 曲线斜率的绝对值较小，IS 曲线比较平坦，其投资需求对利率变动比较敏感，因此，当 IS 曲线由于支出增加而向右使利率上升时，引起的投资下降也较大，从而国民收入水平提高较少。在情况②下，则正好与情况①相反，IS 曲线比较陡峭，投资对利率不十分敏感，因此，当 IS 曲线由于支出增加而右移使利率上升时，引起的投资下降较少，从而国民收入水平提高较多。

2. 解：

（1）由 $c=90+0.8y_d$，$t=50$，$I=140-5r$，$g=50$ 和 $y=c+i+g$，可知 IS 曲线为：$y=90+0.8y_d+140-5r+50y=1200-25r$。

由 $L=0.20y$，$m_s=200$ 和 $L=m_s$ 知 LM 曲线为：$0.2y=200$，即 $y=1000$。

这说明 LM 曲线处于充分就业的古典区域，故均衡收入为 $y=1000$，联立 IS 曲线和 LM 曲线得：$1000=1200-25r$，求得均衡利率 $r=8$，代入投资函数：$I=140-5r=140-5\times8=100$。

（2）在其他条件不变的情况下，政府支出增加 20 将会导致 IS 曲线发生移动，此时由 $y=c+i+g$ 可得新的 IS 曲线为：$y=90+0.8y_d+140-5r+70=260+0.8y-5r=1300-25r$。与 LM 曲线 $y=1000$ 联立得：$1300-25r=1000$，由此均衡利率为 $r=12$，代入投资函数得：$i=140-5r=140-5\times12=80$，而均衡收入仍为 $y=1000$。

（3）由投资变化可以看出，当政府支出增加时，投资减少相应份额，这说明存在"挤出效应"；由均衡收入不变也可以看出，LM 线处于古典区域，即 LM 曲线与横轴 y 垂直，这说明政府支出增加时，只会提高利率和完全挤占私人投资，而不会增加国民收入，可见这是一种与古典情况相吻合的"完全挤占"。

（4）如图 19-4 所示。

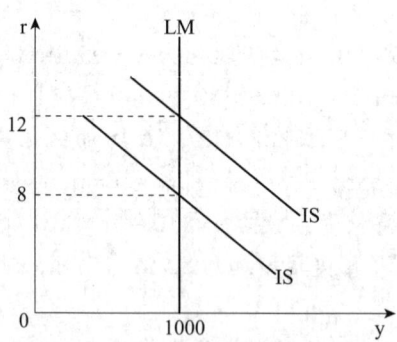

图 19-4　存在"挤占效应"的情况

3. 解：

（1）①由 $c=60+0.8y_d$，$t=100$，$i=150$，$g=100$ 和 $y=c+i+g$ 可知 IS 曲线为：$y=c+i+g=60+0.8y_d+150+100=60+0.8(y-100)+150+100$，即：

$$y=1150 \qquad ①$$

② 由 $L=0.20y-10r$，$m_s=200$ 和 $L=m_s$ 得 LM 曲线为：$0.20y-10r=200$，即：
$$y=1000+50r \qquad ②$$

（2）由①式与②式联立得：均衡收入 $y=1150$，均衡利率 $r=3$，投资为常量 $i=150$。

（3）若政府支出增加到 120 亿美元，则会引起 IS 曲线发生移动，此时由 $y=c+i+g$ 可得新的 IS 曲线为：$y=c+i+g=60+0.8y_d+150+120$，即 $y=1250$，与 LM 曲线 $y=1000+50r$ 联立得均衡收入 $y=1250$，均衡利率 $r=5$，投资不受利率影响仍为常量 $i=150$。

（4）当政府支出增加时，由于投资无变化，可以看出不存在"挤出效应"。这是因为投资是一个固定常量，不受利率变化影响，也就是投资与利率的变化无关，IS 曲线是一条垂直于横轴的直线。

（5）上述情况可以用图 19-5 表示。

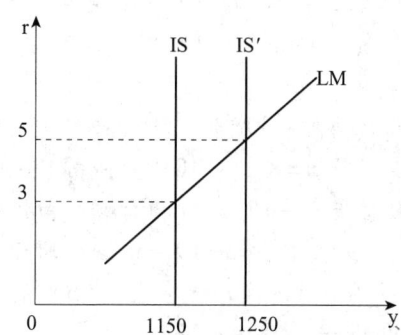

图 19-5 不存在"挤占效应"的情况

4. 解：

（1）LM 曲线为 $y=750$ 亿美元 $+20r$，当 IS 曲线为 $y=1250$ 亿美元 $-30r$ 时，均衡收入和利率可联立这两个方程得到：$750+20r=1250-30r$，解得 $r=10$，$y=950$；当 IS 曲线为 $y=1100$ 亿美元 $-15r$ 时，均衡收入和利率得到：$750+20r=1100-15r$，解得：$r=10$，$y=950$。如图 19-6（a）和（b）所示。

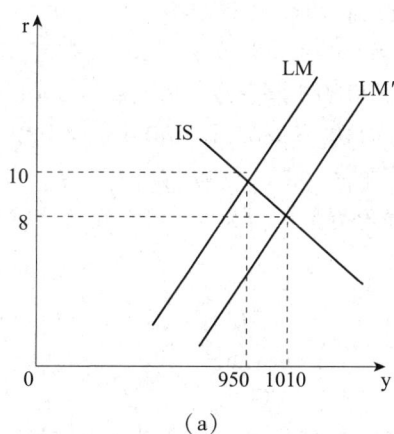

(a)

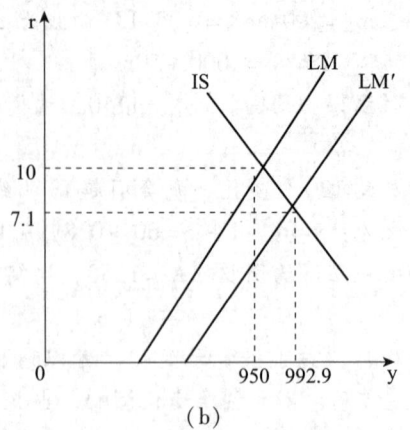

(b)

图 19-6 均衡收入与利率

(2) 若货币供给从 150 亿美元增加到 170 亿美元，货币需求不变，那么根据货币需求 $L=0.20y-4r$，货币供给为 170 亿美元，可得 $0.20y-4r=170$，即 LM 曲线为 $y=850+20r$。

当 IS 曲线为 $y=1250$ 亿美元 $-30r$ 时，均衡收入和利率可联立这两个方程得到 $850+20r=1250-30r$，解得 $r=8$，$y=1010$。如图 19-6（a）所示。

当 IS 曲线为 $y=1100$ 亿美元 $-15r$ 时，均衡收入和利率由 $850+20r=1100-15r$ 得到，解得 $r=7.1$，$y=992.9$，如图 19-6（b）所示。

(3) 图 19-6（a）的均衡收入变动更多些，（b）的利率下降更多些。这是因为（a）和（b）两图中的 IS 曲线的斜率不同，（a）图中的 IS 曲线更平坦一些，所以 LM 曲线同距离的移动会使得均衡收入变动大一些，而利率的变动小一些。相反，（b）图中的 IS 曲线更陡峭一些，所以 LM 曲线同距离的移动会使得均衡收入变动小一些，而利率的变动则大一些。

5. 解：

(1) 先求 IS 方程，根据 $s=i$，得 $-100+0.2y=140-5r$，解得方程为 $y=1200-25r$。再求 LM 方程，根据 $m=L$ 得 $200=0.20y$，即 $y=1000$ 亿美元。可解得均衡收入 $y=1000$ 亿美元，均衡利率 $r=8$。

(2) 若货币供给从 200 亿美元增加到 220 亿美元，则 LM 曲线将向右平移 100 个单位（因为此时 $y=1100$ 亿美元）。均衡收入 $y=1100$ 亿美元时，均衡利率 $r=4$，消费 $c=100+0.8\times1100=980$，$i=140-5\times4=120$。

(3) 由于 $L=0.2y$，即货币需求与利率无关，只与收入有关，所以 LM 曲线垂直于横轴，从而也使得均衡收入增加量等于 LM 曲线移动量。

三、拓展习题

单项选择题

1. 货币供给增加使 LM 右移 $\Delta m \times \dfrac{1}{k}$，若要均衡收入变动接近于 LM 的移动量，则必须是(　　)。
A. LM 陡峭，IS 也陡峭　　　　　B. LM 和 IS 一样平缓
C. LM 陡峭而 IS 平缓　　　　　　D. LM 平缓而 IS 陡峭

2. 下列哪种情况中增加货币供给不会影响均衡收入(　　)。
A. LM 陡峭而 IS 平缓　　　　　　B. LM 垂直而 IS 陡峭
C. LM 平缓而 IS 垂直　　　　　　D. LM 和 IS 一样平缓

3. 政府支出增加使 IS 右移 kg·ΔG（kg 是政府支出乘数），若要均衡收入变动接近于 IS 的移动量，则必须是(　　)。
A. LM 平缓而 IS 陡峭　　　　　　B. LM 垂直而 IS 陡峭
C. LM 和 IS 一样平缓　　　　　　D. LM 陡峭而 IS 平缓

4. 下列情况中"挤出效应"可能性最大的是(　　)。
A. 货币需求对利率敏感，私人部门支出对利率不敏感
B. 货币需求对利率敏感，私人部门支出对利率也敏感
C. 货币需求对利率不敏感，私人部门支出对利率不敏感
D. 货币需求对利率不敏感，私人部门支出对利率敏感

5. "挤出效应"发生于(　　)。
A. 货币供给减少使利率提高，挤出了对利率敏感的私人部门支出
B. 私人部门增税，减少了私人部门的可支配收入和支出
C. 所得税的减少，提高了利率，挤出了对利率敏感的私人部门支出
D. 政府支出减少，引起消费支出下降

6. 假定 IS 曲线和 LM 曲线的交点所表示的均衡国民收入低于充分就业的国民收入。根据 IS–LM 模型，如果不让利率上升，政府应该(　　)。
A. 增加投资
B. 在增加投资的同时增加货币供给
C. 减少货币供给量
D. 在减少投资的同时减少货币供给

7. 当处于古典主义的极端时，有(　　)。
A. $d=\infty$，$h=0$　　　　　　B. $d=0$，$h=\infty$
C. $d=0$，$h=0$　　　　　　　　D. $d=\infty$，$h=\infty$

8. 若同时使用紧缩性的财政政策和紧缩性的货币政策，其经济后果可能是(　　)。
A. 利率上升，产出变化不确定　　B. 利率下降，产出变化不确定
C. 产出减少，利率变化不确定　　D. 产出增加，利率变化不确定

9. 如果投资对利率是完全无弹性的，货币供给的增加将(　　)。
A. 收入不变，但利率降低
B. 没有挤出，利率降低的同时收入也会增加很多
C. 利率不变，但收入增加很多
D. 利率和收入水平均有提高

10. 当处于凯恩斯极端时,有( )。
A. 货币需求处于"流动陷阱"中
B. 增加货币供给将使 LM 降低
C. $h=0$,货币政策乘数等于 $1/k$
D. $d=\infty$,财政政策乘数等于政府开支乘数

11. 当货币需求的利率弹性为零时,( )。
A. 财政政策效果最大,财政政策乘数等于政府开支乘数
B. 货币政策效果不明显,因为货币供给变动不会改变利率
C. 增加货币供给不能够使 LM 改变位置,投资将不会增加
D. 货币需求只与产出有关,货币政策乘数达到最大

12. 货币供给的变动如果对均衡收入有更大的影响,是因为( )。
A. 私人部门的支出对利率更敏感
B. 私人部门的支出对利率不敏感
C. 支出乘数较小
D. 货币需求对利率更敏感

答案:1~5:CCADC;6~10:BACAA;11~12:DA。

问答题

1. 是否比例所得税税率越高,税收作为自动稳定器的作用越大?
2. 平衡预算的财政思想和功能财政思想有何区别?
3. 财政政策效果和货币政策效果的决定因素主要有哪些?
4. 为什么经济萧条时凯恩斯主义容易走远,而通货膨胀率居高不下时货币主义容易成为"时髦"?
5. 试述财政政策和货币政策的混合使用。

1. 答:

在混合经济中投资变动所引起的国民收入变动比私人部门中的变动小,原因是:当总需求由于意愿投资增加而增加时,会导致国民收入和可支配收入的增加,但可支配收入增加小于国民收入的增加,因为在国民收入增加时,税收也在增加,增加的数量等于边际税率乘以国民收入,结果,混合经济中消费支出的增加额要比私人经济中小,从而通过乘数作用使国民收入累积增加也小一些。同样,总需求下降时,混合经济中收入下降也比私人部门经济中要小一些。这说明税收制度是一种对国民收入波动的自动稳定器。混合经济中支出乘数值与私人经济中支出乘数值的差额决定了税收制度的自动稳定程度,其差额越大,自动稳定作用越大,这是因为,在边际消费倾向一定条件下,混合经济中支出乘数越小,

说明边际税率越高,从而自动稳定量越大。这一点可以从混合经济的支出乘数公式 $\frac{1}{1-b(1-t)}$ 中得出。当 t 越大时,该乘数越小,从而边际税率的变动的稳定经济作用越大。举例来说,假设边际消费倾向为 0.8,当税率为 0.1 时,则增加 1 美元投资会使总需求增加 3.57 美元($1 \times \frac{1}{1-0.8 \times (1-0.1)} \approx 3.57$),若税率增至 0.25 时,则增加 1 美元投资只会使总需求增加 2.5 美元($1 \times \frac{1}{1-0.8 \times (1-0.25)} = 2.5$)。可见,税率越高,自发投资冲击带来的总需求波动越小,说明自动稳定作用越大。

2. 答:

平衡预算的财政思想指财政收入与支出相平衡,财政预算盈余等于零的财政思想。平衡预算思想按其历史发展阶段有三种含义:一是年度平衡预算,这是一种量入为出的每年预算均需平衡的思想。二是周期平衡预算,指政府财政在一个经济周期中保持平衡,在经济繁荣时期采用财政盈余措施,在萧条时期采取预算赤字政策,以前者的盈余弥补后者的赤字,以求整个经济周期盈亏相抵,预算盈余为零的平衡预算。三是充分就业平衡预算,这种思想认为,政府应当使支出保持在充分就业条件下所能达到的净税收水平。这三种平衡预算思想的发展表明,平衡预算已由以往的每年度收支相抵的思想逐步发展至以一定的经济目标为前提的平衡预算思想,在一定周期内或某年度可有一定的财政盈余或赤字,但是这类平衡预算思想的本质仍旧是机械地追求收支平衡,是一种消极的财政预算思想。

功能财政政策是一种积极的权衡性财政政策或补偿性财政政策。这种政策思想强调,财政预算的功能是为了实现经济稳定发展,预算既可以盈余,也可以赤字,因而称为功能性财政。

平衡预算财政与功能财政的思想区别在于前者强调财政收支平衡,以此作为预算目标或者说政策的目的,而后者则强调财政预算的平衡、盈余或赤字都只是手段,目的是追求无通货膨胀的充分就业和经济的稳定增长。

3. 答:

一般来说,从 IS-LM 模型看,财政政策和货币政策效果的决定因素主要有投资对利率变动的敏感程度以及货币需求对利率变动的敏感程度。从财政政策效果看,投资对利率变动越敏感,"挤出效应"就越大,财政政策效果就越小;货币需求对利率变动越敏感,扩张财政使利率变动就越小,"挤出效应"就越小,财政政策效果就越大。总之,财政政策效果与货币需求的利率敏感程度呈正相关,与投资的利率敏感程度呈负相关。从货币政策效果看,如果货币需求对利率变动很敏感,则货币政策效果就小;如果投资需求对利率变动很敏感,则货币政策效果就大。

除了上述因素,经济运行局势(是处于衰退时期还是通胀时期)以及政策时滞等因素也会影响政策效果。

4. 答:

在经济萧条时,厂商对经济前景普遍悲观,即使中央银行松动银根,降低利率,投资者也不肯增加贷款从事投资活动,银行为安全起见,也不肯轻易贷款,因此,要把扩张货币作为反衰退政策,效果甚微,只能靠扩张财政政策才可能拉动经济走出低谷或衰退,因此,这时凯恩斯主义容易走远。

相反,经济较热,通胀率较高时,人们对经济前景普遍看好,即使增税或削减政府支出,私人消费和投资需求仍旺盛,因而紧缩财政的效果较差,只有靠紧缩货币的政策才会对抑制总需求从而降低通胀率有明显效果,因此,通货膨胀居高不下时货币主义容易成为"时髦"。

5. 答:

由于财政政策和货币政策会对国民收入和利率产生不同影响,从而对总需求结构产生不同影响,因此,对总需求调节时,常常需要把两种政策搭配起来使用,这就称为财政政策和货币政策的混合使用。由于政策搭配方式不同,产生的政策效果也不同,因而适用的经济环境也不同。例如,当经济萧条但又不太严重时,可用扩张财政和紧缩货币相混合的政策,一方面刺激需求,又可防止通货膨胀。又如,当经济中发生严重通货膨胀时,可用紧缩财政和货币的"双紧"政策以抑制通货膨胀。再如,经济中出现通货膨胀但不太严重时,可用紧缩财政和扩张货币相搭配的政策,既控制通货膨胀又可遏制衰退。

计算题

1. 假定某经济社会的消费函数为 $C = 300 + 0.8Y_d$,私人意愿投资 $I = 200$,税收函数为 $T = 0.2Y$(单位均为十亿美元),试问:

(1) 均衡收入为2000亿美元时,政府支出(指政府购买,而不考虑政府转移支付)必须是多少?预算盈余还是赤字?

(2) 政府支出不变,而税收提高为 $T = 0.25Y$,均衡收入是多少?这时预算情况有何变化?

2. 假定某国政府当前预算赤字为75亿美元,边际消费倾向 $b = 0.8$,边际税率 $t = 0.25$,如果政府为降低通货膨胀率要减少支出200亿美元,试问:支出的这种变化能否最终消灭赤字?

1. 解:

(1) 由题设,$C = 300 + 0.8Y_d$,$I = 200$,$T = 0.2Y$,又有 $Y_d = Y - T$,将上述各式代入 $Y = C + I + G$,得 $2000 = 300 + 0.8 \times (Y - 0.2Y) + 200 + G$,解得政府支出为 $G = 220$(十亿美元)。

于是,$BS = T - G = 0.2Y - G = 0.2 \times 2000 - 220 = 180$(十亿美元),可见此时存在政府预算盈余。

(2) 将 $C = 300 + 0.8Y_d$,$I = 200$,$G = 220$,$T = 0.25Y$,$Y_d = Y - T$ 代入 $Y = $

$C+I+G$,得:$Y=300+0.8(Y-0.25Y)+200+220$,解得均衡收入为 $Y=1800$(十亿美元)。

于是,$BS=T-G=0.25Y-G=0.25\times1800-220=230$(十亿美元),可见此时政府预算盈余较(1)增加了。

2. 解:

在三部门经济中政府购买支出乘数为 $K_G=\dfrac{1}{1-b(1-t)}$。将 $b=0.8$ 和 $t=0.25$ 代入乘数公式,得 $K_G=\dfrac{1}{1-0.8\times(1-0.25)}=2.5$。

当政府支出减少 200 亿美元时,收入和税收均会减少,金额分别为:

$\Delta Y=K_G\cdot\Delta G=2.5\times(-200)=-500$(亿美元)

$\Delta T=t\Delta Y=0.25\times(-500)=-125$(亿美元)

于是预算盈余变动额为 $\Delta BS=\Delta T-\Delta G=-125-(-200)=75$(亿美元),这说明当政府减少支出 200 亿美元时,政府预算盈余变动额将增加 75 亿美元,正好与当前预算赤字相抵消,故这种支出的变化能最终消灭赤字。

四、难点解释

1. 扩张性财政政策会增加预算赤字或减少预算盈余,紧缩性财政政策会增加预算盈余或减少预算赤字。因此,可以根据预算盈余或预算赤字的变化来判断财政政策的方向。这种说法对吗?

2. 一个银行家问道:"我的银行的账面始终是平衡的。我仅仅把存款人带给我的储蓄存款转交给投资者。谁说银行家能够创造货币?"您如何理解他的话?

1. 答:

这种说法是错误的。扩张型财政政策会增加预算赤字或减少预算盈余,紧缩型财政政策会增加预算盈余或减少预算赤字,但导致预算盈余或预算赤字变动的,还可有另一方面的原因:经济情况本身的变动也会改变盈余或赤字的水平。具体来说,当经济趋向繁荣时盈余会自动增加(或赤字减少),经济趋向衰退时盈余会自动减少(或赤字增加)。这样,实际预算盈余的变动就不能够作为判断财政政策方向的依据。通常用充分就业的预算盈余判断财政政策的方向。所谓充分就业的预算盈余,是指既定的政府预算在充分就业的国民收入水平及潜在国民收入水平上产生的预算盈余。设用 t、$\overline{G}$、$\overline{TR}$、y^* 和 y 分别表示边际税率、既定的政府购买支出、既定的政府转移支付支出、潜在收入以及实际收入,则充分就业的预算盈余 BS^*、实际预算盈余 BS 可表示为:

$$BS^*=ty^*-\overline{G}-\overline{TR}$$
$$BS=ty-\overline{G}-\overline{TR}$$

由此可以看出,充分就业预算盈余消除了经济中收入水平周期性波动对预算状况的影响,从而能更准确地判断财政政策是扩张的还是紧缩的:BS^*增大,财政政策是紧缩的,反之,就是扩张的。

2. 答:

他的话是错的。单独一个银行不能创造货币,但作为一个整体的银行系统却能够按新增准备金的许多倍来扩大货币总量。一般地,若设分别表示法定准备率、超额准备率、现金与存款之比以及货币创造乘数,则有以下关系式:

$$k = \frac{rc + 1}{rc + rd + re}$$

即通过银行的存贷业务,资金在银行体系内流动,最终使银行存款多倍放大,这个银行存款加上从银行系统漏出的现金,就是银行系统创造的货币总量。

第二十章 国民收入的决定：AD – AS 模型

一、学习指导

【学习目的】

通过本章的学习，要求学生掌握总需求曲线和总供给曲线的基本形状与基本含义，了解总供给曲线的推导过程，熟悉总供求的均衡模型和总供求曲线移动产生的效应，能运用总供求模型去分析经济波动。

【学习目标】

1. 掌握总需求的含义及总需求函数。
2. 理解总需求曲线向右下方倾斜的原因。
3. 掌握长期总供给曲线的形状、成因及其变动。
4. 掌握短期总供给曲线的形状、成因及其变动。
5. 掌握 AD – AS 的国民收入决定模型以及 AD、AS 曲线移动的效应。

【关键概念】

总需求曲线（aggregate demand curve）；利率效应（interest-rate-effect）；实际余额效应（real-balance-effect）；总供给曲线（aggregate supply curve）；工资粘性（wages stickiness）；充分就业的总支出（full-employment level of output）；长期总供给曲线（long-rut aggregate supply curve）；短期总供给曲线（short-rut aggregate supply curve）。

【本章框架】

首先介绍了总需求的含义以及总需求曲线的推导、决定与移动；其次阐述了短期总供给曲线与长期总供给曲线的推导、移动以及两者之间的关系；最后分析了总需求与总供给的变动对国民收入决定的影响（见图 20 – 1）。

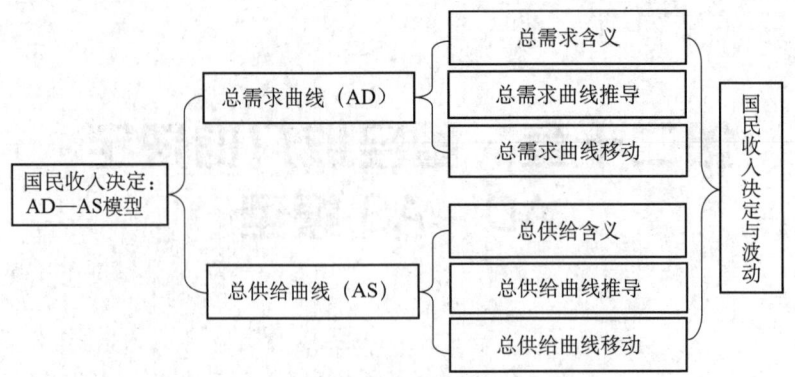

图 20 – 1 国民收入决定：AD – AS 模型框架

【内容提要】

● 总需求（aggregate demand，AD）是指一定时期经济社会在每一总价格水平上对产品和劳务的需求总量，由消费需求、投资需求、政府需求和国外需求构成。总需求曲线就是用来描述价格水平和家庭、企业、政府和国外需求的实际GDP量之间的关系。

● 总需求曲线之所以向右下方倾斜，主要是由价格水平对消费、投资和净出口的影响所决定的——分别称为财富效应、利率效应和国际贸易效应。

● 总供给（aggregate supply，AS）是指一定时期经济社会在每一总价格水平上，能够并且愿意提供的产品和劳务总量，描述的是经济社会中的生产行为。总供给曲线是用来描述在其他条件不变时，价格水平和实际国民产出（实际GDP）之间的关系。

● 在短期内，总供给与物价水平呈同方向变动，总供给曲线是一条向右上方倾斜的线；在长期中，经济的就业水平并不随价格的变动而变动，而是始终出于充分就业的状态上，长期总供给曲线是一条垂直线。

● 把总供给曲线和总需求曲线放在一个以纵轴为价格水平，横轴为国民收入的坐标平面上，就可以建立 AS – AD 模型，即总供给——总需求模型。

二、习题解答

名词解释

总需求曲线；总供给曲线；长期总供给曲线；短期总供给曲线；总供给—总需求模型；古典的总供给曲线；凯恩斯的总供给曲线。

1. 总需求曲线

答：总需求曲线就是用来描述价格水平和家庭、企业、政府和国外需求的实际 GDP 量之间的关系。如图 20-2 所示，横轴表示总需求，纵轴表示物价水平，那么，总需求曲线通常为一条向右下方倾斜的曲线。这意味着，在其他条件不变的情况下，随着经济的物价水平下降（从 P_1 降到 P_2），会增加对物品和劳务的需求水平（从 Y_1 增加到 Y_2）。

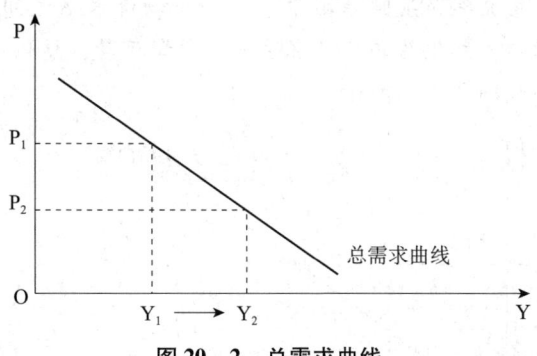

图 20-2　总需求曲线

2. 总供给曲线

答：总供给曲线表明了价格与产量相结合，即在某种价格水平上整个社会的厂商所愿意供给的产品总量。所有厂商所愿意供给的产品总量取决于它们在提供这些产品时所得到的价格以及它们在生产这些产品时所必须支付的劳动与其他生产要素的费用。因此，总供给曲线反映了要素市场（特别是劳动市场）与产品市场的状态。

3. 长期总供给曲线

答：长期总供给曲线（LAS）用来描述长期内价格水平和实际 GDP 之间的关系。长期总供给也就是充分就业的总供给，即充分就业 GDP 或潜在 GDP，而潜在 GDP 取决于劳动力数量、资本存量与技术进步。在长期中，经济的就业水平并不随价格的变动而变动，而是始终处于充分就业的状态上，此时的总供给曲线是一条垂直线，如图 20-3 所示。

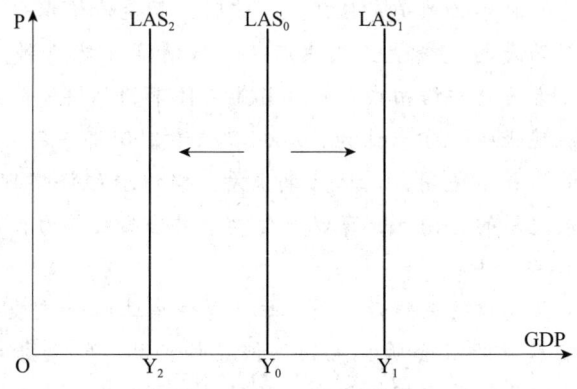

图 20-3　长期总供给曲线的移动

随着潜在 GDP 的变动，长期总供给曲线也会移动，如图 20-3 所示。正常情况下,长期总供给曲线随着劳动力和资本存量的增加、科学技术进步而向右方平行移动;但是,如果发生自然灾害或战争,一个经济的生产能力被破坏,长期总供给曲线也会向左移动。

4. 短期总供给曲线

答:短期总供给曲线是反映短期中总供给与物价水平之间关系的一条曲线。通常认为,在短期内,总供给与物价水平呈同方向变动,总供给曲线是一条向右上方倾斜的曲线,如图20-4所示。

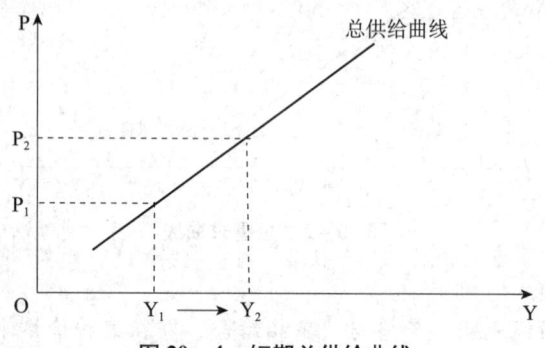

图20-4 短期总供给曲线

5. 总供给—总需求模型

答:将总需求与总供给结合在一起,放在一个坐标图上,用以解释国民收入和价格水平的决定,考察价格变化的原因以及社会经济如何实现总需求与总供给的均衡。这一模型是后凯恩斯主流派——新古典综合派用于分析国民收入决定的一个工具,它是在凯恩斯的收入—支出模型和希克斯的 IS-LM 模型的基础之上,进一步将总需求和总供给结合起来解释国民收入的决定及相关经济现象,是对前两个模型仅强调总需求方面的片面性进行的补充和修正。

6. 古典的总供给曲线

答:古典经济学家认为,在工资与价格可以随供求状况灵活变动的条件下,社会经济趋向均衡的时候必然是充分就业,这时,无论价格水平如何变动,总供给量固定不变,因而是与充分就业相适应的,与横轴(就业和产量)垂直的一条直线。实际上,古典总供给曲线是充分就业条件下的总供给曲线,也是总供给曲线的一种特例。现代经济学家认为,从短期来看,经济中存在失业是必然的,所以古典总供给曲线并不适用;但从长期来看,当社会经济实现了充分就业后,古典总供给曲线是适用的。因此,可以把古典总供给曲线作为长期总供给曲线。

7. 凯恩斯的总供给曲线

答:凯恩斯主义总供给曲线是一条水平的总供给曲线,这表明,在既定的价格水平上,厂商愿意供给社会所需求的任何数量产品。凯恩斯的总供给曲线如图20-5所示。从图20-5中可以看出,此时总供给曲线 AS 是一条水平线。水平的总供给曲线表明,在现行的价格水平下,企业愿意供给任何有需求的产品数量。应该指出的是,这种情况仅仅存在于失业较为严重时,例如,20世纪30年代大危机时期的情况,因此,它仅仅是一种特例。凯恩斯提出这种观点与他的理论产生于20世纪30年代大危机时期和运用了短期分析方法是相关的。

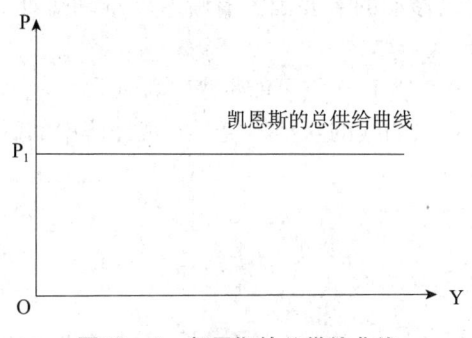

图20-5 凯恩斯的总供给曲线

单项选择题

1. 总需求曲线向右下方倾斜是由于( )。
   A. 价格水平上升时,投资会减少
   B. 价格水平上升时,消费会减少
   C. 价格水平上升时,净出口会减少
   D. 以上几个因素都是

2. 对于总需求曲线,( )。
   A. 当其他条件不变时,政府支出减少时会右移
   B. 当其他条件不变时,价格水平上升时会左移
   C. 在其他条件不变时,税收减少会左移
   D. 在其他条件不变时,名义货币供给增加时会右移

3. 在既定的劳动需求函数中,( )。
   A. 价格水平上升时,劳动需求减少
   B. 价格水平上升时,劳动需求增加
   C. 价格水平和名义工资同比例增加时,劳动需求增加
   D. 价格水平和名义工资同比例增加时,劳动需求减少

4. 总供给曲线右移可能是因为( )。
   A. 其他情况不变而厂商对劳动需求增加了
   B. 其他情况不变而所得税增加了
   C. 其他情况不变时,原材料涨价了
   D. 其他情况不变时,劳动生产率下降了

5. 如果物价水平不变,利率水平提高,则( )。
   A. AD曲线左移
   B. AS曲线左移
   C. AD曲线右移
   D. AS曲线右移

答案:1~5:DDBAA。

问答题

1. 为什么长期总供给曲线是垂直的？短期总供给曲线向右上方倾斜？
2. 推动总需求曲线移动的主要因素有哪些？推动短期总供给曲线移动的因素有哪些？
3. 什么是供给冲击？为什么它可能带来"滞胀"？
4. 用总需求和总供给曲线的互动，说明宏观经济中的萧条、高涨（或过热）和滞胀的状态。

1. 答：

大多数经济学家认为，在长期中，价格水平不会影响到实际GDP水平，无论是工资还是其他投入品的价格，都不具有粘性，而是具有完全的伸缩性。伴随着价格水平的上升，所有成本要素的价格都是可以调整的，并最终会使成本上升的幅度赶上价格水平上升的幅度，从而恢复到以前的成本—价格比率。价格水平的上升不再能刺激企业部门增加产量，因而产出水平与价格水平不再相关，就业和总产量始终处于充分就业的产量水平，因此，总供给曲线垂直于充分就业产量水平上。

而凯恩斯主义者认为，劳动工资并不像古典学派说的那样会随劳动供求关系变化而立即调整。工人出卖劳动一般会和企业签订相当长一段时期的劳动合同，企业和工人都不希望合同经常变动，而且由于各行各业工人和企业并不是在同一时期签订劳动合同，这种非同步性使整个社会总需求发生变动时工资水平也只会慢慢发生变动，这就是说工资具有粘性，从而使产品价格变动也有粘性，加上经济社会通常有闲置资源，因此，社会总需求增加时，企业就会增加劳动需求和产量，但工资和产品价格只会很缓慢上升。这样就形成一条向右上方平缓地倾斜的总供给曲线。

2. 答：

除价格水平外，任何使IS曲线或LM曲线移动的因素都将使总需求曲线发生移动。这些因素主要包括：

（1）自主性消费、私人投资、政府购买以及净出口等的变动，它们的增加会使IS曲线右移，从而也使总需求曲线右移；其减少将使总需求曲线左移。

（2）名义货币供给的变动，其增加将使LM曲线右移，从而使总需求曲线右移；其减少将使总需求曲线左移。

（3）政府政策的变化、家庭和企业预期的变化以及国际贸易变量的变化等都可能使总需求曲线发生移动。

投入的资源（如劳动力和机器设备等）增加、技术进步、自然灾害、某种重要资源的价格的突然变化以及人们的预期等都会使短期供给曲线发生移动。

3. 答：

供给冲击（supply shock）指的是特定品种商品（如与原油相关的商品）价

格与其他品种相比发生的变化，即相对价格的变化，从而改变了生产成本，影响了厂商所要求的价格水平。

供给冲击理论认为，供给的逆向冲击，即供给的突然性下降，会导致总供给曲线向左上方移动。这就会造成两个后果：一方面均衡产出减少；另一方面价格上升。这样便会出现产出下降和通货膨胀并存的现象——滞胀。如1974年和1979年，OPEC两次运用其市场势力限制石油出口都引发了供给冲击。石油价格（或成本）的上升，使得企业在同等产量条件下，要求更高的物价水平；或者在同等价格水平下，被迫减少产量。

4. 答：

宏观经济学在用总需求—总供给说明经济中的萧条、高涨和滞胀时，主要是通过说明短期的收入和价格水平的决定来完成的，如图20-6所示。

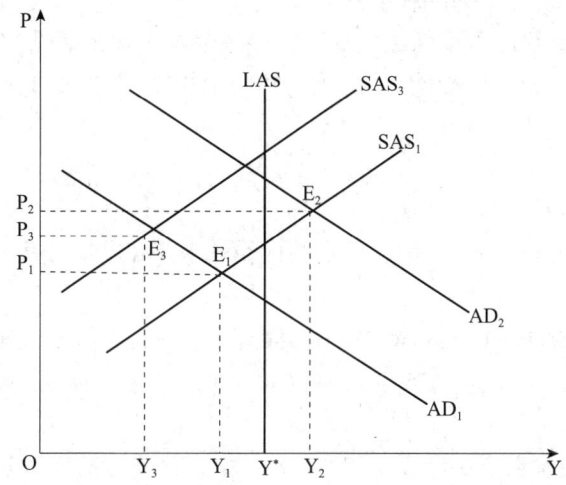

图20-6 总需求与总供给变动对均衡国民收入和价格的影响

第一种情况是表示经济处于萧条状态。AD是总需求曲线，SAS是短期总供给曲线，LAS是长期总供给曲线。总需求曲线AD_1和短期供给曲线SAS_1的交点E_1决定的产量或收入为Y_1，价格水平为P_1，两者都处于较低的水平。

第二种情况是表示经济处于高涨状态。当总需求增加，总需求曲线从AD_1向右移动到AD_2时，短期总供给曲线SAS_1和新的总需求曲线AD_2的交点E_2决定的产量或收入为Y_2，价格水平为P_2，两者都处于较高的水平。

第三种情况是，总需求不变，仍为AD_1，而短期供给曲线由于供给冲击（如石油价格和工资等提高）而向左移动变为SAS_2。总需求曲线和新的短期总供给曲线的交点E_3决定的产量或收入为Y_3，价格水平为P_3，这个产量低于原来的产量Y_1，而价格水平却高于原来的价格水平P_1，这种情况表示经济处于滞胀状态，即经济停滞和通货膨胀结合在一起的状态。

计算题

1. 假定经济中短期生产函数是$Y = 14N - 0.04N^2$，劳动需求函数是$N_d = $

175 - 12.5（W/P）。试求：

(1) 当劳动供给函数是 $N_s = 70 + 5$（W/P）时，$P = 1$ 和 $P = 1.25$ 时，就业量（N）、名义工资（W）和产量（Y）。

(2) 当劳动供给函数是 $N_s = 70 + 5W$ 时，$P = 1$ 和 $P = 1.25$ 时，就业量、名义工资和实际工资（W/P）和产量。

2. 假定某经济中存在以下关系：$y = c + i$（收入恒等式），$c = 100 + 0.8y$（消费函数），$i = 150 - 6r$（投资需求函数），$M_d = (0.2y - 4r) P$（货币需求函数）。其中，y 为产量，c 为消费，i 为投资，r 为利率，P 是价格水平，M_d 是货币需求。假定这个经济是两部门经济，再假定该经济在某年的货币供给 $M_s = 150$。试求：

(1) 总需求函数。

(2) 若 $P = 1$，收入和利率为多少？

(3) 若货币供给超过或低于 150 时，经济会发生什么情况？

(4) 若该经济的总供给函数为 $AS = 800 + 150P$，求收入和价格水平。

1. 解：

(1) 劳动供求均衡时，有 $N_s = N_d$，即 $70 + 5$（W/P）$= 175 - 12.5$（W/P），解得：W/P $= 6$。

若 $P = 1$，则将 $P = 1$ 代入 W/P $= 6$，得名义工资为 $W = 6P = 6$。

将 W/P $= 6$ 代入 $N_s = 175 - 12.5$（W/P），得就业量为 $N = 175 - 12.5 \times 6 = 100$。

将 $N = 100$ 代入生产函数 $Y = 14N - 0.04N^2$，得产量为 $Y = 14 \times 100 - 0.04 \times 100^2 = 1000$。

同理，若 $P = 1.25$，则将 $P = 1.25$ 代入 W/P，得名义工资为 $W = 6P = 6 \times 1.25 = 7.5$，此时实际工资仍为 6，产量仍是 1000。

(2) 当劳动供给函数变为 $N_s = 70 + 5W$，且 $P = 1$ 时，则劳动供求均衡时，就有：$70 + 5W = 175 - 12.5$（W/P），即 $70 + 5W = 175 - 12.5W$，得名义工资为 $W = 6$。

于是：实际工资为 W/P $= 6$；就业量为 $N = 175 - 12.5 \times 6 = 100$；产量为 $Y = 14 \times 100 - 0.04 \times 100^2 = 1000$。

同理，当劳动供给函数变为 $N_s = 70 + 5W$，且 $P = 1.25$ 时，则劳动供求均衡时，就有：$70 + 5W = 175 - 12.5$（W/1.25），即 $70 + 5W = 175 - 10W$。得名义工资为 $W = 7$。

于是，实际工资为 W/P $= 7/1.25 = 5.6$；就业量为 $N = 175 - 12.5 \times 5.6 = 105$；产量为 $Y = 14 \times 105 - 0.04 \times 105^2 = 1029$。

2. 解：

(1) 由 $y = c + i$，得 $y = (100 + 0.8y) + (150 - 6r)$，整理得：IS 曲线为 $y =$

$1250-30r$。

再由 $M_s = M_d$,得 $(0.2-4r)P = 150$,整理得:LM 曲线为 $r = 0.05y - 150/4p$。

将 LM 曲线 $r = 0.05y - 150/4p$ 代入 IS 曲线 $y = 1250 - 30r$,得:

$$y = 1250 - 30(0.05y - \frac{150}{4p}) = 1250 - 1.5y + \frac{4500}{4p}$$

化简整理得:总需求曲线为 $y = 500 + 450/p$。

(2) 若 $P = 1$,则将其代入总需求曲线 $y = 500 + 450/p$,可得:收入 $y = 950$。

将 $y = 950$ 代入 IS 曲线 $y = 1250 - 30r$,得:利率 $r = 10$。

(3) 若货币供给超过 150,则利率将低于 10,收入超过 950;若货币供给低于 150,则利率将高于 10,收入低于 950。

(4) 若该经济总供给函数为 $AS = 800 + 150P$,则供求均衡时有:

$800 + 150P = 500 + 450/P$;

$800P + 150P^2 = 500P + 450$;

$150P^2 + 300P - 450 = 0$;

$P^2 + 2P - 3 = 0$;

解得 $P = -3$ 或 $P = 1$,易知 $P = -3$ 不符经济意义可舍去,故而价格水平应为 1,收入 $y = 500 + 450/1 = 950$。

三、拓展习题

单项选择题

1. 总需求曲线是表明( )。
   A. 产品市场达到均衡时,总需求与价格水平之间的关系
   B. 货币市场达到均衡时,总需求与价格水平之间的关系
   C. 产品市场和货币市场达到均衡时,收入与利率之间的关系
   D. 产品市场和货币市场达到均衡时,总需求与价格水平之间的关系

2. 总需求曲线 AD 是一条( )。
   A. 向右下方倾斜的曲线   B. 向右上方倾斜的曲线
   C. 水平的直线   D. 垂直的直线

3. 以价格为纵轴,收入为横轴的坐标系中,长期供给曲线是一条( )。
   A. 与横轴平行的线   B. 向右上方倾斜的曲线
   C. 向右下方倾斜的曲线   D. 与横轴垂直的线

4. 短期总供给曲线表明( )。
   A. 总需求与价格水平同方向变动   B. 总需求与价格水平反方向变动
   C. 总供给与价格水平同方向变动   D. 总供给与价格水平反方向变动

5. 长期总供给曲线表示( )。
   A. 经济中的资源还没有得到充分利用

B. 经济中的资源已得到充分利用
C. 在价格不变时，总供给可以无限增加
D. 经济中存在着严重的失业

6. 在总需求和总供给的短期均衡中，总需求的减少会引起（　　）。
   A. 国民收入增加，价格水平上升　　B. 国民收入增加，价格水平下降
   C. 国民收入减少，价格水平上升　　D. 国民收入减少，价格水平下降
7. 在总需求不变时，短期总供给的增加会引起（　　）。
   A. 国民收入增加，价格水平上升　　B. 国民收入增加，价格水平下降
   C. 国民收入减少，价格水平上升　　D. 国民收入减少，价格水平下降
8. 在总需求—总供给模型中，若总需求的变动只引起价格水平的变动，不会引起收入变动，那么这时的总供给曲线是（　　）。
   A. 长期总供给曲线　　　　　　　　B. 短期总供给曲线
   C. 都有可能　　　　　　　　　　　D. 都不可能
9. 在总需求与总供给的长期均衡中，总需求增加会引起（　　）。
   A. 国民收入不变，价格水平上升　　B. 国民收入增加，价格水平不变
   C. 国民收入减少，价格水平上升　　D. 国民收入减少，价格水平上升

答案：1~5：DADCB；6~9：DBAA。

问答题

1. 试比较 IS – LM 模型与 AD – AS 模型。
2. 试比较"古典" AS – AD 模型和修正的凯恩斯的 AS – AD 模型。
3. 总需求曲线向右下方倾斜的原因。

1. 答：

（1）两个模型的相同点：都能够说明财政政策和货币政策对产出的影响，都能够说明总需求变动对产出的影响。第一，在 IS – LM 模型中，扩张性的财政政策会使 IS 曲线向右上方移动，收入和利率同时上升；反之，紧缩性的财政政策效果相反。同样，扩张性的货币政策会使 LM 曲线向右下方移动，利率下降，收入增加；反之，紧缩性的货币政策效果相反。第二，在 AD 模型中，扩张性的财政政策或货币政策会使 AD 曲线向右上方移动，收入和价格上升；反之则相反。

（2）不同点：AD – AS 模型还能说明总供给变动的情况。由于技术改进（或由于企业设备增加）造成的生产能力增大会使 AS 曲线向右移动，收入增加而价格下降；反之由于从国外购买的投入品价格上涨会使 AS 曲线向左移动，收入下降而价格上升。

2. 答：

(1) 对资本主义经济社会正常状态的看法。传统理论坚持萨伊定律，供给能创造自己的需求。在资本主义经济中生产出来的商品都能全部销售出去，不会有生产剩余，不会出现大量的失业，资本主义经济的正常状态是市场出清、充分就业。凯恩斯经济学批判了萨伊定律，供给不能自动创造自己的需求。由于三个基本心理规律的作用，造成社会的有效需求（总需求等于总供给时的需求）不足，必然会出现生产过剩和大量失业，资本主义经济的正常状态是低于充分就业，认为萨伊定律所说的状况只是一个特例，而不是一般状态。这是两个模型区别的根本前提。

(2) 关于总供给曲线。在总供给模型中，两者是基本一致的，都承认产量是就业量的函数，在劳动市场上劳动需求和劳动供给都是实际工资的函数。"古典"AS-AD模型是假定货币工资具有完全的伸缩性，得到的总供给曲线是一条在充分就业产量水平上的垂直线。而凯恩斯认为，货币工资具有下降的刚性，得到的总供给曲线是反L型或向左倾斜的曲线。由于总供给曲线的假设不同而导致具有不同的形状。

(3) 关于总需求线。在两个模型中，总需求曲线都是向右下方倾斜的曲线，但两者的解释不同。古典模型的总需求以货币数量论为基础，只强调货币数量是为满足交易要求，与收入无关，即 $M=KY$。而凯恩斯的总需求是由消费需求与投资需求构成的，提出流动偏好规律，强调货币需求由收入和利息率决定，即 $L=L_1+L_2=L_1(Y)+L_2(r)$。

(4) 关于经济政策思想。按照古典模型，总供给和总需求决定的均衡产量必然是充分就业的产量，国家不必干预和调节，资本主义经济有自动调节的能力，国家只需掌握好货币政策，防止通货膨胀。而修正的凯恩斯模型认为，总需求和总供给决定的均衡产量一般是低于充分就业的产量，需要国家采用扩张性的财政政策或货币政策实现充分就业；在达到充分就业后，社会总需求提高会引起通货膨胀，需要国家采用紧缩性的财政或货币政策进行压缩，消除通货膨胀。因此，在凯恩斯经济理论中，不论社会经济处于低于充分就业状态，还是达到充分就业状态，国家对经济生活的干预和调节都是必要的。

3. 答：

总需求曲线向右下方倾斜的原因，可以归结为以下三点原因：

(1) 实际余额效应。实际余额就是实际货币量。实际余额效应是指价格水平变动引起实际货币量变动，实际货币量变动对总需求量的影响。具体来说，当名义货币量不变时，价格水平上升，实际货币量减少，总需求量减少。所以，价格水平与总需求量呈反方向变动；表现在图形上，即总需求曲线是一条向右下方倾斜的曲线。在这里，问题的关键是理解实际货币量减少为什么会引起总需求量减少。对此，不同的经济学家有不同的解释。其中，具有代表性的观点有：第一，庇古的直接效应说。英国经济学家庇古认为，价格水平下降使实际货币量增加，这就会直接导致对商品和劳务的总需求增加，这种观点被称为"庇古效应"。第二，凯恩斯的利率说。凯恩斯认为，价格水平下降使实际货币量增加，实际货币量增加又使利率下降，利率下降引起总需求量增加。因此，实际余额效应的关键在于利率的变动。第三，实际资产效应说。美国经济学家托宾认为，资产可采取多种形式，不同形式的资产（如货币、债券、股票不动产等）有不同的风险与收益。价格水平上升时，人们所愿意购买的物品和劳务的总量减少；价格水平下降时，人们所愿意购买的物品和劳务的总量增加。因此，总需求曲线向右下方倾斜。

(2) 跨期替代效应。跨期替代是指现期消费与未来消费之间，即消费与储蓄之间的替代。一般来说，价格水平上升，会带来利率水平的提高。利率水平的提高使得当前消费的机会成本增加而未来消费的预期收益提高，理性的人们会选择减少当前消费量，增加未来消费量。因此，随着价格水平的上涨，人们会用未来消费替代当前消费，从而减少对物品和劳务的总需求量；而随着价格水平的下降，人们会用当前消费替代未来消费，从而增加对物品和劳务的总需求量，这就是"跨期替代效应"。跨期替代效应也会导致总需求曲线向右下方倾斜。

(3) 国际替代效应。国际替代效应也称开放替代效应，是指国内物品与国外物品之间的替代，是价格水平变动所引起的国内与国外物品相对价格的结果。具体来说，当价格水平上升时，人们会用进口来替代出口，从而减少对国内物品的总需求量；而当价格水平下降时，人们会用出口来替代进口，从而增加对国内物品的总需求量。当一国经济处于对外开放时，国际替代效应就成为致使总需求曲线向右下方倾斜的一个原因。

计算题

1. 已知某经济社会的总量生产函数为 $Y = K^{\alpha}L^{\beta}$，$\alpha + \beta = 1$，要求：

(1) 写出劳动需求函数和总供给函数。

(2) 设 $\alpha = \beta = 0.5$，$K = 500$，$W = 25$，$(W/p) = 1$，写出凯恩斯学派的总供给函数和古典学派的总供给函数。

2. 假设有一经济社会是由三部门构成的。其消费函数为 $C = 20 + 0.8(Y - T)$，投资函数为 $I = 600 - 4000r$，政府支出 $G = 420$，税收函数 $T = 100 + 0.25Y$，名义货币供给 $M_s = 345$，货币需求函数为 $M_d = 25 + 0.4Y - 4000r$。试求：

(1) IS 曲线方程式。

(2) 当价格水平 $P = 1$ 时，LM 曲线的方程式。

(3) 当价格水平 $P = 1$ 时，产品市场和货币市场同时均衡时的利率和收入。

3. 一个经济的总需求和总供给分别如下。

AD：$m + v = p + y$

AS：$p = p^e + \lambda(y - y^*)$

其中，p^e 为对价格水平的预期；y^* 为充分就业产出水平；m 为货币总量；y 和 λ 为常数。

(1) 若预期为完美预见（perfect foresight），求出均衡的价格与产出水平。

(2) 若货币当局实行了一次意料外的并且是永久性的货币扩张，图解这次政策操作的短期和长期效应。

1．解：

(1) 由利润函数 $\pi = PY - WL - CK$，可得利润最大化时的劳动投入，即劳动需求函数为：$d\pi/dL = P\beta K^\alpha L^{\beta-1} - W = 0$；$L = K\beta^{1/\alpha} (W/P)^{-1/\alpha}$。

若 K，α，β 给定，劳动需求函数可以简写为 $L = f(W/P)$，显然劳动需求是实际工资的减函数。这时将劳动需求函数代入总量生产函数，可得总供给函数为：$Y = K\beta^{\beta/\alpha} (W/P)^{-\beta/\alpha}$，可见，总供给 Y 是价格水平 P 的增函数。

(2) 将 α = β = 0.5，代入总供给函数，得 $Y = K\beta (W/P)^{-1}$；将 K = 500，W = 25 代入，得 Y = 10P。它表明在技术条件给定，短期资本存量不变，工资刚性假设下，总供给是价格水平的增函数，这正是凯恩斯学派的观点。

将 (W/P) = 1 代入总供给函数 $Y = K\beta (W/P)^{-1}$ 中，得 Y = 250。劳动市场的竞争性导致了充分就业的实现，而实际工资为一常数（是否等于 1 是无所谓的）。产出 Y = 250 为充分就业产出（潜在产出），不受价格的影响，这正是古典学派的观点。

2．解：

(1) IS 曲线方程：

$$Y = C + I + G = 20 + 0.8(Y - T) + 600 - 4000r + 420$$
$$= 20 + 0.8(Y - 100 - 0.25Y) + 600 - 4000r + 420$$
$$= 960 + 0.6Y - 4000r$$

整理得：Y = 2400 − 10000r。

(2) LM 曲线的方程为：$345/P = 25 + 0.4Y - 4000r$。所以价格水平为 1 时，LM 曲线的方程为：$345 = 25 + 0.4Y - 4000r$

整理得：Y = 800 + 10000r。

(3) 当价格水平 P = 1 时，产品市场和货币市场同时均衡时的利率和收入分别为：Y = 1600；r = 0.08。

3．解：

(1) 如果预期为完美预见，则 $p = p^e$，由总供给曲线 AS：$p = p^e + \lambda(y - y^*)$，可得均衡时的产出水平为：$y = y^*$，即产出实现充分就业水平。由总需求曲线 AD：$m + v = p + y$，可得均衡的价格水平为：$p = m + v - y^*$。

(2) 若货币当局实行了一次意料外的并且是永久性的货币扩张，在短期内，人们可能没有意识到货币政策的改变，因此，人们将不会调整其对价格的预期 p^e，经济中的产出将增加。如图 20−7 所示，由于预期 p^e 没有发生改变，短期总供给曲线为 AS_0，货币扩张使总需求曲线从 AD_0 右移至 AD_1，产出从初始充分就业的产出 y^* 增至 y_1，价格水平由 p_0 增至 p_1。

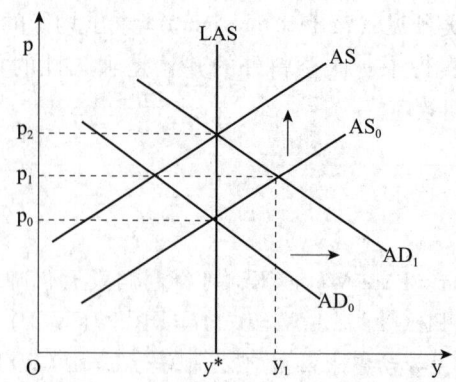

图 20-7　一次意外的并且是永久性的货币扩张的短期和长期影响

但是，在下一期人们就会意识到发生了永久性的货币扩张，因此，人们将修正其对价格的预期。如图 20-7 所示，总供给曲线将由 AS_0 上移至 AS，产出重新回复到充分就业水平 y^*，价格上升为 p_2。

因此，货币扩张在短期内提高了产出，但是，在长期，人们调整价格预期后，产出维持在充分就业水平不变，货币扩张只会引起价格水平的上升。

四、难点解释

1. 如何理解短期总供给曲线可以分为三段表现形式？
2. 试述对于总需求与短期总供给曲线和长期总供给曲线分析的政策含义。

1. 答：

总供给曲线是表示总产出量与价格水平的各种不同组合的曲线。总供给曲线是根据总生产函数、劳动需求函数和劳动供给函数以及货币工资曲线推导而得到的。但是，由于西方学者各自依据的假定条件不同，因而对总供给曲线的形状存在不同的看法，如图 20-8 所示。

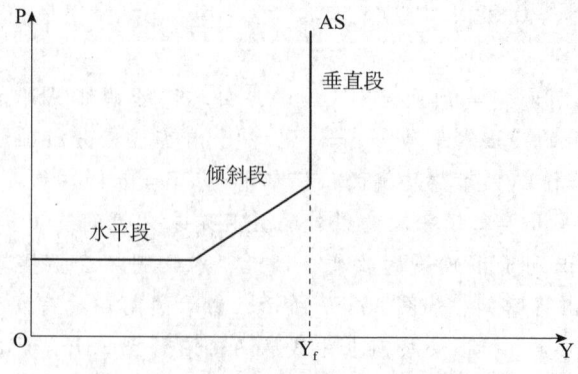

图 20-8　短期总供给曲线的三段表现形式

（1）在凯恩斯极端（超短期）的情况下，AS 曲线是水平的。因为当价格水平上升时，名义工资水平还没有变化，实际工资下降，就业量会迅速增加，因而总产出可迅速增加，即总产出对价格水平的敏感度无穷大。相反，价格水平对总产出的敏感度无穷小，即价格水平不随总产出的变化而变化，也即总需求曲线的移动将导致总产出水平的变动而不会导致价格水平的变动。按照凯恩斯主义理论，政府的宏观经济政策是有效的，即政府政策能影响一国经济的总产出水平。

（2）按照古典主义理论，即价格是完全灵活的情况下，总供给曲线是一条垂直线。因为工资和价格具有完全的灵活性，就业量的决定就完全独立于价格水平的变化。当价格水平上升时，名义工资水平就会同比例上升，劳动力市场恢复到原来的均衡，就业量也恢复到原来的均衡，就业量不随价格水平的变动而变动，因而总产出水平也不随价格水平的变动而变动，即总供给曲线是一条垂直线。在这种情况下，政府的宏观经济政策是无效的，即政府政策无法影响一国经济的总产出水平。

（3）当考虑名义工资刚性时，或者是"意外供给函数"时，都可以推导出向右上方倾斜的 AS 曲线。在这种情况下，政府的宏观经济政策对总产出也是有一定效力的，其影响效程度的大小取决于 AS 曲线向右上方倾斜的程度。

2. 答：

通过总需求与总供给短期和长期分析，西方经济学得出的基本结论是，在短期内经济可以处于萧条、滞胀和繁荣的状态，即短期内经济会出现波动；而在长期内，经济的长期趋势是处于充分就业的潜在水平上。

相应的政策建议是：在短期内，采取相机抉择的政策，适时地变动总需求，即在萧条时期增加总需求，而在繁荣时期则减少总需求，以熨平经济波动。具体地说，当经济萧条时，总需求不足，所决定的国民收入低于充分就业下的国民收入。这时，政府应通过扩大政府支出、减税等财政政策手段，或采取降低准备率、降低贴现率和买进政府债券等货币政策手段，扩大总需求，使之与总供给曲线在充分就业下相交，从而使得均衡国民收入达到充分就业水平。而在经济繁荣时，则采取相反的政策以抑制总需求，降低价格总水平。在长期内，经济持续处于稳定的充分就业的状态，因而政府的总需求管理政策也就不再必需。

总之，总需求与总供给的均衡分析表明，短期内资本主义经济会不稳定，但适当的经济政策可以起到稳定经济的作用；而在长期中，经济自身的调节使得经济达到充分就业状态。因此，西方经济学证明，辅之以政府的经济政策，资本主义经济不论是在短期还是在长期都可以处于充分就业的均衡状态。

第二十一章　失业与通货膨胀

一、学习指导

【学习目的】
　　通过本章的学习，要求学生了解通货膨胀的类型、形成原因、经济效应和反通货膨胀的对策；了解失业的类型、失业的影响和降低失业率的对策；掌握菲利普斯曲线的概念与政策含义。

【学习目标】
　　1. 理解失业与充分就业的概念。
　　2. 能够区分几种失业类型。
　　3. 理解失业的影响与治理。
　　4. 理解通货膨胀的含义和分类。
　　5. 理解引起通货膨胀的不同原因。
　　6. 理解通货膨胀的影响和治理对策。
　　7. 能够解释短期菲利普斯曲线与长期菲利普斯曲线的区别。

【关键概念】
　　消费者价格指数（consumer price index，CPI）；生产者价格指数（producer price index）；需求拉上的通货膨胀（demand-pull inflation）；成本推进的通货膨胀（cost-push inflation）；摩擦性失业（frictional unemployment）；周期性失业（cyclical unemployment）；结构性失业（structural unemployment）；自愿失业（voluntary unemployment）；非自愿失业（involuntary unemployment）；自然失业率（natural rate of unemployment）；收入政策（income policy）；指数化政策（indexation policy）；通货紧缩（deflation）；奔腾式通货膨胀（galloping inflation）；超级通货膨胀（hyperinflation）；温和的通货膨胀（low inflation）；菲利普斯曲线（phillips curve）；工资及物价管制（wage-price controls）；奥肯法则（okun's law）；含预期的菲利普斯曲线（expectations augmented phillips curve）；拉弗曲线（laffer curve）。

【本章框架】

本章首先介绍了失业的基本理论,包括概念、类型、失业的损失及其治理的措施等;其次阐述了通货膨胀的基本原理,包括含义、分类、原因、效应以及控制的对策等;最后分析了失业与通货的关系,从而引出了菲利普斯曲线(见图 21-1)。

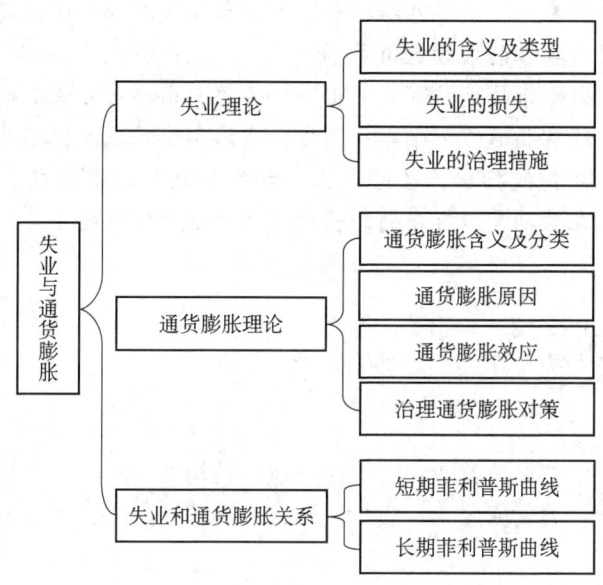

图 21-1 失业与通货膨胀框架

【内容提要】

- 就业和失业是对应的概念。简单地讲,从事有报酬工作的劳动力就是就业者;而失业是指有劳动能力并愿意工作的人得不到适当的就业机会。那些没有工作且正在寻找工作的劳动力就属于失业者。

- 经济学家利用失业率来衡量一个经济体的就业水平,或者说失业程度。失业率被定义为失业人口在劳动力人口中所占的百分比,即失业率 =(失业人口/劳动力人口)×100%。

- 经济学家将失业分为三种类型:摩擦性失业、结构性失业和周期性失业。当经济进入扩张期,周期性失业最终会下降至零。但由于存在摩擦性失业和结构性失业的缘故,总的失业率不会为零。摩擦性失业与结构性失业之和统称为自然失业,自然失业人口占劳动力的比率称为自然失业率。它虽然可以通过加强工作信息传递和技术培训等措施而减少,却不可能根本消除。

- 奥肯法则指出,实际 GDP 相对于潜在 GDP 每下降 2%,失业率就上升 1%。换一种方式说,相对于潜在的国民收入而言,实际国民收入每减少 2%,失业率会增加 1%;反之,实际国民收入每增加 2%,失业率会减少 1%。

- 通货膨胀指的是指一般物价水平(价格水平)持续而显著的普遍上涨。通常,采用通货膨胀率作为衡量通货膨胀大小的指标。通货膨胀率即某年的价格水平相较于上一年的价格水平所变动的百分比。用公式表示，即 π（t 年）= {[t 年的价格水平 −（t−1）年的价格水平] /（t−1）年的价格水平} ×100%。

● 现代经济学根据通货膨胀的形成原因而将通货膨胀划分为三种类型：需求拉上型通货膨胀、成本推动型通货膨胀和结构型通货膨胀。

● 通货膨胀除引致收入和财富的再分配效应以及产出和就业效应外，还会对经济效率产生重要影响，主要包括鞋底成本、菜单成本、扭曲消费者决策、税收扭曲以及扰乱计价单位的实际价值等。

● 简单的菲利普斯曲线描述了失业率和通货膨胀率之间的反向变动关系：低失业率的年份往往有高通货膨胀率；高失业率的年份往往有低通货膨胀率。但附加预期的菲利普斯曲线指出，在通货膨胀和失业之间总是存在着短期的交替关系，但这种关系在长期是不存在的。长期菲利普斯曲线是处于自然失业率水平的垂直直线。

二、习题解答

名词解释

失业；失业率；充分就业；摩擦性失业；结构性失业；周期性失业；自然失业率；通货膨胀；通货膨胀率；奥肯法则；菲利普斯曲线；附加预期的菲利普斯曲线。

1. 失业

答：失业是指有劳动能力并愿意工作的人得不到适当的就业机会。那些没有工作且正在寻找工作的劳动力就属于失业者。通常，经济学家利用失业率来衡量一个经济体的就业水平。

2. 失业率

答：失业率被定义为失业人口在劳动力人口中所占的百分比，即失业率＝（失业人口/劳动力人口）×100%。

3. 充分就业

答：关于充分就业的概念，不同学派的经济学家有不同的定义。凯恩斯认为，如果"非自愿失业"已消除，失业仅限于摩擦失业和自愿失业的话，就是实现了充分就业。另外一些经济学家则认为，如果空缺职位总额恰好等于寻找工作的人数，就是充分就业。而货币主义则针对凯恩斯的"非自愿失业"，提出了"自然失业率"的概念。自然失业率是指在没有货币因素干扰的情况下，让劳动市场和商品市场自发供求力量发生作用时，总需求和总供给处于均衡状态的失业率。虽然对于充分就业存在不同的看法，但经济学家都认为充分就业不是百分之百就业，充分就业并不排除像摩擦性失业等这样的失业情况存在。许多西方经济学家认为存在4%左右的失业率是正常的，此时社会经济处于充分就业状态。

4. 摩擦性失业

答：摩擦性失业是指在生产过程中由于难以避免的工作变换等原因而造成的短期性失业。如从一种工作转换到另一种工作的过程中处于的失业状态，或刚进入劳动力市场的失业状态。在现实经济中，总会有一部分劳动力处于摩擦性失业状态，因此，摩擦性失业被认为是在任何时候都存在，是不可避免的。

5. 结构性失业

答：结构性失业是指劳动力的供给和需求不匹配所造成的失业。其特点是既有失业又有职位空缺，失业者或者没有合适的技能，或者居住地点不当，因此，无法填补现有的职位空缺。比较常见的是部门或行业的兴盛或衰落或某种技术的转型所引起的职业间或地区间的结构失衡现象。

6. 周期性失业

答：周期性失业是指经济进入衰退或萧条阶段时，因需求下降而造成的失业。这种失业是由于整个经济的支出和产出下降造成的。当经济中的总需求的减少降低了总产出时，会引起整个经济体系的较普遍的失业。

7. 自然失业率

答：自然失业率就是劳动力市场和商品市场自发供求力量发挥作用时应有的处于均衡状态的失业率，也就是充分就业情况下的失业率。包括摩擦性失业、结构性失业、自愿性失业。

8. 通货膨胀

答：经济学家认为，通货膨胀是指一般物价水平（价格水平）持续而显著的普遍上涨。要准确理解通货膨胀的概念，需要注意以下四个问题：一般价格水平实际测量的是经济中产品和服务的平均价格；通货膨胀不是指一次性或短期内的物价总水平的上升，它是一个持续的过程；通货膨胀不是个别商品价格水平的上涨；通货膨胀是价格总水平的明显或显著的上升过程。

9. 通货膨胀率

答：通货膨胀率即某年的价格水平相较于上一年的价格水平所变动的百分比。用公式表示，即 $\pi(t年) = \{[t年的价格水平 - (t-1)年的价格水平] / (t-1)年的价格水平\} \times 100\%$。通货膨胀率的价格指数一般有三种，即消费者价格指数（consumer price index，CPI），又称生活费用指数，是指一般家庭所购买的产品和服务的平均价格；生产者价格指数（producer price index，PPI），又称批发价格指数，是指企业在所有生产阶段所购买的产品和服务的平均价格；GDP平减指数（GDP deflator），又称GDP缩减指数或GDP折算指数，是指没有剔除物价变动前的GDP（名义GDP）与剔除了物价变动后的GDP（实际GDP）之比。其中，CPI最被广泛地用于对通货膨胀的度量，因为这一指数能够更贴切地描述一般家庭所经历的生活成本的变动。

10. 奥肯法则

答：20世纪60年代，美国经济学家阿瑟·奥肯根据美国的数据提出了经济周期中失业的变动与产出变动的经验统计关系，即奥肯法则。用公式表示，即

$(Y - Y_f)/Y_f = -\alpha(u - u^*)$。其中,Y 为实际 GDP;$Y_f$ 为潜在 GDP;u 为实际失业率;u^* 为自然失业率;α 为大于零的参数。根据奥肯法则所显示的失业率与实际国民总产出(通常用 GDP 表示)之间存在显著的负相关关系,可以通过失业率的变动推测或估计 GDP 的变动,也可以通过 GDP 的变动预测失业率的变动。

11. 菲利普斯曲线

答:1957 年,经济学家 A. W. 菲利普斯根据英国 1861~1957 年间失业率与货币工资变动率的经验统计资料,绘制了用以表示失业率和货币工资变动率之间一般关系的曲线,发现失业率和货币工资变动率之间具有稳定的负相关关系。1960 年,萨缪尔森和索洛在菲利普斯研究的基础上,用通货膨胀率($\Delta P/P$)替换了货币工资增长率($\Delta W/W$),把最初的菲利普斯曲线表述为失业率与通货膨胀率之间的交替关系。

12. 附加预期的菲利普斯曲线

答:弗里德曼指出,原始的菲利普斯曲线是不能成立的,因为他把失业率与货币工资率的变化联系在一起,即把失业或就业看作是货币工资率的函数;根据古典经济理论,应当按照实际工资率的变化来建立菲利普斯曲线。弗里德曼还提出适应性预期假说和自然失业率假说,并主张把预期的通货膨胀率作为一个决定货币工资变化率的附加变量来扩展菲利普斯曲线(即附加预期变量的菲利普斯曲线)。在此基础上,他区分了短期菲利普斯曲线与长期菲利普斯曲线,认为对于一个既定的预期的通货膨胀率来说,存在通货膨胀与失业之间的短期替换关系,但是长期的菲利普斯曲线在自然失业率水平上是垂直的,这就否定了在通货膨胀和失业之间存在持久的长期的权衡选择。

单项选择题

1. 由于经济萧条而形成的失业属于(　　)。
   A. 摩擦性失业　　　　　　　　B. 结构性失业
   C. 周期性失业　　　　　　　　D. 永久性失业
2. 一般来说,某个大学生毕业后未能立即找到工作,属于(　　)。
   A. 摩擦性失业　　　　　　　　B. 结构性失业
   C. 自愿性失业　　　　　　　　D. 周期性失业
3. 某人由于不愿接受现行的工资水平而造成的失业,称为(　　)。
   A. 摩擦性失业　　　　　　　　B. 结构性失业
   C. 自愿性失业　　　　　　　　D. 非自愿性失业
4. 垄断企业和寡头企业利用市场势力谋取过高利润所导致的通货膨胀,属于(　　)。
   A. 成本推动通货膨胀　　　　　B. 结构性通货膨胀
   C. 需求拉动通货膨胀　　　　　D. 需求结构推进通货膨胀
5. 长期菲利普斯曲线说明(　　)。
   A. 通货膨胀和失业之间不存在相互替代关系

B. 传统的菲利普斯曲线仍然有效
C. 在价格很高的情况下通货膨胀与失业之间仍有替代关系
D. 曲线离原点越来越远

答案：1~5：CACAA。

问答题

1. 自然失业率和周期性失业、摩擦性失业以及结构性失业之间的关系是什么？
2. 简述通货膨胀引致的代价和效应。
3. 根据成因可将通货膨胀划分为哪几种类型？试简述之。
4. 通货膨胀、通货紧缩和滞胀，这几个概念有何区别？
5. 如果你的房东说："工资、公用事业以及别的费用上升都太快了，我也只能提你的房租。"这是属于需求拉上还是成本推进的通货膨胀？如果店主说："可以提价出售，别愁卖不了，店门口排队争购的多着哩。"这又属于什么类型的通货膨胀？

1. 答：

摩擦性失业是指在生产过程中，由于难以避免的工作变换等原因而造成的短期性失业。如从一种工作转换到另一种工作的过程中处的失业状态，或刚进入劳动力市场的失业状态。结构性失业是指劳动力的供给和需求不匹配所造成的失业，其特点是既有失业又有职位空缺，失业者或者没有合适的技能，或者居住地点不当，因此，无法填补现有的职位空缺。

在现实经济中，总会有一部分劳动力处于摩擦性失业和结构性失业状态。由于存在摩擦性失业和结构性失业的缘故，社会总的失业率不会为零。摩擦性失业与结构性失业之和统称为自然失业，自然失业人口占劳动力的比率称为自然失业率，它虽然可以通过加强工作信息传递和技术培训等措施而减少，却不可能根本消除。

周期性失业是指经济进入衰退或萧条阶段时，因需求下降而造成的失业。这种失业是由于整个经济的支出和产出下降造成的。当经济中总需求的减少降低了总产出时，会引起整个经济体系的较普遍的失业。当经济进入扩张期，周期性失业最终会下降至零。

2. 答：

经济学家认为，通货膨胀的发生会导致经济和社会付出五种代价：第一，鞋底成本：是指通货膨胀时人们减少货币持有量所浪费的资源。因为通货膨胀造成的货币持有量下降而带来的不方便被称为"鞋底成本"，这个词源于常常去银行所造成的鞋底的磨损。第二，菜单成本：是指通货膨胀时企业必须消耗经济资源以调整价格的成本。由于高通货膨胀率，微观经济资源配置无效率所带来的成本被称为"菜单成本"。其源于因为高通货膨胀率时，餐馆需要经常印刷新菜单。第三，扭曲消费者决策：是指通货膨胀导致相对价格变动与资源配置失误。通货膨胀过程中，经济中有些物品和劳务的价格由于各种各样的原因可能变化慢或不变，这就扭曲了相对价格。当通货膨胀扭曲了相对价格时，消费者的决策被扭曲了，市场也就不能把资源配置到其最好的用途上。第四，通货膨胀引起的税收扭曲：由于许多的税收法则并没有考虑到通货膨胀的影响，通货膨胀会以法律制定者没有想到的方式改变个人所得税负担。第五，通货膨胀侵蚀了计价单位的实际价值，造成混乱和不方便。

通货膨胀的效应主要包括财富重新分配效应以及产出和就业效应。第一，通货膨胀的重新分配效应。通货膨胀对社会不同集团的人有不同的影响，会使一些人从中受益，也会使一些人由此受害。首先，通货膨胀将降低固定收入阶层的实际收入水平。即使就业工人的货币工资能与物价同比例增长，在累进所得税下，货币收入增加使人们进入更高的纳税等级，税率的上升也会使工人的部分收入丧失。其次，通货膨胀靠牺牲债权人的利益而使债务人获利。只要通货膨胀率大于名义利率，实际利率就为负值。再次，财产净值的变动情况会因财产的货币价值与债务的变动情况而增加或减少。最后，就政府与公众而言，通货膨胀是有利于政府而不利于公众的。因为通货膨胀引起的公众名义收入增加导致税收增加，公众实际收入减少，政府的这种收入被认为是政府利用通货膨胀对公众的一种掠夺。第二，通货膨胀的产出和就业效应。一般认为，在短期，需求拉动的通货膨胀可促进产出水平的提高；成本推进的通货膨胀却会导致产出水平的下降。需求拉动的通货膨胀对就业的影响是清楚的，它会刺激就业、减少失业；成本推进的通货膨胀在通常情况下，会减少就业。而在长期，通货膨胀与就业和产出水平之间并不存在直接的、必然的联系。一般来说，较小的通货膨胀对经济的影响也小，不会给社会经济总体带来显著的危害；而较大的通货膨胀对经济的影响也较大，从而很可能造成整个经济的不稳定，造成较大的危害。长期来说，通货膨胀与产出的增长之间存在着一种类似倒"U"形的关系。低通货膨胀的国家的经济增长最为强劲，而高通货膨胀或通货紧缩国家的增长趋势则较为缓慢。

3. 答：

通货膨胀是一个极为复杂的经济现象，现代经济学根据通货膨胀的形成原因而将通货膨胀划分为以下四种类型：

（1）需求拉上型通货膨胀是指商品和劳务的总需求量超过商品和劳务的总供给量所造成的过剩需求拉动了物价的普遍上升。需求拉上型的通货膨胀是一种最常见的通货膨胀。这种通货膨胀是由于货币供应过度增加以致需求过剩而产生的，是"太多的货币追逐太少的货物"的结果。

（2）成本推进型通货膨胀是指在总需求不变的情况下，由于生产要素价格（包括工资、租金、利润以及利息）上涨，致使生产成本上升，从而导致物价总水平持续上涨的现象。

（3）结构型的通货膨胀是在总需求和总供给大体处于平衡状态时，由于经济结构方面的因素所引起的物价持续上涨。

（4）供求混合推进型通货膨胀是将供求两个方面的因素综合起来，认为通货膨胀是由需求拉上和成本推进共同起作用导致的。

4. 答：

通货膨胀，最初指因纸币发行量超过商品流通中的实际需要量而引起的货币贬值现象。纸币流通规律表明，纸币发行量不能超过它象征地代表的金银货币量，一旦超过了这个量，纸币就会贬值，物价就要上涨，从而出现通货膨胀。通货膨胀只有在纸币流通的条件下才会出现，在金银货币流通的条件下不会出现此种现象。因为金银货币本身具有价值，作为贮藏手段的职能，可自发地调节流通中的货币量，使它同商品流通所需要的货币量相适应。而在纸币流通的条件下，因为纸币本身不具有价值，它只是代表金银货币的符号，不能作为贮藏手段，因此，纸币的发行量若超过了商品流通所需要的数量，此时，流通中的纸币量比流通中所需要的金银货币量增加了，货币就会贬值，这就是通货膨胀。在宏观经济学中，通货膨胀主要是指价格和工资的普遍上涨。

通货紧缩是指在经济均衡的状况下，由于企业债务负担加重、货币供给锐减或银行信贷收缩等原因造成投资需求突然下降或泡沫破灭，居民财富萎缩造成消费需求突然剧减等原因使总需求下降，出现供给大于需求，于是物价下降。

滞胀又称为萧条膨胀或膨胀衰退，是指在经济生活中出现了生产停滞、失业增加和物价水平居高不下同时存在的现象，它是通货膨胀长期发展的结果。长期以来，资本主义国家经济一般表现为：物价上涨时期经济繁荣、失业率较低或下降；而经济衰退或萧条时期的特点则是物价下跌。西方经济学家据此认为，失业和通货膨胀不可能呈同向发生。但是，自20世纪60年代末70年代初以来，西方各主要资本主义国家出现了经济停滞或衰退、大量失业和严重通货膨胀以及物价持续上涨同时发生的情况，西方经济学家把这种经济现象称为滞胀。以弗里德曼为代表的货币主义者直接批判凯恩斯主义的通货膨胀政策，认为滞胀是长期实施通货膨胀的必然结果，以增加有效需求的办法来刺激经济，其实质是过度发行货币，经济中的自然失业率是无法通过货币发行来消除的。

通货膨胀、通货收缩和通货紧缩的区别在于：通货膨胀是一般价格水平在某一时期的持续上涨。通货紧缩指价格水平在一定时期内的持续下降。当高通货膨胀与高失业率并存时，经济即陷入滞胀。

5. 答：

理论上，把在没有超额需求的情况下由供给方面成本的提高而引起的物价普遍上涨，归属于成本推进的通货膨胀；而把由于总需求超过总供给而引起的通货膨胀归属于需求拉上的通货膨胀。这样，问题中的前一问就应是成本推进的通货膨胀，后一问则属于需求拉上的通货膨胀。

计算题

根据表 21-1 中的信息，计算以 CPI 表示的 2006 年的通货膨胀率。

表 21-1　　　　　　　　　　　　　　信息表

产品	数量	基准年（1999年）价格	2005年价格	2006年价格
理发	2	10.00	11.00	16.2
汉堡	10	2.00	2.45	2.4
DVD	6	15.00	15.00	14.00

解：

以基准年 1999 年计算的 2005 年的消费者价格指数为：

$(11 \times 2 + 2.45 \times 10 + 15 \times 6) / (10 \times 2 + 10 \times 2 + 6 \times 15) \times 100\% = 105\%$

以基准年 1999 年计算的 2006 年的消费者价格指数为：

$(16.2 \times 2 + 2.4 \times 10 + 14 \times 6) / (10 \times 2 + 10 \times 2 + 6 \times 15) \times 100\% = 108\%$

那么，2006 年的通货膨胀率为：

$(108 - 105) / 105 \times 100\% = 2.86\%$

三、习题拓展

单项选择题

1. 年龄在 16 周岁以上的人口有 4000 万，其中有 200 万人失业，2300 万人拥有工作。那么，在这个国家失业率为(　　)，劳动参与率为(　　)。

　　A. 8.7%，92%　　　　　　　　　　　B. 8.7%，62.5%

　　C. 5%，57.5%　　　　　　　　　　　D. 8%，62.5%

2. 成本推动型通货膨胀的原因通常是(　　)。

　　A. 更高的价格水平，并且在存在失业时就业水平将会提高

　　B. 更高的价格水平，但就业水平没有变化

　　C. 更高的价格水平，并且就业水平降低

　　D. 总需求减少

3. 处于自然失业率水平表示(　　)。

　　A. 进入和退出失业队伍的劳动力数量处于均衡

　　B. 对物价和工资的预期是正确的

　　C. A 和 B 都包括在内

　　D. A 和 B 都不是

4. 年通货膨胀率在 10% 以内的通货膨胀称为(　　)。

　　A. 温和的通货膨胀　　　　　　　　B. 奔腾的通货膨胀

　　C. 超级的通货膨胀　　　　　　　　D. 恶性的通货膨胀

5. 根据古典理论，通货膨胀主要是(　　)。
   A. 总供给不足的结果
   B. 经济周期的结果
   C. 流通中的货币量过多的结果
   D. 工会过高的工资要求和价格管制的结果
6. 根据凯恩斯主义的观点，通货膨胀是(　　)。
   A. 流通中的货币量过多的结果
   B. 经济实现充分就业之后，总需求增加导致物价水平上升
   C. 未实现充分就业时，产出水平和物价水平的同时上升
   D. 以上说法都不对
7. 一般来说，通货膨胀会使(　　)。
   A. 债权人和债务人都受损　　B. 债权人受益，债务人受损
   C. 债权人和债务人都受益　　D. 债权人受损，债务人受益
8. 具有垄断能力的部门为谋求过高利润所导致的通货膨胀，属于(　　)。
   A. 成本推动的通货膨胀　　B. 结构性通货膨胀
   C. 需求拉上的通货膨胀　　D. 以上都不对
9. 如果2000年年底的物价指数是125，2001年年底的物价指数是139，那么，2001年通货膨胀率是(　　)。
   A. 4.2%　　B. 5.9%　　C. 6.25%　　D. 11.2%
10. 一般用来衡量通货膨胀的物价指数是(　　)。
    A. 消费者物价指数　　B. 生产者物价指数
    C. GDP 平均指数　　D. 以上均正确
11. 应付需求拉上的通货膨胀的方法是(　　)。
    A. 人力政策　　B. 收入政策
    C. 财政政策　　D. 三种政策都可以
12. 收入政策主要是用来对付(　　)。
    A. 需求拉上的通货膨胀　　B. 成本推进的通货膨胀
    C. 需求结构性通货膨胀　　D. 成本结构性通货膨胀

答案：1~5：CCCAC；6~10：BDBDD；11~12：CB。

问答题

1. 反通货膨胀的政策包括哪些？
2. 阐释失业对经济的影响。
3. 降低失业率的对策有哪些？

1. 答：

(1) 用衰退来降低通货膨胀。用衰退来降低通货膨胀的方法是指通过降低国民收入来降低通货膨胀的方法。根据降低国民收入速度的快慢，用衰退降低通货膨胀的方法可分为渐进式降低通货膨胀和激进式降低通货膨胀两种方法。

渐进式降低通货膨胀的方法是指用较长的时间和每个时期降低较少的通货膨胀率来消除通货膨胀的方法。实际的通货膨胀率取决于人们对通货膨胀率的预期和通货膨胀压力，即实际通货膨胀率是通货膨胀率预期与通货膨胀压力之和，可表示为：$\pi_t = \pi_e + h\dfrac{y_{t-1} - y^*}{y^*}$。其中，$\pi_t$表示t时期的通货膨胀率；$\pi_e$表示预期通货膨胀率；h表示一个常数；$y_{t-1}$表示t-1期实际国民收入；$y^*$表示潜在国民收入；$\dfrac{y_{t-1} - y^*}{y^*}$表示通货膨胀压力。由于$\pi_e$可以用上一个时期的通货膨胀率即$\pi_{t-1}$来表示，所以，$\pi_t = \pi_e + h\dfrac{y_{t-1} - y^*}{y^*}$式又可以表达为：$\pi_t = \pi_{t-1} + h\dfrac{y_{t-1} - y^*}{y^*}$。可以通过紧缩的财政政策和货币政策把实际国民收入$y_{t-1}$降下来。这样降低国民收入的过程，实际上就是一次经济衰退过程，衰退的程度取决于实际国民收入下降的程度。随着经济衰退，通货膨胀率就会下降。渐进式降低通货膨胀率的过程中，实际国民收入是缓慢下降的。

激进式降低通货膨胀的方法是指用较短的时间和每个时期降低较多的通货膨胀率来消除通货膨胀的方法。依据附加预期变量的价格调整方程，只要把实际国民收入下调的力度加大，就可以减轻通货膨胀的压力，从而实现快速降低通货膨胀率的目标。

西方经济学家认为，渐进式降低通货膨胀的方法与激进式降低通货膨胀的方法各有优劣。激进式降低通货膨胀的方法能够在较短时期内比较快地实现降低通货膨胀率的目标，增强对政府控制物价能力的信心，减缓通货膨胀的心理预期，但短期内带来的失业量也很大；渐进式降低通货膨胀方法的一个特点是逐步降低失业率，从而使社会成员承受较小的失业压力，但社会成员在较长时间内承受着较高的通货膨胀率。

(2) 收入政策。收入政策是政府为了降低一般物价水平上升的速度，而采取的限制货币工资和价格的政策。因此，收入政策也叫作工资和物价管制政策。收入政策的理论基础是成本推动通货膨胀的理论。西方经济学家认为工会是垄断组织，工会与垄断厂商分别具有提高工资与商品价格的垄断力量。工会与垄断厂商的垄断，使生产成本不断上升，导致了成本推动的通货膨胀。因此，要降低通货膨胀率，就要对工资和物价进行管制，实行收入政策。收入政策有三种具体方法：第一，实行工资和价格指导指标；第二，冻结工资和物价；第三，实行以税收为基础的收入政策。

(3) 改变公众预期。改变公众预期是指公众在相信政府有控制通货膨胀能力的基础上改变对通货膨胀率的预期。斯蒂格利茨认为，公众对通货膨胀的心理预期对通货膨胀起着巨大的推动作用，要想实现引导企业和工人不涨物价和不涨工资的目标，在很大程度上应当打破企业和工人对通货膨胀的心理预期。要打破公众对通货膨胀的心理预期，政府要敢于务求实效，对经济实行剧烈的、持久的干预，否则，就不能实现改变公众预期以控制通货膨胀的目的。

(4) 实行异端稳定措施。所谓异端稳定措施，是指除货币和财政措施之外的制止通货膨胀的措施，包括对工资和物价的直接干预、暂停偿还外债、进行货币改革等。异端稳定措施一般主要是针对恶性通货膨胀而采取的控制方法。

2. 答：

失业对于一个国家的经济影响是多方面的，既包括宏观方面，也包括微观方面，同时也包括社会方面。

(1) 失业对家庭的影响。失业增加使失业者的家庭收入和消费受到消极影响。失业后，家庭收入急剧下降，消费支出也随之下降。

(2) 对厂商的影响。失业增加后，厂商产品的销售市场萎缩，有效需求下降。于是产出降低，生产能力闲置，利润率开始下降。厂商面临如此景况，就减少投资需求，减少新生产能力的形成。

(3) 对国民经济的影响。失业增加后，由于家庭消费减少和厂商投资下降，使整个国民经济的增长受到抑制。根据奥肯法则，失业率与国民经济增长率之间存在一定的替代关系。根据美国的数据，失业率每提高1%，可使经济增长率下降2%。美国经济学家萨缪尔森指出："高失业时期的损失是一个现代经济中最大的有记录的损失，它们比垄断所引起的微观经济浪费的无效率或关税、配额引起的浪费要大许多倍。"

(4) 失业的社会影响。失业会导致个人的尊严受损，会导致家庭关系紧张，会导致生活水平下降和疾病增多，还会导致犯罪增多和社会秩序的混乱。

3. 答：

(1) 增加总需求。在潜在产出一定且实际产出小于潜在的条件下，只要增加需求，就可以增加实际产出，从而可以扩大就业，降低失业率。图21-2表明，当潜在产出 Y_f 和总供给 AS 一定时，不断增加总需求，从 AD_0 增到 AD_1，再增到 AD_2，那么实际产出就从 Y_1 增到 Y_2，再从 Y_2 增到 Y_f，随着实际产出的增长，失业率就会相应下降。

(2) 增加总供给。在实际产出越来越接近潜在产出时，提高总需求所带来的产出效应越来越小，而提高物价的效应越来越大。在这种情况下，要进一步降低失业率，就必须提高潜在产出和总供给。当潜在产出和总供给曲线向右移动以后，就可以使实际产出增长，降低失业率。图21-3表明，当潜在产出由 Y_1 提高到 Y_2 时，总供给也相应地从 AS_1 提高到 AS_2。这时，总需求曲线与新的总供给曲线相交，提高了实际产出，同时也可以降低失业率。

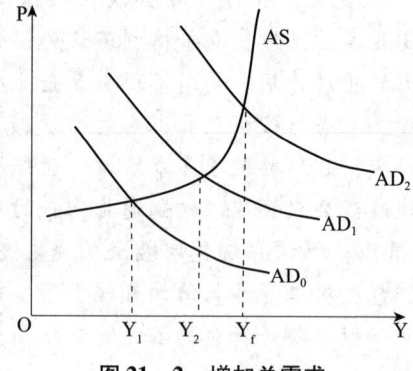

图 21-2 增加总需求

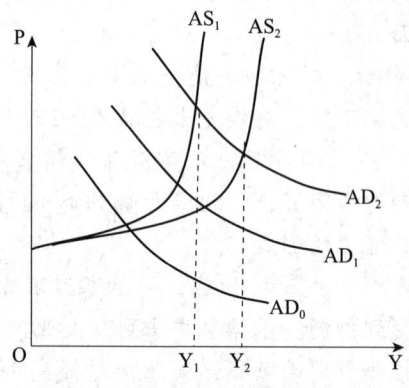

图 21-3 增加总供给

计算题

1. 已知产品市场的均衡条件为 $Y = 850 - 25r$，货币市场的均衡条件为 $Y = -500 + 5M_s/P + 10r$，经济在 $Y = 650$ 时达到充分就业，如果名义货币供给 $M_s = 200$，物价水平 $P = 1$，试求：

（1）是否存在通货膨胀压力？

（2）当物价水平为何值时，才能实现宏观经济的一般均衡？

（3）如何变动名义货币量，才能达到充分就业的一般均衡？

2. 设某国价格水平在 2004 年为 107.9，2005 年为 111.5，2006 年为 114.5。求：

（1）2005 年和 2006 年通货膨胀率各为多少？

（2）若以前两年通货膨胀的平均值作为第三年通货膨胀的预期值，计算 2007 年的预期通货膨胀率。

（3）若 2007 年的利率为 6%，计算该年的实际利率。

3. 假设某经济社会的总需求曲线为：$Y = 800 + 1.6G + 1.6M/P$；价格调整曲线为：$\pi = (Y_{-1} - 1600)/1600 + \pi^e$；政府支出 $G = 200$；货币供给 $M = 600$。若预期的通货膨胀 π^e 率始终等于 0，求出经济从 $P_0 = 1.5$ 开始的运行路径 P_1。

1. 解：

（1）产品市场和货币市场同时均衡的国民收入 Y = 850 – 25r = 500 + 10r，得 r = 10，Y = 600。由于 Y = 600 < 650，所以不存在通货膨胀的压力。

（2）实现宏观经济的一般均衡时 Y = 650，代入 Y = 850 – 25r，得 r = 8，再将其代入 Y = – 500 + 5M_s/P + 10r，得 P = 1000/1070 = 0.93。

（3）将 Y = 650，r = 8，P = 1 代入 Y = – 500 + 5M_s/P + 10r，得 M_s = 1070/5 = 214，即名义货币供给量应增加 14 单位。

2. 解：

（1）设 π_{2005}、π_{2006} 分别为 2005 年、2006 年通货膨胀率，则有：

π_{2005} = (P_{2005} – P_{2004})/P_{2004} ×100% = (111.5 – 107.9)/107.9 ×100% = 3.34%

同理，可求得 π_{2006} = 2.69%。

（2）设 π_{2007} 为 2007 年的预期通货膨胀率，则依照题意有：

π_{2007} = (π_{2005} + π_{2006})/2 = (3.34% + 2.69%)/2 = 3.015%

（3）按照名义利率、实际利率与预期通货膨胀率之间的关系，有：

实际利率$_{2007}$ = 名义利率$_{2007}$ – π_{2007} = 6% – 3.015% = 2.985%

3. 解：

根据题意，这是没有通货膨胀预期（π^e = 0）的价格调整方程。在 P_0 = 1.5 的水平下，我们可以通过总需求方程求得一个期初的产出水平 Y_0：

Y_0 = 800 + 1.6G + 1.6M/P = 800 + 1.6×200 + 1.6×600/1.5 = 1760

再由价格调整方程可获得下一年的通货膨胀率水平 π_1：

π_1 = (Y_0 – 1600)/160 + π^e = (1760 – 1600)/1600 + 0 = 0.1

这样，第一年的价格水平 P_1 就为：

P_1 = P_0 + $P_0\pi_1$ = 1.5 + 1.5×0.1 = 1.65。

四、难点解释

1. 短期菲利普斯曲线与长期菲利普斯曲线之间的关系。
2. 对引起滞胀原因的不同解释。

1. 答：

1957 年，经济学家 A. W. 菲利普斯根据英国 1861~1957 年间失业率与货币工资变动率的经验统计资料，以横轴表示失业率，纵轴表示货币工资增长率的坐标系中，绘制了用以表示失业率和货币工资变动率之间一般关系的曲线，发现失业率和货币工资变动率之间具有稳定的负相关关系。即当失业率较低时，货币工资增长率较高；反之，当失业率较高时，货币工资增长率较低，甚至是负数。此后，萨缪尔森和索洛在菲利普斯研究的基础上，用通货膨胀率（$\Delta P/P$）替换了货币工资增长率（$\Delta W/W$），把最初的菲利普斯曲线表述为失业率与通货膨胀率之间的交替关系。以横轴代表失业率U，纵轴代表通货膨胀率Ⅱ，菲利普斯曲线如图21-4所示：低失业率的年份往往有高通货膨胀；高失业率的年份往往有低通货膨胀率。这也被称为简单的或短期的菲利普斯曲线，用公式表示，即$Ⅱ = -\varepsilon(u-u^*)$。其中，Ⅱ为通货膨胀率；u为实际失业率；u^*为自然失业率；ε为大于零的参数，用来衡量通货膨胀率对于失业率的反应程度。

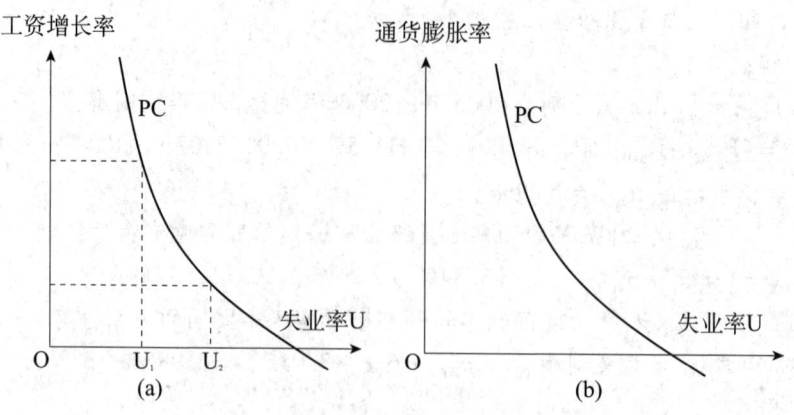

图21-4 简单的或短期的菲利普斯曲线

据此，政策制定者可以在通货膨胀率和失业率之间进行权衡，选择不同的通货膨胀率和失业率的组合。例如，运用扩张性财政政策和货币政策，在菲利普斯曲线上选择一个低失业高通货膨胀的点，也可以运用紧缩性货币政策和财政政策，选择一个低通货膨胀高失业的点。然而，事实果真如此吗？菲利普斯曲线所代表的失业和通货膨胀之间的交替关系是永久性的吗？

1968年，米尔顿·弗里德曼为代表的许多经济学家指出，由于长期供给曲线是垂直的，那么，菲利普斯曲线在长期就不可能是向下倾斜的。

我们可以用图21-5说明短期菲利普斯曲线不断移动，进而形成长期菲利普斯曲线的过程。图21-5中，假定某一经济处于自然失业率U^*，通货膨胀率为$Ⅱ_1$的a。若这时政府采取扩张性政策，以使失业率降低到U_1。由于扩张性政策的实施，总需求增加，导致价格水平上升，使通货膨胀率上升为$Ⅱ_2$，由于在a点处工人预期的通货膨胀率为$Ⅱ_1$，而现实实际的通货膨胀率为$Ⅱ_2$，高于预期的通货膨胀率，使实际工资水平下降，从而会增加生产，增加就业，于是失业率降低为U_1。于是就会发生图中短期菲利普斯曲线PC_1所示的情况，失业率由U^*下降为U_1，而通货膨胀率则从$Ⅱ_1$上升到$Ⅱ_2$。

但这种情况只能是短期的。经过一段时间，工人们会发现价格水平的上升和实际工资的下降，这时他们便要求提高货币工资；与此同时，工人们会相应地调整其预期，也就是将通货膨胀率预期从原来的$Ⅱ_1$调整到现在的$Ⅱ_2$。伴随着这种

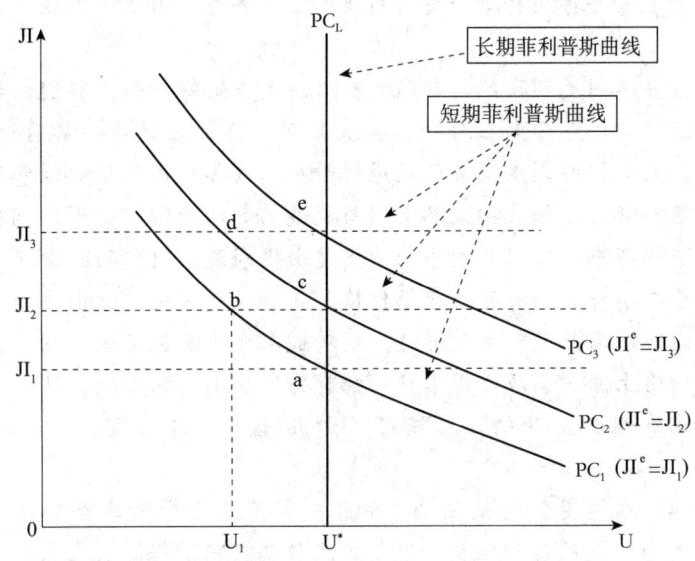

图 21-5 短期菲利普斯曲线与长期菲利普斯曲线

调整,实际工资回到了原有的水平。相应地,企业生产和就业也都回到了原有的水平,失业率又回到原来的 U^*,但此时经济已处于具有较高通货膨胀率预期(即 JI_2)的 c 点。

将以上过程重复下去,可以想象,在短期,由于工人不能及时改变预期,存在着失业与通货膨胀之间的替换关系,表现在图形上,便有如 PC_1,PC_2,PC_3,…的各条短期菲利普斯曲线。随着工人预期通货膨胀率的上升,短期菲利普斯曲线不断上升。

从长期来看,工人预期的通货膨胀与实际通货膨胀是一致的。因此,企业不会增加生产和就业,失业率也不会下降,从而便形成了一条与自然失业率重合的长期菲利普斯曲线 PC_L。从图 21-5 可知,垂直于自然失业率水平的长期菲利普斯曲线表明,在长期中,不存在失业与通货膨胀的替换关系。

由此可以得出,附加预期菲利普斯曲线的政策含义是:在短期内,扩张性总需求管理政策可以减少失业;但从长期来看,扩张性总需求管理政策不能减少失业,只会使通货膨胀率上升。因此,总需求管理政策需要考虑预期和时间因素,动态地考察通货膨胀和失业的最优时间路径,注意政策的短期和长期影响。

2. 答:

第一,失业与空位并存转化为滞胀。在劳动市场上,根据工种、性别、年龄、技术、住地的不同,可以划分为许多不同的市场,彼此难以相互替代,这往往会导致工人找不到自己的工作,公司雇不到合适的工人,某地工人找不到工作,另一地公司又雇不到工人,形成失业和职位空缺并存的局面。在失业率很高时,由于工资刚性使工资不能下降;有职位空缺时,公司为吸引所需的工人愿意支付高工资,导致工资上升;这样从失业与空位并存转变为失业与工资上升并存。市场存在价格刚性,在工资上升后公司按成本加成定价,又使物价上升。于是失业与工资上升并存又转变为失业与物价上涨并存，出现了失业与通货膨胀并发症。

第二，区分不同类别商品与部门的价格决定来解释滞胀。英国新剑桥学派卡尔多把社会经济活动划分为三部门：初级品部门为工业提供必需的食品、燃料、原材料；第二级部门即制成品部门把原材料加工成各种商品用以消费和投资；第三级部门即服务部门。如果初级品部门与制造品部门的增长出现比例失调，就会导致停滞膨胀的势态。初级品的市场价格是由供求关系决定的，价格变化作为信号调节着生产与消费。制成品的市场价格是一种操纵价格，是由生产者根据生产成本自己决定，对需求变动反应迟缓，而对成本变化反应灵敏。由此，卡尔多认为农矿产品价格上涨对制成品成本具有强有力的通货膨胀影响，从而引起制成品部门工资—物价螺旋上升的通货膨胀，由此造成经济衰退，失业增加，出现滞胀。

第三，部门结构变化的差异造成滞胀。英国经济学家希克斯（1904～1989年）运用结构分析，从部门结构性通货膨胀说明滞胀的根源。在出现结构性通货膨胀时，失业并不会因物价上涨而减少，相反却会增加。新兴部门与衰退部门劳动生产率与经济增长率相差较大，新兴部门随着劳动生产率提高，工资要相应上升；衰退部门虽生产下降，但工人要求"公平""赶上去"，相互看齐，要求提高工资，工资提高，成本增加，导致物价提高。这时，就业并没有增加，反而可能使衰退部门情况恶化而削减工人。因此，出现了一方面失业继续增加；另一方面物价持续上涨的状态。各经济部门发展存在差异，有些部门的产品或某种工种的工人比较早地出现供不应求的状态，于是引起这些产品价格上涨和这些工人工资提高，必然波及其他部门，导致全社会价格上涨。这样，在没实现充分就业即存在失业的同时，出现了通货膨胀。此外，开放部门受到世界市场价格上升的影响，工人工资要提高，引起非开放部门价格和工资上升，形成失业和通货膨胀并存局面。

第四，国家垄断货币发行权造成滞胀。政府垄断货币发行权，市场机制的作用就不能充分发挥，结果会造成大规模失业和通货膨胀。国家垄断货币发行权的影响：一是私人经济活动难以避免地受到国家货币发行政策的影响；二是国家主观地滥发货币，使社会资源配置失调。这都会挫伤私人投资的积极性，减少市场提供的就业机会，于是大规模失业必然出现。同时，国家垄断了货币发行权，政府可根据财政支出需要而把货币不断投入市场，造成财政赤字，通货膨胀成为必然的结果。哈耶克认为失业和通货膨胀产生于同一根源，是政府垄断货币发行权的一对孪生子，两者可以同时并存。国家垄断货币发行权、滥发货币的结果，既会造成失业，又会造成通货膨胀。

至于如何来治理停滞膨胀，西方经济学界不同学派提出了不同的对策：

（1）新古典综合派的对策。新古典综合派认为，单独解决失业或通货膨胀，宏观经济政策是有效的；如要同时对付失业和通货膨胀，必须使用微观经济政策，主要措施是收入政策和人力政策。他们认为通货膨胀的原因在于大工会、大公司所引起的工资和利润过度上升。要抑制通货膨胀，减少失业，就必须对各种收入实行限制，尤其是要使工资增长率低于劳动生产率增长率，具体办法如：工资物价管制、工资物价指导线和运用税收控制工资增长等。人力政策即劳工市场政策，如加强劳动力的再培训、提供就业信息、促进劳动力流动等。

（2）货币主义的对策。货币主义强调在宏观经济运行中货币最重要，认为货币供应量的变动是物价水平和经济活动发生变化的根本原因，提出实行简单规则的货币政策来解决通货膨胀与失业问题。货币学派认为不论在什么情况下，通货膨胀都是一种纯粹货币现象，任何通货膨胀如果没有货币供应量增加的支持，或迟或早都要趋于缓和或停止。人们对通货膨胀的预期也会随之改变。同时，要解决经济停滞的问题，国家应该减少对经济活动的干预，充分发挥市场机制的调节作用，增进和提高经济效率，推动和促进经济增长与稳定。

（3）供给学派的对策。供给学派提出了减税减支，刺激储蓄与投资，增加供给，促进经济增长的政策主张，为里根政府所采纳，对美国走出"滞胀"起到一定作用。供给学派认为，对付停滞膨胀的最重要方法是减税。减税可以增加个人可支配收入和纳税后的资本收益，能够刺激消费需求和投资需求的增加，同时更重要的是减税能够提高人们工作积极性和投资意愿，会大大促进社会总供给的增加。因此，减税将会增加国民收入，同时又降低通货膨胀和增加就业。通过减税降低生产成本，刺激人们热情工作和积极投资，进而提高劳动生产率和增加供给，来缓和停滞膨胀。

第二十二章 经济周期理论

一、学习指导

【学习目的】

通过本章的学习，要求学生了解经济周期的基本含义、分类，掌握经济周期的不同理论解释，特别是乘数—加速原理。

【学习目标】

1. 掌握经济周期的含义与分类。
2. 了解经济周期的成因和主要理论。
3. 掌握乘数—加速原理对经济波动的解释。

【关键概念】

经济周期（business cycle）；短周期（short cycles）；基钦周期（kitchin cycles）；长周期（long cycles）；繁荣（prosperity）；萧条（depression）；中周期（intermediate cycles）；朱格拉周期（juglar cycles）；康德拉捷夫周期（kondratieff cycles）；库兹涅茨周期（kuznets cycles）；熊彼特周期（schumpeter cycles）；加速原理（acceleration principle）；加速数（accelerator）。

【本章框架】

本章首先介绍了经济周期的含义及其分类；其次阐述了有关经济周期的各种理论，特别是对乘数—加速原理作了重点分析（见图 22-1）。

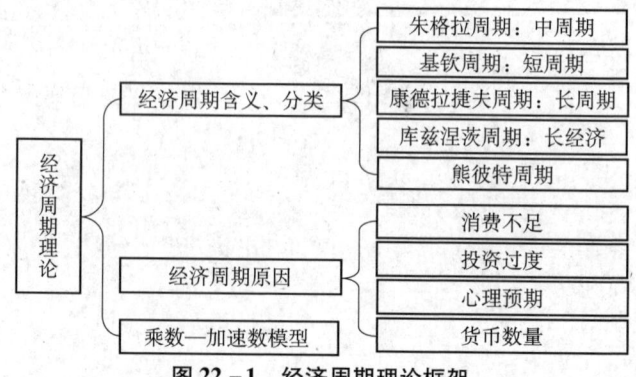

图 22-1　经济周期理论框架

【内容提要】

- 经济周期（business cycle），有时也称"商业周期"，是指总体经济活动的扩张和收缩交替反复出现的过程，也称经济波动。有些经济学家把经济波动的周期分为繁荣、衰退、萧条和复苏四个阶段；有些经济学家将经济周期划分为两个阶段——扩张和衰退以及两个转折点——谷底和峰顶。

- 经济衰退阶段的主要特征包括家庭消费急剧下降，汽车及其他耐用品存货增加；劳动需求下降，失业率上升；产出下降，通货膨胀步伐减慢；股票价格下跌，企业利润急剧下滑。而经济扩张阶段却恰好相反。

- 为什么市场经济会发生周期性波动？对此，经济学家有各种各样的不同解释。归结起来，可以分为两种——内因论和外因论。外生经济周期理论认为，经济周期的根源在于经济体系之外的某些因素的变动，如战争、革命、选举；石油价格、发现金矿、移民；新土地和新资源发现；科学突破和技术创新；甚至太阳黑子活动和气候等。与外因论不同，内生经济周期理论则是从经济体系内部寻求经济周期的产生机制。该理论认为，任何一次扩张都孕育着新的衰退和收缩，任何一次衰退和收缩也都蕴含着可能的复苏和扩张，经济生活正是以这种近乎规律的方式不断循环往复。

- 西方经济学家关于经济周期理论的争鸣，主要可划分为两条主线——政府干预和自由放任。凯恩斯主义和新凯恩斯主义奉行政府干预思想；而货币主义、卢卡斯的货币经济周期理论、真实经济周期理论都属于新自由主义经济学，在自由放任的宗旨上是一脉相承的。

- 乘数—加速数模型是解释经济周期的几个传统的内生模型之一。该模型描述了乘数和加速数交互作用导致经济周期变化的过程。投资影响收入和消费（乘数作用），反过来，收入和消费又影响投资（加速数作用）。乘数与加速原理相互作用的结果，就会形成经济周期。而在这种自发调节中，投资是引起经济周期的关键因素。

二、习题解析

名词解释

经济周期；加速系数；乘数—加速数模型。

1. 经济周期

答：经济周期（business cycle），有时也称"商业周期"，是指总体经济活动的扩张和收缩交替反复出现的过程，也称经济波动。早期经济学家认为经济周期是指实际GDP上升和下降的交替过程，现代经济学认为经济周期是经济增长率上升和下降的交替过程。一般来说，经济周期可分为繁荣、衰退、萧条和复苏四个阶段。

2. 加速系数

答：增加一定产量所需要增加的净投资量，即净投资量与产量增加量之比，称为加速系数。若以 W 表示加速系数，以 I_t 表示本期的净投资，以 Y_t 表示本期的产量，以 Y_{t-1} 表示上一期的产量，则加速数的计算公式为：$W = \dfrac{I_t}{Y_t - Y_{t-1}}$。一般来说，加速系数可以衡量净投资生产率的高低。

3. 乘数—加速数模型

答：乘数—加速数模型，也称为汉森—萨缪尔森模型。乘数—加速数模型的基本内容为：投资扩张时，投资通过乘数效应对收入产生倍数增加作用，收入的增加又通过加速作用对投资产生加速推进作用，这样，经济进入循环扩张阶段；相反，投资减少时，减少的投资又通过乘数效应对收入产生倍数缩减作用，收入的缩减又通过加速作用进一步减少投资，这样，又不断循环地导致经济进入衰退阶段。尽管在某一时期，经济扩张和经济衰退的时间跨度可能由于各种原因而发生变化，但是，这种交替为西方经济学家所主张的政府对经济进行必要的干预以缓和经济波动并维持经济长期稳定的增长建立了理论基础。

单项选择题

1. 经济周期是指(　　)。
A. 国民收入上升和下降的交替过程
B. 人均国民收入上升与下降的交替过程
C. 国民收入增长率上升和下降的交替过程
D. 以上都正确

2. 经济周期的中心是(　　)。
A. 利率波动　　　　　　　　B. 通胀率波动
C. 国民收入波动　　　　　　D. 就业率波动

3. 一国在一段时期内 GNP 的增长率在不断降低，但是总量却在不断提高，从经济周期的角度看，该国处于(　　)阶段。
A. 复苏　　　B. 繁荣　　　C. 衰退　　　D. 萧条

4. 加速原理认为(　　)。
A. 消费增加导致 GDP 数倍增加
B. GDP 数量增加会引起投资数倍增加
C. GDP 增长会导致消费数倍增加
D. 投资增加会引起 GDP 数倍增加

5. 当经济达到繁荣时，会因(　　)而转入衰退。
A. 加速系数下降　　　　　　B. 边际消费倾向提高
C. 加速系数上升　　　　　　D. 总投资为零

答案：1~5：DCCBD。

问答题

1. 经济周期波动的衰退和扩张阶段都具有哪些普遍特征？
2. 试述经济周期的几种类型。
3. 西方经济学家关于经济周期的论述主要有哪些理论？这些理论的政策含义是什么？
4. "乘数的作用导致国民收入增加，加速数作用导致国民收入减少，因此，乘数和加速数的交互作用造成经济的周期波动。"这一说法对吗？

1. 答：

经济衰退阶段的主要特征包括：家庭消费急剧下降，汽车及其他耐用品存货增加；劳动需求下降，失业率上升；产出下降，通货膨胀步伐减慢；股票价格下跌，企业利润急剧下滑。在经济周期波动的衰退阶段，是宏观经济环境和市场环境日趋紧缩的时期。这时，市场需求疲软、订货不足、商品滞销、生产下降、资金周转不畅。企业在供、产、销和人、财、物方面都会遇到很多困难，企业处于较恶劣的外部环境中。而经济扩张阶段的特征恰好与衰退阶段相反。在经济周期波动的扩张阶段，是宏观经济环境和市场环境日益活跃的时期。这时，市场需求旺盛、订货饱满、商品畅销、生产趋升、资金周转灵便。企业的供、产、销和人、财、物都比较好安排，企业处于较为宽松有利的外部环境中。

2. 答：

自 19 世纪中期以来，经济学家根据经济周期波动的时间把经济周期划分为以下不同的类型：

（1）朱格拉周期，是一种中周期。认为市场经济存在着 9~10 年的周期波动。这种中等长度的经济周期被后人一般称为"朱格拉周期"，也称"朱格拉"中周期。

（2）基钦周期，是一种短周期。1923 年，美国经济学家约瑟夫·基钦提出，他把 2~4 年的短期调整称为"存货"周期，人们亦称为"基钦周期"或"短波理论"。他认为，经济周期实际上有大周期和小周期两种。小周期的长度约为 40 个月，一个大周期可包括两个或三个小周期。

（3）康德拉捷夫周期，是一种长周期理论。认为经济有一种较长的循环，平均长度为 50 年左右。这种 50 年左右的长周期，是以各时期的主要发明、新资源的利用、黄金的供求等作为其主要标志的。被称为"康德拉捷夫周期"或"长波"。

（4）库兹涅茨周期，又一种长经济周期。库兹涅茨提出了在主要资本主义国家存在着长度从 15 年到 22 年不等、平均长度为 20 年的"长波"或"长期消长"的论点。

(5) 熊彼特周期。约瑟夫·阿洛伊斯·熊彼特认为，经济中存在着长、中、短三种不同类型的周期，每个长周期的长度为 48~60 年，其中包含了六个中周期；每个中周期的长度为 9~10 年，其中包含了三个短周期；短周期约为 40 个月，三个短周期构成一个中周期，18 个短周期构成一个长周期。

3. 答：

西方经济学家关于经济周期理论的争鸣，主要可划分为两条主线——政府干预和自由放任。凯恩斯主义和新凯恩斯主义奉行政府干预思想；而货币主义、卢卡斯的货币经济周期理论、真实经济周期理论都属于新自由主义经济学，在自由放任的宗旨上是一脉相承的。具体而言，它们的经济周期理论主要存在以下区别：

(1) 经济周期的根源不同。在冲击的内生与外生方面，形形色色的经济周期理论大体上可分为内生论与外生论。内生论认为周期根源于经济体系内的因素冲击，如储蓄、投资等内生变量的相互作用；凯恩斯主义基本属于内生论，即使有外部冲击，周期仍是内生地形成。外生论认为周期根源于体系之外，如政策变动与技术进步等；真实周期理论则是典型的外生论，并认为在引起经济波动的外部冲击中，技术进步占 2/3 以上。货币主义和理性预期学派将周期根源归结为影响总需求的货币冲击——货币主义归结为货币数量变动，导致货币幻觉和需求变化，从而产生波动；理性预期学派则提出不完全信息的货币幻觉理论，即未预期到的货币冲击带来经济波动。

(2) 冲击引发经济周期的机制不同。凯恩斯主义认为市场机制的不完善或者市场失灵是冲击来临后造成周期波动的原因，即短期价格粘性，当有需求冲击时，不能调节为充分就业均衡。货币主义强调货币幻觉和适应性预期；理性预期学派认为是价格信息不完全所致，即使经济主体具有理性预期，也会导致波动，仍然把周期看作是对经济长期增长趋势的偏离，是非充分就业均衡，波动会影响社会福利。真实周期理论则把波动看作是理性预期经济主体基于利益最大化目标，针对真实冲击而做出的具有帕累托效应的有效反应的结果，把经济波动视为自然率本身的波动而不是对长期趋势的偏离。

(3) 应对周期的政府政策不同。凯恩斯主义认为短期宏观经济需要稳定，由于短期波动往往来自对总需求的冲击，所以政府应当采取反周期的需求管理政策来干预经济，减轻经济波动。理性预期学派和货币主义认为市场会对经济波动做出迅速反应，因而政府干预的政策完全无效。真实周期理论认为，既然周期不是市场失灵所致，经济波动本身就是均衡状态的变动，政府就不应用稳定政策来消除波动，其反周期政策反而会作为一种不利的外部冲击而加剧不稳定。新凯恩斯主义者认为，供给方面的干扰和需求方面的干扰都可能成为引起经济波动的冲击。但他们不相信市场经济总能吸收各种冲击的影响而恢复充分就业，相反，在大多数情况下，经济中存在着一种机制，扩大这些冲击并使其作用持续，经济要恢复到原来局面，需要有一段相当长的过程。因此，新凯恩斯主义者尽管承认具有理性预期的个人反应常常确实会部分抵消政府的行动，但不可能永远完全抵消政府政策的影响，从而需要政府干预。

4. 答：

这一说法不对。乘数原理和加速数原理是从不同角度说明投资与收入、消费之间的相互作用，只有把两者结合起来，才能全面而准确地分析收入、消费与投资这三者之间的关系，并从中找出经济依靠自身的因素发生周期性波动的原因。乘数原理和加速数原理的不同，不是乘数作用导致国民收入增加，加速数作用导致国民收入减少；而是投资的乘数作用是投资的增长（或下降）导致收入数倍增长（或下降），而投资的加速数作用是收入或消费的增长（或下降）导致投资数倍增长（或下降）。

计算题

假定某经济的边际消费倾向 0.75，加速数为 2，每年自发投资为 900 亿美元，2010 年国民收入水平为 6000 亿美元，比 2009 年增加 400 亿美元，求 2011 年和 2012 年的总投资和国民收入。

解：

已知，乘数—加速数模型的基本方程为：

$$\begin{cases} Y_t = C_t + I_t \\ C_t = b \cdot Y_{t-1} \\ I_t = I_0 + v \cdot (C_t - C_{t-1}) \end{cases}$$

由题意及已知条件，2009 年的国民收入水平为 $Y_{09} = Y_{10} - \Delta Y_{10} = 6000 - 400 = 5600$，于是，可知 2010 年与 2011 年的消费分别为：

$C_{10} = b \cdot Y_{09} = 0.75 \times 5600 = 4200$；$C_{11} = b \cdot Y_{10} = 0.75 \times 6000 = 4500$

这样，2011 年的投资为：$I_{11} = I_0 + v \cdot (C_{11} - C_{10}) = 900 + 2 \times (4500 - 4200) = 1500$。2011 年的国民收入水平为：$Y_{11} = C_{11} + I_{11} = 4500 + 1500 = 6000$。

同理，2012 年的消费为：$C_{12} = b \cdot Y_{11} = 0.75 \times 6000 = 4500$。

这样，2012 年的投资为：

$I_{12} = I_0 + v \cdot (C_{12} - C_{11}) = 900 + 2 \times (4500 - 4500) = 900$

2012 年的国民收入水平为：

$Y_{12} = C_{12} + I_{12} = 4500 + 900 = 5400$

三、拓展习题

单项选择题

1. 基钦周期是一种（　　）。

A. 短周期　　　　B. 中周期　　　　C. 长周期　　　　D. 不能确定

2. 乘数原理和加速原理的关系是(　　)。

A. 乘数原理说明国民收入的决定，加速原理说明投资的决定

B. 两者都说明投资的决定

C. 乘数原理解释经济如何走向繁荣，加速原理说明经济怎样陷入萧条

D. 只有乘数作用时国民收入的变动比乘数、加速数作用相结合时的变动要更大一些

3. 朱格拉周期是指(　　)。

A. 短周期　　　　B. 中周期　　　　C. 长周期　　　　D. 不能确定

4. 经济之所以会发生周期性波动，是因为(　　)。

A. 乘数作用　　　　　　　　　　　B. 加速数作用

C. 乘数和加速数的交织作用　　　　D. 外部经济因素的变动

5. 下述说法中正确表达了加速原理的是(　　)

A. 投资的变动引起国民收入数倍变动

B. 消费支出随着投资的变动而数倍变动

C. 投资的变动引起国民收入增长率数倍变动

D. 消费需求的变动引起投资的数倍变动

6. 经济学家朱格拉指出，中周期一个周期的平均长度为(　　)。

A. 5~6年　　　　B. 8~10年　　　　C. 25年左右　　　　D. 50年左右

7. 导致经济周期波动的投资主要是(　　)。

A. 存货投资　　　B. 固定资产投资　　　C. 意愿投资　　　D. 重置投资

8. 加速原理发生作用的条件是(　　)。

A. 国民收入或消费支出持续增长时　　B. 经济活动由衰退转向扩张时

C. 社会上没有剩余生产能力时　　　　D. 任何时候均可

9. 当某一社会经济处于经济周期的扩张阶段时(　　)。

A. 经济的生产能力超过它的消费需求

B. 总需求逐渐增长，但没有超过总供给

C. 存货的增加与需求的减少相联系

D. 总需求超过总供给

答案：1~5：AABCD；6~9：BBCA。

问答题

1. 西方经济学对经济周期波动的根源有哪些不同的解释？关于经济波动性质的观点和关于政府作用的观点是什么关系？

2. 乘数原理和加速数原理有什么联系和区别？

1. 答：

对经济波动（经济周期）的根源主要有四种不同的解释。

(1) 传统的经济周期理论认为经济中存在引起波动的内生力量，即波动的根源是内生的，因而经济的上升和下降的波动也是可以预测的，从而政府的政策在减轻经济波动方面是可以有所作为的。乘数—加速数模型就是这样的理论。

(2) 实际经济周期理论认为波动是经济的外在冲击的结果。这种冲击是不可预期的、随机的，因而政府是无法控制的，市场则可以有效率地适应这些冲击。

(3) 货币主义和新古典主义则把波动归结为政府的错误导向，特别是货币政策结果。例如，政府的货币政策就有可能使价格和产出发生波动，因而政府不仅不能解决经济波动的问题，而且还在制造经济波动。

(4) 新凯恩斯主义者认为波动的原因既来自经济内部也来自经济外部。波动起因于对总需求和总供给两方面的冲击，外生冲击的影响由于经济结构而被扩大并且被延长，这种波动仅靠市场经济本身是无法得到迅速调整的，尤其衰退更是如此，需要也能够利用政府政策来刺激经济。

2. 答：

在凯恩斯的国民收入决定理论中，乘数原理考察投资的变动对收入水平的影响程度。投资乘数指投资支出的变化与其带来的收入变化的比率。投资乘数的大小与消费增量在收入中的比例（即边际消费倾向）有关。边际消费倾向越大，投资引起的连锁反应越大，收入增加得越多，乘数就越大。同样，投资支出的减少，会引起收入的数倍减少。加速原理考察收入或消费需求的变动反过来又怎样影响投资的变动。其内容是：收入的增加会引起对消费品需求的增加，而消费品要靠资本品生产出来，因而消费增加又会引起对资本品需求的增加，从而必将引起投资的增加。生产一定数量产品需要的资本越多，即资本—产出比率越高，则收入变动对投资变动影响越大，因此，在一定技术条件下的资本—产出比率被称为加速系数。同样，加速作用是双向的。

可见，乘数原理和加速原理是从不同角度说明投资与收入、消费之间的相互作用。只有把两者结合起来，才能全面地、准确地依靠自身因素发现周期性波动的原因。乘数原理和加速原理不同的是，投资的乘数作用是投资的增长（下降）导致收入的数倍增长（下降），而投资的加速作用则是收入或消费需求的增长（下降）导致投资的数倍增长（下降）。

计算题

如果某国经济中连续四年的国民收入分别是 $Y_1 = 1000$ 亿美元，$Y_2 = 1200$ 亿美元，$Y_3 = 1600$ 亿美元，$Y_4 = 1500$ 亿美元，第一年的净投资 I_1 为 400 亿美元，当前的国民收入比上年增加了 200 亿美元，求第二年、第三年和第四年该国的净投资额分别是多少?

解:

根据加速原理,收入变动对净投资的影响可以用加速系数 V 来表示:V = 净投资/收入变动量。

由题意,第一年的收入变动是 200 亿美元,净投资是 400 亿美元,则 V = 400/200 = 2。

由于加速系数取决于该国生产的技术条件,在一定时期保持稳定,则可知:

$I_2 = V \times (Y_2 - Y_1) = 2 \times (1200 - 1000) = 400$(亿美元);

$I_3 = V \times (Y_3 - Y_2) = 2 \times (1600 - 1200) = 800$(亿美元);

$I_4 = V \times (Y_4 - Y_3) = 2 \times (1500 - 1600) = -200$(亿美元)。

由此可见,在一定时期,经济中的净投资随国民收入的增加而增加,随收入的减少而减少。

四、难点解释

1. 简述乘数原理与加速数原理要说明的问题。
2. 从经济周期的根源来说,也可以分为外生经济周期理论与内生经济周期理论两大类,那么什么是外生经济周期理论与内生经济周期理论?两者之间有何区别?

1. 答

(1) 美国经济学家汉森和萨缪尔森认为,凯恩斯的乘数理论只说明了投资变化引起国民收入和就业的变化,而没有说明收入变化反过来又会引起投资的变化。只有将加速数原理和乘数理论结合起来,才能解释资本主义经济周期性波动的原因和波动的幅度,提出了乘数—加速数模型,又叫"汉森—萨缪尔森模型"。

乘数—加速数模型基于以下收入函数:现期收入等于现期消费、现期投资、自发支出之和,即 $Y_t = C_t + I_t + G$。式中,Y_t 为现期国民收入;C_t 为现期消费;I_t 为现期投资;G 为自发支出(如政府支出、自发投资、自发消费)。

假设现期消费是上期收入 Y_{t-1} 的函数,现期投资是本期消费增量($C_t - C_{t-1}$)的函数,则有消费函数 $C_t = \beta Y_{t-1}$ 和投资函数 $I_t = a(C_t - C_{t-1})$,式中,β 为边际消费倾向;a 为加速系数。

将 $C_t = \beta Y_{t-1}$、$I_t = a(C_t - C_{t-1})$ 代入 $Y_t = C_t + I_t + G$ 中,可得:$Y_t = \beta Y_{t-1} + a(C_t - C_{t-1}) + G$。根据 $C_t = \beta Y_{t-1}$,可知:$C_{t-1} = \beta Y_{t-2}$。

将 $C_t = \beta Y_{t-1}$、$C_{t-1} = \beta Y_{t-2}$ 代入 $Y_t = \beta Y_{t-1} + a(C_t - C_{t-1}) + G$ 中,整理可

得：$Y_t = (1+a)\beta Y_{t-1} - a\beta Y_{t-2} + G$。这就是汉森—萨缪尔森模型，即乘数—加速数模型。

（2）在乘数—加速数模型中，由于加速系数（a）、边际消费倾向（β）的不同值，将会使经济波动呈现出以下五种形式：

第一，减幅振荡，指国民收入波动的幅度逐渐缩小，最后趋于消失。

第二，增幅振荡，指国民收入波动的幅度越来越大。

第三，同幅振荡，指国民收入波动的幅度在一定范围内保持不变。

第四，在某种干扰下，国民收入波动的水平以递减的速度上升或下降，没有振荡地从初始的均衡达到新的均衡。

第五，在某种干扰下，国民收入波动的水平以递增的速度上升或下降。

（3）汉森和萨缪尔森把乘数与加速数作用的结合起来，说明经济会自动地呈现周期性的波动，并决定了经济周期的各个阶段。萨缪尔森认为，加速原理和乘数相互作用造成一个越来越严重的通货膨胀（或通货收缩）的螺旋。由于加速原理的作用，产量或销售量的增加会引起投资加速度增加；同时，因乘数原理所起的作用，即投资的增加反过来又会引起产量或销售量的成倍增加。结果，社会经济呈上升的膨胀螺旋，这时经济波动处于复苏的阶段。但是，由于边际收益递减规律的作用，在一定技术条件下，当实际产出水平接近潜在国民收入时，经济增长速度必将出现递减趋势，周期就从复苏阶段过渡到高涨阶段。根据加速原理的作用，如果产量增加速度递减，则总投资将以更快的速度下降，结果将导致社会经济呈下降的紧缩螺旋，这时经济波动处于衰退的阶段。但是，这种紧缩螺旋不会无限制地下降，也有一个极限。这个极限就是由于重置投资的存在，使总投资不能小于零，同时，边际消费倾向也不可能等于零，这样，经济的收缩就有了一个限度。一旦经济下降到这一限度，就会停止收缩，这时经济波动处于萧条阶段。由于重置投资的乘数作用仍然起着作用，就会使收入逐渐上升。这样，经济由于收入与投资相互影响而再一次增长起来。此时，经济波动再次处于复苏阶段，一个新的周期又重新开始。

由上可知，经济的膨胀与收缩是交替出现的，尽管在某一时期，膨胀时期和收缩时期的时间跨度可能由于各种原因而发生变化，但是，这种交替为西方经济学家所主张的政府对经济进行必要的干预以缓和经济波动并维持经济长期稳定的增长建立了理论基础。

2. 答：

外生经济周期理论认为，经济周期的根源在于经济之外的某些因素的变动。例如，创新理论认为是创新引起了经济周期性波动；太阳黑子理论认为是太阳黑子的变化影响了农业生产与整个经济而引起了经济周期性波动；非货币投资过度理论认为是新领土开拓、技术发明或人口增加等所引起的投资过度导致了经济的周期性波动；政治性周期理论则认为政府出于政治目的的（如选举等），周期性地制止爬行的通货膨胀或用通货膨胀来消灭失业而引起了经济波动；此外，还有用战争、革命、移民、偶然事件等来解释经济周期的。这种理论并不否认经济中内在因素（如投资等）的重要性，但它们强调引起这些因素变动的根本原因在经济体系之外，而且，这些外生因素本身并不受经济因素的影响。

内生经济周期理论在经济体系之内寻找经济周期自发地运动的因素。这种理论并不否认外生因素对经济的冲击作用，但它强调经济中这种周期性的波动是由经济体系内的因素引起的。因此，每一次繁荣都为下一次萧条创造了条件。这些经济体系内的因素自发地运动就引起了周期性波动。例如，货币理论认为，经济周期是由于银行货币与信用交替地扩大与紧缩所引起的，而这种货币与信用的运动，又是一个经济本身所形成的自发过程；货币投资过度理论认为，是过度的投资引起了繁荣与萧条的交替，而投资过度的根源又在于货币与信用的扩张；心理理论认为，人的乐观或悲观的预期是周期性波动的原因，而引起这种心理预期变动的则是经济因素；消费理论则把经济周期特别是生产过剩危机的发生，归因于由于收入分配不平等而造成的消费不足等。

第二十三章 经济增长理论

一、学习指导

【学习目的】

通过本章的学习,要求学生掌握决定经济增长的因素、经济增长的最优路径及刺激长期经济增长的政策,理解和掌握哈罗德—多马模型、新古典增长模型及新增长理论。

【学习目标】

1. 掌握经济增长的含义、特征、作用及经济增长的源泉。
2. 明确哈罗德—多马模型的基本假设,掌握其增长公式,了解其对经济增长原因、增长稳定性及稳定增长条件的观点。
3. 掌握新古典增长模型的基本公式,了解稳态增长的原因及稳态条件,明确储蓄率提高、人口增长以及技术进步对经济增长的影响,掌握黄金分割的实现条件。
4. 对新增长理论的相关知识要有所了解。

【关键概念】

经济增长(economic growth);可持续发展(sustainable development);哈罗德—多马均衡增长条件(harold-thomas equilibrium growth condition);有保证的经济增长率(guaranteed growth rate);资本积累方程(equation of capital accumulation);资本的黄金律水平(golden-rule level of capital)。

【本章框架】

本章首先明确经济增长的含义、特征、作用及增长源泉;其次介绍现代经济增长理论发展三阶段中的几个代表性理论模型,包括哈罗德—多马增长模型、新古典增长模型及几个具有广泛影响的新增长模型(见图23-1)。

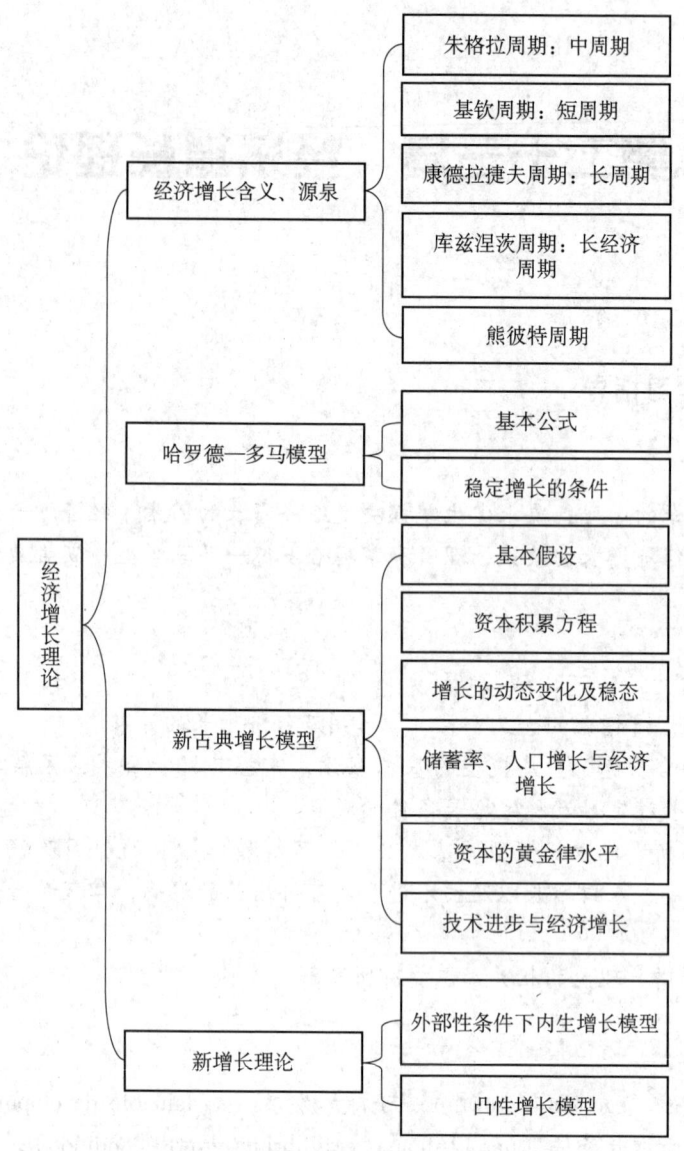

图 23-1 经济增长理论框架

【内容提要】

- 经济增长通常被定义为产量与劳务的增加。具体理解有两层含义：一是经济增长指一个经济体所产生的物质产品和劳务在一个相当长时期内的持续增长，即经济总产量的增长；二是经济增长是按人口平均计算的实际产出的持续增长，即人均产量的增长，通常用经济增长率来表示。
- 经济增长的源泉主要有人力资源、资本、技术和自然资源。
- 哈罗德—多马模型是美国经济学家哈罗德和美国经济学家多马提出的经济增长理论的合称。该模型是对凯恩斯的有效需求理论的"短期、静态"分析方法的"长期、动态"修补和扩展。为保证经济中的资本和劳动被充分利用,哈罗德—多马满足的均衡增长条件为:$\frac{s}{v} = g_L$,但这一条件在现实中很难得到满足。

● 索洛模型显示:长期中一国的人均生活水平,与储蓄率水平正相关,与人口增长率负相关;储蓄率增加会导致长期中更高的产量、更高的瞬时增长率,但是对稳态的增长率没有影响,人均收入增长率仅仅由外生的技术进步率决定。在资本积累的黄金律水平,资本的边际净产出 $MPK - \delta$,应该等于总产出的增长率 $(n + g)$。

● 内生经济增长理论认为经济增长主要源于技术进步,技术进步的具体形式包括:人力资本积累、知识积累、技术模仿、劳动分工、产品质量升级等。

二、习题解析

名词解释

经济增长;哈罗德—多马均衡增长条件;资本积累方程;资本的黄金律水平。

1. 经济增长

答:一般来说,经济增长是指一个国家或地区生产的商品和劳务的增加。一般来说,经济增长的源泉主要有四个:人力资本、自然资源、资本和技术。经济增长的程度可以用增长率来描述。若用 Y_t 表示 t 时期的总产量,Y_{t-1} 表示 (t-1) 期的总产量,则总产量意义下的增长率可表示为:$G_t = \frac{Y_t - Y_{t-1}}{Y_{t-1}}$。式中,$G_t$ 表示总产量意义下的增长率。若用 y_t 表示 t 时期的人均产量,y_{t-1} 表示 (t-1) 期的人均产量,则人均产量意义下的增长率可表示为:$g_t = \frac{y_t - y_{t-1}}{y_{t-1}}$。式中,$g_t$ 表示人均产量意义下的增长率。

2. 哈罗德—多马均衡增长条件

答:哈罗德与多马以凯恩斯的收入决定论为理论基础,在凯恩斯的短期分析中整合进经济增长的长期因素,主要研究了产出增长率、储蓄率与资本产出比三个变量之间的相互关系,认为资本积累是经济持续增长的决定性因素。哈罗德—多马模型的基本方程是:$G = \frac{s}{v}$。该方程表示:经济增长率取决于储蓄率和资本产出比率。它一方面强调了资本增加对经济增长的决定性作用;另一方面也表明,要实现均衡经济增长,国民收入增长率就必须等于社会储蓄倾向与资本产出比之比。哈罗德—多马模型的中心内容说明：经济稳定增长所需要的条件和产生经济波动的原因以及如何调节经济实现长期的均衡增长。

3. 资本积累方程

答：$\Delta k = sy - (n+\delta)k$ 是新古典增长模型的资本积累方程。其含义是：人均资本的增加即 Δk 等于人均储蓄 sy 减去 $(n+\delta)k$ 项，等式右边的第一项 sy 为平均每单位有效劳动的储蓄额或实际投资额；nk 表示在劳动力的增长率为 n 的情况下，一定量人均储蓄用于装备新工人，使人均占有量达到平均水平 k；δk 代表储蓄中被用于替换折旧的部分。总计为 $(n+\delta)k$ 的人均储蓄部分一般被称为资本的广化。人均储蓄超过 $(n+\delta)k$ 的部分导致人均资本 Δk 净增加，被称为资本的深化。因此，新古典增长模型的积累方程可表述为：资本深化＝人均储蓄－资本广化。

4. 资本的黄金律水平

答：为了探讨最优的资本积累水平这个问题，经济学家费尔普斯于1961年提出了与人均消费最大化相联系的人均资本应满足的关系式，这一关系被称为黄金分割率，即能够使稳态人均消费最大化的稳态人均资本水平 k^* 必须满足下式：$MP_{k^*} = \delta + n$，即资本的边际产出等于折旧率加上人口增长率。

单项选择题

1. 经济增长在图形上表现为（　　）。
   A. 生产可能性曲线内的某一点向曲线上的移动
   B. 生产可能性曲线外的某一点向曲线上的移动
   C. 生产可能性曲线上的某一点沿曲线移动
   D. 生产可能性曲线向外移动

2. 根据索洛增长模型，n 表示人口增长率，δ 表示折旧，每个劳动力资本变化等于（　　）。
   A. $sf(k) + (\delta + n)k$　　　　B. $sf(k) + (\delta - n)k$
   C. $sf(k) - (\delta + n)k$　　　　D. $sf(k) - (\delta - n)k$

3. 当一国经济中人均生产函数的资本边际产出大于黄金律水平时，降低储蓄率将（　　）人们的生活水平。
   A. 提高　　　　　　　　　　B. 降低
   C. 不会改变　　　　　　　　D. 以上情况都有可能

4. 当一国经济中人均生产函数的资本边际产出小于黄金律水平时，降低储蓄率将（　　）人们的生活水平。
   A. 提高　　　　　　　　　　B. 降低
   C. 不会改变　　　　　　　　D. 以上情况都有可能

5. 当一国经济的总储蓄率提高后，经济达到稳定状态时的人均资本占有数量将（　　）。
   A. 增加　　　　　　　　　　B. 减少

C. 不会改变 D. 以上情况都有可能

6. 当一国经济的总储蓄率提高后，经济达到稳定状态时的人均消费数量将(　　)。
   A. 增加 B. 减少
   C. 不会改变 D. 以上都有可能

7. 当一国经济中的人口增长率降低后，经济达到稳定状态时的人均消费数量将(　　)。
   A. 增加 B. 减少
   C. 不会改变 D. 以上情况都有可能

8. 当一国经济中的总储蓄率提高后，经济达到稳定状态时的经济增长率将(　　)。
   A. 提高 B. 降低
   C. 不会改变 D. 以上情况都有可能

9. 当一国经济中的人口增长率降低后，经济达到稳定状态时的经济增长率将(　　)。
   A. 提高 B. 降低
   C. 不会改变 D. 以上情况都有可能

10. 根据新古典增长模型，人口增长率的上升将(　　)。
    A. 提高每个劳动力资本的稳态水平
    B. 降低每个劳动力资本的稳态水平
    C. 对每个劳动力资本的稳态水平没有影响
    D. 以上情况都有可能

11. 经济增长的黄金分割律是指(　　)。
    A. 产出增长率等于储蓄率 B. 资本边际产品等于劳动力增长率
    C. 储蓄率等于人口增长率 D. 产出增长率等于技术变化率

答案：1~5：DCABA；6~10：DDDAB；11：B。

问答题

1. 说明经济增长和经济发展的关系。
2. 经济增长的源泉是什么？假设一个经济体中的总量生产函数为 $Y_t = A_t f(L_t, K_t)$。其中，Y_t、L_t、K_t 顺次表示第 t 期的总产量、投入的劳动数量和资本量，A_t 表示技术状况。试推导经济增长率关于技术进步率、劳动和资本增长率的分解式，并指出其对经济增长问题的意义。
3. 请简要评述哈罗德—多马模型。
4. 一国政策制定者要调控经济，那么实现资本积累的黄金律水平的主要手段有哪些？政策制定者一般都希望实现黄金律稳定状态吗？为什么？

5. 比较分析哈罗德—多马增长理论和新古典增长理论，并分别指出其可供我们借鉴之处。

1. 答：

经济增长是产量的增加，这里的产量可以表示为经济的总产量，也可表示成人均产量。通常用经济增长率度量。经济发展不仅包括经济增长，还包括国民的生产质量以及整个社会经济结构和制度结构的总体进步。经济发展是反映一个经济社会总体发展水平的综合性概念，反映的是一个经济社会的总体进步。如果说经济增长是一个"量"的概念，那么经济发展就是一个"质"的概念。

2. 答：

一般来说，经济增长的源泉主要有四个：人力资本、自然资源、资本和技术。可以根据总量生产函数来研究增长的源泉：$Y = AF(L, K, R)$。其中，Y代表总产量；K代表资本；L代表劳动；A代表技术；R代表自然资源。由总量生产函数可以看出，经济增长的源泉是资本积累、自然条件的改良、劳动素质的提高或人力资本的积累与技术进步。当然，把经济增长的源泉定义为上述四个主要要素，隐含着现存的社会政治经济制度和意识形态符合经济增长的要求的假定。若不具备这一假设条件，社会政治经济制度和意识形态的相应调整对促进经济增长具有十分重要的作用。一个社会只有在具备了经济增长所要求的基本制度条件，有了一套能促进经济增长的制度之后，上述影响经济增长的因素才能发挥其作用。

假定存在技术中性的生产函数为：

$$Y_t = A_t f(L_t, K_t) \qquad ①$$

对①式求全微分，可得：

$$\frac{dY_t}{dt} = \frac{dA_t}{dt} f(L_t, K_t) + A_t \frac{\partial f}{\partial L_t} \cdot \frac{dL_t}{dt} + A_t \frac{\partial f}{\partial K_t} \cdot \frac{dK_t}{dt}$$

对上式两端同除以 Y_t，并定义参数 $\alpha = \frac{\partial Y_t}{\partial L_t} \cdot \frac{L_t}{Y_t}$ 和 $\beta = \frac{\partial Y_t}{\partial K_t} \cdot \frac{K_t}{Y_t}$ 分别为劳动和资本的产出弹性，则有：

$$\frac{dY_t/dt}{Y_t} = \frac{dA_t/dt}{A_t} + \alpha \frac{dL_t/dt}{L_t} + \beta \frac{dK_t/dt}{K_t} \qquad ②$$

②式即是增长率的分解式。左边为产出的增长率，右边第一项为技术进步增长率，第二、第三项分别为参数与资本、劳动投入量增长率的乘积。

方程②在实际应用时，由于原始资料均为离散数据，故在时间间隔 Δt 较小时，可用差分方程近似地代替②式：

$$\frac{\Delta Y/\Delta t}{Y} = \frac{\Delta A/\Delta t}{A} + \alpha \frac{\Delta L/\Delta t}{L} + \beta \frac{\Delta K/\Delta t}{K} \qquad ③$$

用 G_Y、G_L 和 G_K 分别表示产出、劳动和资本的增长率，G_A 表示技术进步速度，则③式可简化为：
$$G_Y = G_A + \alpha G_L + \beta G_K \qquad ④$$

增长率分解式的导出，没有对生产函数的具体形式做任何假设。故它在应用中具有一般性。此外，可看出，当参数 α 和 β 小于 1 时，要想提高产出的增长率，技术水平的提高最为有效。

3. 答：

哈罗德—多马增长模型主要研究的是：社会经济要实现充分就业的稳定增长所必须满足的条件，即为了使经济在充分就业下保持均衡的增长，投资及储蓄的增长与收入的增长之间应保持什么关系。哈罗德—多马模型是以凯恩斯理论为基础，并在此基础上发展起来的。哈罗德模型采取长期的动态分析方法，将凯恩斯的储蓄转化为投资加以动态化，引入了时间因素，使其理论更具有说服力；而且模型中所描述的经济增长率、储蓄率和资本产量比之间的关系是正确的，具有应用价值。除此之外，该模型从供给与需求相结合的角度上揭示了经济增长，克服了凯恩斯理论的局限性。但是哈罗德模型也存在一些问题：首先，哈罗德模型的刀刃性质。哈罗德模型把经济增长的路径设计为储蓄转换为投资，即资本积累，从而形成了刀刃上的增长，即经济不能自行纠正实际增长率与有保证的增长率之间的偏离，而且还会累积性地产生更大的偏离。其次，哈罗德模型中增长的均衡可能不存在。这是因为，决定有保证的增长率与自然增长率的相关变量是相互独立的，储蓄率 sd 由经济中的厂商和居民的偏好决定，资本产出比 vr 是一个技术性的假定，而自然增长率对于经济制度而言是外生的。只有当 sd、vr、n 和 a 的数值恰好满足等式 sd/vr = n + a 时，才会出现稳定均衡的增长，而这种情况的可能性非常的小，所以长期均衡是很偶然的现象。

4. 答：

（1）政府实现资本积累黄金律水平的主要调控手段是变动储蓄率。因为当政策制定者调控经济时，无非面临两种情况，即经济的初始稳态资本存量高于黄金律稳态或者低于黄金律稳态。当经济的初始稳态资本存量高于黄金律稳态时，应采取降低储蓄率的政策；当经济的初始稳态资本存量低于黄金律稳态时，应采取提高储蓄率的政策。无论政策制定者选择的是哪一种政策，在新的黄金律稳态水平时，消费一定高于储蓄率变化之前的消费水平，因为黄金稳态的定义就是消费水平最高的稳态。

（2）现实中，由于短视和对当前利益的偏爱以及政治方面的考虑等，政策制定者通常不会选择与实现黄金律稳定状态完全一致的政策，实际所采取的政策与实现黄金律稳态的要求总是有偏离的。

5. 答：

新古典增长模型与哈罗德—多马模型一样，都认为充分就业的均衡增长条件是 $G_N = s/v$，其中 G_N 表示自然增长率；s 和 v 分别表示储蓄率和资本—产出比率。所不同的是，哈罗德—多马模型中的 v 是固定的，而新古典增长模型则假定依靠市场机制的作用可通过改变生产方法和生产技术来调整 v 的大小。例如，当经济

中出现 $\Delta K/K > \Delta L/L$ 时，因利息率较低而工资较高，追求最大利润的厂商自然会增加对资本的使用，减少对劳动的使用，从而提高资本—产出比率 v。总之，当资本增长率（$\Delta K/K$）和劳动增长率（$\Delta L/L$）不相等时，市场机制就会自发地起作用，以改变它们之间的配合，从而改变资本—产出比率，实现充分就业的均衡增长。这是新古典增长模型与哈罗德—多马模型的一个重要区别。

值得我们借鉴之处是，通过比较分析哈罗德—多马模型与新古典增长模型，在一定程度上描述了资本主义发展的事实，因而为我们研究西方经济提供了可供参考的资料；同时，它对社会经济问题采取综合分析的方法，对我们也有一定的启示；尤其是它强调了知识进步在现代经济增长中的重要作用，这对于我们认识现代化生产的特点，对于发展中国家制定正确的经济发展战略，都具有重要的借鉴意义。

计算题

1. 如果某国在十年中的经济增长率为 9.8%，就业增长率为 2.5%，资本增长率为 5%，增长公式中的 $\alpha = 0.45$，试计算全要素生产率的增长。如果资本增长提高 1%，那么产出增长率增加多少？

2. 已知资本—产出比率为 4，假设某国某年的国民收入为 1000 亿元，消费为 800 亿元，按照哈罗德的增长模型，要使该年的储蓄全部转化为投资，第二年的增长率应该是多少？

3. 在新古典增长模型中，集约化生产函数为 $y = f(k) = 2k - 0.5k^2$，人均储蓄率为 0.3，设人口增长率为 3%，求：
（1）使经济均衡增长的 k 值。
（2）黄金分割律所要求的人均资本量。

4. 已知集约化生产函数为 $y = f(k) = k - 0.2k^2$，其中 y 为人均产出，k 为人均资本。平均储蓄倾向为 0.1，人口增长率为 5%。试求：
（1）均衡资本—劳动比率。
（3）均衡人均产出。
（4）均衡人均储蓄。
（5）均衡人均消费。

5. 某经济社会的资本存量 $K = 200$，劳动人口 $N = 200$，投资 $I = 20$，固定资产折旧率 $\delta = 5\%$，平均消费倾向 $c = 0.6$。求劳动人口人均产出水平，并求资本增长率。

1. 解：

根据全要素增长率的公式 $\frac{dA}{A} = \frac{dY}{Y} - \alpha \frac{dK}{K} - \beta \frac{dL}{L}$，可得：全要素的增长率 = $9.8\% - 0.45 \times 2.5\% - (1 - 0.45) \times 5\% = 5.925\%$。由劳动的产出弹性 $\alpha = 0.45$，

可知资本的产出弹性 β = 0.55。因此，如果资本增长 1%，则产出增长率增加 0.55%。

2. 解：

由题意可知，国民收入 Y = 1000 亿美元，消费 C = 800 亿美元，因此，储蓄 S = 1000 - 800 = 200（亿美元）；储蓄率 s = S/Y = 200/1000 = 20%。

要使该年 200 亿美元的储蓄全部转化为投资，第二年的有保证的增长率 G_W 应为：G_W = 储蓄率 s/（资本 - 产出比）v = 20%/4 = 5%。

此时，如果第二年的增长率达到 5%，则：Y_2 = 1000 × (1 + 5%) = 1050（亿美元）；ΔY = Y_2 - Y_1 = 50（亿美元）；由 V = 4，可得：投资 I = ΔY × V = 50 × 4 = 200（亿美元），即该年 200 亿美元的储蓄正好在第二年全部转化为投资，经济实现均衡增长。

3. 解：

（1）经济均衡增长时，有：sy = (n + δ) k = nk（假设折旧 δ 为 0）。将 s = 0.3, n = 3% 代入得：0.3 × ($2k - 0.5k^2$) = 0.03k。所以，$20k - 5k^2 = k$，得 k = 3.8。

（2）按资本黄金律水平的要求，对每个人的资本量的选择应使得资本的边际产品等于劳动的增长率，即 f′(k) = n。于是，有：2 - k = 0.03，得 k = 1.97。

4. 解：

（1）在不考虑折旧和技术进步时，在稳定状态有：Δk = sy - nk = s($k - 0.2k^2$) - nk = 0。因为 k > 0，故整理得：k = 5 - 5n/s = 2.5，因此，均衡的资本—劳动比率为 2.5。

（2）将 k = 2.5 代入生产函数中，可得到均衡的人均产出：y = 1.25。

（3）均衡人均储蓄 sy = 0.125。

（4）均衡人均消费 c = y - sy = 1.125。

5. 解：

已知储蓄倾向 s = 1 - c = 1 - 0.6 = 0.4，投资 I 与产出水平 Y 的关系满足：I = S = sY，所以，Y = I/s = 20/0.4 = 50。故劳动人口的人均产出率为：Y/N = 50/200 = 0.25。

要计算资本增长率 ΔK/K，就需先计算资本存量的增加 ΔK。资本存量的增加等于新增投资 I 减去原有资本的折旧 δK，即 ΔK = I - δK = 20 - 0.05 × 200 = 10。所以，资本增长率 ΔK/K = 10/200 = 0.05。

三、拓展习题

单项选择题

1. 经济增长的标志是（　　）。
   A. 失业率的下降　　　　　　　　B. 社会生产能力的不断提高
   C. 先进技术的广泛应用　　　　　D. 城市化速度的加快
2. 在哈罗德模型中，已知合意的储蓄率小于实际储蓄率，合意的资本—产量比等于实际的资本—产量比,那么有保证的增长率(　　)。

A. 小于实际增长率　　　　　　B. 大于实际增长率

C. 等于实际增长率　　　　　　D. 两者的关系不能确定

3. 索洛模型中的黄金分割率是指(　　)。

A. 资本的边际产品等于劳动的增长率

B. 资本的边际产品等于储蓄的增长率

C. 储蓄的增长率等于投资的增长率

D. 实际产出水平和价格水平均不变

4. 关于新经济增长理论,下列说法更正确的是(　　)。

A. 认为影响经济增长的要素除了资本和劳动外,还有人力资本和技术水平

B. 人力资本存量和技术水平的提高是累积性的,一个国家经济要增长必须注重知识进步

C. 一个国家经济要增长必须重视对知识产权、专利的保护

D. 以上说法都正确

5. 关于制度创新理论,下面的说法中更正确的是(　　)

A. 市场制度、产权关系、交易成本变动等制度因素在推动经济增长

B. 制度创新是指可以使创新者或创新集团通过制度的调整与变革取得潜在利益的一种活动

C. 制度安排是影响经济增长的一个变量,是已知的、既定的

D. 以上说法都正确

答案:1~5:BAADD。

问答题

1. 试说明哈罗德—多马模型与凯恩斯经济学说的同异之处。

2. 在索洛模型中,技术进步是如何影响资本积累的稳定状态的?技术进步对经济增长的影响如何?为什么说技术进步是长期中人均产出持续增长的唯一源泉?

3. 简述罗默与卢卡斯新经济增长理论的基本内容。

1. 答:

哈罗德—多马模型主要研究的是:社会经济要实现充分就业的稳定增长所必须满足的条件,即为了使经济在充分就业下保持均衡的增长,投资及储蓄的增长与收入的增长之间应保持什么关系。它是以凯恩斯理论为基础,并在此基础上发展起来的。凯恩斯理论认为:社会经济达到均衡的条件是,在一定的国民收入水平上厂商准备进行的投资即意愿投资恰好等于该收入水平上人们提供的储蓄。均

衡国民收入的大小，取决于有效需求。由于凯恩斯采取的是短期的比较静态的分析方法，因此，从有效需求不足出发，只考察了投资在增加总需求方面的作用。实际上，投资一旦形成，就能形成新的生产能力，增加总供给，在这方面，凯恩斯未予以考察。哈罗德—多马模型沿袭了凯恩斯的均衡分析方法，以储蓄等于投资这一基本公式为依据，把分析方法长期化、动态化，考察长期内社会经济实现均衡增长所需要的条件，提出在一定的假设条件下，经济增长中三个变量即储蓄率 s（即储蓄在国民收入中所占比例）、资本—产出比 v、有保证的经济增长率 G_W 三者的关系应为 $G_W=s/v$，因此，哈罗德—多马模型不仅考虑了投资对总需求的作用，而且从长期的、动态的角度，考虑了收入增加后对投资的加速作用。

哈罗德的增长模型 $G=s/v$ 也可进行如下变化：由于 $G=\Delta Y/Y$，$s=S/Y$，$v=I/\Delta Y$，所以，$\Delta Y/Y=(S/Y)/(I/\Delta Y)$，$I=S$，而这正是凯恩斯有效需求理论中的基本公式：储蓄等于投资。可见，哈罗德模型是以凯恩斯理论为基础的。

2. 答：

(1) 关于技术进步最简单的假设是：它引起劳动效率 E 以一个固定速率 g 增长。这种形式的技术进步称为"劳动增大型"，g 则称为"劳动增大技术进步速率"。由于劳动力 L 以速率 n 增长，而每单位劳动力的效率以速率 g 提高，因此，效率劳动力人数 LE 以 (n+g) 增长。

如果把技术进步表示为劳动增大，则按速率 g 的劳动增大型技术进步与按速率 n 的人口增长对索洛增长模型的影响大致相同。在对 k 和 y 的意义进行重新定义 (k 和 y 是每个效率劳动力的数量，而不是每个实际劳动力的数量) 以后，引进技术进步因素，每个效率劳动力单位资本 k 的变化规律为：$\Delta k=sf(k)-(\delta+n+g)k$。在稳定状态时，投资 sf(k) 正好平衡了由于折旧、人口增长和技术进步引起的 k 的减少。

(2) 由于现在模型中的资本和产出，都是每个效率劳动力单位意义上的平均数量，而不是原来的人均数量。因此，在引进技术进步的索洛模型中，虽然在稳定状态时，每个效率劳动力单位的资本 k=K/(LE) 和产出 y=Y/(LE) 都不变，但人均产出 Y/L=yE 和总产出 Y=yLE 却分别以 g 和 (n+g) 的速率增长。引入了技术进步时的索洛模型表明：技术进步是一国经济长期持续增长的源泉，能够推动产出和生活水平的不断提高。

(3) 根据基本的索洛模型我们知道：提高储蓄率只能解释在到达稳定状态之前的短期中的增长是如何实现的，而不能解释长期中经济的持续高增长率；人口增长只能解释在总产出意义上的持续增长，而对人均意义上的增长难以解释；引入技术进步后的索洛模型表明，只有技术进步是一个经济长期持续增长的源泉，能够推动产出和生活水平的不断提高。

3. 答：

20 世纪 80 年代，罗默、卢卡斯等人将人力资本概念引入经济增长理论，认为知识和人力资本是经济增长的发动机。在微观上，人们对知识或人力资本的投资回报是为了使投资者个人或家庭取得更高的收入。在宏观上，知识和人力资本则具有外部效应,即个人或厂商的人力资本积累会对其他人或厂商的生产率增长作出贡献。所谓"人力资本"的内涵极为广泛,它不仅包括劳动力数量及其平均技术水平,还包括花费在教育、技能、健康、知识的改善,新技术、新产品、创新能力等方面开支所形成的"资本"。这种"资本"之所以被称为"人力资本",是因为无法将该资本和它的所有者分离,人力资本同样会给个人及社会带来收益。

罗默在其模型中,假定代表性厂商的生产函数有三种投入:资本、工厂自己的生产知识、社会所拥有的知识。当各个厂商作决策时,是将社会拥有的知识作为给定量,考虑如何利用资本和自己的生产知识去达到利润最大化。不过,个别厂商的知识不可能永远保持为商业秘密,这些知识会不断地成为社会所拥有的知识。正是这种知识和人力资本的外部效应,会使社会的生产率提高,经济增长持续,也就是说,人力资本是经济"内生性"增长的动力。

与罗默不同,卢卡斯强调产出依赖于行业的平均技术水平,人力资本的外部效应表现在行业的平均技术水平上,而不是社会的人力资本积累上。在卢卡斯的模型中,人力资本对产出水平发生影响,而人力资本增长率取决于行业平均技术水平(平均人力资本存量)加上本期内对人力资本的投入。人力资本作为生产要素,会有效提高经济中的实际投入,使产出水平上升。单个经济单位人力资本水平的提高,在对其产出作出贡献的同时,也提高了社会平均人力资本水平,促进社会的经济运行效率。

计算题

1. 假定某国经济的资本产量比 $v=4$,消费倾向 $C/Y=0.8$,自然增长率 $G_N=6\%$,按照哈罗德增长模型,怎样才能实现充分就业的均衡增长?

2. 假设劳动收入和资本收入之比为 $7:3$,劳动增长率为 1%,资本增长率为 4%。根据新古典增长理论,经济增值率的计算值是多少?若实际的增长率为 3%,两者的差异如何解释?

1. 解:

按照哈罗德增长模型,当 $G=G_W$ 时,经济活动实现均衡增长;当 $G=G_N$ 时,经济活动达到充分就业水平。只有当 $G=G_W=G_N$ 时,经济活动才实现充分就业的均衡增长。

在本题中,由题意可推知,储蓄率 $s=1-0.8=0.2=20\%$。

这时,有保证的增长率 $G_W=s/v=20\%/4=5\%$。

又已知自然增长率 $G_N=6\% > G_W$,根据哈罗德增长模型,当 $G_N > G_W$ 时,储蓄不足导致利率上升,引起使用资本的成本上升,促使厂商以更多的劳动力替代资本的使用,由于资本使用量的减少,资本产量比下降。这种调整过程一直进行到资本产量比为:$v=s/G_N=20\%/6\%=10/3$,此时,$G_W=s/v=20\%\times3/10=$

$6\% = G_N$，经济实现充分就业的均衡增长。

2. 解：

（1）根据新古典经济增长模型，经济增长率可以分解为：$\frac{\dot{Y}}{Y} = \frac{\dot{A}}{A} + \alpha \frac{\dot{K}}{K} + \beta \frac{\dot{L}}{L}$。式中，$g_y = \frac{\dot{Y}}{Y}$ 表示经济增长率；$\frac{\dot{A}}{A} = g_A$ 表示技术进步率；$g_K = \frac{\dot{K}}{K}$ 表示资本增长率；$g_L = \frac{\dot{L}}{L}$ 表示劳动增长率；α 表示资本的产出弹性；β 表示劳动的产出弹性。

新古典经济增长模型假设没有技术进步，所以 $g_A = 0$，从而经济增长率可以表示为 $g_y = \alpha g_K + \beta g_L$。其中，资本产出弹性和劳动产出弹性分别为 $\alpha = \frac{K}{Y} \frac{\partial Y}{\partial K}$，$\beta = \frac{L}{Y} \frac{\partial Y}{\partial L}$，由于在竞争市场上，长期内资本的边际产出和劳动的边际产出相等，因此，其产出弹性与资本和劳动所占份额成比率。因此，本题中，$\alpha = 0.3$，$\beta = 0.7$。所以理论的经济增长率为：$g_y = 0.3 \times 4\% + 0.7 \times 1\% = 1.9\%$。

（2）理论上的经济增长率比实际经济增长率少 $3\% - 1.9\% = 1.1\%$。这是因为新古典经济增长模型中，没有考虑技术进步对经济增长的影响。理论值和实际观察值的差额可以看成是技术进步对经济增长的贡献，被称为全要素生产力。

四、难点解释

1. 经济增长与经济发展的关系探析。
2. 评述库兹涅茨的倒"U"形假说。

1. 答：

经济增长和经济发展虽然字面意思相似，但却是两个不同的概念，有着不同的内涵和价值取向。按照国内外公认的解释，经济增长偏重于数量的概念，主要是对不同时期投入变化导致产出数量的增加而言，包括由于扩大投资而获得的增产和更高的生产效率所带来的产品的增加。它的核算常使用"GDP（国内生产总值）总量""GDP增长率""人均GDP"三个指标。经济增长方式通过生产要素投入的变化，包括生产数量增加、质量改善和组合优化来推动经济增长的方式。

按照马克思的观点，经济增长方式可归结为扩大再生产的两种类型，即我们通常所说的内涵扩大再生产和外延扩大再生产，这些理论对当今相关研究仍有指导价值。现在经济学界结合发达国家和一些发展中国家的实践给予的解释是按照要素投入方式划分，将经济增长方式大体分为两种：一是通过增加生产要素占用和消耗来实现经济增长，即依靠增加资金、资源的投入来增加产品的数量等粗放型增长方式；二是通过提高生产要素质量、优化生产要素配置和提高利用效率来实现经济增长，即主要依靠科技进步和提高劳动者的素质来增加产品的数量和提高产品质量等集约型增长方式。世界各国政府和学者都非常关注经济增长指标，但如果片面追求 GDP 的增长，就会造成经济发展的严重失调和重大损失。

转变经济增长方式，就是从粗放型增长方式转变为集约型增长方式，也就是从主要依靠增加资源投入和消耗来实现经济增长转变为主要依靠提高资源利用效率来实现经济增长方式。低投入、高产出、低消耗、少排放、可循环、可持续的增长是其发展目标也是其实现的重要途径。这在相当大程度上寻求的依然是一种经济上"量"的变化，用来衡量其变化的尺度还是一定时间段中"GDP（GNP）"或"人均 GDP（人均 GNP）"的增长率，基本上还是在经济活动数量变化的旋涡中兜圈子，尚未能有足够力量使人们从"GDP"崇拜或"GDP 中心主义"的窠臼中走出。由此有的学者评价说，经济增长是指更多的产出，显现为 GDP 的增长，物质财富的增加，具有物本性、片面性、短视性、极端功利性等特点。

经济发展的内涵比经济增长复杂得多，内容更丰富。它强调经济系统由小到大、由简单到复杂、由低级到高级的阶段性变化，是一个量变和质变相统一的概念。可以理解为实现经济发展的方法、手段和模式，其中，不仅包含生产要素投入后更多的产出和变化，同时还包括产品生产和分配所依赖的技术和体制上的改变，意味着产业结构的改变以及各部门间投入分布的改变。这里有发展的动力、结构、质量、效率、就业、分配、消费、生态和环境等要素和质的变化过程，涵盖生产力和生产关系、经济基础和上层建筑各个方面，包括众多方面在内的经济社会进步过程，其所指向的价值目标是以人为核心的。

增长是手段，发展才是目的。只有增长才能发展，但增长并非必然带来发展。经济发展是在经济增长的基础上，不仅重视经济规模扩大和效率提高，其与"经济增长"相区别的鲜明特征就在于：顾及可持续性，顾及经济结构的调整和产业升级以及顾及就业、消费、分配等一系列社会需要，也即更强调经济系统的协调性、经济发展的可持续性和增长成果的共享性。我国转变经济发展方式价值取向的核心是落实在经济发展的"质"上。它蕴涵着转变经济增长方式，更含有结构（经济结构、产业结构、城乡结构和地区结构等）、运行质量、经济效益、收入分配、环境保护、城市化程度、工业化水平以及现代化过程等诸多方面的内容。它不仅突出经济领域中的数量变化，更强调经济运行的质量提升和社会的和谐，把经济发展方式转变到科学发展的轨道上，促进经济又好又快地发展。

2. 答：

倒"U"形假说，又称库兹涅茨曲线。库兹涅茨认为在经济未充分发展的阶段，收入分配将随同经济发展而趋于不平等；其后，经历收入分配暂时无大变化的时期，到达经济充分发展的阶段，收入分配将趋于平等。如果用横轴表示经济发展的某些指标（通常为人均产值），纵横表示收入分配不平等程度的指标，则这一假说揭示的关系呈倒"U"形，因而被命名为倒"U"形假说。

库兹涅茨对收入分配不平等的长期趋势假设为：在前工业文明向工业文明过渡的经济增长早期阶段迅速扩大，而后是短暂的稳定，然后在增长的后期阶段逐渐缩小。

　　倒"U"形假说背后的决定因素是人们普遍关心和探讨的问题。库兹涅茨认为使分配不公平的力量包括：储蓄集中于高收入者手里；增长与工业化和城市化变动同步，而工业中的收入不平等高于传统农业中的不平等；工业化中的集中性趋势也会造成很大的不平等；政府对工业的援助导致城乡的不平等。同样，减少不公平的力量有：国家通过立法等手段，如救济法、累进税、财产税等可以在一定程度上消除不平等；技术创新会导致产业或企业发展的兴衰变化，原有利益分配格局发生变化，会降低收入分配的不平等；人口变动，如人们会从低收入部门向高收入部门转移，导致收入差别减小，这种劳动力流动具有"搅拌"作用，缓解收入不公；对发展中国家，很多人设想所谓的"滴漏效应"，即在经济增长过程中，分配的利益会自上而下地产生滴漏，导致收入分配的差距收缩。

　　在库兹涅茨提出假说以后，很多经济学家沿着这一主题进行了多方面的探讨，主要包括以下三个方面：第一，增长过程的说明，包括人口迁徙、产业结构转型、生产的社会关系、所有权、社会阶级、殖民地和政府作用等多个议题；第二，发达国家经验对发展中国家的适用性问题，因为库兹涅茨的假说是基于发达国家的经验；第三，不公平变动的政治后果。

第二十四章 国际经济理论概述

一、学习指导

【学习目的】

通过本章的学习，要求学生初步了解国际贸易、国际金融领域的有关理论和基础知识，掌握开放经济条件下国民收入的决定以及宏观经济政策对一国宏观经济运行的影响，特别是能利用 IS-LM-BP 模型来分析宏观经济政策的效应。

【学习目标】

1. 掌握解释国际贸易产生的基本理论、贸易保护论的基本观点及一些国际贸易组织。

2. 了解汇率的一般标价方法，汇率决定的基本原理，汇率制度及其演变，马歇尔—勒纳条件及 J 曲线的含义。

3. 掌握国际收支平衡及国际收支均衡曲线的含义并能够运用 IS-LM-BP 模型分析开放条件下宏观经济政策的运用与效果。

【关键概念】

绝对优势论（absolute advantage theory）；比较优势论（comparative advantage theory）；赫克歇尔—俄林定理（H-O theory）；竞争优势论（competitive advantage theory）；中心外围论（core and periphery theory）；汇率（exchange rate）；固定汇率制（fixed exchange rate system）；浮动汇率制（flexible exchange rate system）；马歇尔—勒纳条件（marshall-lerner condition）；J 曲线效应；BP 曲线（BP curve）；IS-LM-BP 模型（IS-LM-BP Model）。

【本章框架】

本章首先在梳理国际贸易与国际分工等基本理论的基础上，介绍了贸易政策及几个重要的国际贸易组织；其次对外汇及汇率制度对贸易收支等方面的影响作出了分析；最后引入了一个分析开放条件国民收入决定的基本模型，并利用该模型分析了宏观经济政策对一国宏观经济运行的影响（见图 24-1）。

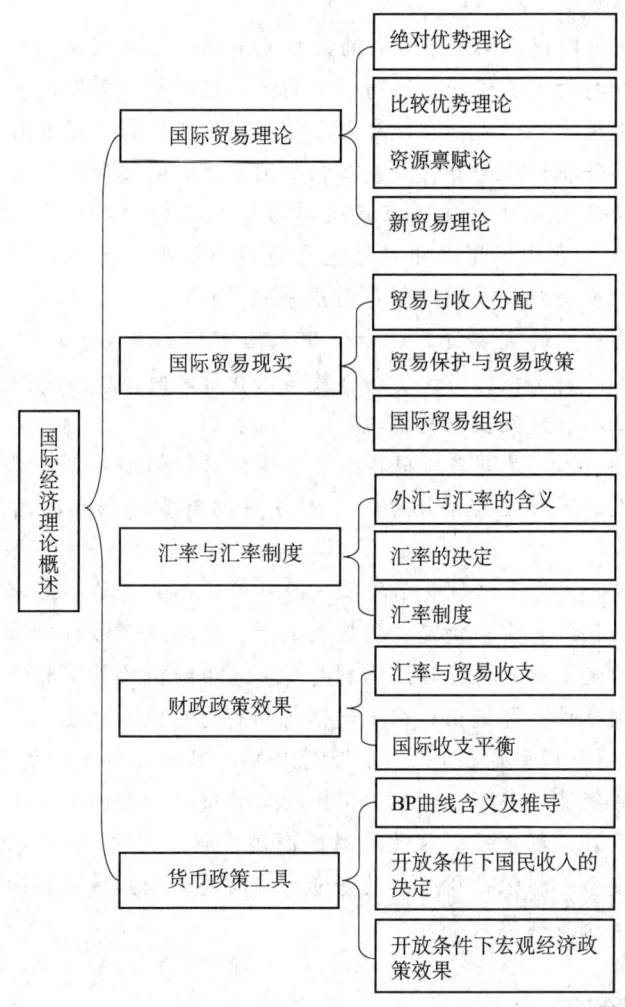

图 24-1 国际经济理论概述框架

【内容提要】

● 绝对优势论认为各国都有其适宜生产的某些特定产品的绝对有利的生产条件，对其进行专业化生产，然后彼此进行交换，对所有交换国家都有利。

● 比较优势论认为，只要各国之间存在着生产技术上的相对差别，就会出现生产成本和产品价格的相对差别，从而使各国在不同的产品上具有比较优势，使国际分工和国际贸易成为可能。

● 赫克歇尔—俄林的资源禀赋论认为，不同商品生产中所使用的生产要素比例不同，各国因资源禀赋不同，生产要素的数量与价格有异，这会造成各国在不同商品生产上的成本差异。各国生产自己有禀赋优势的商品，然后进行交换，对各国都有利。

● 新贸易理论用规模经济、产品差异、主导产业具有竞争优势等缘由来解释国际贸易中的新现象。

● 国际贸易给国内不同阶层带来的收益是不均等，在国家间的利益分配也是不均等的。李斯特的贸易保护论认为国家间贸易应从维护国家的长远利益和发展本国生产力的客观需要出发，在经济发展的不同阶段实行不同的贸易政策与贸易制度。超级贸易保护论认为贸易顺差有利于国内危机的缓和与扩大就业率。结构主义贸易保护论认为工业发达国家是世界经济体系的"中心"，不发达国家是"外围"。发达国家在国际贸易中处于主导地位，获得了大部分贸易利益，而发展中国家处于依附地位，是国际贸易利益分配中的受损者。

● 制定贸易政策的主要目的在于保护本国市场，提高本国产品的国际竞争力。贸易政策有两种类型，自由贸易政策与保护贸易政策。贸易政策手段主要有关税、非关税壁垒、鼓励出口的措施等。

● 区域经济一体化是与当今世界经济全球化并行的趋势，世界贸易组织、欧洲联盟等都是促进国际上经济活动进一步发展的有重要影响的国际机构或区域组织。

● 汇率是以一国货币单位表示的另一国单位货币的价格。汇率从短期看一般由对两种货币的供给与需求决定，但从长期看，要取决于各自货币的购买力。汇率制度主要有固定汇率制与浮动汇率制两种。本币贬值改善国际收支状况必须满足马歇尔—勒纳条件，即进出口需求弹性之和的绝对值应大于1。

● IS-LM-BP 模型是在 IS-LM 模型中加入国际收支均衡之后的修正模型，它阐明了在开放经济条件下，利率与国民收入的决定。在固定汇率制度下，除资本不流动的情况外，扩张性财政政策对提高国民收入比较有效，货币政策无效；在浮动汇率制度下，扩张性财政政策受资本流动的影响，对提高国民收入影响效果有限，而货币政策则比较有效。

二、习题解析

名词解释

绝对优势论（theory of absolute advantage）；比较优势论（theory of comparative advantage）；赫克歇尔—俄林定理（H-O theory）；竞争优势论（competitive advantage theory）；中心外围论（core and periphery theory）；汇率（exchange rate）；固定汇率制（fixed rate system）；浮动汇率制（floating rate system）；马歇尔—勒纳条件（marshall-lerner condition）；J 曲线效应（J-curve effects）；BP 曲线（BP curve）；IS-LM-BP 模型（IS-LM-BP model）。

1. 绝对优势论

答：绝对优势论又称绝对成本说，是由英国古典经济学派主要代表人物亚当·斯密创立的。斯密分析到，分工既然可以极大地提高劳动生产率，那么每个人专门从事他最有优势的产品的生产,然后彼此交换,则对每个人都是有利的。绝对优势理论是最早的主张自由贸易的理论。

2. 比较优势论

答:比较优势论是由大卫·李嘉图提出来的。比较优势理论认为,国际贸易的基础是生产技术的相对差别(而非绝对差别)以及由此产生的相对成本的差别。每个国家都应根据自己的特点,集中生产并出口其具有"比较优势"的产品,进口其具有"比较劣势"的产品。比较优势贸易理论在更普遍的基础上解释了贸易产生的基础和贸易利得,大大发展了绝对优势贸易理论。

3. 赫克歇尔—俄林定理

答:20世纪初,瑞典经济学家赫克歇尔—俄林继承和发展了李嘉图的比较优势理论,提出了要素禀赋论,用生产要素的丰缺程度来解释国际贸易产生的原因。赫克歇尔、俄林认为生产商品需要不同的生产要素而不仅仅是劳动力。资本、土地以及其他生产要素也都在生产中起了重要作用并影响到生产率和生产成本。

4. 竞争优势论

答:20世纪80年代,美国经济学家迈克尔·波特还提出了一种竞争优势论,他认为一个国家在国际市场上的优势是竞争优势,而这种竞争优势来源于这个国家的主导产业的竞争优势,主导产业的竞争优势又源于企业具有创新机制而提高了劳动生产率。就是说,国家的竞争优势不是固有的,而是创造出来的,一国的竞争力高低取决于其产业发展和创新能力。

5. 中心外围论

答:中心外围论是结构主义认识国际经济贸易体系的基本框架。劳尔·普雷比什提出世界经济体系由两部分构成的:一是由工业发达国家组成的"中心";二是由不发达国家组成的"外围"。中心国家是技术创新者和传播者,外围国家是技术的接受者和模仿者;由于技术结构不同,中心国家在贸易中处于主导地位,生产和出口制成品,外围国家则处于依附地位,受到中心国家的控制,生产和出口初级产品。

6. 汇率

答:所谓汇率就是在各国货币之间的兑换中,以一国货币单位表示的另一国单位货币的价格。汇率可以用两种不同的方式来表示,一种称为直接标价法,另一种称为间接标价法。

7. 固定汇率制

答:固定汇率制度(fixed rate system)是一种以货币的黄金平价作为汇率的基础,或者由政府规定本国货币与外国货币的比价,从而使汇率保持稳定的制度。

8. 浮动汇率制

答:浮动汇率制度(floating rate system)是指一国对外国货币不规定黄金平价,也不规定汇率波动的上下界限,而听任汇率由市场供求决定的制度。

9. 马歇尔—勒纳条件

答：英国经济学家 A.马歇尔和美国经济学家 A. P. 勒纳给出了货币贬值能正常发挥调节贸易收支的条件：$(dx+dm)>1$。其中，dx 为出口需求弹性；dm 为进口需求弹性。该式的含义是进出口需求弹性之和的绝对值应大于1，这就是著名的马歇尔—勒纳条件。该公式的成立要满足供给弹性无限大的假设条件。

10. J 曲线效应

J 曲线效应是指当一国货币贬值（升值）后，本国经常性收支会在经历一个短期下降（上升）过程后又逐渐上升（下降），其曲线表现为一个"J"形，也称为贸易 J 曲线，如图 24-2 所示。

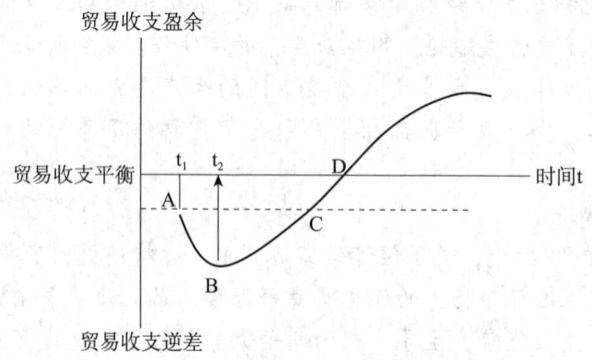

图 24-2 贸易 J 曲线

11. BP 曲线

答：曲线指国际劳务收支保持不变时收支和利率组合的轨迹，即 BP 曲线上的任何一点所代表的利率和收支的组合都可以使当期国际收支均衡。

12. IS-LM-BP 模型

答：IS 表明产品市场的均衡，LM 表明货币市场的均衡，BP 表明国际收支平衡，三者相遇时，内部均衡和外部均衡同时得以实现。IS-LM-BP 模型表示，由于外贸余额是收入的函数，资本项目是国内利率的函数，假定国民收入上升，则会引起消费增加，接着进口也会增加。如果出口保持不变，就会产生贸易赤字。为了消除赤字，保持国际收支平衡，必须减少资本输出，增加资本输入，而资本的输入必须以高利率来吸引。因此，为了保持国际收支平衡，利率必须同国民收入同升降，于是在 IS-LM 曲线上增加了一条正斜率的国际收支曲线 BP。该曲线表明：收入上升，利率也上升，从而使资本流入，由此弥补贸易赤字。

单项选择题

1. 进出口交换比率的改善对一国是有利的，因为（   ）。

A. 可以出口更多的商品

B. 可以使汇率上升

C. 获得进口的成本将下跌

D. 在国内生产同样的产品变得更便宜而不用进口
2. 一国某一重要的出口商品在国际市场上(　　)。
   A. 价格上升将改善该国的进出口交换比率
   B. 价格下跌将改善该国的进出口交换比率
   C. 价格变动对该国的进出口交换比率没有影响
   D. 价格下跌对国际收支的平衡是有利的
3. 汇率自由浮动,在政府不加干预的情况下,若一国国内收入增加将(　　)。
   A. 导致对该国货币需求的增加而使货币升值
   B. 该国进口增加,国际收支出现赤字而使货币贬值
   C. 缩减对国内外商品的消费,使国际收支有所改善
   D. 因进口减少出口增加,该国货币币值不变
4. 政府控制外汇和限制外资流入的目的是(　　)。
   A. 使本国货币升值　　　　　　B. 限制进口消除国际收支逆差
   C. 为发展本国较落后的行业　　D. 以上三项都正确
5. 一国的贸易盈余表示该国(　　)。
   A. 消费超过产出并且净出口盈余　　B. 消费超过产出并且净出口赤字
   C. 消费低于产出并且净出口盈余　　D. 消费低于产出并且净出口赤字
6. 在利率不变,充分就业和经常项目最初平衡的情况下,一开放经济的国家削减税收将导致(　　)。
   A. 经常性项目赤字　　　　　　B. 国内储蓄的减少
   C. 资本项目的盈余　　　　　　D. 以上都正确
7. 在开放经济中 IS 曲线反映了利率和实际收入水平之间的关系,所以(　　)。
   A. 投资等于储蓄
   B. 政府支出减税收加出口减进口加投资减储蓄等于零
   C. 投资加税收等于储蓄加政府支出
   D. 投资加税收加进口等于储蓄加政府支出加出口
8. 世界实际收入提高将使下列(　　)右移。
   A. 仅使 IS 曲线　　　　　　　B. 仅使 BP 曲线
   C. 仅使 LM 曲线　　　　　　　D. 使全部三条曲线
9. 在固定汇率、固定价格水平、收入低于充分就业时的收入水平、完全的资本流动条件下,政府支出的增加将(　　)。
   A. 提高利率　　　　　　　　　B. 提高国内信用
   C. 提高货币供给　　　　　　　D. 产生一个国际收入逆差
10. 在外汇市场中,下列各项中,(　　)是英镑的供给者。
    A. 购买美国股票的英国人
    B. 到英国旅游的美国人
    C. 进口英国商品的美国人

D. 把在美国获得的利润汇回英国的英国人

11. 一家日本厂商向美国出口商品,并把所得到的 10 万美元的收入存入美国的银行,这样,应该在日本的国际收支平衡表中作(　　)的反映。

A. 经常账户、资本账户的借方同记入 10 万美元

B. 经常账户、资本账户的贷方同记入 10 万美元

C. 经常账户的借方记入 10 万美元,资本账户的贷方记入 10 万美元

D. 经常账户的贷方记入 10 万美元,资本账户的借方记入 10 万美元

12. 从纯经济的观点来看,最好的关税税率应为(　　)。

A. 能使国内、外的同类商品价格相等　　B. 不至于引起国外的贸易报复

C. 使国际收支达到平衡　　D. 应该为零

13. 仅仅运用紧缩政策就能实现在均衡与外在均衡的情况是(　　)。

A. 国内通货膨胀与国际收支赤字　　B. 国内经济衰退与国际收支盈余

C. 国内通货膨胀与国际收支盈余　　D. 国内经济衰退与国际收支赤字

14. 在浮动汇率制下,美国政府的预算赤字将引起美元的汇率(　　)。

A. 下降,美元资产持有量减少　　B. 下降,美元资产持有量增加

C. 上升,美元资产持有量减少　　D. 上升,美元资产持有量增加

15. 与封闭经济相比,在开放经济中政府的宏观财政政策的作用将(　　)。

A. 更大,因为总需求方加入净出口后使支出乘数增大

B. 更小,因为总需求方加入净出口后使支出乘数变小

C. 不变,因为总需求方加入净出口后对支出乘数并没有影响

D. 不能确定

答案:1~5:CABBC;6~10:DBEBB;11~15:DDABB。

问答题

1. 说明国际收支平衡的确切含义。

2. 均衡汇率是如何决定的?影响汇率变化的因素有哪些?

3. 说明浮动汇率制度下国际收支逆差的调整过程。

4. 说明国际收支曲线(即 BP 曲线)的推导过程。

5. 蒙代尔—弗莱明模型说明了什么问题?

1. 答:

每个国家在一定时期内都可能产生经常账户的顺差或逆差以及资本账户的顺差或逆差。净出口和净资本流出的差额称为国际收支差额,并用 $BP = nx - F$ 表示,即:

$$国际收支差额 = 净出口 - 净资本流出$$

按照宏观经济学的定义,一国国际收支平衡也称为外部平衡,是指一国国际收支差额为零,即 BP=0。对于国际收支平衡还可以通过下述方式理解:个人和企业必须为其在国外的购买而支付。如果一个人的花费大于他的收入,他的赤字需要通过出售资产或借款来支持。同理,如果一个国家发生了经常账户赤字,即在国外的花费比它从国外得到的收入多,那么这一赤字就需要通过向国外出售资产或从国内借款来支持。而这种资产出售或借债意味着该国出现了资本账户盈余。因此,任何经常账户赤字要由相应的资本流入来抵消。当国际收支平衡时,即 BP=0,有 nx=F。如果国际收支差额为正,即 BP>0,则称国际收支出现顺差,也称国际收支盈余。如果国际收支差额为负,即 BP<0,则称国际收支出现逆差,也称国际收支赤字。

2. 答:

西方经济学理论是用均衡价格理论来解释汇率是如何决定的。也就是说汇率也像商品的价格一样,是由外汇的供给和对外汇的需求这两个方面相互作用、共同决定的。均衡汇率处于外汇供给曲线和需求曲线的交点。

如果外汇的供求发生变化,则均衡的汇率就会发生变化,并按照新的供求关系达到新的均衡。从一般的意义上说,影响外汇需求曲线移动的因素和外汇供给曲线移动的因素都是影响汇率变化的因素。在现实中,经常提到的影响汇率变化的因素主要有进出口、投资或借贷、外汇投机等。

3. 答:

假定国内经济已经实现均衡,但国外经济却处于失衡状态,换句话说,国内经济已处于 IS 曲线和 LM 曲线的交点 A,但 A 点却不在 BP 曲线上,如图 24-3 所示。

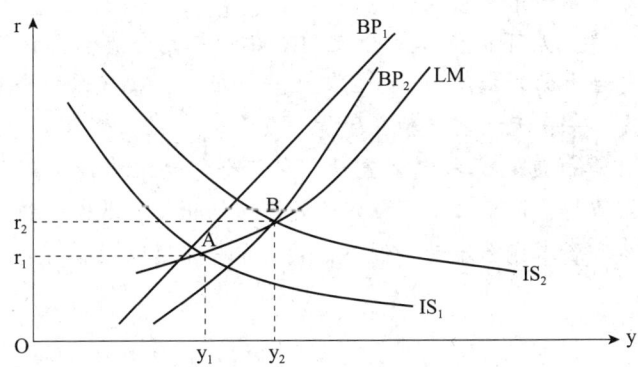

图 24-3 浮动汇率制度下国际收支逆差的调整

内部均衡由 IS 曲线和 LM 曲线的交点 A 决定,这时收入为 y_1,利率为 r_1。但 A 点位于 BP 曲线的下方,因而存在着外部失衡,更确切地说,存在着国际收支逆差。这意味着,在该时期从在本国经济中购买商品和劳务或购买实物资产和金融资产的外国买主手中获得的外汇量,低于在该时期从外国购买商品和劳务,或在外国获得资产而需要支付的外汇量。换句话说,在该时期,该国通过经常项目交易和资本项目交易,得到的外汇量低于所支出的外汇量,结果引起该国外汇总量的减少,造成外汇的短缺。在浮动汇率制下,这意味着本国货币贬值或汇率提高,伴随着汇率提高,IS 曲线和 BP 曲线向右方移动,例如,从 IS_1 和 BP_1 移动到 IS_2 和 BP_2,如图 24-3 所示,由于这两种移动,经济的均衡点最终变为 B 点,相应的收入和利率分别为 Y_2 和 R_2。在 B 点处,存在着内部均衡和外部均衡。简言之,在浮动汇率制度下,国际收支逆差的调整是通过 BP 曲线和 IS 曲线的移动来实现的。

4. 答:

国际收支差额为:$BP = nx - F$。其中,nx 为净出口;F 为净资本流出。当国际收支平衡时,$BP = 0$,即 $nx = F$。

将净出口函数 $nx = q - \gamma y + n\dfrac{EP_f}{P}$ 和净资本流出函数 $f = \sigma(r_w - r)$ 代入上式中,有:$q - \gamma y + n\dfrac{EP_f}{P} = \sigma(r_w - r)$,化简为:$r = \dfrac{\gamma}{\sigma}y + r_w - \dfrac{n}{\sigma}\dfrac{EP_f}{P} - \dfrac{q}{\sigma}$,即为 BP 曲线的方程。

5. 答:

蒙代尔—弗莱明模型建立于 20 世纪 60 年代。由罗伯特·蒙代尔(Robert A. Mundell)和马修斯·弗莱明(Marcus Fleming)各自所做的工作结合而成。蒙代尔在其 1968 年的《国际经济学》一书中将传统的 IS-LM 模型推广到了开放经济条件下。弗莱明则在其 1962 年为世界银行所作的工作报告中分析了财政政策和货币政策在固定汇率和浮动汇率下的作用。

在资本完全流动条件下,把 IS-LM 模型扩展到开放经济中的分析在宏观经济学中被称为蒙代尔—弗莱明模型。

(1) 固定汇率制度下的资本完全流动。在资本完全流动条件下,极小的利率差异也会引起巨大的资本流动。在固定汇率情况下,蒙代尔—弗莱明模型所演绎的一个结论是,一国无法实行独立的货币政策。

(2) 浮动汇率制度和资本完全流动。在完全浮动汇率情况下,一国的货币当局不干预外汇市场,汇率必须调整以使外汇市场出清,从而保持外汇的供求平衡。在浮动汇率和资本完全流动条件下,蒙代尔—弗莱明模型可以用来考察出口需求变化的效应。

计算题

1. 某国的贸易经常收支 Z 的函数关系式为:$Z = 150 - 0.2Y + 0.8EP^f/P$。其中,Y 为收入水平;e 为汇率水平;$P^f/P$ 为本国价格对外国价格的相对水平。已知均衡收入水平为 1500,消费函数为 $C = 100 + 0.7Y$,投资为 350。在不考虑政府部门的情况下,分别求:

(1) $P^f/P = 2$ 时的汇率及贸易收支 Z。

(2) $P^f/P = 1$ 时的汇率及贸易收支 Z。

2. 请计算以下问题：

（1）在 A 国以 4 元可买到商品，在美国可以 2 美元买到，此时 A 国货币购买力平价汇率为多少？

（2）假设 10 年前 1 美元兑 A 国货币的汇率为 2.3（这是以购买力平价确定的），经过 10 年 A 国的物价上升 12%，美国物价上升 60%，现在购买力平价汇率为多少？

（3）假设现时汇率为 1∶1，A 国和美国的年利率分别为 2% 和 6%，求 3 个月后的汇率。

3. 某国的宏观经济模型为：$Y = C + I + X - M$；$C = 0.65Y + 65$；$I = -50r + 120$；$X = 100$；$M = 0.15Y$。其中，r 为利率水平。

（1）求均衡产出 Y 与利率 r 的关系式。

（2）求出口增加 $\Delta X = 30$ 时的产出增加 ΔY 和进口增加 ΔM。

（3）求利率 r 由 10% 下降为 5% 的贸易收支变化。

4. A 国对某外国汇率实行的是浮动汇率制，其经济模型为：$Y = C + I + G + Z$；$C = 150 + 0.6Y$；$I = 100 - 5r$；$G = 200$；$Z = 175 - 0.2Y + 0.5eP^f/P$（贸易收支函数）；$r = r^* = 5$（资本完全自由流动）；$M_s/P = 0.9Y - 2r$；$M_s = 980$。

（1）求两市场均衡的产出水平 Y、汇率 e、贸易收支 Z（$P^f = P = 1$）。

（2）求货币供给增加 90 时新的均衡值。

（3）求本国价格上升为 $P = 1.25$（$P^f = 1$、$M_s/P = 980$ 不变）时的均衡产出 Y、汇率 e、贸易收支 Z。

5. 假如今天 1 美元可兑换 120 日元，再假定在未来的一年中美国和日本的 GDP 增长率分别为 4% 和 1%，而美国和日本的货币供给的增长率分别为 6% 和 7%。如果两国的货币流通速度均不变，而且购买力平价理论成立，则明年的今天 1 美元应可兑换多少日元？

1. 解：

均衡收入水平应满足：$Y = C + I + Z$。即 $Y = 100 + 0.7Y + 350 + (150 \times 0.2Y) + 0.8eP^f/P$。

由此整理得，汇率水平为：$e = (0.5 - 600) / 0.8 \times (P^f/P)$。由此可求得 P^f/P 在不同值时的汇率 e。

（1）当 $P^f/P = 2$ 时，$e = (0.5Y - 600P^f) / 0.8P = (0.5 \times 1500 - 600) / (0.8 \times 2) = 93.75$，此时贸易收支 Z 为：$Z = 150 - 0.2Y + 0.8eP^f/P = 150 - 0.2 \times 1500 + 0.8 \times 93.75 \times 2 = 0$（收支均衡）。

（2）当 $P^f/P = 1$ 时，$e = (0.5Y - 600) / 0.8 \times (P^f/P) = (0.5 \times 1500 - 600) / (0.8 \times 1) = 187.5$，此时，贸易收支 Z 为：$Z = 150 - 0.2Y + 0.8eP^f/P = 150 - 0.2 \times 1500 + 0.8 \times 187.5 \times 1 = 0$（收支均衡）。

2. 解：

(1) 购买力平价汇率计算公式为：$e = P_h/P_f$ = 某国国内价格水平/对比国国内价格水平。本题 A 国货币兑美元的购买力平价汇率为：$e = P_h/P_f = 4/2.5 = 1.6$。

(2) 由购买力平价汇率公式 $e = P_h/P_f$，可得汇率的变化率：$\Delta e/e = \Delta P_h/P_h - \Delta P_f/P_f$。

本题的汇率变化即 $\Delta e/e = 0.12 - 0.6 = -0.48$；所以，现时的汇率应为：$e = (1 + \Delta e/e) \; e = (1 - 0.48) \times 2.3 = 1.196$。

(3) 3 个月后，A 国一单位货币的实际值为：$P_h = 1 \times (1 + 3/12 \times 2\%) = 1.005$，而 3 个月后美元一单位的实际值为：$P_f = 1 \times (1 + 3/12 \times 6\%) = 1.015$，所以，3 个月后的汇率 $e = P_h/P_f = 1.005/1.015 = 0.99$。

3. 解：

(1) 将 C、I、X、M 代入产出均衡方程，得：$Y = C + I + X - M = 0.65Y + 65 + (-50r + 120) + (100 - 0.15Y)$，整理后得：$Y = 570 - 100r$。

(2) 外贸乘数为：$k = 1/(1 - c + m)$。本题的消费函数、进口函数为：$C = 0.65$；$m = 0.15$。所以，外贸乘数 $k = 1/(1 - 0.65 + 0.15) = 2$。

因此，$\Delta X = 30$ 时的效果为：$\Delta Y = 1/(1 - c + m) \times \Delta X = 2 \times 30 = 60$；

出口增加的进口效果为：$\Delta M = m/(1 - c + m) \times \Delta X = 9$。

(3) 由 (1) 得，$r = 10\%$ 时的均衡产出和贸易收支为：$Y = 570 - 100r = 570 - 100 \times 0.1 = 560$；$X - M = 100 - 0.15r = 100 - 0.15 \times 560 = 16$。

而 $r = 5\%$ 时的均衡产出和贸易收支为：$Y = 570 - 100r = 565$；$X - M = 100 - 0.15r = 100 - 0.15 \times 565 = 15.25$，贸易收支盈余略有减少。

4. 解：

(1) 产品市场方程 (IS) 为：$Y = C + I + G + Z = 150 + 0.6Y + 100 - 5r + 200 + 175 - 0.2Y + 0.5e$，整理后为：$0.6Y = 625 - 5r + 0.5e$。

货币市场均衡方程 (LM) 为：$M_s/P = 0.9Y - 2r = 980$。

全面均衡包括 IS、LM 及国际资本市场均衡三个方程：$0.6 = 625 - 5r + 0.5e$；$0.9Y - 2r = 980$；$r = r^* = 5$。

解方程组，得：$Y = 1100$，$e = 120$；此时的贸易收支 $Z = 175 - 0.2Y + 0.5e = 175 - 0.2 \times 1000 + 0.5 \times 120 = 15$。

(2) 货币供给 M_s 增加 90 时，LM 方程为：$980 + 90 = 1070 = 0.9Y - 2r$。

此时，全面均衡的方程包括：$0.6Y = 625 - 5r + 0.5e$；$0.9Y - 2r = 1070$；$r = r^* = 5$。

解方程得：$Y = 1200$；$e = 240$。

此时的贸易收支 $Z = 175 - 0.2Y + 0.5e = 175 - 0.2 \times 1200 + 0.5 \times 240 = 55$。

(3) 当 $P = 1.25$ 时，IS 方程为：

$Y = C + I + G + Z = Y = C + I + G + Z = 150 + 0.6Y + 100 - 5r + 200 + 175 - 0.2Y + 0.5e/1.25$

整理后为：$0.6Y = 625 - 5r + 0.4e$。

此时的 LM 方程为：$M_s/P = 0.9Y - 2r = 980$，整理后为：$0.9Y - 2r = 980$。

全面均衡的方程包含：$0.6Y = 625 - 5r + 0.4e$；$0.9Y - 2r = 1070$；$r = r^* = 5$。

解此方程组得：$Y = 1100$；$e = 150$。此时的贸易收支为：$Z = 175 - 0.2Y + 0.5e/1.25 = 175 - 0.2 \times 1100 + 0.5 \times 150/1.25 = 15$。

5. 解：

根据货币分析法决定的汇率：$R = M_s/M_z \times (P^* Y^*)/(PY)$，将题目中的数据代入：

$R = (1 + 7\%)/(1 + 6\%) \times 120/1 \times (1 + 4\%)/(1 + 1\%) = 124.7$。所以，明年的今天 1 美元应兑换 124.7 日元。

三、习题拓展

单项选择题

1. 劳动力资源比较富裕、资本资源比较贫乏的国家通过（　　）可以从对外贸易中得到收益。

A. 生产资本密集型的商品

B. 生产劳动密集型的商品

C. 征收高额的进出口税

D. 采用生产成本随产品增加而上升的生产方式

2. 同工资水平更低的国家进行贸易（　　）。

A. 必然使高工资国家降低实际工资　　B. 可能提高两国的人均收入

C. 低工资国家将降低实际工资　　D. 可能使两国的人均实际收入下降

3. 征收进口关税和实行进口限额的区别在于（　　）。

A. 前者可以使政府得到关税收入，后者不能

B. 后者可以使本国完全禁止出口，前者不能

C. 实行限额并没有完全禁止进口，政府仍然可以获得关税

D. 以上答案都不对

4. 进口限额和苛刻的质量检查的相同之处是（　　）。

A. 它们都是关税壁垒

B. 它们都是非关税壁垒

C. 前者是关税壁垒而后者是非关税壁垒

D. 前者是非关税壁垒而后者是关税壁垒

5. 布雷顿森林会议规定的汇率体系是（　　）。

A. 在某些国家的国际收支发生长期失衡的情况下可以调整的

B. 在某些国家的国际收支发生失衡的情况下随时可以调整的

C. 固定不变的

D. 与英镑挂钩的

6. A国生产一单位商品Y的相对成本是1/3单位商品X，B国生产一单位X的相对成本是4单位Y，要增加两国的商品总量，（   ）。

A. A国应专门生产X，B国专门生产Y

B. A国应专门生产Y，B国应专门生产X

C. A、B两国各自生产X和Y

D. X与Y的产量要相等

7. 在金本位条件下，假设英镑的平价是2美元，英美两国之间每1/35盎司黄金的运输及其他费用为0.01美元，1盎司黄金等于35美元，那么英镑实际汇率的上限是（   ）美元。

A. 3　　　　　　B. 2.01　　　　　　C. 2　　　　　　D. 2.02

8. 清洁浮动是指（   ）。

A. 汇率完全由外汇市场自发地决定

B. 汇率基本由外汇市场的供求关系决定，但中央银行加以适当调控

C. 汇率由中央银行确定

D. 固定汇率

9. 根据"蒙代尔分配原则"，当一国发生经济过热和国际收支顺差时，政府应同时采取（   ）。

A. 膨胀性的货币政策和紧缩性的财政政策

B. 紧缩性的货币政策和紧缩性的财政政策

C. 膨胀性的财政政策和紧缩性的货币政策

D. 膨胀性的货币政策和膨胀性的财政政策

10. 下列有关开放经济的叙述正确的是（   ）。

A. 资本不易流动的固定汇率制下，要消除国际收支赤字，应采用扩张性财政政策

B. 货币政策在固定汇率制下比在浮动汇率制下更有效

C. 资本完全流动的固定汇率制下，政府支出增加最终会导致货币供给增加

D. 无论采用哪种汇率制度，国外的通货膨胀都会通过经常账户使本国物价上涨

11. 在浮动汇率制度下，下列说法中正确的是（   ）。

A. 如果国际收支有盈余，则本国货币要贬值

B. 如果国际收支有盈余，则本国货币要升值

C. 此时执行货币政策不如在固定汇率制度下有效

D. 受国外通货膨胀的干扰

12. 假定中国对美国商品的需求以人民币价格计，弹性小于1，如果人民币升值会引起（   ）。

A. 不改变支付美国商品的人民币数量，但减少了商品进口

B. 不改变支付美国商品的人民币数量，但增加了商品进口

C. 中国国民为美国商品支付更少的人民币

D. 中国国民为美国商品支付更多的人民币

13. 在浮动汇率体系下，保持政府税收和支出政策不变的情形下，征收更高的进口关税将会（　　）。

A. 提升净出口

B. 导致衰退

C. 需要更紧缩的货币政策的配合

D. 对净出口没影响，但会使汇率升值

答案：1~5：BBCBA；6~8：ADAAC；11~13：ACA。

问答题

1. 固定汇率制和浮动汇率制各有其哪些优缺点？

2. 我国的汇率政策是怎样的？人民币不断升值对我国的对外贸易会产生怎样的影响？

3. 结合克鲁格曼提出的"三难悖论"（不可能三角形），分析中国资本市场对外开放和人民币汇率制度改革之间的关系与发展前景。

1. 答：

固定汇率制指一国货币同他国货币的汇率基本固定，其波动仅限于一定的幅度之内。实行固定汇率有利于一国经济的稳定，也有利于维护国际金融体系与国际经济交往的稳定，减少国际贸易与国际投资的风险。但是，实行固定汇率要求一国的中央银行有足够的外汇或黄金储备。如果不具备这一条件，必然出现外汇黑市，黑市的汇率要远远高于官方汇率，这样反而会不利于经济发展与外汇管理。

浮动汇率制指一国中央银行不规定本国货币与他国货币的官方汇率，听任汇率由外汇市场自发地决定。浮动汇率制又分为自由浮动与管理浮动。自由浮动又称"清洁浮动"，指中央银行对外汇市场不采取任何干预措施，汇率完全由市场力量自发地决定。管理浮动又称"肮脏浮动"，指实行浮动汇率制的国家，其中央银行为了控制或减缓市场汇率的波动，对外汇市场进行各种形式的干预活动，主要是根据外汇市场的情况售出或购入外汇，以通过对供求的影响来影响汇率。实行浮动汇率有利于通过汇率的波动来调节经济，也有利于促进国际贸易，尤其在中央银行的外汇与黄金储备不足以维持固定汇率的情况下，实行浮动汇率对经济较为有利，同时也能取缔非法的外汇黑市交易。但浮动汇率不利于国内经济和国际经济关系的稳定，会加剧经济波动。

2. 答：

我国自2005年7月开始实行以市场供求为基础的、参考一篮子货币进行调节、有管理的浮动汇率制度。人民币不再盯住单一美元，形成更富有弹性的人民币汇率机制。其中，以市场供求为基础指的是汇率生成机制是由市场机制决定的，汇率水平的高低是以市场供求关系为基础的；参考一篮子货币，是指我国根据贸易与投资的密切程度，选择数种主要货币，对不同货币设定不同权重后组成一揽子货币，设定浮动范围，允许人民币根据这一篮子货币在指定范围内浮动。有管理性主要体现在银行间外汇市场上，中央银行设有独立的操作室，当市场波动幅度过大，中央银行要通过吞吐外汇来干预市场，保持汇率稳定；在零售市场上，中央银行规定了银行与客户外汇的买卖差价幅度；而其浮动性则表现在：一是为中央银行每日公布的人民币市场汇价是浮动的；二是各外汇指定银行制定的挂牌汇价在央行规定的幅度内可自由浮动。

汇率变动与商品进出口密切相关，人民币升值问题一直是人们谈论的热点话题，而贸易条件改善或恶化将直接导致一国实际资源的流入与流出，反映货币比价的汇率变动会对贸易条件产生直接而重要的影响，所以人民币汇率变动对我国乃至整个世界进出口贸易的影响的作用是不言而喻的。我们可以把汇率对贸易的影响分为对进口的影响和对出口的影响。一般意义上讲，如果本币升值，将不利于出口有利于进口，但本币升值后，用外币表示的国内生产总值增大，对外贸易依存度降低。反之，如果本币贬值，用外币表示的国内生产总值减小，则对外贸易依存度提高。宏观经济学角度告诉我们本币升值和由此引起的本币汇率高估会起到促进进口和抑制出口的作用。具体来说就是，人民币升值后，将会导致产品进口价格下跌和出口价格上涨，它对出口产品的负面影响是无法回避的，比如说一些对出口依存度较高且以价格为主要竞争手段的行业会面临收入下降的冲击。但一方面，海外原材料等进口价格将更便宜，我们老百姓也可以从中受益，比如说可以享受到更便宜的进口汽车和其他进口产品。

3. 答：

（1）所谓"三难悖论"也称三难选择，它是美国经济学家保罗·克鲁格曼就开放经济下的政策选择问题，在蒙代尔—弗莱明模型的基础上提出的。其含义是：本国货币政策的独立性、汇率的稳定性、资本的完全流动性不能同时实现，最多只能同时满足两个目标，而放弃另外一个目标。本国货币政策的独立性是指一国执行宏观稳定政策进行反周期调节的能力，这里主要是指一国是否具有使用货币政策影响其产出和就业的能力；汇率的稳定性是指保护本国汇率免受投机性冲击、货币危机等的冲击，从而保持汇率稳定；资本的完全流动性即不限制短期资本的自由流动。

（2）我国资本市场开放与人民币汇率制度选择的关系。对于我国这种经济大国来说，货币政策必须维持独立性。因此，根据不可能性三角关系，资本的自由流动与固定的汇率制度不能同时存在。这就决定了我国资本市场开放与人民币汇率制度的改革必须同时进行。

目前我国实行盯住汇率制度，也在一定程度上管制资本的流出流入，因此，理论上还没有遇到不可能性三角的问题。但是，随着我国改革程度的提高，资本逐步或明或暗地实行了自由流动，这必然会倒逼我国汇率制度进行相应的改革，表现出来的就是人民币升值压力或者贬值压力。因此，我国资本市场开放与人民币汇率制度的选择是紧密联系的，在两者不同时改革的情况下，必然会形成倒逼机制，使得后改革者进行改革。这就决定了我国必须统一考虑两者的改革，而不能顾此失彼。

（3）我国资本市场开放和人民币汇率制度改革的发展前景。从我国的经济规模和经济影响力来说，独立的货币政策、自由的资本流动、浮动的汇率制度是我国必然要实现的目标。但是实现这些目标的措施和过程则应该充分考虑我国经济的承受能力，要逐步实行。总体上来说，我国资本市场的开放应该是渐进式的，而在适当的时候则需进行人民币汇率制度的改革。首先，资本市场对外开放是一个国家经济发展到一定阶段，与世界经济、贸易进一步融合所必须面临的问题，是全方位参与世界竞争的必然要求。但是，资本市场对外开放需要一定的金融条件，要充分考虑国际资本流动对国内金融市场的冲击，给国内金融体系安全和稳定带来的风险。因此，要在有效防范风险的前提下，有选择、分步骤地放宽对跨境资本交易活动的限制，实现人民币资本项目可兑换。其次，在资本市场对外开放达到一定程度时，要考虑人民币汇率制度的改革。人民币汇率制度的改革与资本市场的开放不同，资本市场的开放实际上是包括很多子项目的，因此，在一定程度上可以有选择、有步骤地进行。人民币汇率制度的改革则没有这种阶段性。一般来说，人民币汇率制度的改革必须满足以下三个基本条件：第一，金融环境比较成熟；第二，资本市场应该一定程度上已经开放；第三，市场化的汇率形成机制已经初步形成。在满足这些基本条件的情况下，人民币汇率制度可以由目前的实质固定汇率制度改为真正有管理的浮动汇率制度。

计算题

在蒙代尔—弗莱明模型中，考虑一个由以下方程式所描述的小国开放经济：①LM 曲线方程：$Y = 2M/P + 100r$；②$M = 1000$；$P = 1$；$r^* = 10$；③IS 曲线方程：$Y = 1000 + 2G - T + NX - 50r$；④$G = 500$；⑤$T = 800$；⑥$NX = 2500 - 100e$。

（1）求出短期的均衡国民收入和均衡汇率。

（2）现在假设 T 减少 400，G 增加 50，该国采取浮动汇率制度，那么新的均衡国民收入和新的均衡利率将会是多少？

（3）如果该国采取的是固定汇率制度，那么新的均衡国民收入和新的均衡汇率又将会是多少？假设固定汇率采取的是（1）问中均衡汇率的大小，中央银行怎样设定货币供给的大小以维持固定汇率呢？请将（1）、（2）、（3）问画在一张 IS—LM 图中。

解：

（1）将已知条件代入 IS 和 LM 方程中：均衡的国民收入 $Y = 2M/P + 100r = 2 \times$

$1000/1+100\times 10=3000$。

将 Y 的值代入 IS 方程中，有：$3000=1000+2\times 500-800+NX-50\times 10$，可得：$NX=2300$。

代入 NX 方程：$2300=2500-100e$，可得 $e=2$，即为均衡汇率。

(2) 当 T 减少到 400，IS 曲线方程变为（均衡国民收入仍为 3000，因为 LM 曲线方程不变）：

$3000=1000+2\times 450-400+NX-50\times 10$，可得：$NX=2000$。

代入 NX 方程：$2000=2500-100e$，可得 $e=5$，即为新的均衡汇率。

(3) 采取固定汇率，即当初始汇率 $e=2$，新的均衡产出水平为：

$Y=1000+2G-T+NX-50r=1000+2\times 450-400+2300-50\times 10=3300$

计算 M：$3300=2M/P+100r=2M/1+100\times 10$，可得 $M=1150$，即为新的货币供给。

(1)、(2) 和 (3) 的 IS-LM 图形如图 24-4 所示。

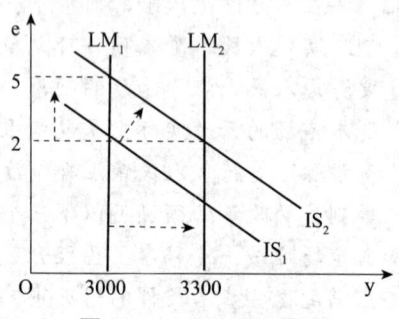

图 24-4 IS-LM 图形

四、难点解释

1. 一国如何实现开放经济中的宏观经济均衡？
2. 基于蒙代尔—弗莱明模型对我国财政、货币政策效果的探讨。
3. 美国量化宽松的货币政策对中国经济的影响。

1. 答：

内在均衡是充分就业与物价稳定，外在均衡是国际收支平衡。这三者之间的关系在现实中则有不同的情况。只有一种实现了内在均衡与外在均衡，不用进行任何调节，是最优状态。但这种情况毕竟是少的，大量的情况，则存在着政策上的矛盾。这些矛盾的情况使经济政策面临着进退维谷的困境，这就是同时实现内在均衡与外在均衡的困难。

内在均衡与外在均衡的矛盾要求经济学家寻找出最优政策配合的方案。其含义是：在国内外需要不同的调节政策的情况下，所采用的政策应使其中一种政策的积极作用超过另一种政策的消极作用。在选择最优政策时：首先，应该注意各种政策对内与对外的不同影响。其次，应该确定政策所要解决的主要问题。最后，要把各种政策配合运用，用一种政策去抵消另一种政策的负作用。

2. 答：

（1）理论基础：蒙代尔—弗莱明模型。蒙代尔—弗莱明模型在假设国际资本完全流动的前提下，分别分析了固定汇率制和浮动汇率制下的财政货币政策效果。结果显示，固定汇率制下财政政策调节经济效果明显，浮动汇率制下货币政策调节经济效果明显。

蒙代尔—弗莱明模型假设国际资本完全流动，但实际在现实生活中国际资本并非完全流动。我们可以将国际资本流动的情况划分为四种类型：资本完全流动、资本流动敏感、资本流动不敏感及资本完全不流动。通过进一步分析可知，不同的国际资本流动形式对财政、货币政策的影响效果是不同的。

（2）理论扩展。

第一，固定汇率制下的财政、货币政策效果固定汇率制下的财政政策效果。在国际资本完全流动的情况下，财政政策的效果是很明显的，随着国际资本流动敏感性的降低，财政政策的效果也随之降低。当国际资本完全不流动时，财政政策是无效的，如图24-5所示。

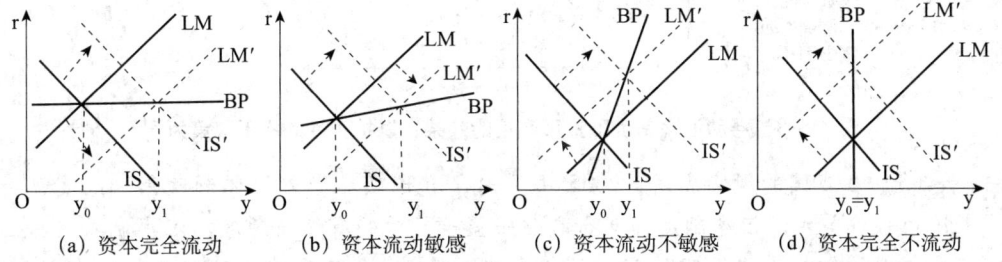

(a) 资本完全流动　　(b) 资本流动敏感　　(c) 资本流动不敏感　　(d) 资本完全不流动

图24-5　固定汇率制度下财政政策的效果：以扩张性的财政政策为例

在固定汇率制下，无论资本流动情况如何，货币政策都是无效的，如图24-6所示。

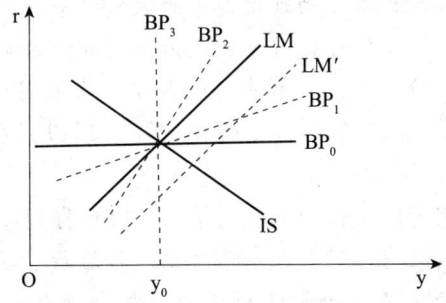

图24-6　固定汇率制度下货币政策的效果：以扩张性的货币政策为例

第二，在国际资本完全流动的情况下，财政政策是无效的，随着国际资本流动敏感性的降低，财政政策的效果也随之增加。当国际资本完全不流动时，财政政策效果最大，如图24-7所示。

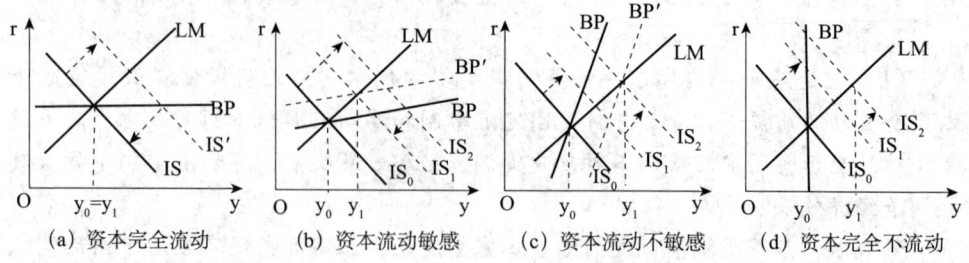

图 24-7 浮动汇率制度下财政政策的效果：以扩张性的财政政策为例

在浮动汇率制下，无论资本流动情况如何，货币政策始终都是有效的，如图24-8所示。

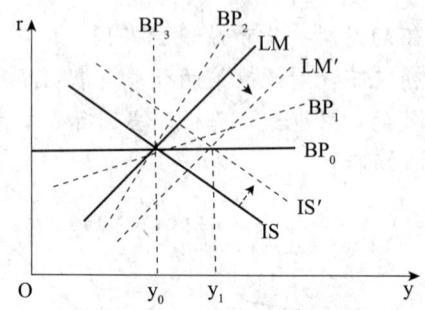

图 24-8 浮动汇率制度下货币政策的效果：以扩张性的货币政策为例

(3) 在我国的现实应用。2005年7月，我国实施了外汇体制改革。改变了人民币盯住美元的汇率制度，实行盯住一篮子货币的有管理的浮动汇率制。这种汇率制度的核心是"管理"和"浮动"，即政府的管理和市场的浮动兼而有之。蒙代尔—弗莱明模型认为，利差是国际资本流动的主要影响因素，而其他学者如布兰森（Branson, 1968）在马柯维茨（Markowitz, 1952）和托宾（Tobin, 1958）的资产组合理论的基础上研究认为，短期国际资本流动由进出口、利率和汇率等因素决定，而长期资本流动则由国内的收入水平、利率以及国外利率水平等因素决定。在我国，许多学者通过研究认为，国际资本流动对我国的利率敏感度较弱，对汇率和资产价格反应较敏感，蒙代尔—弗莱明模型中FE的曲线是陡峭的。所以，在汇率及资产价格不变的情况下，财政政策和货币政策都是有效的。

例如，如果我国实行扩张性的财政政策，就会使得国际收支产生一定程度的逆差，造成本币贬值。政府此时买入本币卖出外币进行管理，结果会使得LM曲线左移；同时，本币的贬值也会带来出口的增加和进口的减少，结果会使得IS和FE曲线右移。由此可以看出，财政政策是有效的，且效果由于汇率的浮动而有所加强，如图24-9所示。

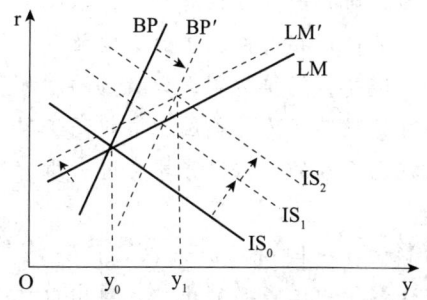

图 24-9　有管理浮动汇率制度下财政政策的效果

另外，如果我国施行扩张性的货币政策也会使得国际收支产生一定程度的逆差，造成本币贬值。政府此时买入本币卖出外币进行管理，结果会使得 LM 曲线左移；同时，本币的贬值也会带来出口的增加和进口的减少，结果会使得 IS 和 FE 曲线右移。由此可以看出，货币政策也是有效的，但效果由于政府对汇率的控制而有所削弱，如图 24-10 所示。

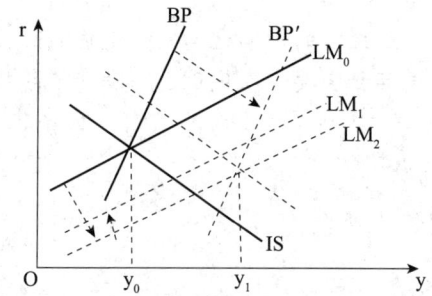

图 24-10　有管理浮动汇率制度下货币政策的效果

3. 答：

2008 年 9 月 15 日美国雷曼兄弟公司宣布破产，由此而引发全球性的金融危机。为了防止金融市场状况的进一步恶化，稳定投资者的信心，美国政府几番推出"量化宽松"的货币政策，以稳定与刺激经济增长。所谓的量化宽松货币政策，是指当短期利率接近或处于零时，中央银行通过购买长期国债等方式增加基础货币供给、向经济体系大量注入超过维持零利率所需资金。美国推行的量化宽松的货币政策，势必对我国的经济运行产生很大的影响。这主要表现在：

第一，对人民币汇率的影响。美国所实施的量化宽松的货币政策，是美元的主动性贬值，这必然会对人民币与美元之间的汇率造成了一定的影响，迫使人民币升值。

第二，对外汇储备的影响。中国是美国国债的主要购买国，而且，我国外汇储备以美元为主。美国的量化宽松的货币政策，实质上就是美元的泛滥，稀释各国对美债权，相应的中国以美元计价的外汇储备资产必然出现大幅的缩水。同时，长期收益率的下降，也将导致利息的巨大损失。

第三，对进出口的影响。由于我国出口对美国市场的依赖性很大，所以人民币升值会抑制我国对美国的商品出口。相对而言，人民币升值对进口价值的影响是双重的，一方面会降低进口产品价格、扩大进口数量；但另一方面进口数量的增加又会刺激进口价格的提高，间接抑制进口数量的增加。

第四，增加中国通货膨胀的压力。美国此举推高了国际大宗商品的价格。受输入性通胀影响，本来就已存在的中国通胀率会进一步升高。同时，中国支付进口的费用也会显著增加。

第五，对失业率的影响。中国商品历来以"价廉物美"打入世界市场，此次的量化宽松政策必然会影响中国产品的出口，对出口型企业带来较大冲击，降低产品的出口竞争力，进而引发一定的失业问题。

第六，资产泡沫增加。由量化宽松的货币政策而导致的人民币升值会使得我国将要承受更多国际热钱流入的风险。大量热钱的涌入将进一步加剧中国资本市场资产的泡沫化，给中国经济留下恶果和隐患。

第七，使得我国货币政策的实施处于两难的境地。如果中国不跟随美国的政策，人民币将势必面临更大的升值压力；如果跟随美国的政策，人民币在国内市场的流动性将会进一步增加。

当然，美国此举对中国经济的影响也不完全是负面的，客观上也存在有利的方面。一方面，缓解了国际社会要求人民币进一步升值的压力；另一方面，提高了人民币的国际地位。